《运筹与管理科学丛书》编委会

主　编： 袁亚湘

编　委：（以姓氏笔画为序）

叶荫宇　刘宝碇　汪寿阳　张汉勤
陈方若　范更华　赵修利　胡晓东
修乃华　黄海军　戴建刚

运筹与管理科学丛书 18

网络最优化

谢 政 著

科学出版社
北京

内 容 简 介

本书全面系统地介绍了网络最优化中的基本问题和基本算法以及计算复杂性的基本内容和近似算法. 取材恰当, 叙述清晰, 论证严谨, 深入浅出.

全书共十二章, 分为两部分: 第一部分包括前十章, 主要介绍最小树, 最小树形图, 最短路, 最大流, 最小费用流, 最大匹配, 最大权匹配和中国邮递员问题等基本问题的各种多项式算法, 以及线性规划、整数线性规划的基本理论; 第二部分包括后两章, 讨论计算复杂性中的基本概念, NP 完全理论及重要的 NP 完全问题, 还介绍了装箱问题, 平行机排序问题, 旅行商问题, 背包问题等 NP 难问题的近似算法.

本书可作为运筹学专业研究生教材, 也可供应用数学、系统科学、管理科学、计算机科学和军事运筹学等有关专业的教师、研究生和大学高年级学生参考.

图书在版编目(CIP)数据

网络最优化/谢政著. —北京: 科学出版社, 2014.6

(运筹与管理科学丛书; 18)

ISBN 978-7-03-040952-2

I. ①网… II. ①谢… III. ①计算机网络-最佳化 IV. ①TP393

中国版本图书馆 CIP 数据核字 (2014) 第 121943 号

责任编辑: 陈玉琢 / 责任校对: 韩 杨
责任印制: 赵德静 / 封面设计: 王 浩

科 学 出 版 社 出版
北京东黄城根北街 16 号
邮政编码: 100717
http://www.sciencep.com

北京凌奇印刷有限责任公司 印刷

科学出版社发行 各地新华书店经销

*

2014 年 6 月第 一 版 开本: 720 × 1000 1/16
2014 年 6 月第一次印刷 印张: 20 1/2
字数: 395 000

POD定价: 118.00元
(如有印装质量问题, 我社负责调换)

《运筹与管理科学丛书》序

运筹学是运用数学方法来刻画、分析以及求解决策问题的科学. 运筹学的例子在我国古已有之, 春秋战国时期著名军事家孙膑为田忌赛马所设计的排序就是一个很好的代表. 运筹学的重要性同样在很早就被人们所认识, 汉高祖刘邦在称赞张良时就说道:"运筹帷幄之中, 决胜千里之外."

运筹学作为一门学科兴起于第二次世界大战期间, 源于对军事行动的研究. 运筹学的英文名字 Operational Research 诞生于 1937 年. 运筹学发展迅速, 目前已有众多的分支, 如线性规划、非线性规划、整数规划、网络规划、图论、组合优化、非光滑优化、锥优化、多目标规划、动态规划、随机规划、决策分析、排队论、对策论、物流、风险管理等.

我国的运筹学研究始于20世纪50年代, 经过半个世纪的发展, 运筹学研究队伍已具相当大的规模. 运筹学的理论和方法在国防、经济、金融、工程、管理等许多重要领域有着广泛应用, 运筹学成果的应用也常常能带来巨大的经济和社会效益. 由于在我国经济快速增长的过程中涌现出了大量迫切需要解决的运筹学问题, 因而进一步提高我国运筹学的研究水平、促进运筹学成果的应用和转化、加快运筹学领域优秀青年人才的培养是我们当今面临的十分重要、光荣, 同时也是十分艰巨的任务. 我相信,《运筹与管理科学丛书》能在这些方面有所作为.

《运筹与管理科学丛书》可作为运筹学、管理科学、应用数学、系统科学、计算机科学等有关专业的高校师生、科研人员、工程技术人员的参考书, 同时也可作为相关专业的高年级本科生和研究生的教材或教学参考书. 希望该丛书能越办越好, 为我国运筹学和管理科学的发展做出贡献.

袁亚湘

2007 年 9 月

前　言

网络是指由若干对象及其相互关系构成的一个系统. 从数学上讲, 网络是由若干个点及其点之间的带箭头连线表示的一个有向图, 并且常常都赋以权. 现代社会在很大程度上是一个由信息网络、通信网络、运输网络、能源和物资分配网络构成的巨大的复杂系统. 网络最优化则是综合运用图论、线性规划和算法理论来解决图和网络上的最优化问题, 因此它能为人们更有效地设计、控制和管理复杂的社会网络系统提供一套科学的方法.

由于其视角的独特性、模型的直观性、内容的趣味性和方法的技巧性, 以及计算机科学和信息科学的有力推动, 网络最优化业已成长为运筹学中引人入胜、富有挑战、充满活力的一个分支, 它的理论和方法广泛地渗透于运筹学、信息论、控制论、管理科学和计算机科学等领域, 并在工程技术、经济、军事等诸多方面都有着极为重要的应用.

随着大规模网络最优化问题的产生, 寻找有效最优算法便成为网络最优化的重点. 由于许多问题都难以找到有效最优算法, 计算复杂性和近似算法的研究已成为网络最优化的热点. 本书的编写正是兼顾以上重点和热点, 力求突出三大特色:

一是化繁为简, 激发学习热情. 从实际应用问题引入网络最优化模型, 直观、自然地建立基本概念, 用通俗而又严谨的语言来描述基本理论和基本方法.

二是夯实基础, 拓宽创新视野. 将传统知识与现代技术进行有机融合, 以经典内容为主, 注重基础性和完备性, 介绍学科的前沿研究成果.

三是注重应用, 培养研究能力. 从图论和线性规划两个不同的角度讨论网络最优化问题, 介绍算法设计技巧和复杂性分析方法, 强调模型、算法与计算复杂性的紧密结合, 使读者能清楚地了解各种网络最优化问题之间的关系以及研究方法的本质.

本书根据作者 2003 年在国防科技大学出版社出版的《网络算法与复杂性理论》(第 2 版) 修订而成, 它全面地介绍了网络最优化的基本问题和基本方法, 计算复杂性理论的基本概念和一些常见的 NP 完全问题及其近似算法. 全书共十二章, 分为两部分. 第一部分包括前十章, 主要介绍网络最优化的概念、模型和算法, 并始终强调算法复杂性分析. 第二部分包括后两章, 介绍 NP 完全理论和近似算法. 每章最后都配置一定数量的习题, 其中一些难度较大的作为对正文内容的补充.

阅读本书只需具备线性规划的基本知识.

本书的出版得到了科学出版社的支持, 以及陈玉琢编辑的帮助, 在此表示由衷的感谢.

谢　政

2014 年 6 月 2 日

于国防科技大学

目　　录

第 1 章　图与算法

从一定意义上讲, 现代社会是一个由信息网络、通信网络、运输网络、能源和物资分配网络构成的巨大的复杂系统. 网络最优化能为人们有效地设计、控制和管理这个网络系统提供一套科学方法.

本章主要介绍图、网络、算法及算法复杂性的一些基本概念, 给出八个典型的网络最优化问题及其相关的实际例子. 这些内容是全书的基础.

1.1　图的基本概念

图 (graph)G 是指由非空有限集合 $V(G)$ 和 $V(G)$ 中某些元素的无序对的集合 $E(G)$ 构成的二元组 $(V(G),E(G))$.$V(G)$ 称为 G 的顶点集 (vertex set), 其中的元素称为 G 的顶点 (vertex). $E(G)$ 称为 G 的边集 (edge set), 其中的元素称为 G 的边 (edge). 在不混淆的情况下, 记 $V=V(G), E=E(G), G=(V,E)$. 如果 $V=\{v_1,v_2,\cdots,v_n\}$, 则 E 中元素 e 与 V 中某两个元素构成的无序对 $\{v_i,v_j\}$ 相对应, 记 $e=v_iv_j$ 或 $e=v_jv_i$.

图可以用图形来表示, 用小圆圈表示顶点, 用小圆圈之间的连线表示边. 例如, 图 1.1 就表示图 $G=(V,E):V=\{v_1,v_2,v_3,v_4,v_5\}$, $E=\{e_1,e_2,e_3,e_4,e_5,e_6,e_7\}$, 其中 $e_1=v_1v_2, e_2=v_1v_2, e_3=v_2v_3, e_4=v_3v_4, e_5=v_4v_5, e_6=v_5v_2, e_7=v_4v_4$.

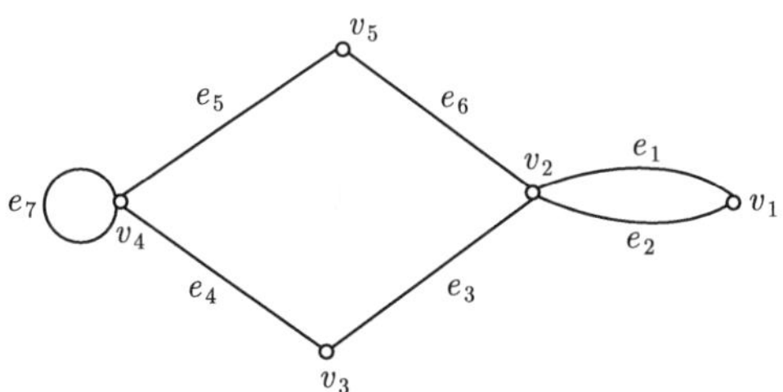

图 1.1　图的图形表示

设 $G=(V,E)$ 是一个图, 若 $e=v_iv_j\in E$, 则称顶点 v_i 和 v_j 是相邻的 (adjacent), 并称 v_i,v_j 为边 e 的端点 (end), 也称 e 与 v_i,v_j 关联 (incident). 若 $e_1,e_2\in E$, 且 e_1 和 e_2 有公共的端点, 则称 e_1 与 e_2 是相邻的. 我们把 G 中所有与顶点 v 相邻的顶点的集合称为 v 的邻域 (neighbour), 记为 $N_G(v)$ 或简记为 $N(v)$.

两个端点重合的边称为环 (loop). 如果有两条边的端点是同一对顶点, 则称这

两条边为重边 (multiple edge). 既没有环也没有重边的图称为简单图 (simple graph). 没有环的图称为无环图 (unlooped graph). 边集为空集的图称为空图 (empty graph). 至少有一条边的图称为非空图 (nonempty graph). 一个图的顶点数称为该图的阶 (order).

图 (G) 中顶点 v 的度 (degree) 定义为和 v 关联的边的数目 (与 v 关联的每个环算作两条边), 记为 $d_G(v)$. 称 $d_G(v)$ 是偶数的顶点 v 为偶点 (even vertex), 称 $d_G(v)$ 是奇数的顶点 v 为奇点 (odd vertex). $d_G(v) = 0$ 的顶点 v 称为孤立点 (isolated vertex). $d(v) = 1$ 的顶点 v 称为悬挂点 (pendant vertex). 容易得到下面的定理:

定理 1.1　设 $G = (V, E)$ 是一个图, 则

$$\sum_{v \in V} d_G(v) = 2|E|. \qquad \square$$

如果图 G 的某些顶点和边可以排成非空的有限序列 $W = v_1e_1v_2\cdots v_ke_kv_{k+1}$, 这里 $v_i \in V(G)(1 \leqslant i \leqslant k+1), e_j \in E(G)(1 \leqslant j \leqslant k)$, 并且 $e_i = v_iv_{i+1}(1 \leqslant i \leqslant k)$, 则称 W 为 G 的一条途径 (walk). v_1 称为 W 的起点 (origin), v_{k+1} 称为 W 的终点 (terminus), $v_i(2 \leqslant i \leqslant k)$ 称为 W 的内部顶点 (internal vertex), 也称 W 为 G 的 (v_1, v_{k+1}) 途径, k 称为 W 的长 (length). 有时把途径 $v_1e_1v_2\cdots v_ke_kv_{k+1}$ 简单地记为 $v_1v_2\cdots v_kv_{k+1}$. 值得注意的是, 由于以顶点 v_i 和 v_{i+1} 为端点的边可能不止一条, 因此 $v_1v_2\cdots v_kv_{k+1}$ 可能同时表示若干条不同的途径; 但是简单图中的途径 $v_1e_1v_2\cdots v_ke_kv_{k+1}$ 由 $v_1v_2\cdots v_kv_{k+1}$ 完全确定.

途径 $W = v_1e_1v_2\cdots v_ke_kv_{k+1}$ 的节 (section) 是指由 W 中相继项构成的子序列 $v_ie_iv_{i+1}\cdots v_{j-1}e_{j-1}v_j$, 它也是一条途径, 这一子序列又称为 W 的 (v_i, v_j) 节. 途径 $W = v_1e_1v_2\cdots v_ke_kv_{k+1}$ 的逆向途径 (inversion walk) 是指途径 $v_{k+1}e_kv_k\cdots v_2e_1v_1$, 记为 W^{-1}. 设 $W_1 = v_1e_1v_2\cdots v_ke_kv_{k+1}$ 和 $W_2 = v_{k+1}e_{k+1}v_{k+2}\cdots v_le_lv_{l+1}$ 是图 G 的两条途径, 则称途径

$$W = v_1e_1v_2\cdots v_ke_kv_{k+1}e_{k+1}v_{k+2}\cdots v_le_lv_{l+1}$$

为 W_1 与 W_2 的衔接 (concatenation), 记作 $W = W_1W_2$, 也称 W 可以表示为 W_1 和 W_2 的并 (union).

如果图 G 中途径 W 上的边互不相同, 则称 W 为 G 的迹 (trail). 如果图 G 中的途径 W 上的顶点互不相同, 则称 W 为 G 的链 (chain). 易知, 图 G 中的链必定是 G 的迹, 但 G 中的迹不一定是 G 的链.

如果途径的长至少为 1, 且起点和终点重合, 则称该途径为闭途径 (closed walk). 起点和终点重合且长至少为 1 的迹称为闭迹 (closed trail). 起点、内部顶点互不相同的闭迹称为圈 (cycle). 长为偶数的圈称为偶圈 (even cycle), 长为奇数的圈称为奇圈 (odd cycle).

如果图 G 和图 H 满足 $V(H) \subseteq V(G), E(H) \subseteq E(G)$, 则称 H 是 G 的子图 (subgraph), 记为 $H \subseteq G$. 特别地, 若 $V(H) = V(G), E(H) = E(G)$, 则记 $H = G$. 如果 $H \subseteq G$, 且 $V(H) = V(G)$, 则称 H 为 G 的支撑子图 (spanning subgraph). 图 G 中的链和圈都可以看做是 G 的子图.

设 $V' \subseteq V(G), V' \neq \varnothing$, 令 $E' = \{e \in E(G) | e$ 的两个端点均属于 $V'\}$, 则称 G 的子图 $G' = (V', E')$ 为由 V' 导出的子图 (induced subgraph), 记为 $G' = G[V']$.

设 $E' \subseteq E(G), E' \neq \varnothing$, 令 $V' = \{v \in V(G) | v$ 是 E' 中某条边的端点 $\}$, 则称 G 的子图 $G' = (V', E')$ 为由 E' 导出的子图 (edge-induced subgraph), 记为 $G' = G[E']$.

如果对于图 G 的任意两个顶点 v_i 和 v_j, G 中都存在 (v_i, v_j) 链, 则称 G 是连通图 (connected graph). 不连通的图称为非连通图 (disconnected graph).

如果 $H \subseteq G$, 且 H 是连通图, 则称 H 是 G 的连通子图 (connected subgraph). 图 H 称为图 G 的极大连通子图 (maximal connected subgraph) 是指 H 为 G 的连通子图, 并且 G 中不存在连通子图 H' 使得 $H \subseteq H', H' \neq H$. 图 G 的极大连通子图又称为 G 的连通分支 (connected component). 由此可知, 连通图恰有一个连通分支, 而非连通图则有两个或两个以上的连通分支.

下面介绍图的几种运算.

若 $E_1 \subseteq E(G)$, 从图 G 中删去 E_1 的所有边得到的图记为 $G - E_1$, 通常把 $G - \{e\}$ 简记为 $G - e$. 若 $H \subseteq G, E_2 \subseteq E(G) \setminus E(H)$ 且 E_2 中每条边的端点都属于 $V(H)$, 在图 H 中添加 E_2 的所有边得到的图记为 $H + E_2$. 常常简单地用 $H + e$ 表示 $H + \{e\}$.

若 $V_1 \subset V(G)$, 则把从图 G 中删去 V_1 的所有顶点以及与 V_1 中顶点关联的边得到的图记为 $G - V_1 . G - \{v\}$ 常常简记为 $G - v$. 容易知道 $G[V'] = G - (V(G) \setminus V')$.

若 $H_1 \subseteq G, H_2 \subseteq G$, 则把顶点集为 $V(H_1) \cup V(H_2)$、边集为 $E(H_1) \cup E(H_2)$ 的图称为 H_1 与 H_2 的并, 记为 $H_1 \cup H_2$. 若 $E(H_1) \cap E(H_2) = \varnothing$, 则称 $H_1 \cup H_2$ 为 H_1 与 H_2 的和, 记为 $H_1 + H_2$.

设 e 是图 $G = (V, E)$ 的一条边, 且 $e = v_i v_j$, 我们从 G 中删去 e, 并把顶点 v_i 和 v_j 重合为一个顶点 y, 得到一个新的顶点集 $V' = (V \setminus \{v_i, v_j\}) \cup \{y\}$, 而把 G 中所有与 v_i 或与 v_j 关联的边都改为与 y 关联, G 中既不与 v_i 也不与 v_j 关联的边不变, 得到一个新的边集 E', 这样产生的新图 $G' = (V'E')$ 称为 G 关于边 e 的收缩 (condensation). 顶点 y 称为收缩 e 产生的人造顶点 (artificial vertex).

设 $G = (V, E)$ 是一个图, S 为 V 的一个非空真子集, $\overline{S} = V \setminus S$, 记

$$[S, \overline{S}] = \{v_i v_j \in E | v_i \in S, v_j \in \overline{S}\}.$$

如果 $[S, \overline{S}] \neq \varnothing$, 则称 $[S, \overline{S}]$ 是 G 的一个边割 (edge-cut). 若 E' 是 G 的一个边割,

但 E' 的任何真子集都不是 G 的边割, 则称 E' 为 G 的极小边割 (minimaledge-cut). G 的极小边割又称为 G 的补圈 (cocycle).

一个图的边割与圈有如下的关系:

定理 1.2　设 C 和 $[S,\overline{S}]$ 分别是图 G 的圈和边割, 则

$$|E(C)\cap[S,\overline{S}]|\equiv 0(\mathrm{mod}2).$$

证明　当 $E(C)\cap[S,\overline{S}]=\varnothing$ 时, $|E(C)\cap[S,\overline{S}]|=0$. 当 $E(C)\cap[S,\overline{S}]\neq\varnothing$ 时, 设 $C=v_1e_1v_2e_2v_3\cdots v_pe_pv_1, v_1\in S$, 且 $E(C)\cap[S,\overline{S}]=\{e_{i_1},e_{i_2},\cdots,e_{i_k}\}$, 其中 $1\leqslant i_1<i_2<\cdots i_k\leqslant p$. 记 $\widehat{V}=\{v_{i_1},v_{i_2},\cdots,v_{i_k}\}$, 由 $v_1\in S$ 知, $v_{i_1}\in S$, $v_{i_k+1}\in S$. 根据 $[S,\overline{S}]$ 的定义有

$$\{v_{i_j}\in\widehat{V}|j\ 为奇数\ \}\subseteq S,\quad \{v_{i_j}\in\widehat{V}|j\ 为偶数\ \}\subseteq\overline{S}.$$

因 $v_{i_k+1}\in S$, 故 $v_{i_k}\in\overline{S}$, 即知 k 为偶数. 于是 $|E(C)\cap[S,\overline{S}]|$ 为偶数. □

1.2　有向图的基本概念

有向图 (digraph)D 是指由一个非空的有限集合 $V(D)$ 和 $V(D)$ 中某些元素的有序对的集合 $A(D)$ 构成的二元组 $(V(D),A(D))$.$V(D)$ 称为 D 的顶点集, 其中的元素称为 D 的顶点. $A(D)$ 称为 D 的弧集 (arc set), 其中的元素称为 D 的弧 (arc). 在不混淆时, 记 $V=V(D),A=A(D),D=(V,A)$.

如果 $V(D)=\{v_1,v_2,\cdots,v_n\}$ 那么 $A(D)$ 中元素 a 与 $V(D)$ 中某两个元素构成的有序对 $\{v_i,v_j\}$ 相对应, 记 $a=(v_i,v_j)$, 其中 v_i 称为 a 的尾 (tail), v_j 称为 a 的头 (head); a 称为 v_i 的出弧 (out-arc), 也称为 v_j 的入弧 (in-arc); 称 v_j 为 v_i 的出邻点, 称 v_i 为 v_j 的入邻点. 以 $N_D^+(v)$ 表示顶点 v 的所有出邻点的集合, 称为 v 的出邻域 (out-neighbour); 以 $N_D^-(v)$ 表示顶点 v 的所有入邻点的集合, 称为 v 的入邻域 (in-neighbour). 顶点 v 在 D 中出弧的数目记为 $d_D^+(v)$, 称之为 v 的出度 (out-degree); 顶点 v 在 D 中入弧的数目记为 $d_D^-(v)$, 称之为 v 的入度 (in-degree). 显然有

定理 1.3　设 $D=(V,A)$ 是有向图, 则

$$\sum_{v\in V}d_D^+(v)=\sum_{v\in V}d_D^-(v)=|A|.$$ □

有向图也可以用一个图形来表示. 用小圆圈表示顶点, 用小圆圈之间带有箭头的连线表示弧, 连线的箭头由弧的尾指向弧的头. 例如, 图 1.2 就表示一个有向图 $D=(V,A):V=\{v_1,v_2,\cdots,v_6\},A=\{a_1,a_2,\cdots,a_{11}\}$, 其中 $a_1=(v_1,v_1),a_2=$

$(v_1,v_2), a_3=(v_3,v_2), a_4=(v_3,v_4), a_5=(v_4,v_3), a_6=(v_2,v_4), a_7=(v_5,v_4), a_8=(v_4,v_6), a_9=(v_6,v_5), a_{10}=(v_6,v_2), a_{11}=(v_6,v_2)$.

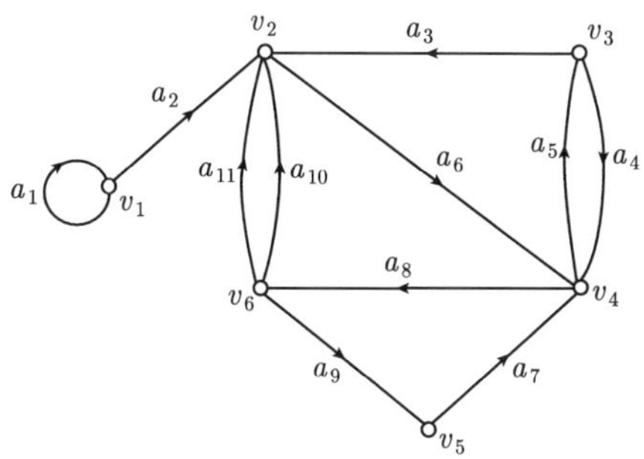

图 1.2　有向图的图形表示

尾和头重合的弧称为环. 若两条弧有相同的头和相同的尾, 则称这两条弧为重弧 (multiple-arc). 既没有环也没有重弧的有向图称为简单有向图 (simple digraph).

把有向图 D 中每条弧上的箭头去掉, 即把 D 的每条弧 (v_i,v_j) 用边 v_iv_j 代替, 得到的图称为 D 的基础图 (underlying graph). 反之, 给定一个图 G, 如果把图 G 的每条边都规定一个方向, 即把顶点的无序对按规定的方向改为有序对, 得到的有向图称为 G 的定向图 (oriented graph).

有向图中的许多概念可以通过它的基础图去描述. 例如, 设 G 是有向图 D 的基础图, 如果顶点 v_i 和 v_j 在 G 中相邻, 则称 v_i 和 v_j 在 D 中相邻; 若 G 是连通的, 则称 D 是连通的; D 中的途径是指 D 中这样的一些顶点和弧构成的序列: 使这些顶点与这些弧相对应的边构成 G 的途径. 类似地, 定义有向图的迹、链、闭途径、闭迹和圈.

仿照图中子图、支撑子图和导出子图的定义, 同样可以给出有向图的子图、支撑子图和导出子图的定义. 另外, 1.1 节介绍的图的一些运算也可以照搬到有向图上来. 这些都留给读者去完成.

由于有向图中,"方向"是很重要的, 因此我们要给出有向图中与方向有关的一些概念.

有向图 D 中的有向途径 (directed walk) 是指 D 中某些顶点和弧组成的非空有限序列 $W=v_1a_1v_2\cdots v_ka_kv_{k+1}$, 其中 $v_i\in V(D)(1\leqslant i\leqslant k+1), a_j\in A(D)(1\leqslant j\leqslant k)$, 且 $a_i=(v_i,v_{i+1})(1\leqslant i\leqslant k)$.$v_1$ 称为 W 的起点, v_{k+1} 称为 W 的终点, W 上的其他顶点称为 W 的内部顶点, 并称 W 为 D 的有向 (v_1,v_{k+1}) 途径. k 称为 W 的长. 有向途径 $v_1a_1v_2\cdots v_ka_kv_{k+1}$ 常常简单地用 $v_1v_2\cdots v_kv_{k+1}$ 来表示.

有向途径 $W=v_1a_1v_2\cdots v_ka_kv_{k+1}$ 的节是指由 W 中相继项构成的子序列 $v_ia_iv_{i+1}\cdots v_{j-1}a_{j-1}v_j$, 这一子序列也称为 W 的 (v_i,v_j) 节. 如果 W_1 和 W_2 都

是有向图 D 中的有向途径, 且 W_1 的终点正好是 W_2 的起点, 则把 W_2 接在 W_1 的后面就得到 D 的一条新的有向途径 W, 记作 $W = W_1W_2$, 并称 W 为 W_1 与 W_2 的衔接, 或称 W 可表示为 W_1 与 W_2 的并.

如果有向图 D 中的有向途径 W 上的弧互不相同, 则称 W 为 D 的有向迹 (directed trail). 与图的链、闭途径、闭迹和圈的定义一样, 完全类似地定义有向图中的有向链、有向闭途径、有向闭迹和有向圈. 为方便计, 我们常常把有向链称为路 (path), 把有向圈称为回路 (circuit).

如果对于有向图 D 中的任意两个顶点 v_i 和 v_j, D 中既存在 (v_i, v_j) 路, 也存在 (v_j, v_i) 路, 则称 D 是强连通的 (strongly connected). 易知, 若有向图 D 是强连通的, 则 D 是连通的, 反之不然. 同图的连通分支类似, 可以定义有向图的强连通分支 (strongly component).

可以用一个形象的比喻来解释连通有向图和强连通有向图的差异. 设想有一个公路网连接若干个城镇, 且每条公路只允许单向行驶, 这样的公路网称为单行公路网. 若把城镇看做顶点, 单行公路看做弧, 则单行公路网可看做一个有向图 D, D 连通相当于从任一城镇出发, 不管公路规定的行驶方向, 驱车可到达任一其他城镇; 而 D 强连通则等同于从任一城镇驾车出发, 严格按照规定的方向行驶, 可以到达任一其他城镇.

图中边割的概念也可以推广到有向图上来. 设 $D = (V, A)$ 是一个有向图, $\forall S, T \subseteq V$, 定义

$$(S, T) = \{(v_i, v_j) \in A | v_i \in S, v_j \in T\}.$$

如果 S 为 V 的非空真子集, $T = V \setminus S$, 则称 (S, T) 为 D 的截集 (cut set).

1.3 几类重要的图

本节介绍一些重要的图类.

任何一对顶点都相邻的简单图称为完全图 (complete graph). n 阶完全图记为 K_n.

设 $G = (V, E)$ 为 n 阶简单图, K_n 为 n 阶完全图, 且 $V(K_n) = V$, 则称简单图 $K_n - E$ 为 G 的补图 (complement), 记为 $\overline{G}$.

设图 $G = (V, E)$, 如果存在 V 的一个划分 X, Y, 使得 G 的任何一条边的一个端点在 X 中, 另一个端点在 Y 中, 则称 G 为二部图 (bipartite graph), 记作 $G = (X, Y, E)$. 完全二部图 (complete bipartite graph) 是指这样的二部图 $G = (X, Y, E)$, 其中 $X \neq \varnothing, Y \neq \varnothing$, 且 X 的每个顶点都与 Y 的每个顶点之间恰有一条边. 若 $|X| = m, |Y| = n$, 则完全二部图 $G = (X, Y, E)$ 记为 $K_{m,n}$.

推而广之, 所谓 k 部图 (k-partite graph)G 是指存在 $V(G)$ 的一个划分 $V_1, V_2, \cdots, V_k$, 使得 V_i 的任何两个顶点在 G 中都不相邻, $i=1,2,\cdots,k$. 又若 $V_i \neq \varnothing(1 \leqslant i \leqslant k)$, 且 V_i 中任一顶点与 V_j 中任一顶点之间恰有一条边 $(1 \leqslant i < j \leqslant k)$, 则称 G 为完全 k 部图 (complete k-partite graph).

二部图有下面的一个重要特征.

定理 1.4 图 G 是二部图当且仅当 G 中不含奇圈.

证明 ($\Rightarrow$) 设二部图 $G=(X,Y,E), C=v_1v_2\cdots v_kv_1$ 是 G 中的任意一个圈. 不妨设 $v_1 \in X$. 因 $v_1v_2 \in E, G$ 是二部图, 故 $v_2 \in Y$. 同理 $v_3 \in X$. 一般说来, $v_{2i-1} \in X, v_{2i} \in Y$. 由于 $v_1 \in X$, 因此 $v_k \in Y$, 所以有某个 i 使 $k=2i$, 即 C 是偶圈.

($\Leftarrow$) 不妨设 G 连通 (否则, 逐个考察它的连通分支), 并且 G 不含奇圈.

由于 G 连通, 因此 $\forall v_i, v_j \in V(G), G$ 中存在 (v_i, v_j) 链. 我们把 G 中边数最少的 (v_i, v_j) 链称为 G 的最短 (v_i, v_j) 链, 并把它的长记为 $d_G(v_i, v_j)$.

任取 $v \in V(G)$, 令

$$X=\left\{v_i \in V(G) | d_G(v, v_i) \text{ 是偶数 }\right\},$$
$$Y=\left\{v_i \in V(G) | d_G(v, v_i) \text{ 是奇数 }\right\},$$

从而 X, Y 是 $V(G)$ 的一个划分.

$\forall x_1, x_2 \in X, x_1 \neq x_2$, 设 P 是最短 (v, x_1) 链, Q 是最短 (v, x_2) 链, 记 P 和 Q 的最后一个公共顶点为 v_1. 因 P 和 Q 是最短链, 则用反证法不难证明 P 和 Q 的 (v, v_1) 节都是最短 (v, v_1) 链, 故它们的长度相等. 又因 P 和 Q 的长度都是偶数, 从而 P 的 (v_1, x_1) 节 P_1 的长和 Q 的 (v_1, x_2) 节 Q_1 的长必有相同的奇偶性, 由此推知 (x_1, x_2) 链 $P_1^{-1}Q_1$ 的长为偶数. 如果 x_1 与 x_2 相邻, 则 $P_1^{-1}Q_1x_2x_1$ 是一个奇圈, 此与假设矛盾. 因此 X 中任何两个顶点都不相邻. 同理可证 Y 中任何两个顶点也不相邻. □

不含圈的图称为无圈图 (acyclic graph). 连通的无圈图称为树 (tree). 如果 T 是图 G 的一个支撑子图, 且 T 是树, 则称 T 为 G 的支撑树 (spanning tree). 同样, 我们把有向图 D 中连通无圈的支撑子图也称为 D 的支撑树.

如果图 G 中存在包含一切边的闭迹 W, 则称 G 是 Euler 图 (Euler graph), W 称为 G 的 Euler 闭迹 (Euler closed trail). 如果有向图 D 中存在包含一切弧的有向闭迹 W, 则称 D 是有向 Euler 图 (Euler digraph), W 称为 D 的有向 Euler 闭迹 (directed Euler closed trail).

如果图 G 中存在包含一切顶点的圈 C, 则称 G 是 Hamilton 图 (Hamilton graph), C 称为 G 的 Hamilton 圈 (Hamilton cycle). 包含图 G 中一切顶点的链称为 G 的 Hamilton 链 (Hamilton chain). 类似地, 在有向图中定义 Hamilton 回路

(Hamilton circuit) 和 Hamilton 路 (Hamilton path). 存在 Hamilton 回路的有向图称为有向 Hamilton 图 (Hamilton digraph).

给定有向图 $D=(V,A)$ 后, 有时需要对 D 中每条弧 a 赋一个实数 $w(a), w(a)$ 通常称为 a 的权. w 是 A 上的实值函数, 称为 D 的权函数 (weighted function). 赋权的有向图 D 称为网络 (network), 记为 $D=(V,A,w)$. 在 1.5 节我们将看到网络具有广泛的应用背景, 权可以根据需要而赋予具体的含义, 当然在必要时还可以给每条弧赋以多个权, 也可以对每个顶点赋权.

同样可以考虑赋权的图. 赋以权 w 的图 G 称为无向网络 (undirected network), 记作 $G=(V,E.w)$.

值得指出的是, 无向网络可以转化为网络, 具体做法是: 把无向网络 $G=(V,E,w)$ 中每条边 $e=v_iv_j\in E$ 代之以一对弧

$$a'=(v_i,v_j)\in A,\quad a''=(v_j,v_i)\in A,$$

并且令

$$w(a')=w(a'')=w(e),$$

这样得到一个相应的网格 $D=(V,A,w)$. 把无向网络转化为网络的这种方法将会给我们处理问题带来方便.

设 $D=(V,A,w)$ 是一个网络, 若 $D_1=(V_1,A_1)$ 是 D 的一个子图, 则 $D_1=(V_1,A_1,w)$ 称为 D 的子网络 (subnetwork), 并且称

$$w(D_1)=\sum_{a\in A_1}w(a)$$

为子网格 D_1 的权.

同样定义无向网络的子网络和子网络的权.

1.4　图与网络的表示形式

已知, 描述一个图或网络的最直观的方法是用一个图形来表示. 但是要把图或网络输入到计算机中去, 最简单的方法是用一个矩阵或一个表格来记录图与网络.

1.4.1　关联矩阵

设 $G=(V,E)$ 是一个非空无环图, 定义

$$m_{ij}=\begin{cases}1, & \text{若顶点 } v_i \text{ 与边 } e_i \text{ 关联},\\ 0, & \text{否则},\end{cases}$$

这样得到的 $|V|\times|E|$ 矩阵 $\boldsymbol{M}(G)=[m_{ij}]$ 称为 G 的关联矩阵 (incident matrix). 关联矩阵完整地表达了图中顶点与边的关联关系, 图 1.3 所示的图 G 的关联矩阵为

$$\boldsymbol{M}(G)=\begin{bmatrix}1&0&0&0&0&1\\1&1&1&1&0&0\\0&1&0&0&1&0\\0&0&1&1&1&1\end{bmatrix}$$

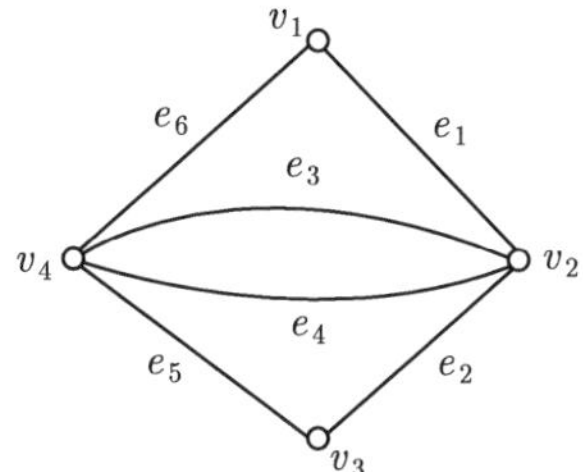

图 1.3 图的关联矩阵的例子

图的关联矩阵有下列明显的性质:

(1) 每一列恰好有两个非零无素 1;

(2) 每一行的元素之和等于对应顶点的度;

(3) 将一个关联矩阵中两行或两列互换, 相当于在同一个图中将两个对应的顶点或边的编号互换;

(4) 如果图 G 有 k 个连通分支 $G_1,G_2,\cdots,G_k(k\geqslant 2)$, 且 $G_i(1\leqslant i\leqslant w)$ 都是非空无环的, 那么, 通过适当排列 G 的顶点和边所对应的行和列, 可以得到

$$\boldsymbol{M}(G)=\begin{bmatrix}\boldsymbol{M}(G_1)&&&\boldsymbol{0}\\&\boldsymbol{M}(G_2)&&\\&&\ddots&\\\boldsymbol{0}&&&\boldsymbol{M}(G_k)\end{bmatrix}.$$

设 $D=(V,A)$ 是非空无环有向图, 定义

$$m_{ij}\begin{cases}1, & \text{若顶点 } v_i \text{ 为弧 } a_j \text{ 的尾},\\-1, & \text{若顶点 } v_i \text{ 为弧 } a_j \text{ 的头},\\0, & \text{否则},\end{cases}$$

则 $|V|\times|A|$ 矩阵 $\boldsymbol{M}(D)=[m_{ij}]$ 称为 D 的关联矩阵.

有向图的关联矩阵有着类似的性质:

(1) $\boldsymbol{M}(D)$ 的每一列恰有两个非零元素, 一个 1 和一个 -1;

(2) $\boldsymbol{M}(D)$ 的每一行中 1 的个数等于对应顶点的出度, 而 -1 的个数等于对应顶点的入度;

(3) 将 $\boldsymbol{M}(D)$ 中的两行或两列互换, 相当于在 D 中将两个对应的顶点或边的编号互换;

(4) 若 $D_1, D_2, \cdots, D_k(\omega \geqslant 2)$ 是有向图 D 的所有连通分支, 且 $D_i(1 \leqslant i \leqslant k)$ 是非空无环的, 则可以得到

$$\boldsymbol{M}(D) = \begin{bmatrix} \boldsymbol{M}(D_1) & & & \boldsymbol{0} \\ & \boldsymbol{M}(D_2) & & \\ & & \ddots & \\ \boldsymbol{0} & & & \boldsymbol{M}(D_k) \end{bmatrix}.$$

1.4.2　邻接矩阵

图还有另一种矩阵表示, 即用体现图中顶点之间相邻关系的矩阵来记录一个图. 设图 $G = (V, E)$, 令 a_{ij} 等于 G 中顶点 v_i 和 v_j 之间的边数, 则 $|V|$ 阶方阵 $\boldsymbol{A}(G) = [a_{ij}]$ 称为 G 的邻接矩阵 (adjacent matrix). 例如, 图 1.1 所示的图 G 的邻接矩阵为

$$\boldsymbol{A}(G) = \begin{bmatrix} 0 & 2 & 0 & 0 & 0 \\ 2 & 0 & 1 & 0 & 1 \\ 0 & 1 & 0 & 1 & 0 \\ 0 & 0 & 1 & 1 & 1 \\ 0 & 1 & 0 & 1 & 0 \end{bmatrix}.$$

有向图 $D = (V, A)$ 的邻接矩阵为 $|V|$ 阶方阵 $\boldsymbol{A}(D) = [a_{ij}]$, 其中 a_{ij} 等于 D 中以顶点 v_i 为尾、以顶点 v_j 为头的弧的数目.

1.4.3　权矩阵

对于赋权的简单图 $G = (V, E, w)$, 定义

$$w_{ij} = \begin{cases} w(v_i v_j), & 若\ v_i v_j \in E, \\ L, & 若\ i = j, \\ K, & 若\ v_i v_j \notin E\ 且\ i \neq j, \end{cases}$$

则称 $|V|$ 阶方阵 $[w_{ij}]$ 为无向网络 G 的权矩阵 (weight matrix).

对于赋权的简单有向图 $D=(V,A,w)$, 同样定义

$$w_{ij}=\begin{cases} w(v_i,v_j), & 若\ (v_i,v_j)\in A, \\ L, & 若\ i=j, \\ K, & 若\ (v_i,v_j)\notin A\ 且\ i\neq j, \end{cases}$$

则称 $|V|$ 阶方阵 $[w_{ij}]$ 为网络 D 的权矩阵.

根据实际需要, 上面两个定义中的 L 可以取为 $0,-\infty$ 或 ∞, K 可以取为 $-\infty$ 或 ∞.

不难发现, 网络的权矩阵其实就是有向图的邻接矩阵在网络上的一个推广 (图 1.4).

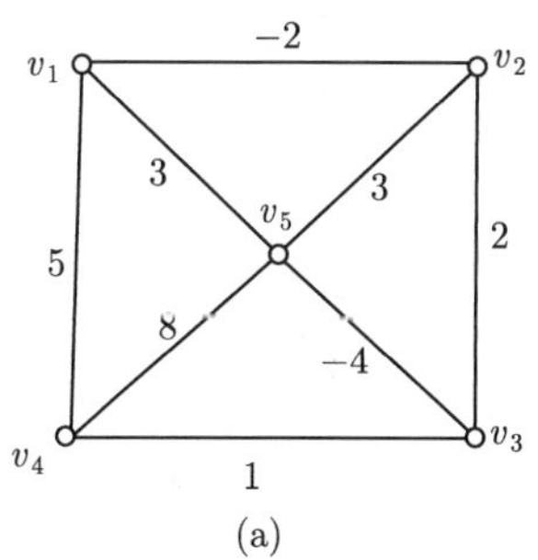

(a)

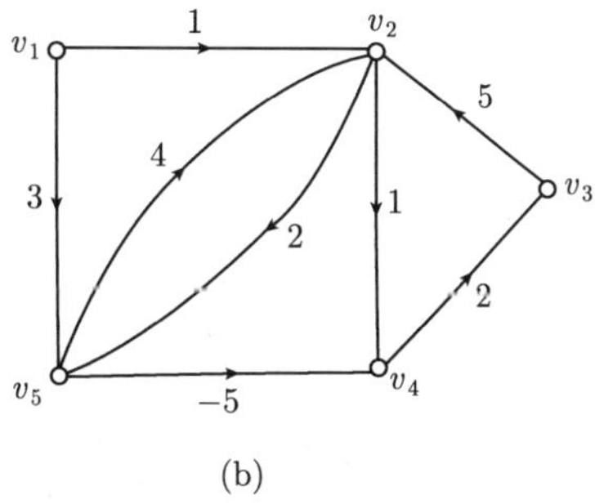

(b)

图 1.4 权矩阵的例子

图 1.4(a) 和 (b) 所示的无向网络和网络的权矩阵分别为

$$\begin{bmatrix} L & -2 & K & 5 & 3 \\ -2 & L & 2 & K & 3 \\ K & 2 & L & 1 & -4 \\ 5 & K & 1 & L & 8 \\ 3 & 3 & -4 & 8 & L \end{bmatrix}, \begin{bmatrix} L & 1 & K & K & 3 \\ K & L & K & 1 & 2 \\ K & 5 & L & K & K \\ K & K & 2 & L & K \\ K & 4 & K & -5 & L \end{bmatrix}.$$

1.4.4 边目录与弧目录

图的边目录 (edge list)(或有向图的弧目录 (arc list)) 是指按图 (或有向图) 的顶点编号的字典序排出其所有边 (或弧). 例如, 图 1.1 所示的图的边目录见表 1.1.

表 1.1 图的边目录

端点	1	1	2	2	3	4	4
端点	2	2	3	5	4	4	5

图 1.2 所示的有向图的弧目录见表 1.2.

表 1.2 有向图的弧目录

尾	1	1	2	3	3	4	4	5	6	6	6
头	1	2	4	2	4	3	6	4	2	2	5

无向网络的边目录 (或网络的弧目录) 是指按无向网络 (或网络) 的顶点编号的字典序排出所有边 (或弧) 及其权. 图 1.4(a) 所示无向网络的边目录见表 1.3.

表 1.3 无向网络的边目录

端点	1	1	1	2	2	3	3	4
端点	2	4	5	3	5	4	5	5
权	−2	5	3	2	3	1	−4	8

图 1.4(b) 所示网络的弧目录见表 1.4.

表 1.4 网络的弧目录

尾	1	1	2	2	3	4	5	5
头	2	5	4	5	2	3	2	4
权	1	3	1	2	5	2	4	−5

上述几种表示形式各有特点, 至于哪种形式好, 要视具体情况而定. 相对而言, 邻接矩阵、权矩阵以及边目录 (或弧目录) 所占的存储空间较少, 因此, 这三种表示形式常常用来描述图和网络. 当然, 图与网络还有其他的表示形式, 这里就不一一介绍了.

1.5 网络最优化问题

经典的组合数学主要研究的问题是关于有限的离散对象的安排和选择. 习惯上, 组合学家关心的是安排或选择的存在性和计数, 即这样的安排或选择存在吗? 有多少这样的安排或选择? 而组合最优化 (combinatorial optimization) 是研究在所有可能的 (常常是有限个) 安排或选择中如何挑选 "最好" 的. 与图和网络相关的组合最优化问题称为网络最优化 (network optimization) 问题. 具体地说, 大多数网络最优化问题就是在网络 (包括无向网络) 上找一个某类特定的子网格, 使它的权在同类子网络中达到最小或最大.

网络最优化的内容非常丰富, 下面我们介绍它的一些基本问题.

1.5.1 最小树问题

最小树问题是指在无向网络上求一个权最小的支撑树. 权最小的支撑树称为最小树 (minimum spanning tree).

例 1.1 假设要修建一个连接 n 个城市的公路网, 连接任何两个城市的公路的造价是已知, 试设计一个总造价最小的公路网.

如果把城市看成是图的顶点, 城市之间的公路看成图的边, 造价看成边的权, 则上述问题就是在赋权的 n 阶完全图中求一个权最小的连通支撑子图. 由于权表示造价, 因此是正的, 所以权最小的连通支撑子图不含圈, 从而它是一个权最小的支撑树. 于是, 上述问题是一个最小树问题. □

1.5.2 最短路问题

设 $G=(V,E,w)$ 是一个无向网络, v_i 和 v_j 是 G 中的两个顶点. G 的所有 (v_i,v_j) 链中权最小的链称为 G 的最短 (v_i,v_j) 链 (shortest chain).

同样可以定义网络的最短 (v_i,v_j) 路 (shortest path).

例 1.2 某旅客要从长沙乘飞机去德国的汉堡, 因为他害怕飞行, 所以要选择一条航线, 能在空中花费尽可能少的时间. 问旅客应怎样确定航线?

构造一个无向网络, 图的顶点表示长沙与汉堡之间的各航空港, 图的边对应于相应的航空港之间的飞行航线, 令每条边的权等于相应航线的飞行时间. 这样, 上述问题就可以化为无向网络中的最短链问题. □

1.5.3 最大流问题

给定一个有向图 $D=(V,A)$, c 是定义在 A 上的正值函数, $\forall a\in A, c(a)$ 称为弧 a 的容量 (capacity). 若 $a=(v_iv_j)\in A$, 则记 $c(a)=c_{ij}$, 称网络 $D=(V,A,c)$ 为容量网络 (capacity network). 在 D 中指定两个顶点 v_s 和 v_t, v_s 称为 D 的发点 (source), v_t 称为 D 的收点 (sink).

设 f 是容量网络 D 的弧集 A 上的一个实函数, $\forall a=(v_i,v_j)\in A$, 记 $f(a)=f_{ij}$. 如果函数 $f=\{f_{ij}|(v_i,v_j)\in A\}$ 满足守恒条件

$$\sum_{v_j\in N^+(v_i)} f_{ij}-\sum_{v_j\in N^-(v_i)} f_{ij}=0,\quad \forall v_i\in V\setminus\{v_s,v_t\},$$

则称 f 是 D 上的一个流 (flow). 此时, f_{ij} 称为 f 通过弧 (v_i,v_j) 上的流量 (flow amount); 称

$$\sum_{v_j\in N^+(v_s)} f_{sj}-\sum_{v_j\in N^-(v_s)} f_{js}$$

为 f 的流值 (flow value), 记为 $v(f)$.

由守恒条件可知: 对 D 的任何一个流 f, 有

$$\sum_{v_j\in N^+(v_t)} f_{tj}-\sum_{v_j\in N^-(v_t)} f_{jt}=-v(f).$$

(这一点我们将在 6.1 节中证明.)

如果容量网络 $D = (V, A, c)$ 上的流 f 还满足流量限制条件

$$0 \leqslant f_{ij} \leqslant c_{ij}, \forall (v_i, v_j) \in A,$$

则称 f 是 D 上的一个可行流 (feasible flow). 如果 D 中的可行流 f 的每个弧流量都是整数, 则称 f 是 D 的可行整数流.

容量网络 D 的弧集 A 上的函数 $f \equiv 0$(即, $\forall (v_i, v_j) \in A$, 有 $f_{ij} = 0$) 是 D 的一个可行流, 这个流称为零流 (zero flow). 因此, 容量网络中总存在可行流.

所谓最大流问题就是在一个带发点和收点的容量网络上求一个流值最大的可行流, 这样的可行流称为最大流 (maximum flow).

例 1.3 假设在某个单行公路网中, 为了保证畅通, 交通部门对每条公路在单位时间 (例如一天) 内通过的车辆数目要作一个限制. 问单位时间内最多能有多少辆车从甲地出发经过该公路网到达乙地?

如果我们把公路网中公路的会合点看做是顶点, 公路看做是弧, 公路在单位时间内允许通过的车辆看成是弧的容量, 甲地为发点, 乙地为收点, 则上面的车流问题就是一个最大流问题. □

1.5.4 最小费用流问题

设 $D = (V, A, c)$ 是一个带发点 v_s 和收点 v_t 的容量网络. w 是定义在 A 上的非负函数, $\forall a = (v_i, v_j) \in A, w(a)$ 表示弧 a 上通过单位流量的费用 (cost), 记 $w(a) = w_{ij}$. 称网络 D 为容量–费用网络 (capacity-cost network), 记 $D = (V, A, c, w)$.

设 f 是容量–费用网络 D 上的一个可行流, 定义 f 的费用为

$$w(f) = \sum_{(v_i, v_j) \in A} w_{ij} f_{ij}.$$

设 v_0 是给定的一个非负数, 最小费用流问题就是在带发点和收点的容量–费用网络 D 中求一个流值为 v_0 且费用最小的可行流, 这样的可行流称为最小费用流 (minimum cost flow).

例 1.4 欲将一批产品从工厂经过一个单行公路网运到仓库. 在不同的路线上, 每千克货物的运输费用是不相同的. 每条路线只能承担有限重量的货物运输. 问应怎样安排运输路线才能使总的运费最小?

把工厂用发点表示, 仓库用收点表示. 两条或两条以上公路的每个会合点用一个顶点表示, 每一段公路则用相应顶点之间的弧表示. 令每条弧的容量等于相应的一段公路所能承运的货物的最大重量, 每条弧上的单位费用等于使用相应的一段公路上每千克货物的运价, v_0 为该批产品的总重量. 于是, 上述问题就是一个最小费用流问题. □

1.5.5 最小费用循环流问题

设有向图 $D=(V,A)$, l 和 c 是定义在 A 上的非负函数和正值函数, 且 $\forall a=(v_i,v_j)\in A$, 有 $l(a)\leqslant c(a)$, 并记 $l(a)=l_{ij}, c(a)=c_{ij}$. $l(a)$ 和 $c(a)$ 分别称为弧 a 的下容量 (lower capacity) 和上容量 (upper capacity). 称 D 为双容量网络 (bicapacity network), 记 $D=(V,A,l,c)$.

设 f 是双容量网络 $D=(V,A,l,c)$ 的弧集 A 上的一个实函数, $f=\{f_{ij}|(v_i,v_j)\in A\}$. 如果 f 满足

$$\sum_{v_j\in N^+(v_i)} f_{ij}-\sum_{v_j\in N^-(v_i)} f_{ji}=0, \forall v_i\in V,$$

则称 f 是 D 上的一个循环流 (circulation). f_{ij} 称为 f 通过弧 (v_i,v_j) 上的流量. 如果 D 上的循环流 f 还满足

$$l_{ij}\leqslant f_{ij}\leqslant c_{ij}, \forall (v_i,v_j)\in A,$$

则称 f 是 D 的可行循环流 (feasible circulation).

再在双容量网络 D 的弧集 A 上定义一个费用函数 w(不要求 w 非负), 此时 D 称为双容量-费用网络 (bicapacity-cost network), 记为 $D=(V,A,l,c,w)$.

所谓最小费用循环流问题就是在双容量-费用网络中求一个费用最小的可行循环流, 这样的可行循环流称为最小费用循环流 (minimum cost circulation).

例 1.5 在某城市中, 每条公共汽车路线都是单行的环行路线. 为了人们的方便和交通的畅通, 必须规定在一天中通过每段线路 (即两个公共汽车站之间的线路) 上公共汽车的最低数目和最高数目. 假设公共汽车公司里每辆汽车的千米耗油量相同. 问公共汽车公司应怎样调度才能使一天中所有公共汽车的总耗油量最小?

把每个公共汽车站用一个顶点表示, 每段线路用相应的两个顶点之间的弧表示. 在每段线路上, 一天中通过公共汽车的最低数目和最高数目分别作为对应弧的下容量和上容量. 一辆汽车在某段线路上的耗油量作为对应弧的单位费用. 因此, 上述问题就化成了最小费用循环流问题. □

1.5.6 匹配问题

设图 $G=(V,E), M\subseteq E$. 如果 M 不含环且任意两边都不相邻, 则称 M 为 G 的一个匹配 (matching). G 中边数最多的匹配称为 G 的最大匹配 (maximum matching).

对于图 $G=(V,E)$, 在每条边 e 上赋一个实数 $w(e)$. 设 M 是 G 的一个匹配, 定义 M 的权为

$$w(M)=\sum_{e\in M} w(e).$$

并称 G 中权最大的匹配为 G 的最大权匹配 (maximum weighted matching). 如果 $\forall e \in E$, 有 $w(e)=1$, 则 G 的最大权匹配就是 G 的最大匹配.

例 1.6 第二次世界大战时, 英国某飞行队由来自世界各地的若干名飞行员组成, 飞行队的每架飞机必须由两名飞行员驾驶. 但由于语言和训练方式等诸种原因, 某些飞行员适合同机飞行, 另外一些飞行员则不能同机飞行. 问应怎样搭配飞行员, 才能使尽可能多的飞机同时飞行?

每个飞行员用一个顶点表示, 当且仅当两个飞行员可以同机飞行时, 在相应的顶点之间连一条边, 这样就得到一个图. 上述飞行员搭配问题就归结为在图上求一个最大匹配. □

1.5.7 中国邮递员问题

一个邮递员负责投递某个街区的邮件. 现在需要为他设计一条最短的投递路线, 使他从邮局出发经过投递区内每条街道至少一次, 最后返回邮局. 这个问题是管梅谷 (1960) 首先提出的, 所以国际上称之为中国邮递员问题 (Chinese postman problem).

如果把邮递员的投递区中的每条街道看做一条边, 街道的交会处看做顶点, 街道的长看做是对应边的权, 则得到一个边权为正的连通赋权图 G. 中国邮递员问题就是要在赋权图 G 中找一条闭途径 P, 使它包含 G 的每条边至少一次, 而且 P 所包含的边的权总和最小.

1.5.8 旅行商问题

某公司的商品推销员打算从驻地出发经过他所要去的每个城市恰好一次, 最后返回出发地, 问如何安排其旅行路线, 使走的路线的总长度最短? 这个问题称为旅行商问题 (travelling salesman problem).

把推销员的驻地和他所要去的城市用顶点表示, 城市之间的道路看成边, 边上的权等于对应道路的长, 这样就得到一个赋权图. 于是旅行商问题就是在赋权图上找一个权最小的 Hamilton 圈.

从这八个基本问题可以看出网络最优化在实际生产和生活中的广泛应用, 在经济管理等很多领域里, 网络最优化都是一种有效的手段, 它可以帮助我们提高效率、节省开支, 因此, 这是一个实用性很强的新兴的数学分支.

1.6 算法及其复杂性

在 1.5 节中我们给出了一些网络最优化问题, 但是, 最优化的一般含义是什么? 简单说, 最优化问题包含三个要素: 决策变量、约束条件和目标函数, 一般地它可以表述为如下的形式：

$$\begin{cases} \min g(x), \\ \text{s.t. } x \in F, \end{cases}$$

其中 x 称为决策变量, $g(x)$ 称为目标函数, F 是满足约束条件的点的集合, 称之为可行域, F 中的点称为可行解 (feasible solution), 满足 $g(x^*) = \min\{g(x)|x \in F\}$ 的可行解 x^* 称为最优解 (optimal solution).

决策变量是连续变量的称为连续最优化问题；决策变量是离散变量的称为离散最优化问题, 即 1.5 节提到的组合最优化问题. 组合最优化问题的可行域是有限集.

一个最优化问题 (problem) 通常含有若干参数. 当问题的参数都赋予了具体的值, 所得到的例子就称为问题的实例 (instance). 问题本身并不需要求解, 需要求解的是实例.

最优化的主要内容是研究最优化问题的计算方法. 可把解决某个问题的计算方法称为适用于该问题的算法 (algorithm). 算法是针对问题 (而不是针对实例) 来设计的. 能够求得某个问题的最优解的算法称为该问题的最优算法 (optimization algorithm). 一般来说, 算法就是一组可行的、确定的、有穷的规则. 只要会正确地执行规则要求的操作, 并遵循规则的指示一步一步地执行, 在有限步后就能得到算法适用范围内每个实例的完善的、正确的答案. 因此, 算法可以由计算机来执行.

算法可以用自然语言和程序 (设计) 语言两种方式来表达. 自然语言表达的算法通俗易懂, 直观简短. 本书的一切算法皆以自然语言叙述. 程序语言表述的算法则便于在计算机上执行. 将用自然语言叙述的算法转变成用程序语言写的能直接在计算机上运行的算法, 往往需要做大量工作, 而且还需要一些专门的知识.

衡量一个算法的效率, 最广泛采用的标准是看这个算法解决问题所花费时间的长短. 但是, 一个算法执行时所花费的时间既与计算机的速度有关, 也与要求解的实例有关. 为了使评价算法的标准客观公正, 目前通用的是下面的办法.

首先, 要排除计算机速度带来的影响. 我们假定执行算法的计算机只能进行加、减、乘、除和比较等基本运算, 并且执行每一次基本运算都花费一个单位时间. 这样, 就可以用算法需要执行的基本运算的总次数来代替算法的运行时间.

其次, 引入规模的概念来消除实例产生的干扰. 我们知道, 只有对一个实例的输入数据进行二进制编码, 才能把该实例输入到计算机中去. 描述一个实例的二进制代码的总位数, 就称为这个实例的规模 (size).

最后, 我们注意到用同一个算法来计算规模相同的实例, 需要执行的基本运算的次数往往也会大不相同. 因此, 人们通常只考虑最坏的情形, 即估计出算法对规模为 n 的实例需要执行基本运算总次数的一个上界 $T(n)$. 函数 $T(n)$ 称为该算法的时间复杂性或时间复杂度, 简称为复杂性 (complexity) 或复杂度.

在研究算法复杂性时, 感兴趣的是复杂性函数的增长速度, 而复杂性的增长速度只有在实例的规模很大时才能反映出来. 当实例的规模足够大时, 算法的复杂性函数中增长速度较慢的项终将被增长速度很快的项超过. 例如, 在函数 $5^n+3^n+n^{100}$ 中, 当 $n>500$ 时, $5^n>3^n+n^{100}$, 即 3^n+n^{100} 在 n 足够大时被 5^n 超过. 因此, 对复杂性函数的增长速度起决定作用的是增长速度最快的项. 据此, 我们引进下面的记号.

设 $T_1(n)$ 和 $T_2(n)$ 是定义在正整数集 $\mathbb{N}_+$ 上的两个正函数, 若存在一个常数 $\alpha>0$, 使得当 n 足够大时有 $T_1(n)\leqslant \alpha T_2(n)$, 则记 $T_1(n)=O(T_2(n))$. 例如, $5^n+3^n+n^{100}=O(5^n), n\log n+5n=O(n\log n)$, 常数 =O(1). 用这个记号来描述算法复杂性, 可以使复杂性的表达式得以简化.

若一个算法的复杂性 $T(n)$ 是实例规模 n 的多项式函数, 则称这个算法是有效的或多项式时间的, 常常简称为多项式 (polynomial) 算法. 我们把不是有效的算法称为无效的或非多项式时间的, 也称为指数 (exponential) 算法. 因为, 对于任意给定的 $\beta>0$ 和 $a>1$, 当 n 足够大时, $n^\beta<a^n$, 所以任意一个多项式算法都比任何指数算法更为有效. 这也许是把多项式算法称为有效算法的原因.

在确定实例的规模时, 为了避免纠缠细枝末节, 常常用最优化问题中易于计算且富有代表性的参数作为实例的规模. 在网络最优化中, 通常把网络的顶点数 n 和弧数 (或边数)m 以及权的最大值 θ(按绝对值) 等作为问题中实例的规模. 由于正整数 θ 的二进制代码的位数为 $\lceil\log\theta\rceil$ 或 $\lceil\log\theta\rceil+1$, 因此, 网络最优化问题中的多项式算法就是复杂性为 n, m 和 $\log\theta$ 的多项式函数的算法. 若一个算法的复杂性为 n 和 m 的多项式函数, 则称该算法为强多项式 (strongly polynomial) 算法. 强多项式算法是特殊的多项式算法, 它的复杂性只依赖于 n 和 m, 而与 $\log\theta$ 无关. 若算法的复杂性是 n, m 和 θ 的多项式函数, 则称这个算法为伪多项式 (pseudo-polynomial) 算法. 伪多项式算法不是多项式算法.

寻找一个问题的多项式算法是不容易的, 旅行商问题到目前为止还没有找到多项式算法, 许多与它有关的问题, 例如, 求一个图的 Hamilton 链和 Hamilton 圈, 求一个有向图的 Hamilton 路和 Hamilton 回路等, 都还未找到有效算法, 也不知道它们是否存在多项式算法.

在第 2 章至第 10 章中, 我们主要介绍网络最优化的一些基本问题的有效算法; 第 11 章和第 12 章着重研究没有找到有效算法的几个很有代表性的问题的求解方法及复杂性分类.

1.7 排序算法

本节通过介绍两个排序算法, 帮助读者理解和体验算法设计与复杂性分析. 从数学上讲, 排序算法是指将一列数据按照特定顺序进行排列的方法. 例如, 一列实数可以按照从小到大或从大到小的顺序来排列; 在英文字典里, 需要把英文单词按照字母顺序排列起来; 在计算机中, 需要将文字数据处理成人类可读的输出结果.

为了叙述的方便, 我们称一列数据为序列, 称 n 个数据 (即元素) 的序列为 n 元序列, n 又称为序列的长度; 将已经按特定顺序排好序的序列称有序序列, 否则称为无序序列. 我们只讨论将一列相异的实数按照从小到大的顺序排列.

排序算法有许多, 这里只介绍直接插入排序法和归并排序法.

1.7.1 直接插入排序法

直接插入排序法 (straight inserting sort) 是一种最简单的排序方法, 其基本思想是将每个待排序的元素与有序序列中的元素依次进行比较, 然后插入到有序序列中, 得到一个新的有序序列. 其具体步骤如下.

Step0 给定待排序的 n 元序列 $\{a_1, a_2, \cdots, a_n\}$, 令初始有序序列 Sorted $= \{a_1\}$, 无序序列 UnSorted $= \{a_2, \cdots, a_n\}$.

Step1 将 UnSorted 中第一个元素 a_i 与 Sorted 中元素由前向后依次比较. 若小于 Sorted 中某元素, 则 a_i 插入到 Sorted 中该元素之前, 且该元素及其之后的元素依次后移一位; 若大于 Sorted 中所有元素, 则 a_i 插入到 Sorted 的末尾. 令 UnSorted: $=$ UnSorted$\backslash\{a_i\}$.

Step2 若 UnSorted$=\varnothing$, 结束, Sorted 为有序序列; 否则, 转 Step1.

例 1.7 给定待排序序列 $\{34, 23, 48, 56, 45, 19, 20\}$, 使用直接插入排序方法将该序列进行排序, 排序过程如图 1.5 所示, 其中有序序列中带下划线者为新插入的元素. □

	有序序列	无序序列
初始	$\{\underline{34}\}$	{23, 48, 56, 45, 19, 20}
第 1 次插入	$\{\underline{23}, 34\}$	{48, 56, 45, 19, 20}
第 2 次插入	$\{23, 34, \underline{48}\}$	{56, 45, 19, 20}
第 3 次插入	$\{23, 34, 48, \underline{56}\}$	{45, 19, 20}
第 4 次插入	$\{23, 34, \underline{45}, 48, 56\}$	{19, 20}
第 5 次插入	$\{\underline{19}, 23, 34, 45, 48, 56\}$	{20}
第 6 次插入	$\{19, \underline{20}, 23, 34, 45, 48, 56\}$	{ }

图 1.5 直接插入排序法示意图

现在来分析直接插入排序法的复杂性. 只需估计 Step1 和 Step2 的计算量. Step1~Step2 需要进行 $n-1$ 次插入操作, 每次插入操作需要将无序序列中第一个元素与长度为 l 的有序序列中元素进行比较, 且插入新元素后需要将有序序列中新元素之后的所有元素后移一位 (称作转移), 于是每次插入操作需要比较与转移的

次数最多为 $l+1$, 因此比较与转移总次数最多为 $2+3+\cdots+n=(n+2)(n-1)/2$. 所以, 直接插入排序法的复杂性为 $O(n^2)$.

直接插入排序算法简洁, 且程序容易实现, 适用于元素数目较小的序列. 下面介绍一种复杂性更低的排序算法.

1.7.2 归并排序法

归并排序法 (merge sort) 的核心是归并操作：将两个有序序列归并为一个新的有序序列. 具体说来, 就是将两个有序序列中的元素由前向后进行比较, 较小者存入缓存序列中. 当某个有序序列的元素全部比较完成后, 将另一个有序序列中未比较的元素依次转移到缓存序列的末尾. 最后得到的缓存序列就是归并后的有序序列. 归并操作的具体步骤如下.

Step0 给定两个有序序列 $A=\{a_1,a_2,\cdots,a_p\}$ 和 $B=\{b_1,b_2,\cdots,b_q\}$, 令缓存序列 Buffer=$\varnothing$.

Step1 将 A 中第一个元素 a_i 与 B 中第一个元素 b_j 进行比较. 若 $a_i<b_j$, 将 a_i 排在 Buffer 的末尾, 令 $A:=A\backslash\{a_i\}$, 转 Step2; 否则将 b_j 排在 Buffer 的末尾, 令 $B:=B\backslash\{b_j\}$, 转 Step2.

Step2 若 $A\neq\varnothing$ 且 $B\neq\varnothing$, 转 Step1; 否则转 Step3.

Step3 若 $A=\varnothing$, 将 B 中所有元素依次转移到 Buffer 的末尾, 转 Step 4; 否则将 A 中所有元素依次转移到 Buffer 的末尾, 转 Step 4.

Step4 结束, Buffer 为归并后的有序序列.

例 1.8 将两个有序序列{23, 34, 48, 56}与{19, 20, 45}归并成一个新的有序序列, 归并过程如图 1.6 所示, 同一行中, 两个有序序列里带下划线者表示正在比较的两个元素. □

有序序列 A	有序序列 B	缓存序列 Buffer
{$\underline{23}$, 34, 48, 56}	{$\underline{19}$, 20, 45}	{19}
{$\underline{23}$, 34, 48, 56}	{$\underline{20}$, 45}	{19, 20}
{$\underline{23}$, 34, 48, 56}	{$\underline{45}$}	{19, 20, 23}
{$\underline{34}$, 48, 56}	{$\underline{45}$}	{19, 20, 23, 34}
{$\underline{48}$, 56}	{$\underline{45}$}	{19, 20, 23, 34, 45}
{48, 56}	{ }	{19, 20, 23, 34, 45, 48, 56}

图 1.6 归并操作示意图

不难知道, 将长度分别为 p 和 q 的两个有序子序列归并为一个长度为 $p+q$ 的有序序列, 需要比较与转移的次数最多为 $p+q$ 次, 即归并操作的复杂性为 $O(p+q)$.

归并排序法的基本思想是首先将待排序的 n 元序列划分成 n 个有序子序列 (每个子序列只含一个元素), 然后依次对相邻的两个有序子序列进行归并操作, 得

到 $\lceil n/2\rceil$ 个新的有序子序列；再对 $\lceil n/2\rceil$ 个新的有序子序列进行同样的归并操作，得到 $\lceil n/2^2\rceil$ 个新的有序子序列，如此做下去，最后得到长度为 n 的有序序列. 归并排序法的步骤如下.

Step0 给定待排序的 n 元序列 $\{a_1, a_2, \cdots, a_n\}$，初始时刻每个元素作为一个子序列，得到 n 个有序子序列 $\mathrm{Buffer}(i) = \{a_i\}$, $i = 1, 2, \cdots, n$，所有有序子序列的长度为 $l = 1$.

Step1　令 $k = 1$, $j = 0$.

Step2　令 $j := j + 1$，对有序子序列 $\mathrm{Buffer}(k)$ 与 $\mathrm{Buffer}(k+1)$ 进行归并操作，将归并后的长度不超过 $2l$ 的有序子序列记作 $\mathrm{Buffer}(j)$.

Step3　令 $k := k + 2$. 若 $k \cdot l < n$，则转 Step2；否则，完成一轮归并操作，转 Step4.

Step4　若 $\mathrm{Buffer}(k) \neq \varnothing$，则令 $j := j + 1$, $\mathrm{Buffer}(j) := \mathrm{Buffer}(k)$；否则什么也不做. 令 $\mathrm{Buffer}(i) = \varnothing (j < i \leqslant k)$，转 Step5.

Step5　有序子序列的最大长度倍增，即令 $l := 2l$. 若 $l \geqslant n$，转 Step 6；否则转 Step1.

Step6　结束，Buffer(1) 即为要求的有序序列.

例 1.9　给定待排序序列{34, 23, 48, 56, 45, 19, 20}，使用归并排序法将该序列进行排序，排序过程如图 1.7 所示. □

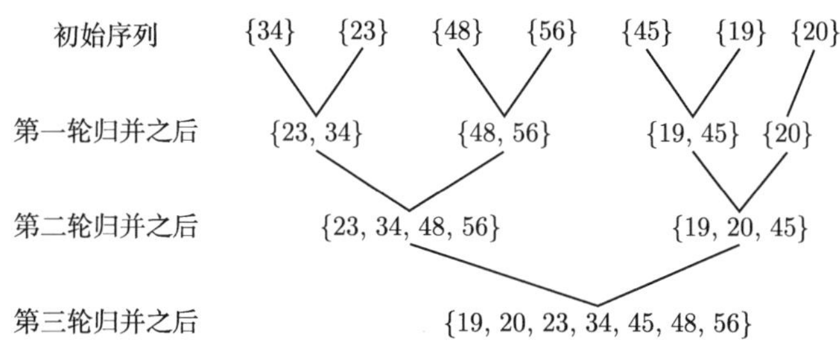

图 1.7　归并排序法示意图

归并排序法的复杂度分析. 在归并排序法的执行过程中，最大长度为 l 的有序子序列共有 $\lceil n/l\rceil$ 个，故最多需要进行 $\lceil n/(2l)\rceil$ 次归并操作；由上知，这样的一次归并操作的计算量不超过 $2l$；因此一轮归并操作的计算量为 $O(\lceil n/(2l)\rceil \cdot 2l) = O(n)$. 而待排序的 n 元序列最多需要 $\lceil \log n\rceil$ 轮归并操作，所以归并排序法的复杂性为 $O(n\log n)$. 这说明，归并排序法好于直接插入排序法.

习　题　1

1. 证明：任何一个图中奇点的个数一定是偶数.

2. 证明: 在任何由两个或两个以上的人组成的人群中, 至少有两个人, 他们的朋友一样多.

3. 证明: 如果图 G 中有一条 (v_i, v_j) 途径, 则 G 中存在 (v_i, v_j) 链.

4. 设 $[S, \overline{S}]$ 是连通图 G 的一个边割, 证明: $[S, \overline{S}]$ 为 G 的补圈当且仅当 $G[S]$ 和 $G[\overline{S}]$ 都是连通的.

5. 设简单图 G 有 n 个顶点和 m 条边, 证明: G 是完全图当且仅当 $m = n(n-1)/2$.

6. 证明: 二部图的任何子图都是二部图.

7. 设 D 是非空的有向图, 证明: D 是强连通的当且仅当 D 的任何截集 $(S, \overline{S})$ 都不是空集.

8. 设 $\boldsymbol{A}(G)$ 是图 G 的邻接矩阵, 记 $\boldsymbol{A}(G)$ 的 k 次乘幂为 $\boldsymbol{A}^k(G)$, 证明: G 中从第 i 个顶点 v_i 到第 j 个顶点 $v_j (i \neq j)$ 的长为 k 的途径的条数等于 $\boldsymbol{A}^k(G)$ 中第 i 行第 j 列元素.

9. 设 D 是非空无环有向图, G 为 D 的基础图, 试讨论矩阵 $\boldsymbol{M}(D) \cdot \boldsymbol{M}^{\mathrm{T}}(D)$ 与 $\boldsymbol{A}(G)$ 之间的关系.

10. 准备分配 n 个工人去做 n 项工作. 假定工人 i 做工作 j 的效率为 w_{ij}, 问这 n 个工人的工作如何安排才能使总的效率最大? 这里的总效率是指每个工人的工作效率之和. 这个问题称为分派问题. 试把分派问题化为网络最优化问题.

11. 举例说明什么是问题, 什么是实例, 二者有何区别.

12. 试为问题“求图 G 中一个圈”设计一个多项式算法.

13. 在 n 个城市的旅行商问题中, 推销员有 $(n-1)!$ 条旅行路线. 如果用一台每秒 1000 亿次的计算机采用枚举法来求最短的旅行路线, 问当 $n = 50$ 时至少需要多少时间?

14. 设 T_1 和 T_2 定义为

$$T_1(n) = \begin{cases} n^2, & n \text{ 为奇数}, \\ (\log n)^3, & \text{否则}, \end{cases} \qquad T_2(n) = \begin{cases} n^2, & n \text{ 为素数}, \\ n^3, & \text{否则}, \end{cases}$$

问下列哪个结论正确?

(1) $T_1(n) = O(T_2(n))$;

(2) $T_2(n) = O(T_1(n))$;

(3) $T_1(n) = O(n^2), T_2(n) = O(n^3)$.

15. 试设计一个复杂性尽可能低的算法, 求 n 个数的最大值和第 2 最大值, 并分析所给出的算法的复杂性.

第2章　最　小　树

最小树问题是一类非常简单的网络最优化问题，它在许多网络设计问题中有着广泛的应用.

本章介绍树和最小树的基本性质以及求最小树的破圈法、避圈法、边割法、Dijkstra 算法，还讨论了最小度限制树、支撑树的排序和最小单圈子图.

2.1　树的基本性质

树是极为简单又极为重要的一类图. 为了充分认识树的图论特征，下面我们给出树的等价命题.

定理 2.1　设 G 为 n 阶图，则下面六个命题等价:

(1) G 是树;

(2) G 是无环图且 $\forall v_i, v_j \in V(G), G$ 中存在唯一的 (v_i, v_j) 链;

(3) G 是无圈图且有 $n-1$ 条边;

(4) G 是连通图且有 $n-1$ 条边;

(5) G 是连通图，但 $\forall e \in E(G), G-e$ 为非连通图;

(6) G 是无圈图，但在任意一对顶点之间加上一条边 $e, G+e$ 中恰有一个圈.

证明　(1)$\Rightarrow$(2) 设 G 是树，显然 G 是无环图. 若 G 中存在两条不同的 (v_1, v_2) 链 P_1 和 P_2，则 P_1 中必有一条边 $e = xy$ 不在 P_2 上. 设 P_1 上的 (v_1, x) 节与 P_2 的最后一个公共顶点为 v_3, P_1 上的 (y, v_2) 节与 P_2 的第一个公共顶点为 v_4，则 P_1 的 (v_3, v_4) 节 Q_1 与 P_2 的 (v_3, v_4) 节 Q_2 无公共内部顶点，从而 $Q_1Q_2^{-1}$ 是 G 的一个圈，矛盾.

(2)$\Rightarrow$(3) 设 G 是无环图且 G 的任意两个顶点之间有唯一的一条链，则 G 是无圈图. 下面对 G 的顶点数 n 用归纳法证明 G 的边数为 $n-1$. 当 $n=1$ 时，G 是空图，从而 G 的边数为 $n-1$. 假设 $n<k$ 时结论成立. 我们证明 $n=k$ 时结论成立，$k \geqslant 2$. 设 $v_1v_2 \in E(G)$，则 $G - v_1v_2$ 中不含 (v_1, v_2) 链，从而 $G - v_1v_2$ 不连通，且 $G - v_1v_2$ 恰有两个连通分支 G_1 和 G_2. 因为 G 是无圈图，所以 G_1 和 G_2 都是无圈图，从而 G_1 和 G_2 都是树. 于是 G_i 的任意两个顶点之间只存在一条链，且 G_i 的顶点数小于 k，因此由归纳假设知，$|E(G_i)| = |V(G_i)| - 1, i = 1, 2$. 从而

$$|E(G)| = |E(G_1)| + |E(G_2)| + 1$$

$$
\begin{aligned}
&= |V(G_1)| + |V(G_2)| - 1 \\
&= |V(G)| - 1,
\end{aligned}
$$

所以 (3) 成立.

(3)⇒(4) 设 G 不含圈且有 $n-1$ 条边, 要证 (4) 成立, 只需证明 G 是连通图. 假设 G 不连通, G 有 k 个连通分支 $G_1, G_2, \cdots, G_k, k \geqslant 2$. 易见 G 的每个连通分支都是树, 则由前可知, $|E(G_i)| = |V(G_i)| - 1, i = 1, 2, \cdots, k$. 从而

$$
\begin{aligned}
|E(G)| &= \sum_{i=1}^{k} |E(G_i)| = \sum_{i=1}^{k} |V(G_i)| - k \\
&= |V(G)| - k < |V(G)| - 1,
\end{aligned}
$$

此与 (3) 矛盾.

(4)⇒(5) 设 G 是连通图且有 $n-1$ 条边, 要证 (5) 成立, 只需证明: $\forall e \in E(G), G-e$ 是非连通图. 如果 $G-e$ 连通, 当 $G-e$ 不含圈时, 则 $G-e$ 是树, 此时 $|E(G-e)| = |V(G-e)| - 1$; 当 $G-e$ 含有圈时, 易知 $|E(G-e)| > |V(G-e)| - 1$. 因此总有

$$
|E(G)| = |E(G-e)| + 1 \geqslant |V(G-e)| = |V(G)|,
$$

此与 (4) 矛盾.

(5)⇒(6) 设 (5) 成立, 则 $\forall e \in E(G), G-e$ 不连通, 所以 G 是无圈图; 又由于 G 连通, 因此 G 是树. $\forall v_1, v_2 \in V(G)$, 在 G 中加一条以 v_1 和 v_2 为端点的边 e, 若 $G+e$ 不含圈, 则 $G+e$ 仍是树, 故

$$
|E(G+e)| = |V(G+e)| - 1 = |V(G)| - 1.
$$

从而 $|E(G)| = |E(G+e)| - 1 = |V(G)| - 2$, 此与 G 是树相矛盾, 所以 $G+e$ 中含有圈. 又因 G 不含圈, 故 $G+e$ 中任何圈都含有边 e. 设 C 是 $G+e$ 中的圈, 则 $C-e$ 是 G 中的 (v_1, v_2) 链, 由 (2) 知, G 中只有一条 (v_1, v_2) 链, 因此 C 唯一. 这就证明了 (6).

(6)⇒(1) 设 (6) 成立, 要证 G 是树, 只需证明 G 连通. 若 G 为非连通图, 任取 G 的两个连通分支 G_1 和 G_2. 设 $v_i \in V(G_i), i = 1, 2$, 则 $G + v_1v_2$ 不含圈, 此与 (6) 矛盾. □

利用定理 2.1, 可以得到下面两个推论:

推论 2.2 设 G 是树, 且 G 的顶点数 $\geqslant 2$, 则 G 中至少有两个悬挂点. □

推论 2.3 图 G 有支撑树的充要条件是 G 连通. □

下面的定理给出了一个图中支撑树与补圈的关系.

定理 2.4 设 T 是连通图 G 的一个支撑树, 记 $\overline{T}=G-E(T)$, 则 $\overline{T}$ 中不含 G 的任何补圈, 但 $\forall e\in E(T),\overline{T}+e$ 中含有 G 的唯一补圈.

证明 设 B 是 G 的任一补圈, 则 $G-B$ 不连通, 因而 T 不是 $G-B$ 的子图, 即 B 必有一些边在 T 中, 故 B 不包含在 $\overline{T}$ 中, 这就证明了 $\overline{T}$ 不含 G 的任何补圈.

由定理 2.1 中 (5) 知, $T-e$ 是非连通图, 且它有两个连通分支 T_1 和 T_2. 因为 T 不含圈, 所以 T_1 和 T_2 均不含圈, 故 T_1 和 T_2 都是树. 又由于 T_1 和 T_2 连通, 因此从连通图 G 中删去边割 $B_e=[V(T_1),V(T_2)]$ 的任何一个真子集后得到的仍是连通图, 于是 B_e 是 G 的补圈, 显然 B_e 包含在 $\overline{T}+e$ 之中. 再证 B_e 是含在 $\overline{T}+e$ 中的 G 的唯一补圈. $\forall b\in B_e$, 因 $T-e+b$ 是连通图, 且

$$|E(T-e+b)|=|E(T)|=|V(G)|-1,$$

故 $T-e+b$ 是 G 的支撑树. 于是对于 G 的任何包含在 $\overline{T}+e$ 的补圈 B' 有 $b\in B'$, 否则, $G-B'$ 包含 G 的支撑树 $T-e+b$, 即知 $G-B'$ 为连通图, 此与 B' 是补圈矛盾. 所以 $B_e\subseteq B'$. 由补圈的极小性知 $B'=B_e$, 故 $\overline{T}+e$ 中含有 G 的唯一补圈 B_e □

根据定理 2.1 和定理 2.4, 可以定义图的基本圈和基本补圈.

设 n 阶连通图 $G=(V,E)$ 有 m 条边, T 为 G 的一个支撑树. 设

$$E\setminus E(T)=\{e_1,e_2,\cdots,e_{m-n+1}\},$$
$$E(T)=\{f_1,f_2,\cdots,f_{n-1}\}.$$

$\forall e_i\in E\setminus E(T)$, 由定理 2.1 中 (6), $T+e_i$ 含有唯一的圈 $C_i,i=1,2,\cdots,m-n+1$. 我们把圈 $C_1,C_2,\cdots,C_{m-n+1}$ 称为 G 中关于支撑树 T 的基本圈 (basic cycle), 记 C_i 为 $C_T(e_i),i=1,2,\cdots,m-n+1$.

同样由定理 2.4 知, $\forall f_j\in E(T),\overline{T}+f$ 含有 G 的唯一补圈 $\Omega_j,j=1,2,\cdots,n-1$, 称补圈 $\Omega_1\Omega_2,\cdots,\Omega_{n-1}$ 为 G 中关于支撑树 T 的基本补圈 (basic cocycle), 并记 Ω_j 为 $\Omega_T(f_j),j=1,2,\cdots,n-1$.

对于图中关于支撑树的基本圈和基本补圈, 可以得到下面两个结论:

(1) 若 T 为图 G 的支撑树, $\bar{e}\in E(\overline{T})$, 且 e 是 G 中关于 T 的基本圈 $C_T(\bar{e})$ 的一条边, 则 $T+\bar{e}-e$ 仍是 G 的支撑树. 这是因为, $T+\bar{e}-e$ 是无圈图且它与 T 有相同的边数.

(2) 若 T 为图 G 的支撑树, 且 $e\in E(T)$, e' 是 G 中关于 T 的基本补圈 $\Omega_T(e)$ 的一条边, 则 $T-e+e'$ 也是 G 的支撑树. 这是因为, 由定理 2.4 的证明可知, $T-e+e'$ 连通且它与 T 有相同的边数.

设 G_1 和 G_2 是图 G 的两个子图, 记

$$G_1\oplus G_2=(G_1\cup G_2)-(E(G_1)\cap E(G_2)),$$

称 G 的子图 $G_1 \oplus G_2$ 为 G_1 与 G_2 的环和.

利用环和的概念, 可以得到如下的结论.

定理 2.5　设 T 是连通图 $G=(V,E)$ 的一个支撑树, C 是 G 中的任意一个圈, 若

$$E(C)\setminus E(T)=\{e_{i_1},e_{i_2},\cdots e_{i_t}\},$$

则

$$C=C_{i_1}\oplus C_{i_2}\oplus\cdots\oplus C_{i_t}, \tag{2.1}$$

其中 $C_{i_k}=C_T(e_{i_k}), k=1,2,\cdots,t$.

证明　首先, 容易知道, 一个图中若干圈的环和或者是空图或者是一个圈或者是一些没有公共边的圈的并 (即一些圈的和).

再令

$$C'=C_{i_1}\oplus C_{i_2}\oplus\cdots\oplus C_{i_t},$$

则 C' 不会是空图, 故 C' 或者是一个圈或者是一些圈的和. 要证 (2.1) 式成立, 即要证 $C=C'$, 亦只要证 $C\oplus C'$ 是空图. 若不然, $C\oplus C'$ 或者是一个圈或者是一些圈的和, 即 $C\oplus C'$ 中必含有圈; 另一方面, 因为 C 和 C' 都含有 $E\setminus E(T)$ 的边 $e_{i_1}e_{i_2},\cdots,e_{i_t}$, 而不含 $E\setminus E(T)$ 的其他边, 所以 $C\oplus C'$ 中不含 $E\setminus E(T)$ 的任何边, 从而 $C\oplus C'$ 中不含圈, 此为矛盾. 这就证明了 G 中任何圈都可以表示为 G 中关于支撑树 T 的若干个基本圈的环和. □

设 T_1,T_2 是连通图 G 的两个不同的支撑树 (即至少有一条边不相同). 令 $e\in E(T_1)\setminus E(T_2)$, 则 T_2+e 包含圈 $C_{T_2}(e)$, 并且 $C_{T_2}(e)$ 上至少有一条边 $e'\in E(T_2)\setminus E(T_1)$, 因此, $T'=T_2+e-e'$ 仍是 G 的支撑树, 且

$$|E(T_1)\cap E(T')|=|E(T_1)\cap E(T_2)|+1.$$

我们称这样得到的 T' 为 T_2 到 T_1 的一次迭代. 由此可见, 由 T_2 变为 T_1 只需进行 $|E(T_1)\setminus E(T_2)|$ 次迭代即可. 而且我们还有

定理 2.6　设 T_1 和 T_2 是图 G 的两个不同的支撑树, 其中

$$E(T_1)\setminus E(T_2)=\{e_1,e_2,\cdots,e_t\},$$
$$E(T_2)\setminus E(T_1)=\{f_1,f_2,\cdots,f_t\},$$

则存在 $f_1,f_2,\cdots,f_t$ 的一个排列 $f_{j_1},f_{j_2},\cdots,f_{j_t}$, 使得

$$T_2+e_i-f_{j_i}\quad(i=1,2,\cdots,t)$$

仍为 G 的支撑树.

证明 考虑基本圈 $C_{T_2}(e_1)$ 和基本补圈 $\Omega_{T_1}(e_1)$. 由定理 1.2 知, 存在 $e_1' \in E(C_{T_2}(e_1)) \cap \Omega_{T_1}(e_1), e_1' \neq e_1$, 从而 $e_1' \in E(T_2) \setminus E(T_1)$, 不妨设 $e_1' = f_{j_1}$. 记 $H_1 = T_1 - e_1 + f_{j_1}$, 则 H_1 仍为 G 的支撑树, 且

$$E(H_1) \setminus E(T_2) = \{e_2, e_3, \cdots, e_t\},$$
$$E(T_2) \setminus E(H_1) = \{f_1, f_2, \cdots, f_t\} \setminus \{f_{j_1}\}.$$

再考虑基本圈 $C_{T_2}(e_2)$ 和基本补圈 $\Omega_{H_1}(e_2)$, 同理有 $e_2' \in E\left(C_{T_2(e_2)}\right) \cap \Omega_{H_1}(e_2)$, $e_2' \in E(T_2) \setminus E(H_1)$, 不妨设 $e_2' = f_{j_2}$. 记 $H_2 = H_1 - e_2 + f_{j_2}$, 则 H_2 为 G 中支撑树, 且

$$E(H_2) \setminus E(T_2) = \{e_3, e_4, \cdots, e_t\},$$
$$E(T_2) \setminus E(H_2) = \{f_1, f_2, \cdots, f_t\} \setminus \{f_{j_1} f_{j_2}\}.$$

如此继续下去, 得到 $H_{t-1} = H_{t-2} - e_{t-1} + f_{j_{t-1}}$ 为 G 中支撑树, 其中 $f_{j_{t-1}} \in E(C_{T_2}(e_{t-1})) \cap \Omega_{H_{t-2}}(e_{t-1}), f_{j_{t-1}} \in E(T_2) \setminus E(H_{t-2})$, 且

$$E(H_{t-1}) \setminus E(T_2) = \{e_t\},$$
$$E(T_2) \setminus E(H_{t-1}) = \{f_1, f_2, \cdots, f_t\} \setminus \{f_{j_1} f_{j_2} \cdots, f_{j_{t-1}}\} = \{f_{j_t}\}.$$

最后考虑基本圈 $C_{T_2}(e_t)$ 和基本补圈 $\Omega_{H_{t-1}}(e_t)$, 同理有 $e_t' \in E(C_{T_2}(e_t)) \cap \Omega_{H_{t-1}}(e_t), e_t' \in E(T_2) \setminus E(H_{t-1})$, 即 $e_t' = f_{j_t}$. 从而得到 G 中支撑树 $H_t = H_{t-1} - e_t + f_{j_t} = T_2$. 于是, $\forall e_i \in E(T_1) \setminus E(T_2)$, 必有唯一的 $f_{j_i} \in E(T_2) \setminus E(T_1)$, 使得 $f_{j_i} \in E(C_{T_2}(e_i))$, 即 $T_2 + e_i - f_{j_i}$ 为 G 中支撑树, $i = 1, 2, \cdots, t$. □

设 T 是图 G 的一个支撑树, $e \in E(G) \setminus E(T), f \in E(T)$, 则记 T 到 $T + e - f$ 的一次迭代为 $(+e, -f)$. 如果 $T + e - f$ 仍为 G 的支撑树, 则称 $(+e, -f)$ 为 T 的可行交换.

定理 2.7 设 T 是图 G 的支撑树, $e_1, e_2 \in E(G) \setminus E(T), f_1, f_2 \in E(T)$, 并且 $(+e_1, -f_1)$ 和 $(+e_2, -f_2)$ 都是 T 的可行交换, 而 $(+e_1, -f_2)$ 不是 T 的可行交换, 则 $T + \{e_1, e_2\} - \{f_1, f_2\}$ 仍为 G 的支撑树.

证明 因为 $(+e_2, -f_2)$ 是 T 的可行交换, 所以 $T' = T + e_2 - f_2$ 是 G 的支撑树. 又因 $(+e_1, -f_1)$ 是 T 的可行交换, 故 $T + e_1$ 含有圈 C_1, 且 $f_1 \in E(C_1)$. 而 $(+e_1, -f_2)$ 不是 T 的可行交换, 因此 $f_2 \notin E(C_1)$. 所以 C_1 为 $T' + e_1$ 中的圈. 由于 $T' + e_1$ 含有唯一的圈 C_2, 因此 $C_1 = C_2$, 即知 $f_1 \in E(C_2)$, 于是

$$T' + e_1 - f_1 = T + \{e_1, e_2\} - \{f_1, f_2\}$$

为 G 的支撑树. □

我们把由支撑树 T 到支撑树 $T+\{e_1,e_2\}-\{f_1,f_2\}$ 的迭代称为 T 的一个可行双交换, 记为 $(+\{e_1,e_2\},-\{f_1,f_2\})$.

2.2　最小树的基本性质

在 1.5.1 小节中我们已经给出了最小树的定义, 这一节讨论连通的无向网络中最小树的性质.

定理 2.8　设 T^* 是无向网络 $G=(V,E,w)$ 的一个支撑树, 则下面论断等价:

(1) T^* 是 G 的最小树;

(2) $\forall \bar{e}\in E(\overline{T}^*)$, 有 $w(\bar{e})=\max\limits_{e'\in E(C(\bar{e}))} w(e')$;

(3)$\forall e\in E(T^*)$, 有 $w(e)=\min\limits_{e'\in \Omega(e)} w(e')$.

证明　(1)⇒(2) 设 T^* 是 G 的最小树, 但 (2) 不成立, 即存在 $\bar{e}\in E(\overline{T}^*)$, 使基本圈 $C(\bar{e})$ 中有一条边 e 满足 $w(e)>w(\bar{e})$, 于是 $T^*+\bar{e}-e$ 仍为 G 的支撑树, 且

$$w(T^*+\bar{e}-e)=w(T^*)+w(\bar{e})-w(e)<w(T^*),$$

此与 T^* 是最小树矛盾.

(2)⇒(3) 设 (2) 成立, 但 (3) 不成立, 即存在 $e\in E(T^*)$, 使基本补圈 $\Omega(e)$ 中有一条边 e' 满足 $w(e')<w(e)$. 考虑基本圈 $C(e')$, 因 e' 是 $\Omega(e)$ 与 $C(e')$ 的公共边, 故由定理 1.2 知, $\Omega(e)$ 与 $C(e')$ 至少有两条公共边, 从而 $e\in E(C(e'))$, 于是根据 (2), $w(e')\geqslant w(e)$, 此为矛盾.

(3)⇒(1) 设 T^* 满足 (3), 但 T^* 不是 G 的最小树. 在 G 中取与 T^* 有最多公共边数的最小树 T, 令 $e^*\in E(T^*)\setminus E(T)$, 考虑关于 T^* 的基本补圈 $\Omega_{T^*}(e^*)$ 和关于 T 的基本圈 $C_T(e^*)$, 由定理 1.2 知, 存在 $e\neq e^*, e\in \Omega_{T^*}(e^*)\cap E(C_T(e^*))$. 因 T^* 满足 (3), 故 $w(e^*)\leqslant w(e)$. 作 T 到 T^* 的一次迭代 $T'=T+e^*-e$, 显然 $w(T')\leqslant w(T)$, 即 T' 也是 G 的最小树. 而

$$|E(T')\cap E(T^*)|=|E(T)\cap E(T^*)|+1,$$

与 T 的取法矛盾. □

这个定理是求最小树的算法基础. 下面再给出两个重要定理.

定理 2.9　设 C 是连通无向网络 G 中的圈, 且 e_0 是 C 中权最大的一条边, 则 $G-e_0$ 中的最小树一定是 G 的最小树.

证明　先证明: 在 G 中存在一个最小树 T', 使 $e_0\notin E(T')$. 事实上, 任取 G 的一个最小树 T^*. 若 $e_0\notin E(T^*)$, 则取 $T'=T^*$ 即可. 若 $e_0\in E(T^*)$, 考虑 G 中关于 T^* 的基本补圈 $\Omega(e_0)$. 由定理 1.2, 存在 $e'\in \Omega(e_0)\cap E(C), e'\neq e_0$. 因 $e'\in E(C)$, 故由

假设, $w(e_0) \geqslant w(e')$. 令 $T' = T^* - e_0 + e'$, 则 T' 也是 G 的支撑树, 且 $w(T') \leqslant w(T^*)$, 即 T' 也是 G 的最小树, 且 $e_0 \notin E(T')$.

由上知, T' 一定是 $G - e_0$ 的支撑树, 因此对 $G - e_0$ 的任何最小树 T, 必有 $w(T) \leqslant w(T')$, 故 T 也是 G 的最小树. □

定理 2.10 设 Ω 是连通无向网络 G 的一个边割, 且 e_0 是 Ω 中权最小的边. 令

$$\mathscr{G}(e_0) = \{T | T \text{ 是 } G \text{ 的支撑树且 } e_0 \in E(T)\},$$

若 $\widetilde{T}$ 是 $\mathscr{G}(e_0)$ 中权最小的支撑树, 则 $\widetilde{T}$ 是 G 的最小树.

证明 首先证明: G 中存在一个最小树 T', 使 $e_0 \in E(T')$. 事实上, 任取 G 的一个最小树 T^*, 若 $e_0 \in E(T^*)$, 则取 $T' = T^*$. 若 $e_0 \notin E(T^*)$, 考虑 G 中关于 T^* 的基本圈 $C(e_0)$. 由定理 1.2, 存在 $e' \in E(C(e_0)) \cap \Omega, e' \neq e_0$. 因 $e' \in \Omega$, 故由假设, $w(e_0) \leqslant w(e')$. 令 $T' = T^* + e_0 - e'$, 则 $w(T') \leqslant w(T^*)$, 即 T' 也是 G 的最小树, 且 $e_0 \in E(T')$.

由上知, $T' \in \mathscr{G}(e_0)$, 由假设条件, $w(\widetilde{T}) \leqslant w(T')$. 因为 $\widetilde{T}$ 是 G 的支撑树, T' 是 G 的最小树, 所以 $\widetilde{T}$ 是 G 的最小树. □

2.3 求最小树的算法

根据 2.2 节中的定理, 我们可给出求最小树的几个算法.

2.3.1 破圈法

破圈法的思想是由 Rosenstiehl(1967) 和管梅谷 (1975) 独立给出的.

设 $G = (V, E, w)$ 是一个连通无向网络, 求 G 的最小树的破圈法的具体步骤如下:

Step 0 令 $G_0 = G, k = 0$.

Step 1 若 G_k 不含圈, 转 Step 2; 若 G_k 中含有圈 C, 设 $e_k \in E(C)$, 且 $w(e_k) = \max\limits_{e \in E(C)} w(e)$, 令 $G_{k+1} = G_k - e_k, k := k + 1$, 重复 Step 1.

Step 2 结束, G_k 是 G 的最小树.

定理 2.9 保证了破圈法的正确性.

例 2.1 求下面的赋权图 G(见图 2.1(a)) 的最小树, 图中每条边旁的数字为该边的权.

解 取 $G_0 = G$. 在 G_0 中任取一个圈 $C_1 = v_1v_2v_6v_1, C_1$ 中权最大的边为 v_1v_6, 令 $G_1 = G - v_1v_6$, 见图 2.1(b).

在 G_1 中任取一个圈 $C_2 = v_1v_2v_3v_4v_1$, 选 C_2 中权最大的边 v_1v_2, 令 $G_2 = G_1 - v_1v_2$, 见图 2.1(c).

在 G_2 中任取一个圈 $C_3 = v_2v_3v_6v_2, C_3$ 中权最大的边为 v_3v_6，令 $G_3 = G_2 - v_3v_6$，见图 2.1(d).

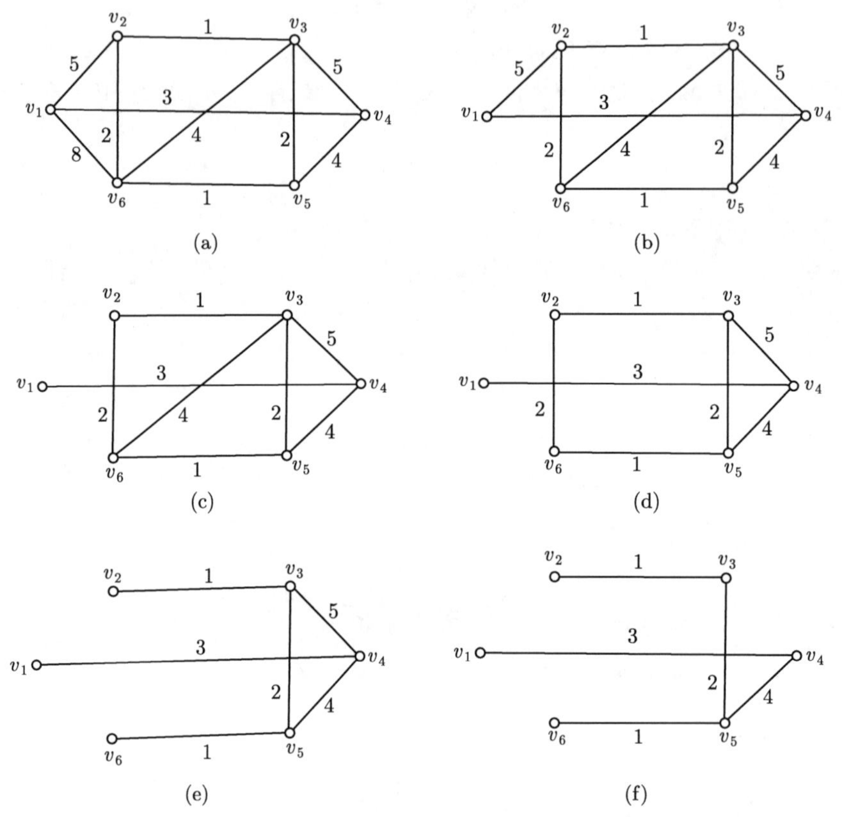

图 2.1　破圈法的例子 (例 2.1)

在 G_3 中任取一个圈 $C_4 = v_2v_3v_5v_6v_2$，选 C_4 中权最大的边 v_2v_6，令 $G_4 = G_3 - v_2v_6$，见图 2.1(e).

在 G_4 中取圈 $C_5 = v_3v_4v_5v_3, C_5$ 中权最大的边为 v_3v_4，令 $G_5 = G_4 - v_3v_4$，见图 2.1(f).

G_5 中不含圈, 故 G_5 是 G 的最小树, $w(G_5) = 11$. □

不难看出, 破圈法并不需要考察图的每一个圈, 只须“破开”基本圈就行了.

2.3.2　边割法

边割法可以判断无向网络 $G = (V, E, w)$ 是否连通, 若 G 连通, 则可以求出 G 的最小树. 它的具体步骤如下:

Step 0　设 v 这 V 的任一顶点, 令 $S_0 = \{v\}, E_0 = \varnothing, k = 0$.

Step 1 若 $S_k = V$, 结束, 以 S_k 为顶点集、E_k 为边集的图即是 G 的最小树; 否则转 Step 2.

Step 2 构造 $[S_k, \overline{S}_k]$. 若 $[S_k, \overline{S}_k] = \varnothing$, 则 G 不连通, 停止; 否则, 设 $w(e_k) = \min\limits_{e \in [S_k, \overline{S}_k]} w(e), e_k = v_k v'_k, v_k \in S_k$, 令 $S_{k+1} = S_k \cup \{v'_k\}, E_{k+1} = E_k \cup \{e_k\}, k := k+1$, 转 Step 1.

边割法是 Prim(1957) 首先提出的. 边割法的实质是在 $|V|-1$ 个特殊的边割中, 取每个边割的一条权最小的边, 构成 G 的一个连通支撑子图, 即支撑树. 由定理 2.10, 它是 G 的一个最小树.

读者可以用边割法计算图 2.1(a) 所示的赋权图 G 的最小树.

2.3.3 避圈法

避圈法是 Kruskal(1956) 提出的, 所以它也称为 Kruskal 算法.

设 $G = (V, E, w)$ 为无向网络, $|V| = n, |E| = m$, 求它的最小树的避圈法的详细步骤如下:

Step 1 把 G 的边按权的大小顺序排好, 即要求 $w(e_1) \leqslant w(e_2) \leqslant \cdots \leqslant w(e_m)$. 令 $T_0 = (V, \varnothing), i = 1, j = 0$.

Step 2 若 $T_j + e_i$ 含有圈, 转 Step 3; 否则转 Step 4.

Step 3 令 $i := i+1$. 若 $i \leqslant m$, 转 Step 2; 否则停止, G 中不存在支撑树.

Step 4 令 $T_{j+1} = T_j + e_i, j := j+1$.

Step 5 若 $j = n-1$, 结束, T_j 是最小树; 否则转 Step 3.

现在我们来证明避圈法的正确性.

在算法进行过程中, T_j 始终不含圈, 因此算法结束时, 若得到 T_{n-1}, 则 T_{n-1} 为 G 的支撑树; 若得到 $T_j, j < n-1$, 则 G 中不存在支撑树.

容易证明避圈法得到的 T_{n-1} 确实是 G 的最小树. 因为 $\forall \bar{e} \in E \setminus E(T_{n-1}), T_{n-1} + \bar{e}$ 含有唯一的圈 $C_{T_{n-1}}(\bar{e})$, 设 $C_{T_{n-1}}(\bar{e}) = \{\bar{e}, e_{i_1}, e_{i_2}, \cdots, e_{i_t}\}$, 则 $\forall k \in \{1, 2, \cdots, t\}$, $T_{n-1} + \bar{e} - e_{i_k}$ 都是 G 的支撑树. 由于 e_{i_k} 是 T_{n-1} 的边, 故算法过程中必存在某个 T_j 使 $e_{i_k} \notin E(T_j)$ 且 $T_j + e_{i_k}$ 不含圈. 显然, $T_{n-1} + \bar{e} - e_{i_k} \supseteq T_j + \bar{e}$, 于是 $T_j + \bar{e}$ 不含圈, 而边 $\bar{e}$ 没有被选为 T_{n-1} 的边, 所以 $w(\bar{e}) \geqslant w(e_{i_k}), k = 1, 2, \cdots, t$. 因此 $w(\bar{e}) = \max\limits_{e \in E(C_{T_{n-1}}(\bar{e}))} w(e)$. 由定理 2.8 中 (2) 知, T_{n-1} 是 G 的最小树.

不难发现, 避圈法的实质就是在构造最小树的过程中每一步都避开圈, 在避圈的同时要求所选择的边的权最小, 并且一旦选定某条边就不再放弃, 就像一个贪婪的守财奴一样. 这种一次性最优化的算法称为贪婪算法 (greedy algorithm). 显然, 贪婪算法是一种快速的简便算法, 所以它在组合最优化中有着广泛的应用. 但是, 贪婪算法只顾局部的最佳选择, 而不管整体效果如何, 因此, 采用贪婪算法最后得到的结果往往不是整体最优的 (参见 12.5 节中的背包问题的贪婪算法).

例 2.2　用避圈法找出图 2.2(a) 的最小树, 图中每条边旁的数字表示该边的权.

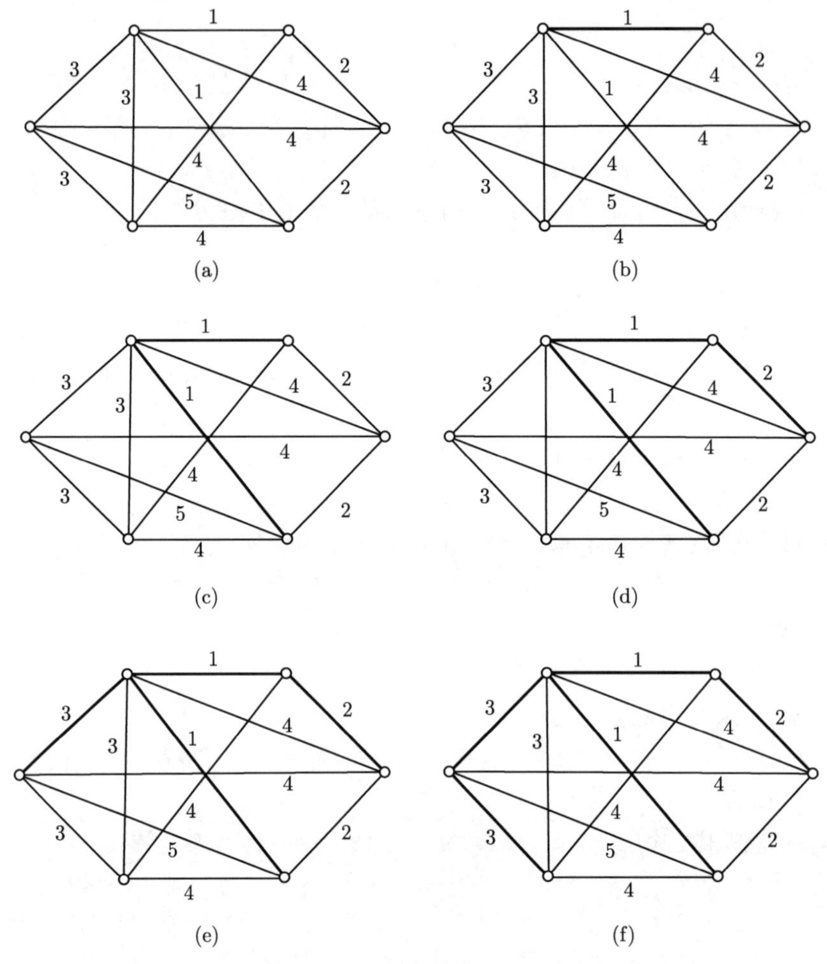

图 2.2　避圈法的例子 (例 2.2)

解　图 2.2 中从 (b) 到 (f) 的各个图中用粗线标出来的边表示施行避圈法时依次选择的边, 图 2.2(f) 中用粗线标出的图就是最小树. □

把上述三种方法作一比较, 可以看出: 当 G 连通且边数较少时用破圈法要好些; 当 G 的边数较多时, 使用边割法或避圈法要好些. 这三个算法都适用于在图上作业.

2.3.4 Dijkstra 算法

前面介绍的三种算法的共同特点是简单明了, 便于在图上操作. 但是破圈法和避圈法都需要判断圈, 而边割法又要求构造边割, 这在计算机中处理起来有些不便, 因而这三种算法的效率都不高. 下面给出一个易于在计算机上实现的有效算法, 这是由 Dijkstra(1959) 给出的, 称为 Dijkstra 算法.

设 $G=(V,E,w)$ 是一个简单无向网络, $V=\{v_1,v_2,\cdots,v_n\}$, 若 $e=v_iv_j\in E$, 则记 $w_{ij}=w(e)$; 若 $v_iv_j\notin E$, 则令 $w_{ij}=\infty$.

Step 0 令 $E_0=\varnothing, S=\{v_1\}, R=\{v_2,v_3,\cdots,v_n\}, u_j=w_{1j}(v_j\in R)$.

Step 1 选取 $u_i=\min\limits_{v_j\in R}u_j=w_{ki}$. 若 $u_i=\infty$, 停止, G 中不存在支撑树; 否则, 令 $S:=S\cup\{v_i\}, R:=R\setminus\{v_i\}, E_0:=E_0\cup\{v_kv_i\}$, 转 Step 2.

Step 2 若 $R=\varnothing$, 结束, 图 (V,E_0) 是 G 的最小树; 否则, $\forall v_j\in R$, 令 $u_j:=\min\{u_j,w_{ij}\}$, 转 Step 1.

易知, Dijkstra 算法是边割法的一种特殊形式, 它与边割法不同之处在于给 G 的顶点 (除顶点 v_1 外) 都赋上了一个标号, 因此 Dijkstra 算法的正确性由定理 2.10 保证.

现在简单分析一下 Dijkstra 算法的复杂性. 第一次执行 Step 1 要做 $n-1$ 次比较, 第二次执行 Step 1 要做 $n-2$ 次比较,$\cdots\cdots$, 因此执行 Step 1 需要比较 $\frac{1}{2}n(n-1)$ 次. 类似地, 执行 Step 2 共需要做 $\frac{1}{2}n(n-1)$ 次比较. 于是 Dijkstra 算法的复杂性为 $O(n^2)$.

不难发现, 破圈法、边割法和避圈法的复杂性都不比 Dijkstra 算法低.

Dijkstra 算法可以通过权矩阵上的计算来实现. 给定一个 n 阶简单的赋权图 G, 它的权函数 w 就决定了一个权矩阵 $[w_{ij}]_{n\times n}$, 其中 $w_{ii}=\infty, i=1,2,\cdots,n$; 若 $v_iv_j\in E(G)$, 则 $w_{ij}=w(v_iv_j)$; 若 $v_iv_j\notin E(G)$, 则 $w_{ij}=\infty$. 下面的算法称为最小树的权矩阵法.

Step0 划掉矩阵 $[w_{ij}]_{n\times n}$ 的第 1 列 (即把第 1 列的所有元素都改为 $\times$), 并把第 1 行中剩下的每个元素画下划线.

Step1 在有下划线的元素中找一个最小的元素 w_{ki}. 若 $w_{ki}=\infty$, 停止, G 中不存在支撑树; 否则, 把 w_{ki} 圈起来, 然后把第 i 列其他元素都改为 $\times$, 并把第 i 行没有划掉的元素画下划线.

Step2 若所有的元素或者被圈起来或者被划掉, 则结束, 圈起来的元素对应于最小树的边; 否则转 Step 1.

例 2.3 用权矩阵法求图 2.3(a) 所示的赋权图的最小树, 图中每条边旁的数字表示该边的权.

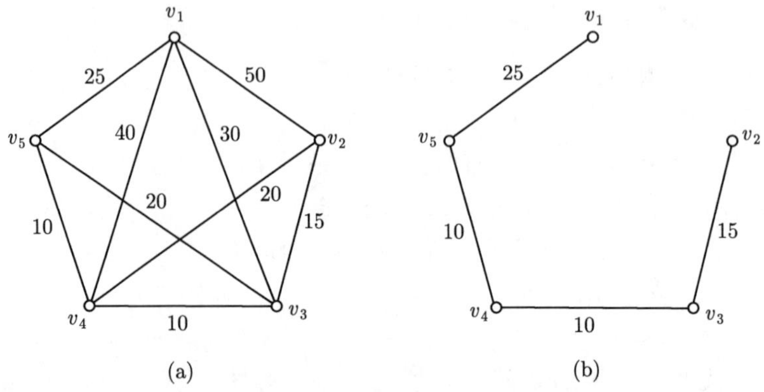

图 2.3 权矩阵法的例子 (例 2.3)

解 用权矩阵法求 G 的最小树的过程如下:

$$
[w_{ij}]_{5\times 5}=\begin{bmatrix} \infty & 50 & 30 & 40 & 25 \\ 50 & \infty & 15 & 20 & \infty \\ 30 & 15 & \infty & 10 & 20 \\ 40 & 20 & 10 & \infty & 10 \\ 25 & \infty & 20 & 10 & \infty \end{bmatrix} \Rightarrow \begin{bmatrix} \times & \underline{50} & \underline{30} & \underline{40} & \underline{25} \\ \times & \infty & 15 & 20 & \infty \\ \times & 15 & \infty & 10 & 20 \\ \times & 20 & 10 & \infty & 10 \\ \times & \infty & 20 & 10 & \infty \end{bmatrix}
$$

$$
\Rightarrow \begin{bmatrix} \times & \underline{50} & \underline{30} & \underline{40} & \textcircled{25} \\ \times & \infty & 15 & 20 & \times \\ \times & 15 & \infty & 10 & \times \\ \times & 20 & 10 & \infty & \times \\ \times & \underline{\infty} & \underline{20} & \underline{10} & \times \end{bmatrix} \Rightarrow \begin{bmatrix} \times & \underline{50} & \underline{30} & \times & \textcircled{25} \\ \times & \infty & 15 & \times & \times \\ \times & 15 & \infty & \times & \times \\ \times & \underline{20} & \underline{10} & \times & \times \\ \times & \underline{\infty} & \underline{20} & \textcircled{10} & \times \end{bmatrix}
$$

$$
\Rightarrow \begin{bmatrix} \times & 50 & \times & \times & \textcircled{25} \\ \times & \infty & \times & \times & \times \\ \times & \underline{15} & \times & \times & \times \\ \times & \underline{20} & \textcircled{10} & \times & \times \\ \times & \underline{\infty} & \times & \textcircled{10} & \times \end{bmatrix} \Rightarrow \begin{bmatrix} \times & \times & \times & \times & \textcircled{25} \\ \times & \times & \times & \times & \times \\ \times & \textcircled{15} & \times & \times & \times \\ \times & \times & \textcircled{10} & \times & \times \\ \times & \times & \times & \textcircled{10} & \times \end{bmatrix}.
$$

最后得到的最小树见图 2.3(b), 最小树的权为 60. □

Dijkstra 算法中要求赋权图为简单图的假设是不失一般性的. 若 G 有环, 因为最小树不含环, 所以环可以删去; 若 G 中一对顶点之间有重边, 则保留这些重边中权最小者, 其他的都删去, 这样就得到一个简单的赋权图 G', G' 的最小树也是 G 的最小树, 而对 G' 可以应用 Dijkstra 算法求最小树.

2.4 最小度限制树

设 $G=(V,E,w)$ 是连通的赋权图, $v_1\in V$ 是特别指定的一个顶点, k 为给定的一个正整数. 如果 T 是 G 的一个支撑树, 且 $d_T(v_1)=k$, 则称 T 为 G 的 k 度限制支撑树 (k-degree constrained spanning tree). G 中权最小的 k 度限制支撑树称为 G 的最小 k 度限制树. 例如, 在电话线路网中, 我们要求从总机直接引出的电话线恰好为 k 条, 在这一限制下, 要设计一条总长度最短的电话线路网. 这就是一个最小 k 度限制树问题.

下面我们介绍 Glover 和 Klingman(1975) 给出的一个求最小度限制树的算法. 为此先证明几个结论.

定理 2.11 设 T 是图 G 的 k 度限制支撑树, 则 T 是 G 的最小 k 度限制树当且仅当下面三个条件同时成立:

(1) 对于 G 中任何两条与 v_1 关联的边所产生的 T 的可行交换都是不可改进的, 即是说, T 通过这类可行交换得到的新的支撑树 T' 满足 $w(T')\geqslant w(T)$.

(2) 对于 G 中任何两条不与 v_1 关联的边所产生的 T 的可行交换都是不可改进的.

(3) 对于 T 的任何两个可行交换 $(+e_1,-f_1)$ 和 $(+e_2,-f_2)$, 若 e_1,f_2 与 v_1 关联, e_2,f_1 不与 v_1 关联, 则有

$$w(f_1)+w(f_2)\leqslant w(e_1)+w(e_2).$$

证明 设 T 是最小 k 度限制树, (1) 和 (2) 显然成立. 下证 (3) 成立. 设 $(+e_1,-f_1)$ 和 $(+e_2,-f_2)$ 是 T 的任意两个可行交换, 其中 e_1,f_2 与 v_1 关联, e_2,f_1 不与 v_1 关联. 如果 $(+e_1,-f_2)$ 和 $(+e_2,-f_1)$ 均为 T 的可行交换, 由 (1) 知 $w(e_1)\geqslant w(f_2)$, 由 (2) 知 $w(e_2)\geqslant w(f_1)$, 从而 (3) 成立. 否则, 或者 $(+e_1,-f_2)$ 或者 $(+e_2,-f_1)$ 不是 T 的可行交换, 根据定理 2.7, $T'=T+\{e_1,e_2\}-\{f_1,f_2\}$ 仍是 G 的 k 度限制支撑树. 因 T 为最小 k 度限制树, 故 $w(T)\leqslant w(T')$, 即知 (3) 成立.

另一方面, 设 k 度限制支撑树 T 满足 (1),(2) 和 (3), 假若有另一个 k 度限制支撑树 T^*, 使 $w(T^*)<w(T)$, 设

$$E(T^*)\setminus E(T)=\{e_1,e_2,\cdots,e_t\},$$
$$E(T)\setminus E(T^*)=\{f_1,f_2,\cdots,f_t\},$$

于是有

$$\sum_{i=1}^{t}w(e_i)<\sum_{i=1}^{t}w(f_i) \tag{2.2}$$

根据定理 2.6, 存在 $f_1, f_2, \cdots, f_t$ 的一个排列, 不妨设仍是 $f_1, f_2, \cdots, f_t$, 使得 $T + e_i - f_i (i = 1, 2, \cdots, t)$ 仍是 G 的支撑树, 由 (2.2) 式知

$$\sum_{i=1}^{t} (w(f_i) - w(e_i)) > 0.$$

这就是说, 在 T 的这 t 个可行交换 $(+e_i, -f_i)$ 中, 一定存在可以改进的可行交换. 可行交换一共有四个类型:

(a) e_i, f_i 都与 v_1 关联;

(b) e_i, f_i 都不与 v_1 关联;

(c) e_i 与 v_1 关联, f_i 不与 v_1 关联;

(d) e_i 不与 v_1 关联, f_i 与 v_1 关联.

由条件 (1) 和 (2) 知, (a), (b) 类可行交换是不可改进的. 又因 T, T^* 都是 k 度限制支撑树, 所以 (c), (d) 类可行交换的数目相同. 我们把 (c), (d) 类可行交换任意配对, 必至少存在一对可行交换 $(+e_{i_1}, -f_{i_1})$ 和 $((+e_{i_2}, -f_{i_2}))$, 其中 e_{i_1}, f_{i_2} 对 v_1 关联, f_{i_1}, e_{i_2} 不与 v_1 关联, 使得

$$(w(f_{i_1}) - w(e_{i_1})) + (w(f_{i_2}) - w(e_{i_2})) > 0.$$

此与条件 (3) 矛盾. □

定理 2.12 设 T 是 G 的最小 k 度限制树, E_0 是 G 中与 v_1 关联的边的集合, $E_1 = E_0 \setminus E(T), E_2 = E(T) \setminus E_0$, 令

$$\mathscr{C} = \{(+e, -f) | (+e, -f) \text{ 是 } T \text{ 的可行交换 }, e \in E_1, f \in E_2\}.$$

若 $\mathscr{C} = \varnothing$, 则 G 中不存在 $k+1$ 度限制支撑树; 若 $\mathscr{C} \neq \varnothing$, 设

$$w(\tilde{e}) - w(\tilde{f}) = \min\{w(e) - w(f) | (+e, -f) \in \mathscr{C}\},$$

则 $\widetilde{T} = T + \tilde{e} - \tilde{f}$ 是 G 的最小 $k+1$ 度限制树.

证明 定理的第一部分是显然的. 下证定理的第二部分, 只需证明 $\widetilde{T}$ 满足定理 2.11 中的三个条件.

先证 $\widetilde{T}$ 满足定理 2.11 中的条件 (1). 设 $(+e, -f)$ 为 $\widetilde{T}$ 的可行交换, 且 $e \in E_0 \setminus E(\widetilde{T}), f \in E_0 \cap E(\widetilde{T})$. 因为 $E(\widetilde{T}) = (E(T) \cup \{\tilde{e}\}) \setminus \{\tilde{f}\}, \tilde{f} \in E(T) \setminus E_0$, 所以

$$E_0 \setminus E(\widetilde{T}) = E_0 \setminus (E(T) \cup \{\tilde{e}\}) \subseteq E_0 \setminus E(T) = E_1,$$
$$E_0 \cap E(\widetilde{T}) = (E_0 \cap E(T)) \cup \{\tilde{e}\}.$$

于是, $e \in E_0 \setminus E(T), f \in (E_0 \cap E(T)) \cup \{\tilde{e}\}$. 若 $f \in E_0 \cap E(T)$, 因 $(+e, -f)$ 是 $\widetilde{T}$ 的可行交换, 从而可证它也是 T 的可行交换. 由于 T 是最小 k 度限制树, 因此

它满足定理 2.11 中条件 (1), 即 $w(e) \geqslant w(f)$. 若 $f = \tilde{e}$, 因 $e \in E_1, \tilde{f} \in E_2$, 且 $\widetilde{T} + e - f = T + e - \tilde{f}$, 故 $(+e, -\tilde{f})$ 是 T 的可行交换, 于是 $(+e, -\tilde{f}) \in \mathscr{C}$. 由 $\tilde{e}, \tilde{f}$ 的取法知

$$w(e) - w(\tilde{f}) \geqslant w(\tilde{e}) - w(\tilde{f}) = w(f) - w(\tilde{f}),$$

即 $w(e) \geqslant w(f)$, 这就证明了 $\widetilde{T}$ 满足定理 2.11 中条件 (1).

同理可证 $\widetilde{T}$ 满足定理 2.11 中条件 (2).

再证 $\widetilde{T}$ 满足定理 2.11 中条件 (3). 设 $(+e_1, -f_1)$ 和 $(+e_2, -f_2)$ 为 $\widetilde{T}$ 的任意两个可行交换, 其中 e_1, f_2 与 v_1 关联, e_2, f_1 不与 v_1 关联. 若 $(+e_1, -f_2)$ 和 $(+e_2, -f_1)$ 均为 $\widetilde{T}$ 的可行交换, 由前知 $\widetilde{T}$ 满足定理 2.11 中条件 (1) 和 (2), 于是 $w(e_1) \geqslant w(f_2), w(e_2) \geqslant w(f_1)$, 从而 $\widetilde{T}$ 满足定理 2.11 中条件 (3). 若 $(+e_1, -f_2)$ 与 $(+e_2, -f_1)$ 中至少有一个不是 $\widetilde{T}$ 的可行交换, 由定理 2.7 知

$$\widetilde{T} + \{e_1, e_2\} - \{f_1, f_2\} = T + \{e, e_1, e_2\} - \{\tilde{f}, f_1, f_2\}$$

仍是 G 的 $k+1$ 度限制支撑树. 根据定理 2.6, 在 $\tilde{e}, e_1, e_2$ 与 $\tilde{f}, f_1, f_2$ 之间存在着配对, 使得每一配对都是 T 的可行交换. 我们把所有可能的配对列出:

① $(+\tilde{e}, -\tilde{f}), (+e_1, -f_1), (+e_2, -f_2)$;

② $(+\tilde{e}, -\tilde{f}), (+e_1, -f_2), (+e_2, -f_1)$;

③ $(+\tilde{e}, -f_1), (+e_1, -\tilde{f}), (+e_2, -f_2)$;

④ $(+\tilde{e}, -f_1), (+e_1, -f_2), (+e_2, -\tilde{f})$;

⑤ $(+\tilde{e}, -f_2), (+e_1, -\tilde{f}), (+e_2, -f_1)$;

⑥ $(+\tilde{e}, -f_2), (+e_1, -f_1), (+e_2, -\tilde{f})$.

如果①出现, 因为 T 为最小 k 度限制树, 且 $(+e_1, -f_1)$ 和 $(+e_2, -f_2)$ 是 T 的第 3 型可行交换 (见定理 2.11), 从而

$$w(f_1) + w(f_2) \leqslant w(e_1) + w(e_2), \tag{2.3}$$

即知 $\widetilde{T}$ 满足定理 2.11 中条件 (3). 如果②出现, 由于 T 是最小 k 度限制树, 且 $(+e_1, -f_2)$ 与 $(+e_2, -f_1)$ 分别是 T 的第 1 型和第 2 型可行交换 (见定理 2.11), 因此 $w(f_2) \leqslant w(e_1), w(f_1) \leqslant w(e_2)$, 即知 (2.3) 式成立, 从而 $\widetilde{T}$ 满足定理 2.11 中条件 (3). 如果③出现, 则 $(+\tilde{e}, -f_1), (+e_1, -\tilde{f}) \in \mathscr{C}$, 从而由 $\tilde{e}$ 和 $\tilde{f}$ 的取法知

$$w(\tilde{e}) - w(\tilde{f}) \leqslant w(\tilde{e}) - w(f_1), w(\tilde{e}) - w(\tilde{f}) \leqslant w(e_1) - w(\tilde{f}),$$

即知

$$w(\tilde{e}) - w(\tilde{f}) \leqslant w(e_1) - w(f_1). \tag{2.4}$$

又因 $(+\tilde{e}, -\tilde{f})$ 和 $(+e_2, -f_2)$ 为 T 的第 3 型可行交换 (见定理 2.11), T 为最小 k 度限制树, 故

$$w(\tilde{f}) + w(f_2) \leqslant w(\tilde{e}) + w(e_2),$$

即

$$w(f_2) - w(e_2) \leqslant w(\tilde{e}) - w(\tilde{f}). \tag{2.5}$$

由 (2.4) 式与 (2.5) 式即得 (2.3) 式, 于是 $\widetilde{T}$ 满足定理 2.11 中条件 (3). 如果④, ⑤, ⑥中某种情况出现, 同理可证 (2.3) 式成立, 即 $\widetilde{T}$ 满足定理 2.11 中条件 (3). □

类似地, 我们有下列定理:

定理 2.13　设 T 是 G 的最小 k 度限制树, E_0 是 G 中与 v_1 关联的边的集合, $E_3 = E(G) \setminus (E_0 \cup E(T)), E_4 = E_0 \cap E(T)$, 令

$$\mathscr{D} = \{(+e, -f) | (+e, -f) \text{ 是 } T \text{ 的可行交换 }, e \in E_3, f \in E_4\}.$$

若 $\mathscr{D} = \varnothing$, 则 G 中不存在 $k-1$ 度限制支撑树; 若 $\mathscr{D} \neq \varnothing$, 设

$$w(e^*) - w(f^*) = \min\{w(e) - w(f) | (+e, -f) \in \mathscr{D}\},$$

则 $T^* = T + e^* - f^*$ 是 G 的最小 $k-1$ 度限制树. □

根据定理 2.12 和定理 2.13, 可以得到求连通无向网络 $G = (V, E, w)$ 中最小 k 度限制树的 Glover-Klingman 算法, 现简述如下:

Step 1　求出 G 的最小树 T.

Step 2　计算 $d_T(v_1)$. 若 $d_T(v_1) = k$, 结束, T 为 G 的最小 k 度限制树; 若 $d_T(v_1) < k$, 转 Step 3; 若 $d_T(v_1) > k$, 转 Step 4.

Step 3　求出 $\mathscr{C}$. 若 $\mathscr{C} = \varnothing$, 停止, G 中不存在 k 度限制支撑树; 否则, 求出 $\tilde{e}$ 和 $\tilde{f}$, 令 $T := T + \tilde{e} - \tilde{f}$, 转 Step 2.

Step 4　求出 $\mathscr{D}$. 若 $\mathscr{D} = \varnothing$, 停止, G 中不存在 k 度限制支撑树; 否则, 求出 e^* 和 f^*, 令 $T := T + e^* - f^*$, 转 Step 2.

例 2.4　求图 2.3(a) 中赋权图 G 中顶点 v_1 处的最小 2 度限制树.

解　由例 2.3 知, G 的最小树为 T(见图 2.3(b)), 其中 $d_T(v_1) = 1 < 2$. 按照定理 2.12, 求得

$$\begin{aligned}\mathscr{C} = \{&(+v_1v_2, -v_2v_3), (+v_1v_2, -v_3v_4), (+v_1v_2, -v_4v_5),\\ &(+v_1v_3, -v_3v_4), (+v_1v_3, -v_4v_5), (+v_1v_4, -v_4v_5)\},\end{aligned}$$

$$\min\{w(e) - w(f) | (+e, -f) \in \mathscr{C}\} = w(v_1v_3) - w(v_3v_4) = 20.$$

因此, 得到 G 中顶点 v_1 处最小 2 度限制树 $\widetilde{T} = T + v_1v_3 - v_3v_4, w(\widetilde{T}) = w(T) + 20 = 80$, 见图 2.4. □

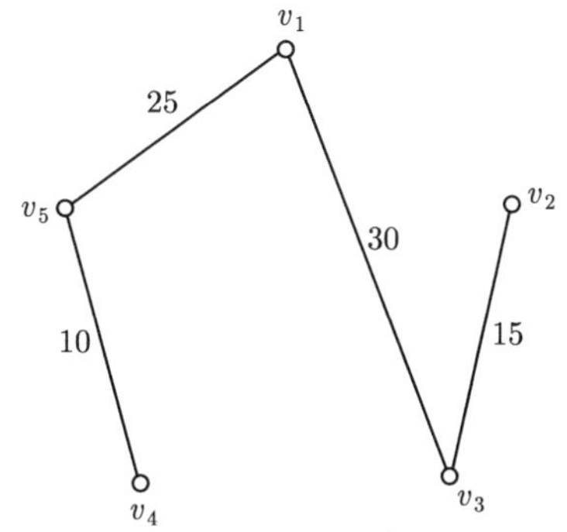

图 2.4 最小 2 度限制树的例子 (例 2.4)

2.5 支撑树的排序

在某些问题中, 需要在给定的连通无向网络中求一个满足一些特殊条件的支撑树. 此时, 除了把无向网络中所有支撑树都求出来, 很难找到更为有效的方法. 因此, 我们自然希望给出一个算法, 把无向网络的所有支撑树按权由小到大一个个排列出来, 直到求出满足条件的支撑树为止.

设 T, T' 是图 G 的支撑树, $e \in E(T') \setminus E(T), f \in E(T) \setminus E(T')$, 如果 $T' = T + e - f$, 即 T' 是由 T 进行一次可行交换得到的, 则称 T' 是 T 的邻树 (neighbour tree). T 的所有邻树组成的集合称为 T 的邻树集, 记为 $\mathscr{N}(T)$.

我们用 $\mathscr{G}$ 表示图 G 的支撑树的集合, 记 $\mathscr{T} = \{T_1, T_2, \cdots, T_k\} \subseteq \mathscr{G}$, 称

$$\mathscr{N}(\mathscr{T}) = \{T \in \mathscr{G} \setminus \mathscr{T} | T \in \mathscr{N}(T_i), 1 \leqslant i \leqslant k\}$$

为 $\mathscr{T}$ 的邻树集.

不难证明: 如果 $\mathscr{G} \setminus \mathscr{T} \neq \varnothing$, 则 $\mathscr{N}(\mathscr{T}) \neq \varnothing$.

任意指定 G 的某个最小树为 G 的第 1 最小树.

设 T_i 是无向网络 $G = (V, E, w)$ 的第 i 最小树 $(i = 1, 2, \cdots, k)$, 称支撑树 T_{k+1} 是 G 的第 $k+1$ 最小树, 如果

(1) $T_{k+1} \notin \{T_1, T_2, \cdots, T_k\}, T_{k+1} \in \mathscr{G}$;

(2) $\mathscr{G}$ 中不存在这样的 T, 使得 $T \notin \{T_1, T_2, \cdots, T_k\}$, 且

$$w(T_k) \leqslant w(T) < w(T_{k+1}).$$

定理 2.14 设 T_1 是 $G = (V, E, w)$ 的最小树, 取定 T_1 为 G 的第 1 最小树, 如果 $\widetilde{T}$ 满足

$$w(\widetilde{T}) = \min\{w(T) | T \in \mathscr{N}(T_1)\},$$

则 $\widetilde{T}$ 可以作为 G 的第 2 最小树.

证明　假设 $\widetilde{T}$ 不能作为 G 的第 2 最小树, 即存在 G 的支撑树 $T, T \neq T_1$, 使得

$$w(T_1) \leqslant w(T) < w(\widetilde{T}). \tag{2.6}$$

由 $\widetilde{T}$ 的定义及 (2.6) 式可知 $T \notin \mathscr{N}(T_1)$, 设

$$E(T) \setminus E(T_1) = \{e_1, e_2, \cdots, e_t\},$$

$$E(T_1) \setminus E(T) = \{f_1, f_2, \cdots, f_t\},$$

其中 $t \geqslant 2$. 根据定理 2.6, 存在 $f_1, f_2, \cdots, f_t$ 的一个排列, 不妨设仍是 $f_1, f_2, \cdots, f_t$, 使得 $T_1 + e_i - f_i (i = 1, 2, \cdots, t)$ 是 G 的支撑树, 且均属于 $\mathscr{N}(T_1)$. 由于 T_1 是 G 的最小树, 因此 $w(e_i) \geqslant w(f_i) (i = 1, 2, \cdots, t)$, 从而 $w(T) \geqslant w(T_1 + e_1 - f_1)$. 又因 $w(T_1 + e_1 - f_1) \geqslant w(\widetilde{T})$, 故 $w(T) \geqslant w(\widetilde{T})$, 此与 (2.6) 式矛盾. □

把定理 2.14 推广到第 k 最小树就得到下面的定理.

定理 2.15　设 T_i 是 G 的第 i 最小树, $i = 1, 2, \cdots, k$. 记 $\mathscr{T} = \{T_1, T_2, \cdots, T_k\}$, 如果 $\widetilde{T}$ 满足

$$w(\widetilde{T}) = \min\{w(T) | T \in \mathscr{N}(\mathscr{T})\},$$

则 $\widetilde{T}$ 可以作为 G 的第 $k+1$ 最小树.

证明　若不然, 设 $T \in \mathscr{G} \setminus \mathscr{T}$, 使得

$$w(T_k) \leqslant w(T) < w(\widetilde{T}), \tag{2.7}$$

从而 $T \notin \mathscr{N}(\mathscr{T})$. 设 T_r 是 $\mathscr{T}$ 的与 T 有最多公共边的支撑树, 令

$$E(T) \setminus E(T_r) = \{e_1, e_2, \cdots, e_t\},$$

$$E(T_r) \setminus E(T) = \{f_1, f_2, \cdots, f_t\},$$

这里 $t \geqslant 2$. 由定理 2.6 知, 存在 $f_1, f_2, \cdots, f_t$ 的一个排列, 不妨设仍为 $f_1, f_2, \cdots, f_t$, 使得 $T_r + e_i - f_i \in \mathscr{N}(T_r) (i = 1, 2, \cdots, t)$. 又由 T_r 的选择可知 $T_r + e_i - f_i \notin \mathscr{T} (i = 1, 2, \cdots, t)$. 于是

$$T_r + e_i - f_i \in \mathscr{N}(T_r) \setminus \mathscr{T} \subseteq \mathscr{N}(\mathscr{T}) (i = 1, 2, \cdots, t),$$

从而由 $\widetilde{T}$ 的定义知

$$w(T_r + e_i - f_i) \geqslant w(\widetilde{T}) (i = 1, 2, \cdots, t). \tag{2.8}$$

根据 (2.7) 和 (2.8) 两式得 $w(e_i) \geqslant w(f_i)(i=1,2,\cdots,t)$, 因此 $w(T) \geqslant w(T_r+e_1-f_1)$, 由 (2.8) 式即得 $w(T) \geqslant w(\widetilde{T})$, 此与 (2.7) 式矛盾. □

根据定理 2.14, 我们给出求连通无向网络 $G=(V,E,w)$ 的第 2 最小树的算法, 其中 G 有 n 个顶点, m 条边.

Step 1 求出 G 的最小树 T_1, 作为 G 的第 1 最小树, 设

$$E \setminus E(T_1) = \{e_1, e_2, \cdots, e_{m-n+1}\},$$

令 T_1+e_i 包含的圈为 $C_i, i=1,2,\cdots,m-n+1$.

Step 2 $\forall i \in \{1,2,\cdots,m-n+1\}$, 取 f_i 满足

$$w(f_i) = \max\{w(e) | e \in E(C_i) \setminus \{e_i\}\},$$

令

$$w(\tilde{e}) - w(\tilde{f}) = \min\{w(e_i) - w(f_i) | 1 \leqslant i \leqslant m-n+1\}.$$

Step 3 令 $T_2 = T_1 + \tilde{e} - \tilde{f}$, 则 T_2 为 G 的第 2 最小树.

根据定理 2.14, 不难写出求第 k 最小树的算法, $k=3,4,\cdots$. 有兴趣的读者可参见 [4]

例 2.5 求图 2.1(a) 中图 G 的第 2 最小树.

解 为方便起见, 我们把图 G 中的边编号, 令

$e_1=v_1v_2, e_2=v_1v_4, e_3=v_1v_6, e_4=v_2v_3, e_5=v_2v_6, e_6=v_3v_4, e_7=v_3v_5, e_8=v_3v_6, e_9=v_4v_5, e_{10}=v_5v_6$.

由例 2.1 知, G 的最小树 T_1 见图 2.1(f), 其中

$$\begin{aligned}
&E(T) \setminus E(T_1) = \{e_1, e_3, e_5, e_6, e_8\};\\
&C(e_1) = v_1v_2v_3v_5v_4v_1, E(C(e_1)) \setminus \{e_1\} \text{ 中权最大者为 } e_9;\\
&C(e_3) = v_1v_4v_5v_6v_1, E(C(e_3)) \setminus \{e_3\} \text{ 中权最大者为 } e_9;\\
&C(e_5) = v_2v_3v_5v_6v_2, E(C(e_5)) \setminus \{e_5\} \text{ 中权最大者为 } e_7;\\
&C(e_6) = v_3v_4v_5v_3, E(C(e_6)) \setminus \{e_6\} \text{ 中权最大者为 } e_9;\\
&C(e_8) = v_3v_5v_6v_3, E(C(e_8)) \setminus \{e_8\} \text{ 中权最大者为 } e_7;\\
&\min\{w(e_1)-w(e_9), w(e_3)-w(e_9), w(e_5)-w(e_7), w(e_6)-w(e_9),\\
&\qquad w(e_8)-w(e_7)\} = w(e_5)-w(e_7) = 0,
\end{aligned}$$

则 $T_2 = T_1 + e_5 - e_7$ 为 G 的第 2 最小树 (见图 2.5), $w(T_2) = w(T_1) = 11$. □

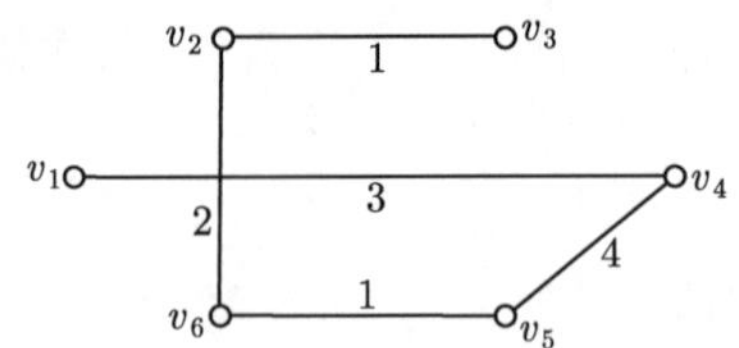

图 2.5　第 2 个最小树的例子 (例 2.5)

2.6　过指定顶点的最小单圈子图

设 H 是无向网络 $G=(V,E,w)$ 的支撑子图. 若 H 连通且仅包含唯一的圈, 则称 H 为 G 的单圈子图 (one-cycle subgraph). 设 x 是 G 的一个指定顶点, 若 x 在 G 的单圈子图 H 的圈上, 则称 H 是 G 中过 x 的单圈子图. 我们称 G 中权最小的过 x 的单圈子图为 G 的过 x 的最小单圈子图.

最小单圈子图有下面的充要条件.

定理 2.16　设 x 是 $G=(V,E,w)$ 的一个指定顶点, H 是 G 中过 x 的单圈子图, C 是 H 的圈, 则 H 是 G 中过 x 的最小单圈子图当且仅当 $T=H-e$ 是 G 的最小树, 其中 e 满足

$$w(e)=\max_{e'\in E(C)} w(e'), \tag{2.9}$$

并且还有

$$w(e)=\min\{w(e')|e'\in E\setminus E(T), x\in V(C_T(e'))\}. \tag{2.10}$$

证明　($\Rightarrow$) 设 e 满足 (2.9) 式, 则 $T=H-e$ 是 G 的支撑树. 假设 T 不是 G 的最小树, 根据定理 2.8 中 (3), 必存在 $\tilde{e}\in E(T)$, 使得有 $e_0\in \Omega_T(\tilde{e})$ 满足 $w(\tilde{e})>w(e_0)$.

若 $\Omega_T(\tilde{e})\cap E(C)=\varnothing$, 则 $H+e_0-\tilde{e}$ 仍是 G 中过 x 的单圈子图, 且 $w(H+e_0-\tilde{e})<w(H)$, 与 H 的假设矛盾.

若 $\Omega_T(\tilde{e})\cap E(C)\neq\varnothing$, 则由定理 1.2 知, $\tilde{e}\in E(C)\cap\Omega_T(\tilde{e})$, $e\in E(C)\cap\Omega_T(\tilde{e})$, 由 (2.9) 式知, $w(e)\geqslant w(\tilde{e})$, 从而 $w(e)>w(e_0)$. 因 $e_0\notin E(T)$, 故 $T+e_0$ 含有圈 C_0. 当 C_0 过顶点 x 时, $T+e_0=H-e+e_0$ 是 G 中过 x 的单圈子图, 且 $w(H-e+e_0)<w(H)$, 与 H 的假设矛盾; 当 C_0 不过顶点 x 时, 由 $e_0\in E(C_0)\cap\Omega_T(\tilde{e})$ 及定理 1.2 知, $\tilde{e}\in E(C_0)\cap\Omega_T(\tilde{e})$, 所以 $H+e_0-\tilde{e}$ 是 G 中过 x 的单圈子图, 且 $w(H+e_0-\tilde{e})<w(H)$, 与 H 的假设矛盾.

这就证明了 $H-e$ 是 G 的最小树. 于是由 H 是 G 中过 x 的最小单圈子图知 (2.10) 式成立.

($\Leftarrow$) 假设 H 是 G 中过 x 的单圈子图, $T = H - e$ 是 G 的最小树, 而 e 满足 (2.9) 和 (2.10) 两式. 如若 G 中存在过 x 的最小单圈子图 H_0, 使 $w(H_0) < w(H)$, 则设 C_0 是 H_0 的圈, $w(e_0) = \max\limits_{e' \in E(C_0)} w(e')$. 由必要性知, $T_0 = H_0 - e_0$ 是 G 的最小树, 从而 $w(T_0) = w(T)$. 于是, 由 $w(H_0) < w(H)$ 得 $w(e_0) < w(e)$.

不妨设 $E(C_0) \setminus E(T) = \{e_1, e_2, \cdots, e_k\}$, 从而 $T + e_i$ 含有基本圈 $C_T(e_i)$, 记为 $C_i, i = 1, 2, \cdots, k$. 由定理 2.5 得

$$C_0 = C_1 \oplus C_2 \oplus \cdots \oplus C_k.$$

因为 C_0 包含顶点 x, 所以必存在某个 $1 \leqslant i_0 \leqslant k$, 使 C_{i_0} 包含 x, 即 $e_{i_0} \in E \setminus E(T)$, 且 x 在 $T + e_{i_0}$ 的圈 C_{i_0} 上, 从而由 (2.10) 式知 $w(e) \leqslant w(e_{i_0})$; 又因 $e_{i_0} \in E(C_0)$, 故由 e_0 的选择知 $w(e_{i_0}) \leqslant w(e_0)$, 于是 $w(e) \leqslant w(e_0)$, 此与 $w(e_0) < w(e)$ 相矛盾. □

根据定理 2.16, 容易建立求 G 中过 x 的最小单圈子图的算法.

Step 1 求出 G 中最小树 T, 然后确定候选边集:

$$\mathscr{D} = \{e' | e' \in E \setminus E(T), x \in V(C_T(e'))\}.$$

Step 2 若 $\mathscr{D} = \varnothing$, 停止, G 中不存在过 x 的单圈子图; 否则转 Step 3.

Step 3 寻找边 e 满足 $w(e) = \min\limits_{e' \in \mathscr{D}} w(e')$, 则 $H = T + e$ 是 G 中过 x 的最小单圈子图.

易知, 求 G 中过顶点 x 的最小单圈子图的上述算法的复杂性为 $O(n^2)$, 其中 n 为 G 的顶点数.

例 2.6 求图 2.6(a) 中图 G 的过顶点 v_3 的最小单圈子图.

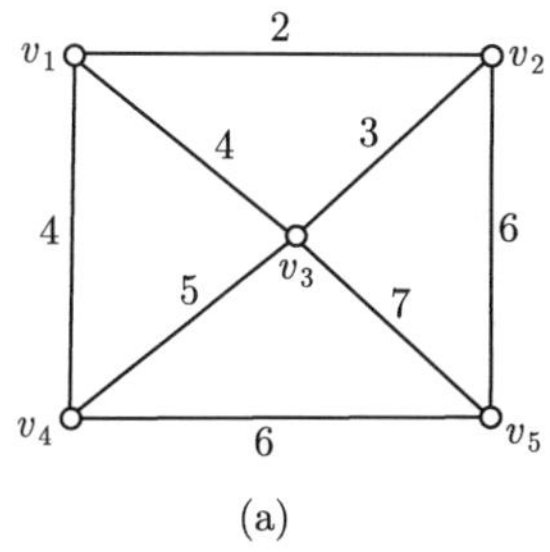

(a)

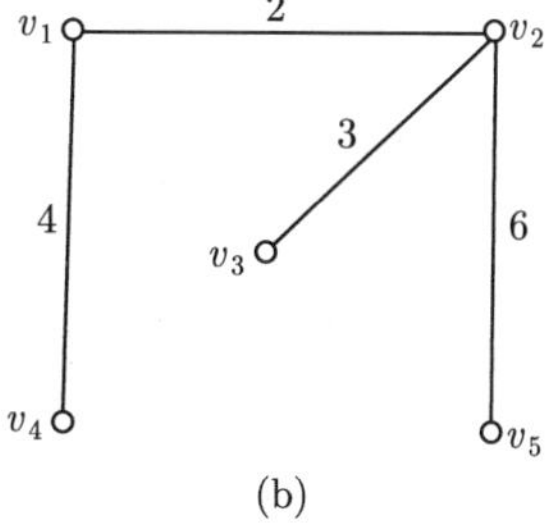

(b)

图 2.6 最小单圈子图的例子 (例 2.6)

解 用破圈法求得图 G 的最小树 T, 见图 2.6(b), $w(T) = 15$.

候选边集 $\mathscr{D} = \{v_1v_3, v_3v_4, v_3v_5\}, \min\{w(e)|e \in \mathscr{D}\} = w(v_1v_3) = 4$, 则 $H = T + v_1v_3$ 是 G 中过 v_3 的最小单圈子图, $w(H) = w(T) + 4 = 19$. □

习　题　2

1. 证明推论 2.2.

2. 证明推论 2.3.

3. 设 G 是树, 且 $\max\limits_{v_i \in V(G)} \mathrm{d}_G(v_i) \geqslant k$, 证明 G 中至少有 k 个悬挂点.

4. 设 T^* 是赋权图 $G=(V,E,w)$ 的支撑树, 证明: T^* 是 G 中唯一的最小树当且仅当下面两个条件中的一个成立:

(a) $\forall e \in E \setminus E(T^*), e$ 是 $C_T(e)$ 中唯一的权最大的边;

(b) $\forall \tilde{e} \in E(T^*), \tilde{e}$ 是 $\Omega_T(\tilde{e})$ 中唯一的权最小的边.

5. 用破圈法求题图 2.1 所示赋权图的最小树, 其中图上边旁的数字表示该边的权.

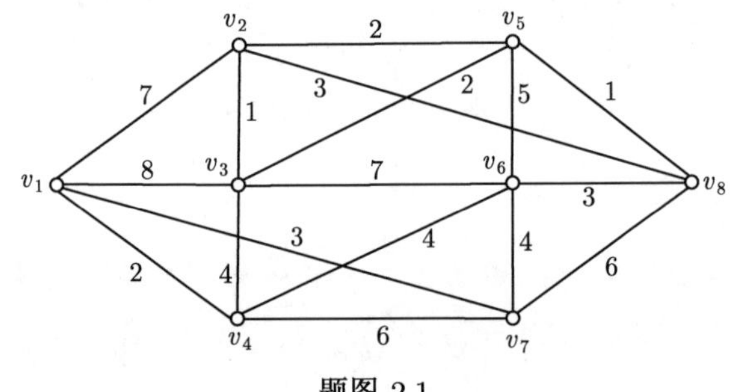

题图 2.1

6. 用边割法和避圈法公别求题图 2.1 所示的赋权图中最小树.

7. 用 Dijkstra 权矩阵法求题图 2.2 所示的赋权图中最小树, 其中边旁的数字为该边的权.

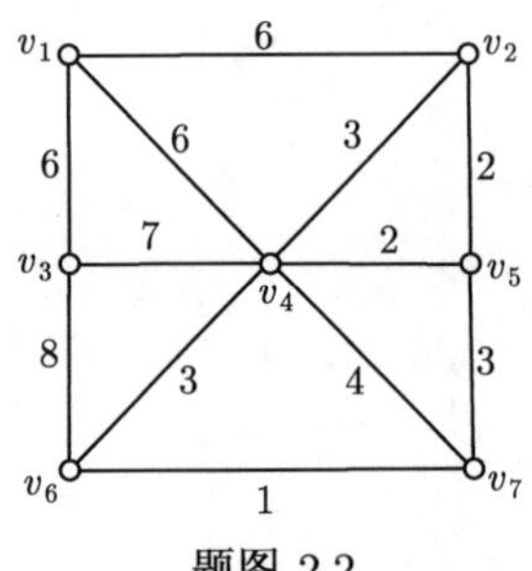

题图 2.2

8. 设 $G=(V,E,w)$ 是连通无向网络, 称 G 中权最小的连通支撑子图为 G 的最小支撑子图. 证明: 若 H 是 G 的最小支撑子图, 则 G 中权为负的边必定含在 H 中; 并且 H 中的最小树必定是 G 的最小树. 试利用求最小树的算法给出求最小支撑子图的算法.

9. 设 $G=(V,E,w)$ 是连通无向网络, E_0 是 E 中给定的一个子集. 如果 G 中存在一个连通支撑子图 H 使得 $E(H) \supseteq E_0$, 则称 H 为 G 中包含 E_0 的支撑子图. G 中权最小的包含 E_0 的支撑子图称为 G 的包含 E_0 的最小支撑子图. 试给出求 G 中包含 E_0 的最小支撑子图的算法. 并且求出题图 2.1 所示的赋权图中包含 E_0 的最小支撑子图, 其中 $E_0 = \{v_1v_2, v_1v_3, v_2v_3, v_7v_8\}$.

10. 称无向网络 $G = (V, E, w)$ 中权最大的支撑树为 G 的最大树. 试设计求最大树的算法, 并利用你设计的算法求题图 2.1 所示的无向网络最大树.

11. 求题图 2.2 所示的赋权图中在顶点 v_4 处的最小 4 度限制树和最小 1 度限制树.

12. 估计 Glover-Klingman 算法的复杂性, 说明这是一个强多项式算法.

13. 证明: 当 $\mathscr{G} \setminus \mathscr{T} \neq \varnothing$ 时, $\mathscr{N}(\mathscr{T}) \neq \varnothing$.

14. 求题图 2.1 所示的赋权图中第 2 最小树.

15. 估计求连通无向网络中第 2 最小树的算法的复杂性.

16. 若连通图 G 恰好有一个圈, 则称 G 为单圈图. 证明下面的论断等价.

(1) G 是单圈图;

(2) G 是有 n 个顶点 m 条边的连通图, 且 $m = n$;

(3) 存在 $e \in E(G)$, 使 $G - e$ 是树.

17. 求题图 2.2 所示的赋权图中过顶点 v_4 的最小单圈子图.

18. 设 T 为赋权连通图 $G = (V, E, w)$ 的支撑树, T 中边的最大权与最小权之差称为 T 的均匀度. G 中均匀度最小的支撑树称为 G 的均匀树 (balance spanning tree). 试设计求 G 的均匀树的算法, 并估计其复杂性.

19. 设 $G = (V, E, w, b)$ 是一个赋双权的无向网络, $\forall v_iv_j \in E$, 有两个权 w_{ij} 和 $b_{ij} > 0$. 对于 G 的任一支撑树 T, 称

$$w(T)/b(T) = \sum_{v_iv_j \in E(T)} w_{ij} \Big/ \sum_{v_iv_j \in E(T)} b_{ij}$$

为 T 的比值. G 中比值最小的支撑树称为 G 的最小比值树 (minimum ratio spanning tree). 试设计求 G 的最小比值树的算法, 并估计其复杂性.

第3章 最小树形图

第 2 章研究的是无向网络上的最小树问题, 类似地, 在网络上有所谓的最小树形图问题.

本章讨论有根图、树形图、最小树形图、分枝及量大分枝的概念和性质, 介绍著名的朱–刘算法和 Edmonds 算法, 以及广泛应用于网络最优化之中的两个重要算法 —— 广探法和深探法.

3.1 有 根 图

设 $D=(V,A)$ 是有向图, 如果存在 $v_1 \in V$, 使得 $\forall v_i \in V, D$ 中存在 (v_1, v_i) 路, 则称 D 是有根图 (rooted graph), 并称 v_1 是 D 的根 (root). 例如, 图 3.1(a) 中的有向图是有根图, 顶点 v_1 就是它的根; 图 3.1(b) 中的有向图不存在根, 它是非有根图.

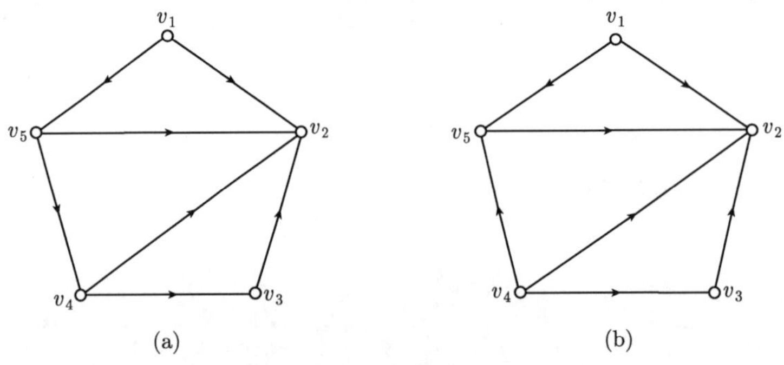

图 3.1 有根图与非有根图

容易知道, 有向图 D 是强连通的当且仅当 $\forall v \in V(D), v$ 都是 D 的根. 由此可知, 有根图不一定是强连通的, 例如, 图 3.1(a) 中有根图就不是强连通的. 下面我们讨论有向图为有根图的充要条件.

设 $D=(V,A)$ 是有向图, 如果 $\forall v_i, v_j \in V$, 总存在 $v \in V$, 使得 D 中存在 (v, v_i) 路和 (v, v_j) 路, 则称 D 是拟强连通的 (quasi-strongly connected). 显见, 强连通的有向图是拟强连通的; 拟强连通的有向图是连通的, 这两个命题的逆命题均不成立. 图 3.1(a) 中的有向图是拟强连通的, 但不是强连通的; 图 3.1(b) 中的有向图是连通的, 但不是拟强连通的.

定理 3.1 有向图 $D=(V,A)$ 是有根图当且仅当 D 是拟强连通的.

证明 必要性是显然的. 下证充分性.

设 D 是拟强连通的, $V=\{v_1,v_2,\cdots,v_n\}$, 于是, 有 $v^{(1)}\in V$, 使得 D 中存在 $(v^{(1)},v_1)$ 路和 $(v^{(1)},v_2)$ 路; 有 $v^{(2)}\in V$, 使得 D 中存在 $(v^{(2)},v^{(1)})$ 路和 $(v^{(2)},v_3)$ 路; 有 $v^{(3)}\in V$, 使得 D 中存在 $(v^{(3)},v^{(2)})$ 路和 $(v^{(3)},v_4)$ 路;$\cdots\cdots$, 最后, 有 $v^{(n-1)}\in V$, 使得 D 中存在 $(v^{(n-1)},v^{(n-2)})$ 路和 $(v^{(n-1)},v_n)$ 路. 由此得知, D 中存在 $(v^{(n-1)},v_i)$ 路, $i=1,2,\cdots,n$, 即 $v^{(n-1)}$ 为 D 的根, D 是有根图. □

设 v_1 是有向图 $D=(V,A)$ 的一个给定的顶点. $\forall v_i\in V$, 把 D 中最短 (v_1,v_i) 路的长度 (即 D 中弧最少的 (v_1,v_i) 路的弧数) 记为 $h(v_i)$, 称之为顶点 v_i 关于 v_1 的层数, 并称 v_i 是 D 中关于 v_i 的第 $h(v_i)$ 层顶点. 如果 v_i 是 D 的根, 则 D 中任何顶点 v_i 关于 v_1 的层数都存在.

不难知道, 若 P 是有向图 $D=(V,A)$ 中的最短 (v_1,v_i) 路, v_j 为 P 的内部顶点, 则 P 的 (v_1,v_j) 节必定是 D 的最短 (v_1,v_j) 路. 据此, 我们可给出求 D 中从 v_1 到其他各顶点的最短路的长 (即 D 中顶点关于 v_1 的层数) 的一个算法, 它的基本步骤如下:

Step 0 把顶点 v_1 标为“已标号未检查”, v_1 的层数 $h(1)=0,l_1=-1$.

Step 1 在已标号未检查顶点中选取最早得到标号的顶点 v_j, 转 Step 2; 如果所有标号顶点都已检查, 转 Step 3.

Step 2 考察 v_j 的一切出弧 (v_j,v_i). 若 v_i 已标号, 什么也不做; 否则, 将 v_i 标为“已标号未检查”, 并令 $h(i)=h(j)+1,l_i=j$. 当 v_j 的所有出弧都考察完毕, 把 v_j 改为已检查, 转 Step 1.

Step 3 如果有一些顶点没有标号, 则从 v_1 到这些顶点不存在路; 否则, v_1 为 D 的根, $h(i)$ 为 D 中最短 (v_1,v_i) 路的长.

算法中顶点 v_i 的标号 l_i 称为 v_i 的前点标号. $l_i=j$ 表明最短 (v_1,v_i) 路中 v_i 的前一个顶点是 v_j.

这个算法对已标号顶点的检查顺序是: 先得到标号的顶点先进行检查, 简单地说成“先标号, 先检查”. 网络最优化中有许多算法都是按由近及远的顺序去搜索每个顶点, 这类“先标号, 先检查”的方法称为广度优先搜索 (breadth first search) 法, 简称为广探法.

易知, 在上述广探法中, 对 D 中每一条弧都只考察一次, 因此广探法的复杂性为 $O(m),m$ 为 D 的弧数.

例 3.1 求图 3.1(a) 所示有向图中顶点关于顶点 v_1 的层数.

解 算法搜索顶点的过程如下:

$v_1:h(1)=0,l_1=-1$.

$v_2:h(2)=1,l_2=1;v_5:h(5)=1,l_5=1$.

$v_4: h(4)=2, l_4=5.$

$v_3: h(3)=3, l_3=4.$

因此, v_2 和 v_5 关于 v_1 的层数为 1, v_4 关于 v_1 的层数为 2, v_3 关于 v_1 的层数为 3. 并且根据各顶点的前点标号, 可知从 v_1 到其他顶点的最短路分别为 $v_1v_2, v_1v_5, v_1v_5v_4, v_1v_5v_4v_3$. □

由上可知, 广探法可以求出 D 中最短 (v_1, v_j) 路 $(\forall v_j \in V)$. 只要把算法中 Step 2 的"v_j 的出弧"均改为"v_j 的入弧", 就可以求出 D 中最短 (v_j, v_1) 路 $(\forall v_j \in V)$, 此时标号 l_i 不再是前点标号, 而是称为后点标号, 即 $l_i = j$ 表示在最短 (v_i, v_1) 路中 v_i 的后一个顶点是 v_j. 如果把 D 中存在最短 (v_1, v_i) 路的顶点 v_i 的全体记为 V_1, 把存在最短 (v_i, v_1) 路的顶点的全体记为 V_2, 则导出子图 $D[V_1 \cap V_2]$ 就是 D 中包含 v_1 的那个强连通分支. 容易给出求 D 的全部强连通分支的广探法, 其复杂性为 $O(nm)$, 这里 n 和 m 分别为 D 的顶点数和弧数.

显然, 广探法还可以用于求图的支撑树, 从而也就能得到求图的连通分支的广探法.

3.2 树 形 图

不含圈的有根图称为树形图 (arborescence).

下面的定理指出了树形图与树的关系.

定理 3.2　有向图 $D=(V, A)$ 是树形图当且仅当下面两个条件同时成立:

(1) D 的基础图是树;

(2) 存在 $v_1 \in V$ 满足 $d^-(v_1)=0$, 而 $\forall v \in V \setminus \{v_1\}$, 有 $d^-(v)=1$.

证明　($\Rightarrow$) 设 D 是树形图, 则 D 是有根图, 从而 D 连通; 又因 D 不含圈, 故 D 的基础图是树. 因为 D 是有根图, 所以存在 $v_1 \in V$, 使得 $\forall v \in V \setminus \{v_1\}$, D 中存在 (v_1, v) 路. 由于 D 的基础图是树, 因此 D 中存在唯一的 (v_1, v) 路, 于是, $\forall v \in V \setminus \{v_1\}$, 有 $d^-(v)=1$, 且 $d^-(v_1)=0$.

($\Leftarrow$) 由 (1) 知 D 不含圈, 且 $\forall v \in V \setminus \{v_1\}$, D 中存在唯一的 (v_1, v) 链 P, 从而由 (2) 知 P 是一条 (v_1, v) 路. 因此 D 是有根图, 故 D 是树形图. □

根据定理 3.2 及其证明容易得到树形图的一些性质.

(1) 若树形图 T 有 n 个顶点, 则 T 有 $n-1$ 条弧. n 个顶点中, 有一个顶点没有入弧, 这个顶点是 T 的根; 而其他 $n-1$ 个顶点恰好各有一条入弧. 一个树形图有唯一的根.

(2) 设 v_1 是树形图 T 的根, 则 $\forall v \in V(T) \setminus \{v_1\}, T$ 中存在唯一的 (v_1, v) 路.

(3) 设 v_1 是树形图 T 的根, $v_i \in V(T), T$ 中 (v_1, v_i) 路的长 $h(v_i)$ 称为顶点 v_i 的代, 即 v_i 的代就是 v_i 关于根 v_1 的层数. 设 $v_i, v_j \in V(T)$, 如果 T 中存在长为正

的 (v_i, v_j) 路, 则称 v_j 是 v_i 的后代. 显然, 若 v_j 是 v_i 的后代, 则 $h(v_i) < h(v_j)$.

树形图有许多等价定义, 定理 3.2 就是其中的一个. 下面再给出形树图的另一个等价定义, 为此先给出两个引理.

引理 3.3 设有向图 D 中每个顶点的入度都不大于 1, 则 D 中任何圈都是回路. □

这个引理的证明很容易, 留作练习.

引理 3.4 若有向图 D 中每个顶点至少有一条入弧, 则 D 中包含回路.

证明 设 $P = v_1v_2\cdots v_k$ 是 D 中最长 (即弧最多的) 路. 由假设, 顶点 v_1 在 D 中至少有一条入弧 (v, v_1), 因为 P 是最长路, 所以 v 必是 $\{v_1, v_2, \cdots, v_k\}$ 中某个顶点 v_i, 从而 $v_1v_2\cdots v_iv_1$ 是 D 中的回路. □

定理 3.5 有向图 T 是树形图当且仅下面三个条件同时成立:

(1) T 有 n 个顶点, $n-1$ 条弧;

(2) T 不含回路;

(3) T 中每个顶点的入度都不大于 1.

证明 根据定理 3.2, 必要性是显然的. 下证充分性. 首先由条件 (2),(3) 和引理 3.3 知, T 不含圈. 从而由条件 (1) 知 T 的基础图是树. 又由条件 (2) 和引理 3.4 知, 存在 $v_1 \in V(T)$, 使 $d^-(v_1) = 0$. 而 $\forall v \in V(T) \setminus \{v_1\}, T$ 中存在唯一的 (v_1, v) 链 P, 故由条件 (3) 知 P 是一条 (v_1, v) 路. 于是 T 是无圈的有根图, 即树形图. □

设 T 是有向图 D 的一个支撑子图, 如果 T 是树形图, 则称 T 是 D 的支撑树形图 (spanning arborescence).

定理 3.6 有向图 D 中存在支撑树形图当且仅当 D 是有根图.

证明 $(\Rightarrow)$ 设 T 是有向图 D 的支撑树形图, v_1 是 T 的根, 则 $\forall v \in V(D), T$ 中存在 (v_1, v) 路, 从而 D 中亦存在 (v_1, v) 路, 所以 D 是有根图, v_1 是 D 的根.

$(\Leftarrow)$ 设 v_1 是有根图 $D = (V, A)$ 的根, 应用广探法可以求出 D 中各顶点关于 v_1 的层数. 把算法得到的形如 (v_{l_i}, v_i) 的弧的全体记为 A_1, 则有向图 $T = (V, A_1)$ 是连通的, $|A_1| = |V| - 1, d_T^-(v_1) = 0$, 且 $\forall v_i \in V \setminus \{v_1\}$, 有 $d_T^-(v_i) = 1$, 由定理 3.2 知, T 是以 v_1 为根的树形图. □

由定理 3.6 的证明不难看出, 应用广探法可以求有根图的支撑树形图: 算法得到的所有形如 (v_{l_i}, v_i) 的弧的集合导出的子图就是一个支撑树形图 T, 并且算法得到的 $h(i)$ 是顶点 v_i 在 T 中的代.

与图中支撑树的可行交换相似, 在有向图的支撑树形图中, 也可以进行加一条弧、减一条弧的变换.

设 T 是有向图 $D = (V, A)$ 的支撑树形图, $\forall a_{ij} = (v_i, v_j) \in A \setminus A(T), v_i \neq v_j$, 分三种情况讨论 $T + a_{ij}$:

① v_i 不是 v_j 的后代. 显然 v_j 不是 T 的根, 且 $T+a_{ij}$ 不含回路, 只是 v_j 有两条入弧, 一条是 a_{ij}, 另一条为 $a_{kj}=(v_k,v_j)$, 根据定理 3.5, $T'=T+a_{ij}-a_{kj}$ 是 $T+a_{ij}$ 的支撑树形图, 从而 T' 是 D 的不同于 T 的支撑树形图, 我们称 T' 是 a_{ij} 引起的 T 的简单变换. 不难看出, 简单变换由 a_{ij} 唯一确定, 简单变换不改变树形图的根.

② v_i 是 v_j 的后代, 但 v_j 不是 T 的根. 这时 T_aij 含有一个回路 C, 且 v_j 有两条入弧, 因此只有删去 v_j 在 C 上的入弧 a_{ij} 才能得到 $T+a_{ij}$ 的支撑树形图. 这说明 $T+a_{ij}$ 只含唯一的支撑树形图 T, 即是说 a_{ij} 不能引起 T 的变换.

③ v_j 是 T 的根. 这时 $T+a_{ij}$ 含有一个回路 C, 并且 $T+a_{ij}$ 中每个顶点恰好有一条入弧. $\forall a_{kl}=(v_k,v_l)\in A(C)\setminus\{a_{ij}\}$, 显然 $T'=T+a_{ij}-a_{kl}$ 是 D 中以 v_l 为根的支撑树形图, 此时 T' 称为 a_{ij} 引起的 T 的树根变换. 一般地, a_{ij} 引起的树根变换不是唯一的, 变换后导致树根改变.

综上所述, 可以得到

定理 3.7　设 T 是有向图 $D=(V,A)$ 的支撑树形图, $a_{ij}=(v_i,v_j)\in A\setminus A(T), v_i\neq v_j$, 则

(1) a_{ij} 能引起 T 的树根变换当且仅当 v_j 是 T 的根;

(2) a_{ij} 能引起 T 的简单变换当且仅当在 T 中 v_i 不是 v_j 的后代. □

3.3　求最小树形图的朱–刘算法

我们把网络 D 中权最小的支撑树形图称为 D 的最小树形图 (minimum spanning arborescence).

例 3.2　乡政府计划修建水渠把一座水库的水引到若干片农田, 已知水库及各片农田之间修建直达水渠的费用. 要求设计一个总费用最小的水渠网.

以水库和各片农田作为顶点构造一个网络 D, 所有可能修建直达水渠的地点 (水库或农田) 之间按地形从高到低连一条弧, 直达水渠的修建费用作为弧的权. 因为水库对应的顶点 v_1 在 D 中没有入弧, 所以 D 中任何支撑树形图必定以 v_1 为根. 而费用是正的, 故费用最小的水渠网是 D 中以 v_1 为根的支撑树形图中权最小者, 因此, 上述问题就是求 D 的最小树形图. □

中图科学院朱永津和刘振宏 (1965) 首先给出了求最小树形图的算法, 通常称之为朱–刘算法.

网络 D 中顶点 v 的所有入弧中权最小者称为 v 的最小入弧.

引理 3.8　设网络 $D=(V,A,w), \forall v\in V$, 取 v 的一条最小入弧, 组成弧集 F, 令 $T=(V,F,w)$.

(1) 若 $|F|<|V|-1$, 则 D 没有支撑树形图.

(2) 若 $|F|=|V|-1$, 且 T 不含圈, 则 T 是 D 的最小树形图.

(3) 若 $|F|=|V|$, 设 a 是 F 中权最大的弧, 且 $T-a$ 不含圈, 则 $T-a$ 是 D 的最小树形图.

证明 对于 (1), D 中至少有两个顶点没有入弧, 因此 D 不可能有支撑树形图. 对于 (2), D 中恰有一个顶点没有入弧, 由定理 3.2, T 是 D 中以该顶点为根的支撑树形图, 从而是 D 的最小树形图. 对于 (3), $T-a$ 不含圈, 且 $T-a$ 中恰有一个顶点没有入弧, 由定理 3.2, $T-a$ 是 D 的支撑树形图, 从而由 a 的选择可知, $T-a$ 是 D 的最小树形图. □

一般说来, 引理 3.8 中的 T 可能含有圈. 根据引理 3.3, T 中每个圈都必定是回路. 由最小入弧组成的回路称为最小入弧回路. 关于最小入弧回路有下面的定理.

定理 3.9 设 C 是网络 $D=(V,A,w)$ 的最小入弧回路, 如果 D 中存在支撑树形图, 则 D 中存在最小树形图 T_0, 满足 $|A(C)\setminus A(T_0)|=1$.

证明 因为 D 中任意支撑树形图 T 都不含回路, 所以, $|A(C)\setminus A(T)|\geqslant 1$.

假设定理不成立, 我们在 D 的所有最小树形图中取 T_0, 使 $|A(C)\setminus A(T_0)|$ 最小. 由上知 $|A(C)\setminus A(T_0)|=k\geqslant 2$. 设 C 中不在 T_0 上的弧依次为 $a_1=(v_1,v_1'),a_2=(v_2,v_2'),\cdots,a_k=(v_k,v_k')$, 因此, C 中余下的弧组成 T_0 中的 (v_1',v_2) 路, (v_2',v_3) 路, $\cdots,(v_k',v_1)$ 路. 不妨设 v_1' 是 $\{v_1',v_2',\cdots,v_k'\}$ 在 T_0 中代最小的顶点, 则 v_1' 在 T_0 中不会是 v_2' 的后代, 但 v_2 在 T_0 中是 v_1' 的后代, 所以 v_2 也不是 v_2' 的后代. 由定理 3.7, $a_2=(v_2,v_2')$ 能引起 T_0 的简单变换, 故 $T_1=T_0+a_2-a_1'$ 是 D 的支撑树形图, 其中 a_1' 是 T_0 中 v_2' 的入弧. 注意到 a_2 是 v_2' 的最小入弧, 所以. $w(T_1)\leqslant w(T_0)$, 即 T_1 是 D 的最小树形图. 但是

$$|A(C)\setminus A(T_1)|=|A(C)\setminus A(T_0)|-1,$$

此与 T_0 的取法矛盾. □

根据上面的定理, 如果引理 3.8 中的 T 含有最小入弧回路 C, 则可以去掉 C 的一条弧, 但是这样可能得不到 D 的支撑树形图. 在 1.1 节中我们介绍过图的收缩运算, 受此启发, 也可以把网络 D 中最小入弧回路 C 上的每条弧都进行收缩 (简称为收缩 C), 得到一个新的网络 $D^*=(V^*,A^*,w^*)$:

$V^*=(V\setminus V(C))\cup\{y\}$ (y 是收缩 C 后的人造顶点),

$A^*=A\setminus A(C)$ (可以把收缩 C 后产生的环去掉),

$$w^*(a)=\begin{cases} w(a), & \text{当 } a \text{ 在 } D^* \text{ 中的头不是 } y,\\ w(a)-w(a_1)+w(a^*), & \text{当 } a \text{ 在 } D^* \text{ 中的头是 } y,\end{cases}$$

其中, a_1 是 C 中与 a 有相同头的弧, a^* 是 C 中权最大的弧.

网络 D^* 与网络 D 的关系由下面的定理给出.

定理 3.10 设 C 是网络 $D=(V,A,w)$ 的最小入弧回路, $D^*=(V^*,A^*,w^*)$ 是 D 收缩 C 后得到的新网络, T^* 是 D^* 的最小树形图, 则 T^*+C 包含 D 的一个最小树形图, 其中 T^*+C 表示把 T^* 中人造顶点 y 复原成 C.

证明 分两种情况讨论:

(1) 人造顶点 y 在 T^* 中有入弧 a_0. 设 C 中与 a_0 有相同头的弧为 a_1, 则 $T_1=T^*+C-a_1$ 是 T^*+C 包含的 D 中唯一的支撑树形图, 并且

$$\begin{aligned}w(T_1)&=\sum_{a\in A(T^*)\setminus\{a_0\}}w(a)+w(a_0)+w(C)-w(a_1)\\&=\sum_{a\in A(T^*)\setminus\{a_0\}}w^*(a)+w^*(a_0)+w(C)-w(a^*)\\&=w^*(T^*)+w(C)-w(a^*).\end{aligned}$$

(2) 人造顶点 y 是 T^* 的根. 此时只要从 T^*+C 中删去 C 的任意一条弧, 都会得到 D 的支撑树形图. 显然应该从 C 中删去权最大的弧 a^*, 于是 $T_2=T^*+C-a^*$ 的权

$$w(T_2)=w^*(T^*)+w(C)-w(a^*).$$

因此, 不论出现哪种情况, T^*+C 都包含 D 中权为 $w^*(T^*)+w(C)-w(a^*)$ 的支撑树形图 T.

根据定理 3.9, D 中存在使 $|A(C)\setminus A(T_0)|=1$ 的最小树形图 T_0. 设 $a'=(v_i,v_j)\in A(C)\setminus A(T_0)$, 因 a^* 是 C 中权最大的弧, 故 $w(a')\leqslant w(a')$. 在收缩 C 之后, T_0 变成 D^* 中支撑树形图 T'(即 $T_0=T'+C-a'$), 因此, $w^*(T')\geqslant w^*(T^*)$. 类似地, 分情况讨论 T_0 的权与 T 的权之间的关系.

当 v_j 是 T_0 的根, 则

$$\begin{aligned}w(T_0)&=\sum_{a\in A(T')}w(a)+w(C)-w(a')\\&=\sum_{a\in A(T')}w^*(a)+w(C)-w(a')\\&=w^*(T')+w(C)-w(a')\\&\geqslant w^*(T^*)+w(C)-w(a^*).\end{aligned}$$

当 v_j 不是 T_0 的根, 即 T_0 中有一条弧 a'' 是 v_j 的入弧, 则

$$\begin{aligned}w(T_0)&=\sum_{a\in A(T')\setminus\{a''\}}w(a)+w(a'')+w(C)-w(a')\\&=\sum_{a\in A(T')\setminus\{a''\}}w^*(a)+w^*(a'')+w(C)-w(a^*)\\&=w^*(T')+w(C)-w(a^*)\\&\geqslant w^*(T^*)+w(C)-w(a^*).\end{aligned}$$

因此总有 $w(T_0) \geqslant w(T)$. 而 T_0 是 D 中最小树形图, 故 T 也是 D 中最小树形图, 即 $T^* + C$ 中确实包含了 D 的最小树形图. □

定理 3.10 的证明是构造性的, 由此得到求最小树形图的朱–刘算法.

Step 0 令 $V_1 = V, A_1 = A, w_1 = w, D_1 = (V_1, A_1, w_1), k = 1$.

Step 1 $\forall v \in V_k$, 取 v 的一条最小入弧, 组成弧集 F_k. 若 $|F_k| < |V_k| - 1$, 停止, 网络 D 没有支撑树形图; 若 $|F_k| = |V_k| - 1$, 令 $F'_k = F_k$, 转 Step 2; 若 $|F_k| = |V_k|$, 从 F_k 中去掉一条权最大的弧, 余下的弧集记为 F'_k, 转 Step 2.

Step 2 令 $H_k = (V_k, F'_k)$. 若 H_k 不含圈, 则令 $H'_k = H_k, H'_k$ 是 D_k 的最小树形图, 转 Step 4; 否则, 在 H_k 中任取一个圈 C_k, 转 Step 3.

Step 3 对 D_k 收缩 C_k, 得到新的网络 $D_{k+1} = (V_{k+1}, A_{k+1}, w_{k+1})$, 记人造顶点为 y_k. 令 $k := k + 1$, 转 Step 1.

Step 4 若 $k = 1$, 结束, H'_k 是 D 中最小树形图; 否则转 Step 5.

Step 5 令 $H'_{k-1} = H'_k + C_{k-1} - a'_{k-1}$, 其中 a'_{k-1} 是 C_{k-1} 中的一条弧: 如果 y_{k-1} 在 H'_k 中有入弧, 则 a'_{k-1} 取与该入弧在 D_{k-1} 中有相同头的弧; 否则, a'_{k-1} 取为 C_{k-1} 中权最大的弧 a^*_{k-1}. 令 $k := k - 1$, 转 Step 4.

朱–刘算法的复杂性估计. 设网络 D 的顶点数为 n, 弧数为 m. 容易知道, 算法中 Step 1~Step 3 和 Step 4~Step 5 至多各循环 $n-1$ 次. 在每次循环中, Step 1 是找每个顶点的最小入弧, 故 Step 1 的计算量为 $O(m)$; Step 2 是寻找 H_k 中的圈, 它的计算量为 $O(n)$; Step 3 是收缩 Step 2 找到的圈, 其计算量为 $O(m)$; Step 4 的计算量为 1; Step 5 的计算量为 $O(m)$.

例 3.3 求图 3.2 中网络 D 的最小树形图.

解 令 $D_1 = D$, 求解过程见图 3.3,H'_1 是 D 的最小树形图. □

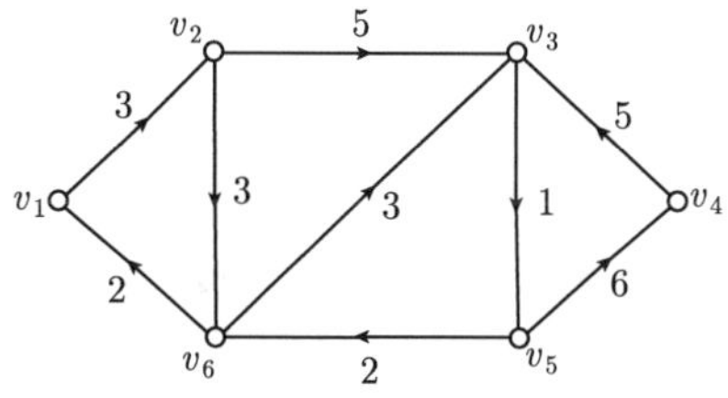

图 3.2 求最小树形图的例子 (例 3.3)

设 v_1 是网络 D 中一个固定的顶点, 把 D 的所有以 v_1 为根的支撑树形图中权最小者称为 D 中以 v_1 为根的最小树形图.

用朱–刘算法可以求网络 D 中以固定顶点 v_1 为根的最小树形图, 现说明如下:

在网络 D 中删去顶点 v_1 的所有入弧, 得到一个新的网络 $\widetilde{D}$, 很显然, $\widetilde{D}$ 中任何支撑树形图必定以 v_1 为根. 对网络 $\widetilde{D}$ 应用朱–刘算法, 若 $\widetilde{D}$ 中没有支撑树形图,

则 D 中不存在以 v_1 为根的支撑树形图; 否则, $\widetilde{D}$ 中的最小树形图就是 D 中以 v_1 为根的最小树形图.

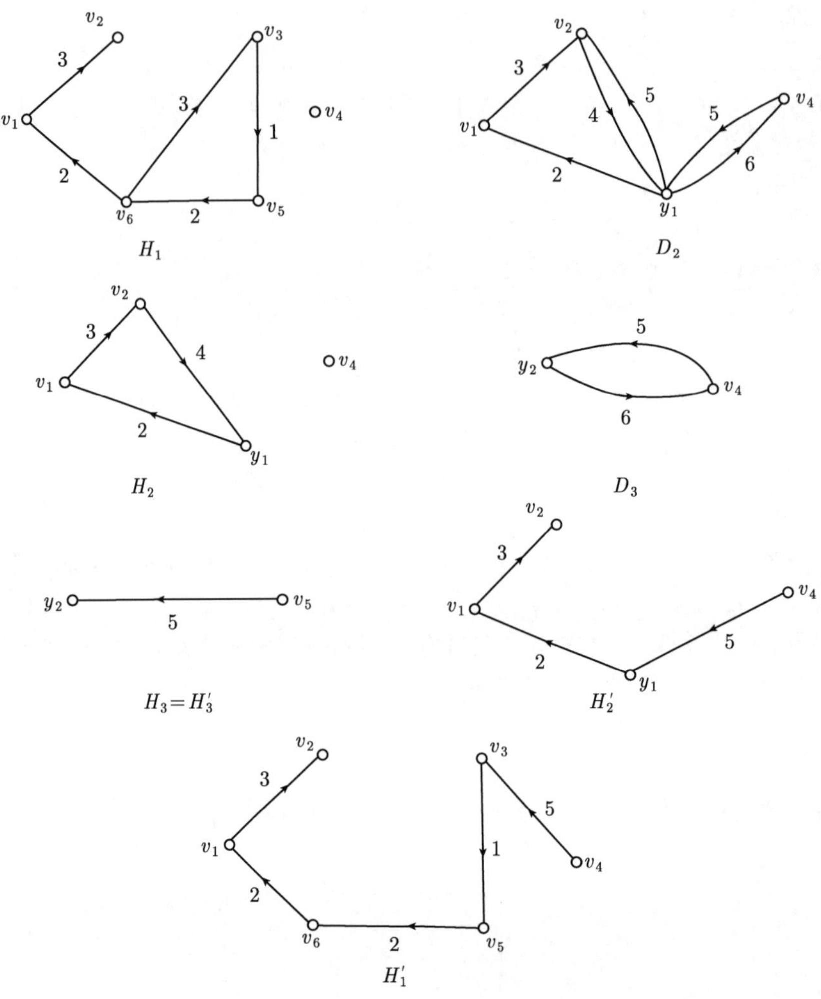

图 3.3 最小树形图的求解过程 (例 3.3)

3.4 分 枝

每个顶点的入度都不超过 1 的无圈有向图称为分枝 (branching). 根据定理 3.5, 分枝的每个连通分支都是树形图.

设 B 是有向图 D 的支撑子图, 且 B 是分枝, 则称 B 为 D 的支撑分枝 (spanning branching).

3.4.1 深探分枝和广探分枝

在 3.1 节中我们介绍了大量应用于网络最优化的广探法, 与广探法同样重要的还有深探法, 即深度优先搜索 (depth first search) 法, 它的特点是从某一顶点开始尽可能深入到未搜索过的顶点中去, 总是从一个顶点搜索到另一个新的顶点, 直到不能进行才返回.

下面我们给出求有向图 $D=(V,A)$ 中支撑分枝的深探法.

Step 0 把所有弧标为未检查. 取 $v_i \in V$, 令 $S=\{v_1\}$(S 中顶点为待检查的顶点), v_1 的前点标号 $l_1=-1, L(1)=0, k=1$, 并且 $\forall v_i \in V\setminus\{v_1\}$, 令 $L(i)=-1$($L(i)$ 为算法中得到前点标号的顶点的次序号).

Step 1 取 S 中顶点 v_i 的一条未检查的出弧 (v_i,v_j), 转 Step 2; 若 v_i 的所有出弧都已检查, 转 Step 3.

Step 2 把弧 (v_i,v_j) 改为已检查. 若 $L(j)\neq -1$, 转 Step 1; 否则, 令 $L(j)=k, l_j=i, S=\{v_j\}, k:=k+1$, 转 Step 1.

Step 3 若 $l_i=-1$, 转 Step 4; 否则, 令 $S=\{v_{l_i}\}$, 转 Step 1.

Step 4 若有某些顶点的次序号 $L(j)=-1$, 则任取 $v_i \in \{v_j \in V|L(j)=-1\}$, 令 $l_i=-1, S=\{v_i\}, k:=k+1$, 转 Step 1; 否则, 由所有形如 (v_{l_i},v_i) 的弧导出的 D 的子图 T 就是 D 的支撑分枝, 转 Step 5.

Step 5 若 $|\{v_i \in V|l_i=-1\}|=1$, 则 T 是 D 中以 v_1 为根的支撑树形图.

深探法对顶点的检查次序是: 后得到前点标号的顶点先检查. 这可简单地描述为“后标号, 先检查”.

不难知道, 在深探法中, 每条弧只检查一次, 因此, 深探法的复杂性同广探法一样, 也是 $O(m)$, 这里 m 为 D 的弧数.

我们把由深探法得到的有向图 D 中支撑分枝 (或支撑树形图) 称为 D 的深探分枝 (或深探树形图).

深探分枝具有如下的一个很好的性质.

定理 3.11 设 $D_1=(V_1,A_1)$ 是有向图 $D=(V,A)$ 的强连通分支, T 是 D 的深探分枝, 则 $T_1=(V_1,A(T)\cap A_1)$ 是 D_1 的支撑树形图.

证明 先证: $\forall v_i,v_j \in V_1$, 总存在 $v_r \in V_1$, 使得在深探分枝 T 中有 (v_r,v_i) 路和 (v_r,v_j) 路. 不失一般性, 假设在深探法中, 顶点 v_i 和 v_j 的次序号满足 $L(i)<L(j)$. 因为 D_1 是强连通的, 所以 D_1 中存在 (v_i,v_j) 路 P. 设 v_r 是 $V(P)$ 中次序号最小的顶点, 即 $L(r)\leqslant L(i)<L(j)$, 且 $v_r \in V(P)\subseteq V_1$. 显然 P 的 (v_r,v_j) 节就是 T 中 (v_r,v_j) 路. 不妨设 $L(r)\neq L(i)$, 从而由 $L(r)<L(i)<L(j)$ 及深探法的思想可知, T 中必存在 (v_r,v_i) 路.

再证: 若深探分枝 T 中存在 (v_i,v_j) 路 $P, v_i,v_j \in V_1$, 则 $\forall v_k \in V(P)$, 都有

$v_k \in V_1$. 因为 D_1 是强连通的, 所以 $\forall v \in V_1, D_1$ 中存在 (v, v_i) 路和 (v_j, v) 路, 于是存在 (v, v_k) 路和 (v_k, v) 路, 即知 $v_k \in V_1$.

综上所述, T_1 是有根图, 且为 D_1 的支撑子图. 而 T_1 又是分枝 T 的子图, 即 T_1 不含圈, 故 T_1 是 D_1 的支撑树形. □

仿照深探法, 把 3.1 节中广探法稍加修改, 不难得到求有向图 D 中支撑分枝的广探法, 这些留给读者去完成. 类似地, 我们把用广探法求出的有向图 D 中支撑分枝 (或支撑树形图) 称为 D 的广探分枝 (或广探树形图).

例 3.4 求图 3.4(a) 中有向图 D 的广探分枝和深探分枝.

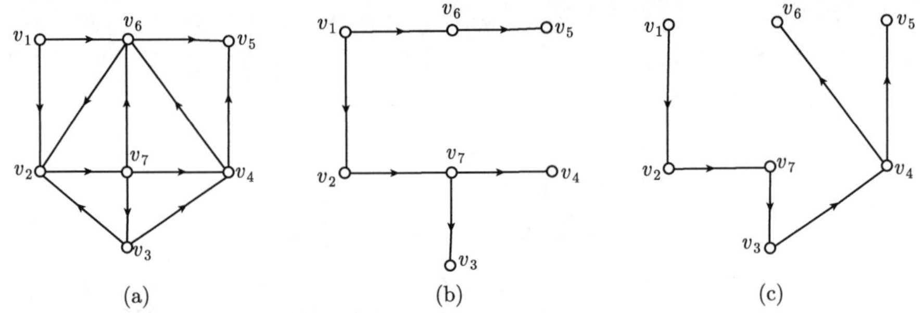

图 3.4 广探分枝和深探分枝的例子 (例 3.4)

解 容易求得 D 的广探分枝和深探分枝, 分别见图 3.4(b) 和 (c). □

需要指出的是, 广探分枝并没有类似于定理 3.11 的性质. 例如, 图 3.5(a) 中的有向图 D' 是图 3.4(a) 中有向图 D 的强连通分支, 但 D 的广探分枝与 D' 的公共部分 T'(见图 3.6(b)) 不是树形图, 从而 T' 不可能是 D' 的支撑树形图.

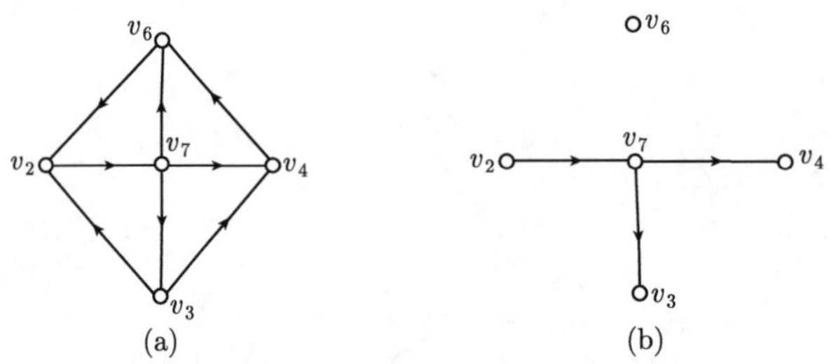

图 3.5 广探分枝无类似于定理 3.11 的性质的例子

3.4.2 最大分枝

网络 $D = (V, A, w)$ 中权最大的支撑分枝称为 D 的最大分枝 (maximum spanning branching).

因为把 D 的支撑分枝删去一条弧仍然是 D 的支撑分枝, 所以 D 的最大分枝不包含权为负的弧.

下面介绍 Edmonds(1967) 提出的求最大分枝的一个算法, 它与朱–刘算法本质上是相同的, 仅在细节上有所差别.

Step 0 令 $V_1=V, A_1=A, w_1=w, D_1=(V_1,A_1,w_1), k=1$.

Step 1 $\forall v\in V_k$, 取 v 的一条最大正权入弧, 组成弧集 F_k.

Step 2 令 $B_k=(V_k,F_k)$. 若 B_k 不含圈, 令 $B'_k=B_k$, 转 Step 4; 否则, 取 B_k 的一个圈 C_k, 转 Step 3.

Step 3 对 D_k 收缩 C_k 得到新的网络 $D_{k+1}=(V_{k+1}A_{k+1},w_{k+1})$, 其中

$V_{k+1}=(V_k\setminus V(C_k))\cup\{y_k\}$ (y_k 是人造顶点),

$A_{k+1}=A_k\setminus A(C_k)$ (可以把收缩 C_k 产生的环去掉),

$$w_{k+1}(a)=\begin{cases} w_k(a), & \text{当 } a \text{ 在 } D_{k+1} \text{ 中的头不是 } y_k,\\ w_k(a)-w_k(\tilde{a}_k)+w_k(a_k^*), & \text{当 } a \text{ 在 } D_{k+1} \text{ 中的头是 } y_k,\end{cases}$$

这里 $\tilde{a}_k$ 是 C_k 中与 a 有相同头的弧, a_k^* 是 C_k 中权最小的弧. 令 $k:=k+1$, 转 Step 1.

Step 4 如果 $k=1$, 结束, B'_1 就是 D 中最大分枝; 否则转 Step 5.

Step 5 令 $B'_{k-1}=B'_k+C_{k-1}-a'_{k-1}$, 其中 a'_{k-1} 是 C_{k-1} 中的一条弧: 如果 y_{k-1} 在 $B'k$ 中有入弧, 则 a'_{k-1} 取与该入弧在 D_{k-1} 中有相同头的弧; 否则, a'_{k-1} 取 C_{k-1} 中权最小的弧 a^*_{k-1}. 令 $k:=k-1$, 转 Step 4.

关于最大分枝也有类似于定理 3.10 的结论, 因此朱–刘算法的证明完全类似. 并且易知 Edmonds 算法的复杂性与朱–刘算法的复杂性为 $O(nm)$. 其中 n 和 m 分别是网络 D 的顶点数和弧数. 这些都留给读者自己完成.

例 3.5 求图 3.6 中网络 D 的最大分枝.

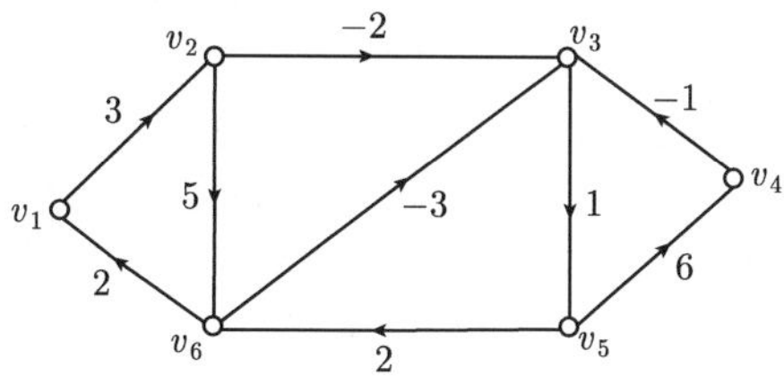

图 3.6 求最大分枝的例子 (例 3.5)

解 令 $D_1=D$, 求解过程见图 3.7,B'_1 是 D 中最大分枝. □

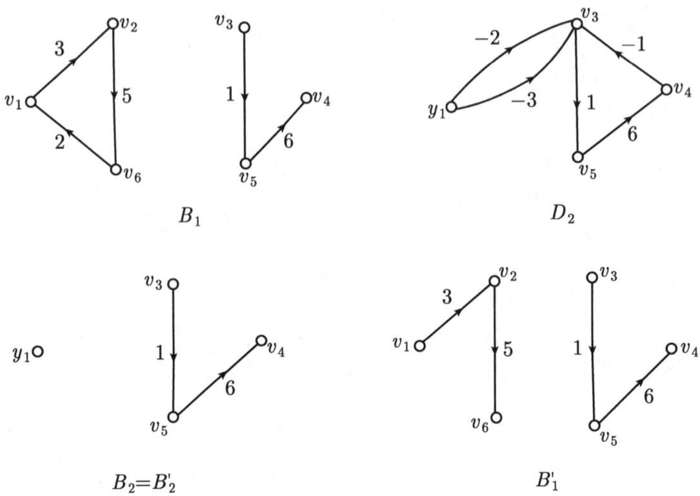

图 3.7　最大分枝的求解过程 (例 3.5)

需要指出的是, 即使网络 D 中所有弧上的权均为正数, 并且 D 中存在支撑树形图, D 的最大分枝也不一定是 D 的支撑树形图. 但是, 如果对网络 $D=(V,A,w)$ 的权作适当的修改, 就可以应用 Edmonds 算法求 D 中权最大的支撑树形图 (称为最大树形图 (maximum spanning arborescence)) 和最小树形图. 具体做法如下:

(1) 构造新网络 $D'=(V,A,w')$, 其中

$$w'(a)=w(a)+K, \forall a\in A,$$

K 是一个足够大的正数. 这样 D' 中每条弧的权都是正的, 并且每条弧的权都小于任何两条弧的权之和, 因此, D' 中最大分枝将包含尽可能多的弧. 于是, 若 D 有支撑树形图, 则对网络 D' 用 Edmonds 算法求出的最大分枝就是 D 中最大树形图.

(2) 构造网络 $D''=(V,A.w'')$, 其中

$$w''(a)=K-w(a), \forall a\in A,$$

K 是一个足够大的正数. 同样, D'' 中最大分枝一定包含尽可能多的弧. 因此, 若 D 中存在支撑树形图, 则对 D'' 用 Edmonds 算法就能求出 D 中最小树形图.

顺便说明一下, (1) 和 (2) 中提到的足够大的正数 K 可以取为 $\sum\limits_{a\in A}|w(a)|+1$.

习　题　3

1. 设 T 是一个树, v_1 是 T 中一个指定的顶点, 证明: 存在 T 的唯一的定向图 D, 使得 D 是以 v_1 为根的树形图.

2. 求题图 3.1 所示的有向图中顶点关于顶点 v_1 的层数.

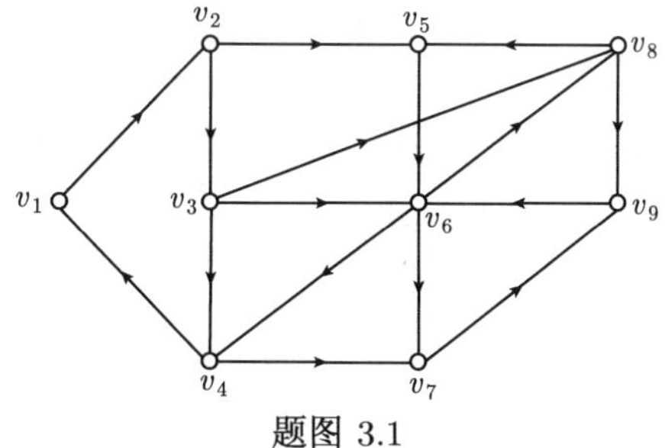

题图 3.1

3. 求题图 3.1 所示的有向图中含顶点 v_1 的强连通分支.

4. 设计一个广探法求图的所有连通分支, 并估计算法复杂性.

5. 证明引理 3.3.

6. 用朱–刘算法求题图 3.2 所示网络中最小树形图, 其中图上弧旁数字为该弧的权.

7. 用朱–刘算法求题图 3.2 所示网络中以 v_1 为根的最小树形图.

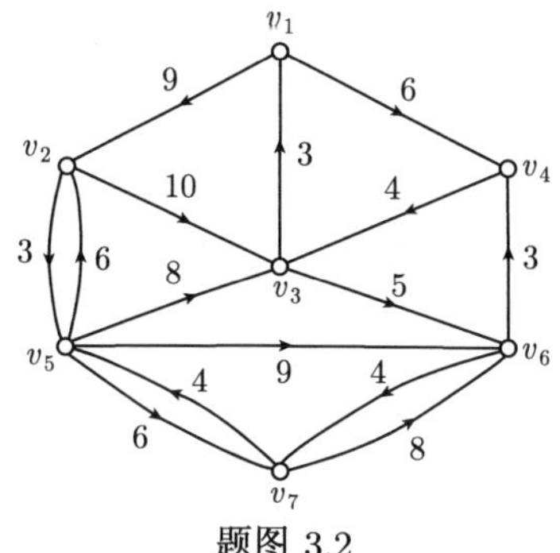

题图 3.2

8. 给出求有向图中支撑分枝的广探法.

9. 求题图 3.1 所示有向图中广探分枝和深探分枝.

10. 用 Edmonds 算法求题图 3.3 所示网络的最大分枝, 其中图上弧旁的数字表示该弧的权.

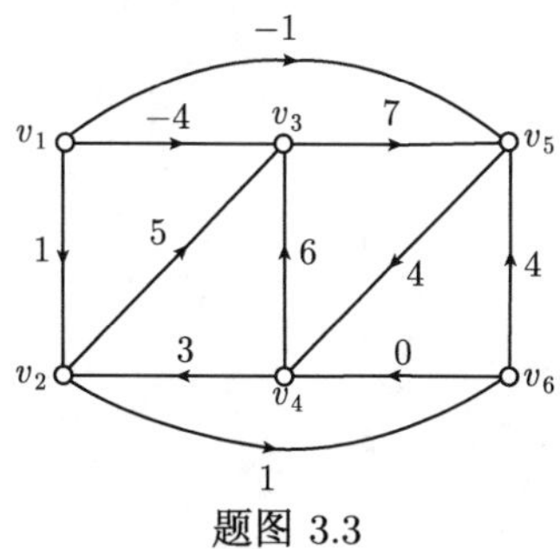

题图 3.3

11. 证明 Edmonds 算法的正确性.

12. 举例说明在每条弧的权均为正数且存在支撑树形图的网络 D 中, D 的最大分枝不是 D 的支撑树形图.

13. 用 Edmonds 算法求题图 3.3 所示网络的最大树形图和最小树形图.

14. 设 D 是有 m 条弧且不含回路的网络, 试设计一个复杂性为 $O(m)$ 的算法求 D 中最小树形图.

第4章　线性规划

在以后各章我们将会发现, 许多组合最优化问题都可以用线性规划或整数线性规划来建立数学模型, 因此, 线性规划是求解组合最优化问题的一种重要方法.

本章简单扼要地介绍线性规划和整数线性规划, 建立最短路问题、网络流问题和匹配问题的线性规划模型.

4.1　线性规划问题及其对偶规划问题

线性规划问题就是一个线性函数在一组线性约束条件下的极值问题, 其标准形式为

$$\begin{cases} \min \boldsymbol{c}^{\mathrm{T}}\boldsymbol{x} \\ \text{s.t. } \boldsymbol{A}\boldsymbol{x} = \boldsymbol{b} \\ \qquad \boldsymbol{x} \geqslant \boldsymbol{0} \end{cases} \tag{4.1}$$

其中

$$\boldsymbol{x} = \begin{bmatrix} x_1 \\ x_2 \\ \vdots \\ x_n \end{bmatrix}, \boldsymbol{c} = \begin{bmatrix} c_1 \\ c_2 \\ \vdots \\ c_n \end{bmatrix}, \boldsymbol{b} = \begin{bmatrix} b_1 \\ b_2 \\ \vdots \\ b_n \end{bmatrix}, \boldsymbol{A} = \begin{bmatrix} a_{11} & a_{12} & \cdots & a_{1n} \\ a_{21} & a_{22} & \cdots & a_{2n} \\ \vdots & \vdots & & \vdots \\ a_{m1} & a_{m2} & \cdots & a_{mn} \end{bmatrix}.$$

矩阵 $\boldsymbol{A}$ 称为约束矩阵 (constraint matrix), $\boldsymbol{A}x = \boldsymbol{b}$ 称为约束方程组 (system of constraint equations), $\boldsymbol{x} \geqslant \boldsymbol{0}$ 称为非负约束 (nonnegative constraint).

为了方便, 我们总是假定: $n \geqslant m$; $\boldsymbol{A}$ 是行满秩的, 即 $\text{rank}\boldsymbol{A} = m$.

在问题 (4.1) 中, 满足约束方程组及非约束的向量 $\boldsymbol{x}$ 称为可行解; 所有可行解的全体称为可行解集或可行域 (feasible region), 记作 K, 即 $K = \{\boldsymbol{x} | \boldsymbol{A}\boldsymbol{x} = \boldsymbol{b}, \boldsymbol{x} \geqslant \boldsymbol{0}\}$; 使目标函数在 K 上取得最小值的可行解称为最优解; 最优解对应的目标函数值称为最优值 (optimal value).

定理 4.1　若问题 (4.1) 的可行域 K 是非空有界的, 则问题 (4.1) 必存在最优解.

证明　显然问题 (4.1) 的可行域 K 是一个闭集, 从而由条件知 K 为非空有界闭集. 又因问题 (4.1) 的目标函数 $\boldsymbol{c}^{\mathrm{T}}\boldsymbol{x}$ 为线性函数, 故 $\boldsymbol{c}^{\mathrm{T}}\boldsymbol{x}$ 在 K 上连续, 因此 $\boldsymbol{c}^{\mathrm{T}}\boldsymbol{x}$ 在 K 上可取得最小值, 即问题 (4.1) 存在最优解. □

如果 $\boldsymbol{B}$ 是由 $\boldsymbol{A}$ 的某些列向量组成的非奇异子矩阵, 则称 $\boldsymbol{B}$ 是问题 (4.1) 的基矩阵 (basic matrix).

设 $\boldsymbol{B}$ 是由 $\boldsymbol{A}$ 的第 j_1 列, 第 j_2 列,$\cdots$, 第 j_m 列组成的基矩阵, 令

$$\boldsymbol{x}_{\boldsymbol{B}} = \boldsymbol{B}^{-1}\boldsymbol{b} = (x_{j_1}^{(0)}, x_{j_2}^{(0)}, \cdots, x_{j_m}^{(0)})^{\mathrm{T}},$$
$$x_j^{(0)} = 0, \forall j \in \{1, 2, \cdots, n\} \setminus \{j_1, j_2, \cdots, j_m\},$$

称向量 $\boldsymbol{x}_0 = (x_1^{(0)}, x_2^{(0)}, \cdots, x_n^{(0)})^{\mathrm{T}}$ 是问题 (4.1) 的对应于基矩阵 $\boldsymbol{B}$ 的基本解 (basic solution). 如果 $\boldsymbol{x}_0$ 是问题 (4.1) 的基本解且 $\boldsymbol{x}_0 \geqslant \boldsymbol{0}$ 则称 $\boldsymbol{x}_0$ 是问题 (4.1) 的基本可行解 (basic feasible solution). 基本可行解对应的基矩阵称为可行基矩阵 (feasible basic matrix).

下面讨论问题 (4.1) 的可行域 K 的几何性质.

设 $S \subseteq \mathbb{R}^n$, 如果 $\forall \boldsymbol{x}_1, \boldsymbol{x}_2 \in S$, 有

$$\alpha\boldsymbol{x}_1 + (1-\alpha)\boldsymbol{x}_2 \in S, \forall \alpha \in [0, 1],$$

则称 S 为 $\mathbb{R}^n$ 中的凸集 (convex set).

当 $0 \leqslant \alpha \leqslant 1$, 且 $\boldsymbol{x}_1, \boldsymbol{x}_2 \in \mathbb{R}^n$ 时, 称 $\alpha\boldsymbol{x}_1 + (1-\alpha)\boldsymbol{x}_2$ 为 $\boldsymbol{x}_1$ 与 $\boldsymbol{x}_2$ 的凸组合 (convex combination); 当 $0 < \alpha < 1$ 时, 称 $\alpha\boldsymbol{x}_1 + (1-\alpha)\boldsymbol{x}_2$ 为 $\boldsymbol{x}_1$ 与 $\boldsymbol{x}_2$ 的严格凸组合 (strictly convex combination).

设 S 是 $\mathbb{R}^n$ 中的凸集, $\boldsymbol{x}_0 \in S$, 若 $\boldsymbol{x}_0$ 不能表示为 S 中任何两个相异的向量的严格凸组合, 则称 $\boldsymbol{x}_0$ 是凸集 S 的极点 (extreme point).

不难证明, 问题 (4.1) 的可行域 K 是一个凸集, 并且还有以下定理.

定理 4.2 $\boldsymbol{x}_0$ 为问题 (4.1) 的基本可行解当且仅当 $\boldsymbol{x}_0$ 为问题 (4.1) 的可行域 K 的极点. □

若 $\boldsymbol{x}^*$ 既是问题 (4.1) 的最优解, 又是问题 (4.1) 的基本解, 则称 $\boldsymbol{x}^*$ 为问题 (4.1) 的基本最优解.

定理 4.3 若问题 (4.1) 有最优解, 则问题 (4.1) 必存在基本最优解. □

这是线性规划的一个基本定理, 它的证明在线性规划教科书中都能找到, 例如见 [75] 和 [81].

众所周知, 任何一个线性规划问题都伴随另一个线性规划问题 —— 对偶规划问题, 二者之间有着密切的依存关系.

我们将讨论四个线性规划问题的对偶问题, 这里只给出结论而不证明. 读者不难由线性规划的对偶理论 (见 [75] 和 [81]) 证明之.

(1) 线性规划问题 (4.1) 的对偶规划问题为

$$\begin{cases} \max \boldsymbol{b}^{\mathrm{T}}\boldsymbol{y} \\ \text{s.t.} \quad \boldsymbol{A}^{\mathrm{T}}\boldsymbol{y} \leqslant \boldsymbol{c} \end{cases} \tag{4.2}$$

原问题 (4.1) 的最优解与对偶问题 (4.2) 的最优解之间有如下的关系.

定理 4.4 设 $\bar{\boldsymbol{x}}, \bar{\boldsymbol{y}}$ 分别是问题 (4.1) 和问题 (4.2) 的可行解, 则 $\bar{\boldsymbol{x}}, \bar{\boldsymbol{y}}$ 分别为问题 (4.1) 和 (4.2) 的最优解当且仅当

$$(\boldsymbol{c}-\boldsymbol{A}^{\mathrm{T}}\bar{\boldsymbol{y}})^{\mathrm{T}}\bar{\boldsymbol{x}}=0. \tag{4.3}$$

式 (4.3) 称为问题 (4.1) 和问题 (4.2) 的互补松弛 (complementary slackness) 条件

(2) 线性规划问题

$$\begin{cases}\min \boldsymbol{c}^{\mathrm{T}}\boldsymbol{x}\\ \text{s.t. } \boldsymbol{A}\boldsymbol{x}=\boldsymbol{b}\\ \qquad \boldsymbol{0}\leqslant \boldsymbol{x}\leqslant \boldsymbol{d}\end{cases} \tag{4.4}$$

的对偶问题为

$$\begin{cases}\max (\boldsymbol{b}^{\mathrm{T}}\boldsymbol{y}_1-\boldsymbol{d}^{\mathrm{T}}\boldsymbol{y}_2)\\ \text{s.t. } \boldsymbol{A}^{\mathrm{T}}\boldsymbol{y}_1-\boldsymbol{y}_2\leqslant \boldsymbol{c}\\ \qquad \boldsymbol{y}_2\geqslant \boldsymbol{0}\end{cases} \tag{4.5}$$

并且有

定理 4.5 设 $\bar{\boldsymbol{x}}, \bar{\boldsymbol{y}}=\begin{bmatrix}\bar{\boldsymbol{y}}_1\\ \bar{\boldsymbol{y}}_2\end{bmatrix}$ 分别是原问题 (4.4) 和对偶问题 (4.5) 的可行解, 则 $\bar{\boldsymbol{x}}, \bar{\boldsymbol{y}}$ 分别为问题 (4.4) 和问题 (4.5) 的最优解当且仅当

$$\begin{cases}(\boldsymbol{c}-\boldsymbol{A}^{\mathrm{T}}\bar{\boldsymbol{y}}_1+\bar{\boldsymbol{y}}_2)^{\mathrm{T}}\bar{\boldsymbol{x}}=0,\\ \bar{\boldsymbol{y}}_2^{\mathrm{T}}(\boldsymbol{d}-\bar{\boldsymbol{x}})=0.\end{cases}$$ □

(3) 线性规划问题

$$\begin{cases}\min \boldsymbol{c}^{\mathrm{T}}\boldsymbol{x}\\ \text{s.t. } \boldsymbol{A}\boldsymbol{x}=\boldsymbol{b}\\ \qquad \boldsymbol{l}\leqslant \boldsymbol{x}\leqslant \boldsymbol{d}\end{cases} \tag{4.6}$$

的对偶问题是

$$\begin{cases}\max \quad (\boldsymbol{b}^{\mathrm{T}}\boldsymbol{y}_1-\boldsymbol{d}^{\mathrm{T}}\boldsymbol{y}_2+\boldsymbol{l}^{\mathrm{T}}\boldsymbol{y}_3)\\ \text{s.t.} \quad \boldsymbol{A}^{\mathrm{T}}\boldsymbol{y}_1-\boldsymbol{y}_2+\boldsymbol{y}_3=\boldsymbol{c}\\ \qquad \boldsymbol{y}_2\geqslant \boldsymbol{0}, \boldsymbol{y}_3\geqslant \boldsymbol{0}\end{cases} \tag{4.7}$$

而且也有

定理 4.6 设 $\bar{\boldsymbol{x}}, \bar{\boldsymbol{y}}=\begin{bmatrix}\bar{\boldsymbol{y}}_1\\ \bar{\boldsymbol{y}}_2\\ \bar{\boldsymbol{y}}_3\end{bmatrix}$ 分别是原问题 (4.6) 和对偶问题 (4.7) 的可行解,

则 $\bar{\boldsymbol{x}}, \bar{\boldsymbol{y}}$ 分别为问题 (4.6) 和问题 (4.7) 的最优解当且仅当

$$\begin{cases} \bar{\boldsymbol{y}}_2^{\mathrm{T}}(\boldsymbol{d}-\bar{\boldsymbol{x}})=0, \\ \bar{\boldsymbol{y}}_3^{\mathrm{T}}(\bar{\boldsymbol{x}}-\boldsymbol{l})=0. \end{cases}$$

□

(4) 线性规划问题

$$\begin{cases} \max \boldsymbol{c}^{\mathrm{T}}\boldsymbol{x} \\ \text{s.t.}\ \ \boldsymbol{A}\boldsymbol{x} \leqslant \boldsymbol{b} \\ \qquad \boldsymbol{x} \geqslant \boldsymbol{0} \end{cases} \tag{4.8}$$

的对偶问题为

$$\begin{cases} \min \boldsymbol{b}^{\mathrm{T}}\boldsymbol{y} \\ \text{s.t.}\ \ \boldsymbol{A}^{\mathrm{T}}\boldsymbol{y} \geqslant \boldsymbol{c} \\ \qquad \boldsymbol{y} \geqslant \boldsymbol{0} \end{cases} \tag{4.9}$$

同样有

定理 4.7 设 $\bar{\boldsymbol{x}}, \bar{\boldsymbol{y}}$ 分别是原问题 (4.8) 和对偶问题 (4.9) 的可行解, 则 $\bar{\boldsymbol{x}}, \bar{\boldsymbol{y}}$ 分别是问题 (4.8) 和问题 (4.9) 的最优解当且仅当

$$\begin{cases} (\boldsymbol{A}^{\mathrm{T}}\bar{\boldsymbol{y}}-\boldsymbol{c})^{\mathrm{T}}\bar{\boldsymbol{x}}=0, \\ \bar{\boldsymbol{y}}^{\mathrm{T}}(\boldsymbol{b}-\boldsymbol{A}\bar{\boldsymbol{x}})=0. \end{cases}$$

□

根据线性规划-的对偶理论, 可以得到线性规划的一种求解方法, 即原始-对偶算法. 所谓原始-对偶算法 (primal-dual algorithm), 就是在保持满足原问题的某些 (而不是全部) 约束条件和对偶问题的所有约束条件以及全部互补松弛条件的前提下, 通过迭代逐渐使原问题的全部约束条件得到满足, 从而求出最优解.

线性规划的原始-对偶算法在研究网络最优化的算法中将起着重要的作用.

4.2 整数线性规划与全单位模矩阵

在线性规划问题中, 决策变量是在实数范围内取值. 但是, 根据实际问题的背景, 有些线性规划问题的决策变量只能在整数范围内取值才有意义, 这就引出了整数线性规划的概念. 所谓整数线性规划 (integer linear programming) 是指要求决策变量取整数值的线性规划.

整数线性规划问题的标准形式为

$$\begin{cases} \min \boldsymbol{c}^{\mathrm{T}}\boldsymbol{x} \\ \text{s.t.}\ \ \boldsymbol{A}\boldsymbol{x} = \boldsymbol{b} \\ \qquad \boldsymbol{x} \geqslant \boldsymbol{0}\ \text{整向量} \end{cases} \tag{4.10}$$

这里,"$\boldsymbol{x} \geqslant \mathbf{0}$ 整向量"是指 $\boldsymbol{x}$ 的每个分量都是非负整数.

所有元素均为整数的矩阵称为整数矩阵; 所有分量都是整数的向量称为整数向量. 我们假设问题 (4.10) 中 $\boldsymbol{A}$ 为 $m \times n$ 整数矩阵, $\boldsymbol{b}$ 为 m 维整数向量, $\boldsymbol{c}$ 为 n 维向量; $\boldsymbol{A}$ 是行满秩的, $m \leqslant n$.

在整数线性规划问题 (4.10) 中, 去掉整数约束就得到线性规划问题的标准形式 (4.1). 如果问题 (4.1) 的可行解 $\bar{\boldsymbol{x}}$ 是整数向量, 则称 $\bar{\boldsymbol{x}}$ 为问题 (4.1) 的整数解. 如果问题 (4.1) 的最优解 $\boldsymbol{x}^*$ 是整数向量, 则称 $\boldsymbol{x}^*$ 为问题 (4.1) 的最优整数解. 因此, 整数线性规划问题 (4.10) 的求解可以化为求线性规划问题 (4.1) 的最优整数解.

Hoffman 和 Kruskal(1956) 考察了问题 (4.1) 的基本可行解, 得到如下的定理.

定理 4.8 设在线性规划问题 (4.1) 中, $\boldsymbol{A}$ 为行满秩整数矩阵, 则下面三个条件等价:

(1) 任何基矩阵 $\boldsymbol{B}$ 的行列式 $\det \boldsymbol{B} = \pm 1$;

(2) 对于任何整数向量 $\boldsymbol{b}$, 可行域 $K(\boldsymbol{b}) = \{\boldsymbol{x} | \boldsymbol{A}\boldsymbol{x} = \boldsymbol{b}, \boldsymbol{x} \geqslant \mathbf{0}\}$ 的每个极点都是整数向量;

(3) 任何基矩阵 $\boldsymbol{B}$ 的逆矩阵都是整数矩阵.

证明 (1)$\Rightarrow$(2) 设 $\boldsymbol{x}_0$ 是 $K(\boldsymbol{b})$ 的任一极点, 由定理 4.2 知, $\boldsymbol{x}_0$ 是问题 (4.1) 的基本可行解, 从而存在一个基矩阵 $\boldsymbol{B}$, 使 $\boldsymbol{x}_{\boldsymbol{B}} = \boldsymbol{B}^{-1}\boldsymbol{b} = \boldsymbol{B}^*\boldsymbol{b}/\det \boldsymbol{B}$, 其中 $\boldsymbol{B}^*$ 是 $\boldsymbol{B}$ 的伴随矩阵. 因为 $\boldsymbol{A}$ 为整数矩阵, 所以 $\boldsymbol{B}^*$ 是整数矩阵. 由于 $\boldsymbol{b}$ 是整数向量, 且由条件 (1) 知 $\det \boldsymbol{B} = \pm 1$, 因此 $\boldsymbol{x}_{\boldsymbol{B}}$ 为整数向量. 而 $\boldsymbol{x}_0$ 中除 $\boldsymbol{x}_{\boldsymbol{B}}$ 的分量外, 其余分量均为 0, 故 $\boldsymbol{x}_0$ 是整数向量.

(2) $\Rightarrow$ (3) 设 $\boldsymbol{B}$ 为任一基矩阵, $\boldsymbol{e}_j$ 是第 j 个分量为 1, 其余分量为 0 的 m 维向量, 则 $\boldsymbol{B}^{-1}\boldsymbol{e}_j$ 是 $\boldsymbol{B}^{-1}$ 的第 j 列. 任取一个整数向量 $\boldsymbol{z}$ 使 $\boldsymbol{z} + \boldsymbol{B}^{-1}\boldsymbol{e}_j \geqslant \mathbf{0}$. 令 $\boldsymbol{b} = \boldsymbol{B}\boldsymbol{z} + \boldsymbol{e}_j$, 则 $\boldsymbol{b}$ 是整数向量, 且 $\boldsymbol{B}^{-1}\boldsymbol{b} = \boldsymbol{z} + \boldsymbol{B}^{-1}\boldsymbol{e}_j \geqslant \mathbf{0}$. 把向量 $\boldsymbol{B}^{-1}\boldsymbol{b}$ 添上适当的零分量就可得到 $K(\boldsymbol{b})$ 的极点, 由条件 (2) 知 $\boldsymbol{z} + \boldsymbol{B}^{-1}\boldsymbol{e}_j$ 为整数向量. 因此 $\boldsymbol{B}^{-1}\boldsymbol{e}_j = \boldsymbol{B}^{-1}\boldsymbol{b} - \boldsymbol{z}$ 为整数向量, 即 $\boldsymbol{B}^{-1}$ 为整数矩阵.

(3) $\Rightarrow$(1) 设 $\boldsymbol{B}$ 为任一基矩阵, 则 $\boldsymbol{B}$ 是整数矩阵, 并且由 (3) 知 $\boldsymbol{B}^{-1}$ 也是整数矩阵. 因此 $\det \boldsymbol{B}$ 和 $\det \boldsymbol{B}^{-1}$ 均为整数, 从而由 $\det \boldsymbol{B} \cdot \det \boldsymbol{B}^{-1} = \det(\boldsymbol{B}\boldsymbol{B}^{-1}) = 1$ 知 $\det \boldsymbol{B} = \pm 1$. □

定理 4.8 中条件 (1) 启发我们引进下面的定义.

如果一个矩阵的任何子方阵的行列式都等于 1, −1 或 0, 则称这个矩阵是全单位模 (totally unimodular) 矩阵.

用 $\boldsymbol{I}_m$ 表示 m 阶单位矩阵, 显然 $\boldsymbol{I}_m$ 是全单模矩阵.

定理 4.9 设 $\boldsymbol{A}$ 为 $m \times n$ 全单位模矩阵, 则有下列性质:

(1) $\boldsymbol{A}$ 的任何子矩阵是全单位模矩阵.

(2) $-\boldsymbol{A}$ 和 $\boldsymbol{A}^{\mathrm{T}}$ 是全单位模矩阵.

(3) 把 $\boldsymbol{A}$ 的两行 (或两列) 互换得到的矩阵是全单位模矩阵.

(4) $[\boldsymbol{A}\quad \boldsymbol{I}_m]$ 和 $[\boldsymbol{A}\quad -\boldsymbol{I}_m]$ 是全单位模矩阵.

(5) $\begin{bmatrix} \boldsymbol{A} \\ \boldsymbol{I}_n \end{bmatrix}$ 和 $\begin{bmatrix} \boldsymbol{A} \\ -\boldsymbol{I}_n \end{bmatrix}$ 是全单位模矩阵.

(6) 设 $\boldsymbol{A} = \begin{bmatrix} \boldsymbol{A}_1 \\ \boldsymbol{A}_2 \end{bmatrix}$, 则 $\begin{bmatrix} \boldsymbol{A}_1 & \boldsymbol{0} \\ \boldsymbol{A}_2 & \boldsymbol{I}_p \end{bmatrix}$ 和 $\begin{bmatrix} \boldsymbol{A}_1 & \boldsymbol{0} \\ \boldsymbol{A}_2 & -\boldsymbol{I}_p \end{bmatrix}$ 是全单位模矩阵.

(7) 设 $\boldsymbol{A} = [\boldsymbol{A}_3\quad \boldsymbol{A}_4]$, 则 $\begin{bmatrix} \boldsymbol{A}_3 & \boldsymbol{A}_4 \\ \boldsymbol{I}_q & \boldsymbol{0} \end{bmatrix}$ 和 $\begin{bmatrix} \boldsymbol{A}_3 & \boldsymbol{A}_4 \\ -\boldsymbol{I}_q & \boldsymbol{0} \end{bmatrix}$ 是全单位模矩阵.

证明　性质 (1), (2) 和 (3) 是显然的. 下证性质 (4).

设 $\boldsymbol{B}$ 是 $[\boldsymbol{A}\quad \boldsymbol{I}_m]$ 的任一非奇异子矩阵, 若 $\boldsymbol{B}$ 是 $\boldsymbol{A}$ 或 $\boldsymbol{I}_m$ 的子矩阵, 则 $\det \boldsymbol{B} = \pm 1$; 否则, 设 $\boldsymbol{B} = [\overline{A}\quad \overline{\boldsymbol{I}}]$, 这里 $\overline{\boldsymbol{A}}, \overline{\boldsymbol{I}}$ 分别是 $\boldsymbol{A}, \boldsymbol{I}_m$ 的子矩阵. 互换 $\boldsymbol{B}$ 的某些行可得

$$\overline{\boldsymbol{B}} = \begin{bmatrix} \overline{\boldsymbol{A}}_1 & \boldsymbol{0} \\ \overline{\boldsymbol{A}}_2 & \hat{\boldsymbol{I}} \end{bmatrix}$$

其中 $\hat{\boldsymbol{I}}$ 为单位矩阵. 注意到 $\det \boldsymbol{B} = \pm \det \overline{\boldsymbol{B}}$, 且 $\det \overline{\boldsymbol{B}} = \det \overline{\boldsymbol{A}}_1$ 又由 $\boldsymbol{A}$ 是全单位模矩阵知 $\det \overline{\boldsymbol{A}}_1 = 1, -1$ 或 0, 因此由 $\boldsymbol{B}$ 是非奇异矩阵知 $\det \boldsymbol{B} = \pm 1$. 这就证明了 $[\boldsymbol{A}\quad \boldsymbol{I}_m]$ 是全单位模矩阵. 再由此及性质 (2) 可知, $[\boldsymbol{A}\quad -\boldsymbol{I}_m]$ 也是全单位模矩阵.

由性质 (2) 和 (4) 知, 性质 (5) 成立.

根据证明性质 (4) 的类似推理, 不难证明性质 (6).

性质 (7) 可以由性质 (2) 和 (6) 得到. □

根据定理 4.3 和定理 4.8 立即得到下面的定理.

定理 4.10　设在线性规划问题 (4.1) 中, $\boldsymbol{A}$ 为全单位模矩阵, $\boldsymbol{b}$ 为整数向量. 如果问题 (4.1) 有最优解, 则问题 (4.1) 的任何基本最优解都是其最优整数解. □

由这个定理可知, 若 $\boldsymbol{A}$ 为全单位模矩阵, 则整数线性规划问题 (4.10) 中的整数约束可以去掉而化为线性规划问题 (4.1) 来求解.

考虑整数线性规划问题

$$\begin{cases} \max \boldsymbol{c}^{\mathrm{T}}\boldsymbol{x} \\ \text{s.t.}\ \ \boldsymbol{A}\boldsymbol{x} \leqslant \boldsymbol{b} \\ \qquad \boldsymbol{x} \geqslant \boldsymbol{0}\ \text{整向量} \end{cases} \tag{4.11}$$

这里 $\boldsymbol{A}$ 是整数矩阵, $\boldsymbol{b}$ 是整数向量. 去掉整数约束就得到线性规划问题 (4.8).

因为 $\boldsymbol{A}\boldsymbol{x} \leqslant \boldsymbol{b}, \boldsymbol{x} \geqslant \boldsymbol{0}$ 等价于

$$\begin{cases} [\boldsymbol{A}\quad \boldsymbol{I}]\begin{bmatrix} \boldsymbol{x} \\ \boldsymbol{y} \end{bmatrix} = \boldsymbol{b}, \\ \boldsymbol{x} \geqslant \boldsymbol{0}, \boldsymbol{y} \geqslant \boldsymbol{0}, \end{cases}$$

并且由定理 4.9 中性质 (4) 和 (1) 知, $\boldsymbol{A}$ 为全单位模矩阵当且仅当 $[\boldsymbol{A} \quad \boldsymbol{I}]$ 为全单位模矩阵, 所以根据定理 4.8 和定理 4.3 可以得到以下定理.

定理 4.11 设 $\boldsymbol{A}$ 是全单位模矩阵, 则整数线性规划问题 (4.11) 中的整数约束可以去掉而化为线性规划问题 (4.8) 来求解. □

定理 4.10 和定理 4.11 是整数线性规划中两个重要的结论, 它们表明: 在一定条件下, 整数线性规划可以化为线性规划来解, 这就大大简化了整数线性规划的求解.

不难知道, 全单位模矩阵的一个显然的必要条件是它的元素为 1, −1 或 0. 下面的定理给出了全单位模矩阵的一个充分条件.

定理 4.12 设 $\boldsymbol{A} = [a_{ij}]$, 且它的任何元素 $a_{ij} = 1$, -1 或 0. 如果下面两个条件都满足, 则 A 是全单位模矩阵.

(1) $\boldsymbol{A}$ 的每一列最多有两个非零元素.

(2) $\boldsymbol{A}$ 的行可以划分成两个子集 R_1 和 R_2, 使得:

若某一列中两个非零元素的符号相异, 则这两个非零元素所在的两行或同在 R_1 中或同在 R_2 中; 若某一列中两个非零元素的符号相同, 则所对应的两行分别在 R_1 和 R_2 中.

证明 因为矩阵 $\boldsymbol{A}$ 满足条件 (1) 和 (2), 所以 $\boldsymbol{A}$ 的任意子矩阵也满足条件 (1) 和 (2). 因此, 只需证明: 当 $\boldsymbol{A}$ 是由 1, −1 或 0 组成的方阵且满足条件 (1) 和 (2) 时, $\det \boldsymbol{A} = 1, -1$ 或 0. 下面用归纳法来证明这一结论.

当 $\boldsymbol{A}$ 为 1 阶方阵时, 显然 $\det \boldsymbol{A} = 1, -1$ 或 0. 假设对于满足定理中所设的条件的任意 k 阶方阵 $(1 \leqslant k \leqslant n-1)$, 上述结论都成立. 下设 $\boldsymbol{A}$ 为 n 阶方阵. 如果 $\boldsymbol{A}$ 的某列不含非零元素, 则 $\det \boldsymbol{A} = 0$. 如果 $\boldsymbol{A}$ 的某列恰有一个非零元素, 记该非零元素在 $\boldsymbol{A}$ 中的代数余子式为 $\boldsymbol{B}$, 则 $\det \boldsymbol{A} = \pm \det \boldsymbol{B}$. 因 $\boldsymbol{B}$ 为 $n-1$ 阶方阵, 故由归纳假设知, $\det \boldsymbol{B} = 1, -1$ 或 0, 从而 $\det \boldsymbol{A} = 1, -1$ 或 0. 如果 $\boldsymbol{A}$ 的每一列恰有两个非零元素, 则由条件 (2) 可知

$$\sum_{i \in R_1} a_{ij} = \sum_{i \in R_2} a_{ij}, \forall j \in \{1, 2, \cdots, n\}.$$

这说明 $\boldsymbol{A}$ 的 n 个行向量线性相关, 故 $\det \boldsymbol{A} = 0$. 因此 n 阶方阵 $\boldsymbol{A}$ 的行列式为 1, −1 或 0. □

4.3 关联矩阵的一些性质

在 1.4 节中我们定义了图和有向图的关联矩阵, 本节将讨论关联矩阵的一些性质.

定理 4.13　设非空无环图 G 的关联矩阵为 $\boldsymbol{M}(G)$, 则 $\boldsymbol{M}(G)$ 是全单位模矩阵当且仅当 G 是二部图.

证明　($\Leftarrow$) 设 $G=(X,Y,E)$ 是非空的二部图, 则 $\boldsymbol{M}(G)$ 中每一列恰有两个非零元素 1, 故取 $R_1=X, R_2=Y$, 由定理 4.12 知, $\boldsymbol{M}(G)$ 是全单位模矩阵.

($\Rightarrow$) 设非空无环图 G 不是二部图, 则由定理 1.4 知 G 中含有奇圈 C, 不妨设 $C=v_1e_1v_2e_2v_3\cdots v_{2k+1}e_{2k+1}v_1$, 则 C 的关联矩阵

$$\boldsymbol{M}(C)=\begin{bmatrix} 1 & 0 & 0 & 0 & \cdots & 0 & 0 & 1 \\ 1 & 1 & 0 & 0 & \cdots & 0 & 0 & 0 \\ 0 & 1 & 1 & 0 & \cdots & 0 & 0 & 0 \\ \vdots & \vdots & \vdots & \vdots & & \vdots & \vdots & \vdots \\ 0 & 0 & 0 & 0 & \cdots & 0 & 1 & 1 \end{bmatrix}.$$

不难验证 $\det \boldsymbol{M}(C)=2$. 因为 $\boldsymbol{M}(C)$ 是 $\boldsymbol{M}(G)$ 的子方阵, 所以 $\boldsymbol{M}(G)$ 不是全单位模矩阵. □

定理 4.14　无环非空有向图的关联矩阵是全单位模矩阵.

证明　设 $D=(V,A)$ 是无环非空有向图, 则它的关联矩阵 $\boldsymbol{M}(D)$ 中每一列恰有两个非零元素, 一个是 1, 另一个是 -1. 所以, 令 $R_1=V, R_2=\varnothing$, 由定理 4.12 知 $\boldsymbol{M}(D)$ 是全单位模矩阵. □

定理 4.15　若 n 阶无环非空有向图 D 连通, 则 D 的关联矩阵 $\boldsymbol{M}(D)$ 的秩等于 $n-1$, 即 $\mathrm{rank}\boldsymbol{M}(D)=n-1$.

证明　易知 $n\geqslant 2$. 将 $\boldsymbol{M}(D)$ 的第 i 行用 $\boldsymbol{M}_i$ 表示, $i=1,2,\cdots,n$. 因 $\boldsymbol{M}(D)$ 的每一列恰一个 1 和一个 -1, 故

$$\boldsymbol{M}_1+\boldsymbol{M}_2+\cdots+\boldsymbol{M}_n=\boldsymbol{0},$$

即知 $\boldsymbol{M}_1,\boldsymbol{M}_2,\cdots,\boldsymbol{M}_n$ 线性相关, 因此 $\mathrm{rank}\boldsymbol{M}(D)\leqslant n-1$.

下面证明 $\boldsymbol{M}(D)$ 的任何 $n-1$ 个行向量都是线性无关的. 若不然, 不失一般性可假设 $\boldsymbol{M}_1,\boldsymbol{M}_2,\cdots,\boldsymbol{M}_{n-1}$ 线性相关, 从而必有不全为 0 的实数 $c_1,c_2,\cdots,c_{n-1}$, 使得

$$c_1\boldsymbol{M}_1+c_2\boldsymbol{M}_2+\cdots+c_{n-1}\boldsymbol{M}_{n-1}=\boldsymbol{0}.$$

设 $c_1,c_2,\cdots,c_{n-1}$ 中所有不为 0 的数是 $c_{i_1},c_{i_2},\cdots,c_{i_k}$, 则

$$c_{i_1}\boldsymbol{M}_{i_1}+c_{i_2}\boldsymbol{M}_{i_2}+\cdots+c_{i_k}\boldsymbol{M}_{i_k}=\boldsymbol{0}.$$

记 D 中与 $\boldsymbol{M}_{i_l}$ 对应的顶点为 v_{i_l}, $1\leqslant l\leqslant k$. 由于 D 连通, 因此 D 中必有一条弧, 设为第 j 条弧, 它的一个端点属于 $\{v_{i_1},v_{i_2},\cdots,v_{i_k}\}$, 不妨设此端点为 v_{i_1}, 它的

另一个端点不属于 $\{v_{i_1}, v_{i_2}, \cdots, v_{i_k}\}$. 于是 $\boldsymbol{M}_{i_1}$ 的第 j 个分量不等于 0, 而 $\boldsymbol{M}_{i_2}$, $\boldsymbol{M}_{i_3}, \cdots, \boldsymbol{M}_{i_k}$ 的第 j 个分量均等于 0. 又因为 $c_{i_1} \neq 0$, 所以线性组合

$$c_{i_1}\boldsymbol{M}_{i_1} + c_{i_2}\boldsymbol{M}_{i_2} + \cdots + c_{i_k}\boldsymbol{M}_{i_k} \neq \boldsymbol{0}.$$

此为矛盾. □

根据 1.4 节中给出的有向图关联矩阵的性质 (4) 和定理 4.15 立即得到以下推论.

推论 4.16 若 n 阶无环非空有向图 D 有 k 个连通分支, 则

$$\text{rank}\boldsymbol{M}(D) = n - k.$$ □

由定理 4.15 和推论 4.16 不难推出下面的定理.

定理 4.17 n 阶无环非空有向图 D 连通当且仅当

$$\text{rank}\boldsymbol{M}(D) = n - 1.$$ □

从无环非空有向图 D 的关联矩阵 $\boldsymbol{M}(D)$ 中任意去掉一行后所得到的矩阵称作 D 的基本关联矩阵 (basic incident matrix), 记为 $\boldsymbol{M}_f(D)$, 被删去的那一行所对应的顶点称为参考点 (consult vertex).

根据定理 4.15 的证明和定理 4.17 可得下面的推论.

推论 4.18 n 阶无环非空有向图 D 连通当且仅当

$$\text{rank}\boldsymbol{M}_f(D) = n - 1.$$ □

下面讨论基本关联矩阵与支撑树、支撑树形图之间的关系.

定理 4.19 非空无环有向图 D 的子图 T 是 D 的支撑树当且仅当 T 的弧在 $\boldsymbol{M}_f(D)$ 中对应的列组成的子矩阵是非奇异的.

证明 设 D 有 n 个顶点, 记 T 的弧在 $\boldsymbol{M}_f(D)$ 中对应的列组成的子矩阵为 $\tilde{\boldsymbol{M}}$.

如果 T 是 D 的支撑树, 则 $\tilde{\boldsymbol{M}}$ 是 $n-1$ 阶方阵, 且 $\tilde{\boldsymbol{M}}$ 是 T 的基本关联矩阵. 因为 T 连通, 所以由推论 4.18 知, $\text{rank}\tilde{\boldsymbol{M}} = n-1$, 即 $\tilde{\boldsymbol{M}}$ 是非奇异的.

反之, 如果 $\tilde{\boldsymbol{M}}$ 是非奇异的, 则 $\tilde{\boldsymbol{M}}$ 是 $n-1$ 阶方阵. 由于 T 是与 $\tilde{\boldsymbol{M}}$ 的列相对应的弧组成的 D 的子图, 因此 T 有 $n-1$ 条弧, 有 n 个顶点 (包括参考点), 于是 $\tilde{\boldsymbol{M}}$ 是 T 的基本关联矩阵. 因 $\text{rank}\tilde{\boldsymbol{M}} = n-1$, 故由推论 4.18 知 T 连通, 从而 T 是 D 的支撑树. □

这样, 对于 n 阶无环非空有向图 D, 它的基本关联矩阵的 $n-1$ 阶非奇异子矩阵与 D 的支撑树是一一对应的.

定理 4.20　设 $D=(V,A)$ 是无环非空有向图, 且 $V=\{v_1,v_2,\cdots,v_n\}, A=\{a_1,a_2,\cdots,a_m\}, \boldsymbol{M}_f(D)$ 的参考点为 v_1, 则 D 的子图 T 是 D 中以 v_1 为根的支撑树形图当且仅当 T 的弧在 $\boldsymbol{M}_f(D)$ 中对应的列组成的子矩阵是

$$\begin{cases} \boldsymbol{M}_f(D)\boldsymbol{x}=\boldsymbol{b}_0, \\ \qquad\quad \boldsymbol{x}\geqslant \boldsymbol{0} \end{cases} \tag{4.12}$$

的可行基矩阵, 其中 $\boldsymbol{b}_0$ 是分量均为 -1 的 $n-1$ 维向量.

证明　把 T 的弧在 $\boldsymbol{M}_f(D)$ 中对应的列组成的子矩阵记为 $\tilde{\boldsymbol{M}}$.

($\Leftarrow$) 因为 $\tilde{\boldsymbol{M}}$ 是非奇异的, 且 T 是由与 $\tilde{\boldsymbol{M}}$ 的列相对应的弧组成的 D 的子图, 所以由定理 4.19 知, T 是 D 的支撑树. 由于 $\boldsymbol{b}_0$ 是分量均为 -1, 且 $\tilde{\boldsymbol{M}}$ 是 (4.12) 式的可行基矩阵, 因此 $\tilde{\boldsymbol{M}}$ 每一行至少有一个 -1, 从而 T 中每个顶点 v_i 都至少有一条弧, $i=2,3,\cdots,n$. 又因 T 共有 $n-1$ 条弧, 故 $\forall i\in\{2,\cdots,n\}, d_T^-(v_i)=1$, 且 $d_T^-(v_1)=0$. 根据定理 3.2, T 是 D 中以 v_1 为根的支撑树形图.

($\Rightarrow$) 假设 T 是 D 中以 v_1 为根的支撑树形图, 由定理 4.19 知, $\tilde{\boldsymbol{M}}$ 是非奇异矩阵, 即 $\tilde{\boldsymbol{M}}$ 是 (4.12) 式的基矩阵. $\forall v_i\in V$, 把 v_i 在 T 中的后代的个数记为 $g(v_i).\forall a_j\in A$, 令

$$\bar{x}_j=\begin{cases} g(v_i)+1, & 若\ a_j=(v_k,v_i)\in A(T), \\ 0, & 若\ a_j\notin A(T), \end{cases}$$

则 $\bar{\boldsymbol{x}}=(\bar{x}_1,\bar{x}_2,\cdots,\bar{x}_m)^{\mathrm{T}}\geqslant\boldsymbol{0}$, 并且

$$\sum_{a_j=(v_i,v_k)\in A}\bar{x}_j=g(v_i),\quad \sum_{a_j=(v_k,v_i)\in A}\bar{x}_j=g(v_i)+1,\forall i\in\{2,\cdots,n\},$$

用 $\boldsymbol{M}_i$ 表示 D 的关联矩阵 $\boldsymbol{M}(D)$ 的第 i 行, $i=2,3,\cdots,n$, 则

$$\boldsymbol{M}_i\bar{\boldsymbol{x}}=\sum_{a_j=(v_i,v_k)\in A}\bar{x}_j-\sum_{a_j=(v_k,v_i)\in A}\bar{x}_j=-1,\forall i\in\{2,\cdots,n\}.$$

因此 $\bar{\boldsymbol{x}}$ 是 (4.12) 式对应于基矩阵 $\tilde{\boldsymbol{M}}$ 的基本可行解, 即知 $\tilde{\boldsymbol{M}}$ 是 (4.12) 式的可行基矩阵. □

上面的定理建立了非空无环的有向图 D 中以 v_1 为根的支撑树形图与 (4.12) 式的可行基矩阵之间的一一对应关系, 即知, D 中以 v_1 为根的支撑树形图与 (4.12) 式的基本可行解一一对应.

易知, $\bar{\boldsymbol{x}}$ 是 (4.12) 式的基本可行解当且仅当 $\bar{\boldsymbol{x}}$ 是

$$\begin{cases} \boldsymbol{M}(D)\boldsymbol{x}=\boldsymbol{b}, \\ \qquad\quad \boldsymbol{x}\geqslant \boldsymbol{0} \end{cases} \tag{4.13}$$

的基本可行解, 其中 n 维向量 $b=(n-1,-1,\cdots,-1)^{\mathrm{T}}$.

不难知道, 当 D 是非空简单有向图时, 则 (4.13) 式等价于

$$\begin{cases} \sum\limits_{v_j\in N^+(v_i)} x_{ij} - \sum\limits_{v_j\in N^-(v_i)} x_{ji} = \begin{cases} n-1, & i=1, \\ -1, & 2\leqslant i\leqslant n, \end{cases} \\ x_{ij}\geqslant 0, \forall (v_i,v_j)\in A, \end{cases} \tag{4.14}$$

因此, 非空简单有向图 D 中以 v_1 为根的支撑树形图与 (4.14) 式的基本可行解一一对应.

4.4 网络最优化问题的线性规划模型

网络上许多最优化问题都可以归结为约束矩阵是全单位模矩阵的整数线性规划问题. 因此, 这此网络最优化问题可以化为特殊的线性规划问题.

4.4.1 最短路问题

设 $D=(V,A,w)$ 是非空的简单网络, $V=\{v_1,v_2,\cdots,v_n\}$, 对于 D 中有向途径 P, 定义 P 的权

$$w(P)=\sum_{a\in A(P)} w(a).$$

D 中权最小的有向 (v_i,v_j) 途径称为 D 的最短有向 (v_i,v_j) 途径. 容易知道, D 上最短有向 (v_1,v_n) 途径的整数线性规划模型为

$$\begin{cases} \min \sum\limits_{(v_i,v_j)\in A} w_{ij}x_{ij} \\ \text{s.t.} \sum\limits_{v_j\in N^+(v_i)} x_{ij} - \sum\limits_{v_j\in N^-(v_i)} x_{ji} = \begin{cases} 1, & i=1 \\ 0, & 2\leqslant i\leqslant n-1 \\ -1, & i=n \end{cases} \\ x_{ij}\geqslant 0 \text{ 整数 }, \forall (v_i,v_j)\in A \end{cases} \tag{4.15}$$

其中 x_{ij} 表示弧 (v_i,v_j) 在有向 (v_1,v_n) 途径中出现的次数.

设 C 是 D 的一个回路, 如果

$$w(C)=\sum_{a\in A(C)} w(a)<0,$$

则称 C 为 D 的负回路 (negative circuit); 如果 $w(C)=0$, 则称 C 为 D 的零回路 (zero circuit); 如果 $w(C)\leqslant 0$, 则称 C 为 D 的非正回路 (nonpositive circuit).

不难知道, 若 D 中不含负回路, 则 D 的最短有向 (v_1,v_n) 途径的权等于 D 的最短 (v_1,v_n) 路的权. 由此可知, D 的最短有向 (v_1,v_n) 途径或者是最短 (v_1,v_n) 路,

或者是最短 (v_1, v_n) 路与若干个零回路的并. 因此, 若 D 中不含负回路, 则 D 中最短 (v_1, v_n) 路的整数线性规划模型就是 (4.15). 注意到问题 (4.15) 的约束矩阵正好是 $\boldsymbol{M}(D)$, 所以是全单位模矩阵, 从而由定理 4.10 知, 问题 (4.15) 可以化为

$$\begin{cases} \min \displaystyle\sum_{(v_i,v_j)\in A} w_{ij}x_{ij} \\ \text{s.t.} \displaystyle\sum_{v_j\in N^+(v_i)} x_{ij} - \sum_{v_j\in N^-(v_i)} x_{ji} = \begin{cases} 1, & i=1 \\ 0, & 2\leqslant i\leqslant n-1 \\ -1, & i=n \end{cases} \\ x_{ij}\geqslant 0, \forall (v_i,v_j)\in A \end{cases}$$

这就是最短 (v_1, v_n) 路问题的线性规划模型.

4.4.2 网络流问题

设 $D=(V,A)$ 是非空简单有向图, 根据 1.5.3 $\sim$ 1.5.5 小节的讨论, 可以得到网络流问题的线性规划模型.

(1) 带发点 v_s 和收点 v_t 的容量网络 $D=(V,A,c)$ 中最大流问题的线性规划模型为

$$\begin{cases} \max \left(\displaystyle\sum_{v_j\in N^+(v_s)} f_{sj} - \sum_{v_j\in N^-(v_s)} f_{js} \right) \\ \text{s.t.} \displaystyle\sum_{v_j\in N^+(v_i)} f_{ij} - \sum_{v_j\in N^-(v_i)} f_{ji} = 0, \forall v_i\in V\setminus\{v_s,v_t\} \\ 0\leqslant f_{ij}\leqslant c_{ij}, \forall (v_i,v_j)\in A \end{cases} \tag{4.16}$$

因为问题 (4.16) 的可行域是非空有界的, 所以由定理 4.1 知, 问题 (4.16) 存在最优解, 从而存在最大流.

(2) 带发点 v_s 和收点 v_t 的容量–费用网络 $D=(V,A,c,w)$ 中流值为 v_0 的最小费用流问题的线性规划模型为

$$\begin{cases} \min \displaystyle\sum_{(v_i,v_j)\in A} w_{ij}f_{ij} \\ \text{s.t.} \displaystyle\sum_{v_j\in N^+(v_i)} f_{ij} - \sum_{v_j\in N^-(v_i)} f_{ji} = \begin{cases} v_0, & v_i=v_s \\ 0, & v_i\in V\setminus\{v_s,v_t\} \\ -v_0, & v_i=v_t \end{cases} \\ 0\leqslant f_{ij}\leqslant c_{ij}, \forall (v_i,v_j)\in A \end{cases} \tag{4.17}$$

如果容量–费用网络 D 中存在流值为 v_0 的可行流, 则由定理 4.1 知, 它必有最小费用流.

(3) 双容量–费用网络 $D=(V,A,l,c,w)$ 中最小费用循环流问题的线性规划模型为

$$\begin{cases}\min \sum\limits_{(v_i,v_j)\in A} w_{ij}f_{ij}\\ \text{s.t.} \sum\limits_{v_j\in N^+(v_i)} f_{ij}-\sum\limits_{v_j\in N^-(v_i)} f_{ji}=0,\forall v_i\in V\\ 0\leqslant l_{ij}\leqslant f_{ij}\leqslant c_{ij},\forall(v_i,v_j)\in A\end{cases} \tag{4.18}$$

同样, 如果双容量–费用网络 D 中有可行循环流, 则必有最小费用循环流.

定理 4.21 设 $\forall(v_i,v_j)\in A, l_{ij}$ 和 c_{ij} 分别为非负整数和正整数, 并且问题 (4.17) 中的 v_0 也是非负整数, 则下面的结论成立:

(1) 最大流问题存在每个弧流量都是整数的最大流, 即有一个最大流是可行整数流;

(2) 若最小费用流问题有流值为 v_0 的可行流, 则必有每个弧流量都是整数的最小费用流;

(3) 若最小费用循环流问题有可行循环流, 则必有每个弧流量都是整数的最小费用循环流.

证明 首先把问题 (4.16)~(4.18) 都化成线性规划问题的标准形式 (4.1), 从而得到最大流问题、最小费用流问题和最小费用循环流问题的标准形式的线性规划模型, 它们相应的约束矩阵分别为

$$\boldsymbol{A}_1=\begin{bmatrix}\boldsymbol{M}' & \boldsymbol{0}\\ \boldsymbol{I}_m & \boldsymbol{I}_m\end{bmatrix},\boldsymbol{A}_2=\begin{bmatrix}\boldsymbol{M} & \boldsymbol{0}\\ \boldsymbol{I}_m & \boldsymbol{I}_m\end{bmatrix},\boldsymbol{A}_3=\begin{bmatrix}\boldsymbol{M} & \boldsymbol{0} & \boldsymbol{0}\\ \boldsymbol{I}_m & \boldsymbol{I}_m & \boldsymbol{0}\\ \boldsymbol{I}_m & \boldsymbol{0} & -\boldsymbol{I}_m\end{bmatrix},$$

这里 $\boldsymbol{M}$ 是有向图 D 的关联矩阵,$\boldsymbol{M}'$ 是由 $\boldsymbol{M}$ 去掉发点 v_s 和收点 v_t 对应的两行后得到的矩阵, 而 m 为 D 的弧数.

根据定理 4.10 和上面的讨论, 只需证明 $\boldsymbol{A}_1,\boldsymbol{A}_2$ 和 $\boldsymbol{A}_3$ 均为全单位模矩阵即可. 而 $\boldsymbol{A}_1$ 是 $\boldsymbol{A}_2$ 的子矩阵, $\boldsymbol{A}_2$ 是 $\boldsymbol{A}_3$ 的子矩阵, 所以根据定理 4.9 中性质 (1), 只要证明 $\boldsymbol{A}_3$ 是全单位模矩阵.

由定理 4.14 知, $\boldsymbol{M}$ 是全单位模矩阵, 因此根据定理 4.9 中性质 (5),(6) 和 (7) 可知 $\boldsymbol{A}_3$ 是全单位模矩阵. □

4.4.3 匹配问题

根据 1.5.6 小节中的讨论, 非空简单赋权图 $G=(V,E,w)$ 中最大权匹配问题可

以用一个整数线性规划问题来描述

$$\begin{cases} \max \sum\limits_{v_i,v_j\in E} w_{ij}x_{ij} \\ \text{s.t.} \sum\limits_{v_j\in N(v_i)} x_{ij} \leqslant 1, \forall v_i \in V \\ \quad x_{ij} = 0 \text{ 或 } 1, \forall v_i, v_j \in E \end{cases} \tag{4.19}$$

其中 x_{ij} 与 G 的边 v_iv_j 一一对应, 且

$$x_{ij} = \begin{cases} 1, \text{ 若边 } v_iv_j \text{ 属于匹配 }, \\ 0, \text{ 否则 }. \end{cases}$$

注意到, 问题 (4.19) 中的第 1 组约束蕴含 $x_{ij} \leqslant 1(\forall v_iv_j \in E)$, 从而问题 (4.19) 等价于

$$\begin{cases} \max \sum\limits_{v_i,v_j\in E} w_{ij}x_{ij} \\ \text{s.t.} \sum\limits_{v_j\in N(v_i)} x_{ij} \leqslant 1, \forall v_i \in V \\ \quad x_{ij} \geqslant 0 \text{ 整数 }, \forall v_i, v_j \in E \end{cases} \tag{4.20}$$

因为问题 (4.20) 中约束矩阵是图 G 的关联矩阵, 并且由定理 4.13 知, 非空二部图的关联矩阵是全单位模矩阵, 所以, 非空简单赋权二部图的最大权匹配问题的线性规划模型为

$$\begin{cases} \max \sum\limits_{v_i,v_j\in E} w_{ij}x_{ij} \\ \text{s.t.} \sum\limits_{v_j\in N(v_i)} x_{ij} \leqslant 1, \forall v_i \in V \\ \quad x_{ij} \geqslant 0, \forall v_i, v_j \in E \end{cases} \tag{4.21}$$

但是, 若 G 不是二部图, 则问题 (4.21) 的任何最优解都可能不是整数解. 例如, 由图 4.1 构造的线性规划问题

$$\begin{cases} \max(x_{12}+x_{23}+x_{31}) \\ \text{s.t.} \quad x_{12} \qquad\quad +x_{31} \leqslant 1 \\ \qquad\quad x_{12}+x_{23} \qquad\quad \leqslant 1 \\ \qquad\qquad\qquad x_{23}+x_{31} \leqslant 1 \\ \qquad\quad x_{12}, \; x_{23}, \; x_{31} \geqslant 0 \end{cases}$$

有唯一的最优解 $x_{12} = x_{23} = x_{31} = 1/2$, 不是整数解.

根据定理 1.4, 一个图为二部图当且仅当它不含奇圈. 因此, 是奇圈造成了线性规划问题 (4.21) 的最优解不是整数解. 为了得到赋权的非二部图 G 中最大权匹配问题的线性规划模型, 必须清除奇圈带来的影响, 从而要附加一些约束.

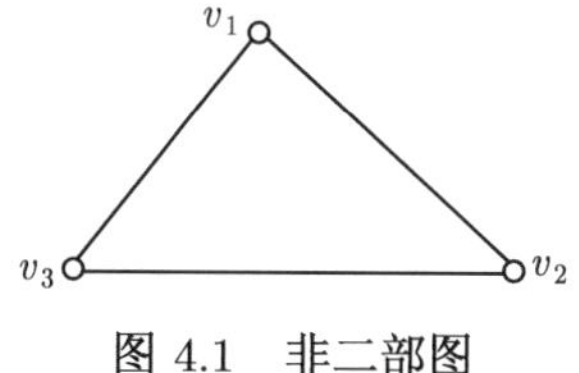

图 4.1 非二部图

容易知道, 任何一个长为 $2p+1$ 的奇圈 C_k 最多包含一个匹配的 p 条边, 即 $\sum\limits_{v_iv_j\in E(C_k)} x_{ij}\leqslant p$. 我们把 G 中奇数个顶点组成的集合 S_k 称为顶点奇集 (vertex odd-set), 这里 $|S_k|=2p_k+1, p_k$ 为正整数. 用 T_k 表示两个端点均在 S_k 中的所有边的集合. 不难知道, G 的每个匹配都必须满足

$$\sum_{v_iv_j\in T_k} x_{ij}\leqslant p_k, \forall G \text{ 的顶点奇集 } S_k.$$

于是, 问题 (4.20) 等价于

$$\begin{cases}\max \sum\limits_{v_i,v_j\in E} w_{ij}x_{ij}\\ \text{s.t.} \quad \sum\limits_{v_j\in N(v_i)} x_{ij}\leqslant 1, \forall v_i\in V\\ \qquad \sum\limits_{v_iv_j\in T_k} x_{ij}\leqslant p_k, \forall \text{ 的顶点奇集 } S_k\\ \qquad x_{ij}\geqslant 0 \text{ 整数 }, \forall v_i,v_j\in E\end{cases} \tag{4.22}$$

初看起来, 人们会感到十分扫兴: 整数线性规划问题 (4.22) 似乎比整数线性规划问题 (4.20) 更难求解. 但是, Edmonds 证明了问题 (4.22) 中整数约束可以去掉而化为线性规划问题

$$\begin{cases}\max \sum\limits_{v_i,v_j\in E} w_{ij}x_{ij}\\ \text{s.t.} \quad \sum\limits_{v_j\in N(v_i)} x_{ij}\leqslant 1, \forall v_i\in V\\ \qquad \sum\limits_{v_iv_j\in T_k} x_{ij}\leqslant p_k, \forall \text{ 的顶点奇集 } S_k\\ \qquad x_{ij}\geqslant 0, \forall v_i,v_j\in E\end{cases} \tag{4.23}$$

这个证明比较繁, 故略去. 有兴趣的读者可参见 [14], [49] 和 [61].

因此, 赋权的非二部图 G 的最大权匹配问题的线性规划模型为 (4.23).

上面介绍了一些网络最优化问题的线性规划模型, 在以后的几章中我们将要应用线性规划的原始–对偶算法来解这些网络最优化问题.

习　题　4

1. 将下列线性规划问题化成标准形式:

(1) $\begin{cases} \max\,(-2x_1 + x_2 - 2x_3) \\ \text{s.t.}\ \ -x_1 + x_2 + x_3 = 4 \\ \qquad -x_1 + x_2 - x_3 \leqslant 6 \\ \qquad x_1 \leqslant 0, x_2 \geqslant 0 \end{cases}$

(2) $\begin{cases} \min\,(|x| + |y| + |z|) \\ \text{s.t.}\ \ x + y \leqslant 1 \\ \qquad 2x + z = 3 \end{cases}$

2. 说明下列两个线性规划问题的最优解之间有何关系, 其中 λ 和 μ 均为正实数:

$$\begin{cases} \min \mu \boldsymbol{c}^{\mathrm{T}}\boldsymbol{x} \\ \text{s.t.}\ \ \boldsymbol{A}\boldsymbol{x} = \lambda \boldsymbol{b} \\ \qquad \boldsymbol{x} \geqslant \boldsymbol{0} \end{cases} \quad 与 \quad \begin{cases} \min \boldsymbol{c}^{\mathrm{T}}\boldsymbol{x} \\ \text{s.t.}\ \ \boldsymbol{A}\boldsymbol{x} = \boldsymbol{b} \\ \qquad \boldsymbol{x} \geqslant \boldsymbol{0} \end{cases}$$

3. 写出线性规划问题

$$\begin{cases} \max\,(x_1 + 2x_2 + x_3) \\ \text{s.t.}\ \ x_1 + x_2 - x_3 \leqslant 2 \\ \qquad x_1 - x_2 + x_3 = 1 \\ \qquad 2x_1 + x_2 + x_3 \geqslant 2 \\ \qquad x_1 \geqslant 0, x_2 \leqslant 0 \end{cases}$$

的对偶规划问题.

4. 对于线性规划问题 $\min\{\boldsymbol{c}^{\mathrm{T}}\boldsymbol{x} | \boldsymbol{A}\boldsymbol{x} = \boldsymbol{b}, \boldsymbol{x} \geqslant \boldsymbol{0}\}$, 假设 $\boldsymbol{A}^{\mathrm{T}} = \boldsymbol{A}, \boldsymbol{c}^{\mathrm{T}} = \boldsymbol{b}$. 试证明: 若 $\boldsymbol{x}_0$ 为它的可行解, 则 $\boldsymbol{x}_0$ 也是它的最优解.

5. 设 $\boldsymbol{A}$ 为 $m \times n$ 行满秩矩阵, 且 $\bar{\boldsymbol{x}}$ 是

$$\{\boldsymbol{x} | \boldsymbol{A}\boldsymbol{x} = \boldsymbol{b}, \boldsymbol{x} \geqslant \boldsymbol{0}\}$$

的一个极点. 证明: 存在 n 维向量 $\boldsymbol{c}$, 使得 $\bar{\boldsymbol{x}}$ 是线性规划问题

$$\min\{\boldsymbol{c}^{\mathrm{T}}\boldsymbol{x} | \boldsymbol{A}\boldsymbol{x} = \boldsymbol{b}, \boldsymbol{x} \geqslant \boldsymbol{0}\}$$

的唯一的最优解.

6. 利用线性规划问题 (4.1) 与 (4.2) 的对偶关系说明线性规划问题 (4.6) 的对偶问题是问题 (4.7), 并且应用定理 4.4 证明定理 4.6.

7. 证明下列命题等价:

(1) $\boldsymbol{A}$ 为全单位模矩阵;

(2) $-\boldsymbol{A}$ 为全单位模矩阵;

(3) $\boldsymbol{A}^{\mathrm{T}}$ 为全单位模矩阵;

(4) $[\boldsymbol{A} \quad \boldsymbol{A}]$ 是全单位模矩阵;

(5) $[\boldsymbol{A} \quad \boldsymbol{I}]$ 是全单位模矩阵.

8. 运输问题 (transportation problem) 是指: 某种物资有 m 个产地, 其产量分别为 $a_1, a_2, \cdots, a_m$; 有 n 个销地, 其销量分别为 $b_1, b_2, \cdots, b_n$. 已知第 i 个产地到第 j 个销地单位物资的运费为 w_{ij}, $i = 1, 2, \cdots, m; j = 1, 2, \cdots, n$. 在满足供需要求的前提下, 如何安排运输方案, 使总的运费最小? 试写出运输问题的线性规划模型. 又设 a_i 和 b_j 均为正整数 $(i = 1, 2, \cdots, m; j = 1, 2, \cdots, n)$, 且 $\sum_{i=1}^{m} a_i = \sum_{j=1}^{n} b_j$, 请证明运输问题存在最优整数解.

9. 设 $m \times n$ 矩阵 $\boldsymbol{A}, m$ 维向量 $\boldsymbol{b}$ 和 n 维向量 $\boldsymbol{c}$ 中元素均为正整数, 考虑整数线性规划问题

$$\max\{\boldsymbol{c}^{\mathrm{T}}\boldsymbol{x} | \boldsymbol{A}\boldsymbol{x} \leqslant \boldsymbol{b}, \boldsymbol{x} \geqslant \boldsymbol{0} \text{ 整向量 }\} \tag{4.24}$$

和线性规划问题

$$\max\{\boldsymbol{c}^{\mathrm{T}}\boldsymbol{x} | \boldsymbol{A}\boldsymbol{x} \leqslant \boldsymbol{b}, \boldsymbol{x} \geqslant \boldsymbol{0}\} \tag{4.25}$$

设 $\boldsymbol{x}^*$ 是问题 (4.24) 的最优解, $\tilde{\boldsymbol{x}} = (\tilde{x}_1, \tilde{x}_2, \cdots, \tilde{x}_n)^{\mathrm{T}}$ 是问题 (4.25) 的最优解, 证明 $\lfloor \tilde{\boldsymbol{x}} \rfloor = (\lfloor \tilde{x}_1 \rfloor, \lfloor \tilde{x}_2 \rfloor, \cdots, \lfloor \tilde{x}_n \rfloor)^{\mathrm{T}}$ 是 (4.24) 的可行解, 且

$$\boldsymbol{c}^{\mathrm{T}}\boldsymbol{x}^* - \boldsymbol{c}^{\mathrm{T}}\lfloor \tilde{\boldsymbol{x}} \rfloor \leqslant \sum_{i=1}^{n} c_i,$$

其中 $\boldsymbol{c} = (c_1, c_2, \cdots, c_n)^{\mathrm{T}}$.

10. 某公司计划在 m 个可能的厂址中选择若干个建厂, 以生产某种产品供应 n 个需求区. 已知: 若厂址 i 被选中, 则其基建费用为 u_i, 其最大生产能力为 a_i; 需求区 j 的最低需求量为 b_j; 厂址 i 至需求区 j 的单位商品运输费为 w_{ij}. 问如何选择厂址, 才能使基建费用和运输费用的总和最小? 这个问题称为多选址问题 (multi-location problem). 试建立多选址问题的整数线性规划模型.

第5章 最 短 路

最短路问题除了具有很强的直观背景外, 还在网络最优化中有着重要的理论价值, 它也是网络最优化中应用最为广泛的问题之一.

本章首先根据线性规划模型推导出最短路方程, 并由此给出求最短路的拓扑排序法、Dijkstra 算法、Ford 算法和 Folyd 算法, 然后讨论负回路的检测、最小平均回路、第 2 最短路、最大可靠路、最大容量路、最大期望路和选址问题.

5.1 引 言

最短路问题是网络最优先中一个很重要、很基本的课题. 许多网络最优化问题或者可以化为最短路问题, 或者可用最短路的算法作为其子程序. 例如, 通信网络中的最大可靠路问题、最大期望容量路问题以及选址问题、背包问题、旅行商问题等等都可以化为最短路问题; 而网络流问题和中国邮递员问题都要用最短路算法作为子程序. 因此, 最短路的用途已远远超出了其直观意义.

设 $D=(V,A,w)$ 是一个网络,$V=\{v_1,v_2,\cdots,v_n\}$. 不难知道, D 中任何有向闭途径都可以表示为若干个回路的并. 而每一条有向 (v_1,v_n) 途径, 或者是一条 (v_1,v_n) 路, 或者是一条 (v_1,v_n) 路与若干个回路的并.D 中不同的 (v_1,v_n) 路的条数是有限的, 但是, 不同的有向 (v_1,v_n) 途径可能有无限多条, 当 D 中包含回路时便是如此.

在 1.5.2 小节中, 我们已经定义了最短路问题和最短链问题. 最短链问题可以化为最短路问题: 只要按 1.3 节中介绍的方法, 把无向网络中每一条边用两条端点相同、方向相反的弧来代替. 所以我们不专门讨论最短链问题.

有时需要考虑网路 $D=(V,A,w)$ 中最长路 (即权最大的 (v_1,v_n) 路) 问题, 这等价于网络 $D'=(V,A,-w)$ 中最短路问题.

设网络 D 中回路的全体为 $\{C_1,C_2,\cdots,C_p\},\forall(v_i,v_j)A\in,\forall k\in\{1,2,\cdots,p\}$ 令

$$a_{ij}^{(k)}=\begin{cases}1, & (v_i,v_j)\in A(C_k),\\ 0, & (v_i,v_j)\in A\setminus A(C_k)\end{cases}$$

则求 D 中最短 (v_1, v_n) 路问题可以用整数线性规划问题描述:

$$
\begin{cases}
\min \sum\limits_{(v_i,v_j)\in A} w_{ij}x_{ij} \\
\text{s.t.} \sum\limits_{v_j\in N^+(v_i)} x_{ij} - \sum\limits_{v_j\in N^-(v_i)} x_{ij} = \begin{cases} 1, & i=1 \\ 0, & 2\leqslant i\leqslant n-1 \\ -1, & i=n \end{cases} \\
\sum\limits_{(v_i,v_j)\in A} a_{ij}^{(k)} x_{ij} \leqslant |A(C_k)|-1, \forall k\in\{1,2,\cdots,p\} \\
x_{ij} = 0\text{或}1, \forall (v_i,v_j)\in A
\end{cases}
\tag{5.1}
$$

这里, 变量 $x_{ij}=1$ 或 0 表示 (v_1, v_j) 路中是否包含弧 (v_i, v_j); 第 1 组约束条件保证可行解是一条有向途径; 第 2 组约束条件保证可行解不含回路. 因此, 问题 (5.1) 的每个可行解都对应一条 (v_1, v_n) 路.

随着顶点数的增大, 问题 (5.1) 中第 2 组约束的个数会急剧增加, 因而整数线性规划问题 (5.1) 的求解回变得十分复杂. 而且易知, 有向图的 Hamilton 路问题可以化为最短路问题: 有向图的 Hamilton 路问题等价于每条弧的权都为 1 的网络上的最长路问题, 即每条弧的权都为 -1 的网络上的最短路问题. 在 1.6 节我们已经指出, 有向图的 Hamilton 路问题至今没有找到有效算法, 也可能根本就不存在有效算法. 因此, 目前我们不能期望有一般网络上最短路问题的有效算法. 所以必须对所考虑的网络作一定的限制. 迄今为止, 所有最短路算法都只适用于不含负回路的网络. 于是我们只讨论不含负回路的网络上的最短路问题.

在 4.4.1 小节讨论最短路的线性规划模型时, 我们分析了不含负回路的网络中最短路有向途径与最短路之间的关系. 下面的定理给出了不含负回路的网络中最短路的性质.

定理 5.1 设网络 $D=(V,A,w)$, 若 D 不含负回路, 则 $\forall v_i, v_j\in V, D$ 中最短有向 (v_i, v_j) 途径的权等于最短 (v_i, v_j) 路的权, 并且最短 (v_i, v_j) 路的任何 (v_p, v_q) 节都是 D 中最短 (v_p, v_q) 路. 反之, 若 $\forall v_i, v_j\in V, D$ 中最短有向 (v_i, v_j) 途径的权等于最短 (v_i, v_j) 路的权, 则 D 不含负回路.

证明 先证定理的第一部分. 设 D 不含负回路, 显然, $\forall v_i, v_j\in V, D$ 中最短有向 (v_i, v_j) 途径的权与最短 (v_i, v_j) 路的权相等. 又设 P 是 D 中最短 (v_i, v_j) 路, P 的 (v_i, v_p) 节,(v_p, v_q) 节和 (v_q, v_j) 节依次记为 $P(v_i, v_p)$,$P(v_p, v_q)$ 和 $P(v_q, v_j)$ 则 $P=P(v_i,v_p)+P(v_p,v_q)+P(v_q,v_j)$. 假若 $P(v_p, v_q)$ 不是 D 中最短 (v_p, v_q) 路, 则存在 (v_p, v_q) 路 $P'(v_p, v_q)$, 它的权小于 $P(v_p, v_q)$ 的权, 从而 D 中有向 (v_i, v_j) 途径 $P(v_p,v_p)\cup P'(v_p,v_q)\cup P(v_q,v_j)$ 的权小于 P 的权, 所以 P 不是最短 (v_i, v_j) 路, 矛盾. 因此 $P(v_p, v_q)$ 是 D 中最短 (v_p, v_q) 路.

再证定理的第二部分. 假设 D 中含有负回路 C, 且 $(v_i, v_j) \in V(C)$, 并设 P 是 D 中最短 (v_i, v_j) 路, 则 $P \cup C$ 为 D 的有向 (v_i, v_j) 途径, 显然

$$w(P \cup C) = w(P) + w(C) < w(P),$$

此与条件矛盾. □

在本章中, 我们总是假定所讨论的网络 D 是非空的简单有向图. 如果 D 含有环, 因为环不再任何路上, 所以删去; 如果 D 中一对顶点之间有重弧, 则保留重弧中权最小者, 其他的都删去.

5.2 最短路方程

假设网络 $D = (V, A, w)$ 不含负回路, $V = \{v_1, v_2, \cdots, v_n\}$, 在 4.4.1 小节中我们已经得到了 D 中最短 (v_1, v_n) 路的线性规划模型:

$$\begin{cases} \min \sum\limits_{(v_i,v_j)\in A} w_{ij}x_{ij} \\ \text{s.t.} \sum\limits_{v_j\in N^+(v_i)} x_{ij} - \sum\limits_{v_j\in N^-(v_i)} x_{ij} = \begin{cases} 1, & i=1 \\ 0, & 2 \leqslant i \leqslant n-1 \\ -1, & i=n \end{cases} \\ x_{ij} \geqslant 0, \forall (v_i, v_j) \in A \end{cases} \tag{5.2}$$

问题 (5.2) 的对偶问题为

$$\begin{cases} \max & (y_1 - y_n) \\ \text{s.t.} & y_i - y_j \leqslant w_{ij}, \forall (v_i, v_j) \in A \end{cases} \tag{5.3}$$

令 $u_i = y_1 - y_i, i = 1, 2, \cdots, n$, 则问题 (5.3) 化为

$$\begin{cases} \max & u_n \\ \text{s.t.} & u_1 = 0 \\ & u_j - u_i \leqslant w_{ij}, \forall (v_i, v_j) \in A \end{cases} \tag{5.4}$$

定理 5.2 设不含负回路的网络 D 中存在 (v_1, v_i) 路, $i = 1, 2, \cdots, n$. 若 $\bar{u}_i$ 是 D 中最短 (v_1, v_i) 路的权, $i = 1, 2, \cdots, n$, 则 $(\bar{u}_1, \bar{u}_2, \cdots, \bar{u}_n)^{\mathrm{T}}$ 是问题 (5.4) 的最优解; 若 $(u_1^{(0)}, u_2^{(0)}, \cdots, u_n^{(0)})^{\mathrm{T}}$ 是问题 (5.4) 的最优解, 则 $u_n^{(0)}$ 为 D 中最短 (v_1, v_n) 路的权.

证明 设 P_i 是 D 中最短 (v_1, v_i) 路, $w(P_i) = \bar{u}_i, i = 1, 2, \cdots, n. \forall (v_i, v_j) \in A, P'_j = P_i + (v_i, v_j)$ 是 D 中有向 (v_1, v_j) 途径. 因为 D 不含负回路, 所以由定理 5.1 知

$$w(P_j) \leqslant w(P'_j) = w(P_i) + w_{ij}, \forall (v_i, v_j) \in A,$$

即 $\bar{u}_j \leqslant \bar{u}_i + w_{ij} (\forall (v_i, v_j) \in A)$. 显然, $\bar{u}_1 = 0$, 故 $(\bar{u}_1, \bar{u}_2, \cdots, \bar{u}_n)^{\mathrm{T}}$ 是问题 (5.4) 的可行解.

设 $(u_1, u_2, \cdots, u_n)^{\mathrm{T}}$ 为问题 (5.4) 的任一可行解. $\forall j \in \{2, \cdots, n\}$, 设 D 中最短 (v_1, v_j) 路 $P_j = v_1 v_{k_1} \cdots v_{k_r}$, 这里 $j = k_r$. 因为 D 不含负回路, 所以由定理 5.1 知, $P_{k_i} = v_1 v_{k_1} \cdots v_{k_i}$ 是 D 中最短 (v_1, v_{k_i}) 路, 即 $w(P_{k_i}) = \bar{u}_{k_i}, i = 1, 2, \cdots, r$. 从而

$$\begin{aligned}
&u_1 = \bar{u}_1 = 0, \\
&u_{k_1} \leqslant u_1 + w_{1k_1} = \bar{u}_1 + w_{1k_1} = \bar{u}_{k_1}, \\
&u_{k_2} \leqslant u_{k_1} + w_{k_1 k_2} \leqslant \bar{u}_{k_1} + w_{k_1 k_2} = \bar{u}_{k_2}, \\
&\cdots\cdots \\
&u_{k_i} \leqslant u_{k_{i-1}} + w_{k_{i-1} k_i} \leqslant \bar{u}_{k_{i-1}} + w_{k_{i-1} k_i} = \bar{u}_{k_i}, \\
&\cdots\cdots \\
&u_{k_r} \leqslant u_{k_{r-1}} + w_{k_{r-1} k_r} \leqslant \bar{u}_{k_{r-1}} + w_{k_{r-1} k_r} = \bar{u}_{k_r},
\end{aligned}$$

即知 $u_j \leqslant \bar{u}_j, j = 1, 2, \cdots, n$, 所以 $(\bar{u}_1, \bar{u}_2, \cdots, \bar{u}_n)^{\mathrm{T}}$ 是问题 (5.4) 的最优解.

另一方面, 若 $(u_1^{(0)}, u_2^{(0)}, \cdots, u_n^{(0)})^{\mathrm{T}}$ 是问题 (5.4) 的最优解, $\bar{u}_n$ 为 D 中最短 (v_1, v_n) 路的权, 则由上可知 $u_n^{(0)} = \bar{u}_n$, 即 $u_n^{(0)}$ 是 D 中最短 (v_1, v_n) 路的权. □

仔细分析定理 5.2 的证明, 可以得到下面的结论.

定理 5.3 设不含负回路的网络 D 中存在 (v_1, v_i) 路,$i = 1, 2, \cdots, n$, 则 $(u_1^{(0)}, u_2^{(0)}, \cdots, u_n^{(0)})^{\mathrm{T}}$ 是线性规划问题

$$\begin{cases}
\max & \sum\limits_{i=1}^{n} u_i \\
\text{s.t.} & u_1 = 0 \\
& u_j - u_i \leqslant w_{ij}, \forall (v_i, v_j) \in A
\end{cases} \tag{5.5}$$

的最优解当且仅当 $u_i^{(0)}$ 是 D 中最短 (v_1, v_i) 路的权, $i = 1, 2, \cdots, n$. □

这个定理的证明与定理 5.2 的证明完全类似, 留作练习.

在线性规划问题 (5.5) 中, 令 $u_i = y_1 - y_i, i = 1, 2, \cdots, n$, 则问题 (5.5) 化为

$$\begin{cases}
\max & \left((n-1) y_1 - \sum\limits_{i=2}^{n} y_i \right) \\
\text{s.t.} & y_i - y_j \leqslant w_{ij}, \forall (v_i, v_j) \in A
\end{cases} \tag{5.6}$$

易知, 问题 (5.6) 的对偶问题为

$$\begin{cases} \min & \sum\limits_{(v_i,v_j)\in A} w_{ij}x_{ij} \\ \text{s.t.} & \sum\limits_{v_j\in N^+(v_i)} x_{ij} - \sum\limits_{v_j\in N^-(v_i)} x_{ji} = \begin{cases} n-1, & i=1 \\ -1, & 2\leqslant i\leqslant n \end{cases} \\ & x_{ij}\geqslant 0, \forall (v_i,v_j)\in A \end{cases} \tag{5.7}$$

因此, 问题 (5.7) 也可以用来求 D 中最短 (v_1,v_k) 路 $P_k, k=1,2,\cdots,n$, 此时 x_{ij} 表示弧 (v_i,v_j) 在 $P_1,P_2,\cdots,P_n$ 中出现的次数.

根据 4.3 节中定理 4.20, 问题 (5.7) 的基本可行解与 D 中以 v_1 为根的支撑树形图一一对应. 设问题 (5.7) 的基本可行解 $\boldsymbol{x}^*$ 是最优解, 则 $\boldsymbol{x}^*$ 对应于 D 中以 v_1 为根的支撑树形图 T, 且 T 上的 (v_1,v_i) 路恰好就是 D 的最短 (v_1,v_i) 路, $i=1,2,\cdots,n$. 我们称这样的树形图 T 为 D 中以 v_1 为根的最短路树形图 (shortest path arborescence). 于是, 求 D 中最短 (v_1,v_i) 路 $i=1,2,\cdots,n$ 等价于求 D 中以 v_1 为根的最短路树形图.

虽然, 线性规划问题 (5.5) 和 (5.7) 都可以用来求 D 中最短 (v_1,v_i) 路, 但问题 (5.5) 的形式更为简单, 因此, 我们着重讨论问题 (5.5) 的解法.

定理 5.4　设网络 $D=(V,A,w)$ 不含负回路, $V=\{v_1,v_2,\cdots,v_n\}$, 且 D 中存在 (v_1,v_i) 路, $i=1,2,\cdots,n$. 若 $\bar{u}_j$ 是 D 中最短 (v_1,v_j) 路的权 $(j=1,2,\cdots,n)$, 则 $(\bar{u}_1,\bar{u}_2,\cdots,\bar{u}_n)$ 满足方程

$$\begin{cases} u_1=0, \\ u_j=\min\limits_{(v_i,v_j)\in A}\{u_i+w_{ij}\}, j=2,\cdots,n. \end{cases} \tag{5.8}$$

若网络 D 中不含非正回路, 则方程 (5.8) 的解中 u_j 是 D 中最短 (v_1,v_j) 路的权 $(j=1,2,\cdots,n)$.

证明　先证第一部分. 设 $\bar{u}_j$ 是 D 中最短 (v_1,v_j) 路的权, $j=1,2,\cdots,n$, 则 $\bar{u}_1=0$, 且由定理 5.1 有

$$\bar{u}_j\leqslant \bar{u}_i+w_{ij}, \forall (v_i,v_j)\in A, \tag{5.9}$$

从而 $\bar{u}_j\leqslant \min\limits_{(v_i,v_j)\in A}\{\bar{u}_i+w_{ij}\}, j=2,3,\cdots,n$.

设顶点 v_{i_0} 是最短 (v_1,v_j) 路 P_j 上与 v_j 相邻的那个顶点, 则由定理 5.1 得 $\bar{u}_j=\bar{u}_{i_0}+w_{i_0j}$, 因此 $\bar{u}_j=\min\limits_{(v_i.v_j)\in A}\{\bar{u}_i+w_{ij}\}$, 即 $(\bar{u}_1,\bar{u}_2,\cdots,\bar{u}_n)$ 是方程 (5.8) 的解.

再证第二部分. 设 $\bar{u}_j$ 是 D 中最短 (v_1,v_j) 路的权,$j=1,2,\cdots,n;(u_1,u_2,\cdots,u_n)$ 是方程 (5.8) 的一个解, 则 $(u_1,u_2,\cdots,u_n)^{\mathrm{T}}$ 是问题 (5.4) 的可行解, 从而由定理 5.2

的证明过程知

$$u_j \leqslant \bar{u}_j, j=1,2,\cdots,n. \tag{5.10}$$

根据方程 (5.8),$\forall j>1$, 可以选择弧 $(v_i,v_j)\in A$, 使 $u_j=u_i+w_{ij}$. 因为 D 不含零回路, 所以 $\forall j>1$,D 中存在 (v_1,v_j) 路 $P_j=v_1v_{k_1}\cdots v_{k_i}v_j$ 满足

$$\begin{aligned}
&u_j=u_{k_i}+w_{k_ij}, k_i\neq j,\\
&u_{k_i}=u_{k_{i-1}}+w_{k_{i-1}k_i}, k_{i-1}\notin\{k_i,j\},\\
&\cdots\cdots\\
&u_{k_2}=u_{k_1}+w_{k_1k_2}, k_1\notin\{k_2,\cdots,k_{i-1},k_i,j\},\\
&u_{k_1}=u_1+w_{1k_1}, 1\notin\{k_1,k_2,\cdots,k_{i-1},k_i,j\}.
\end{aligned}$$

由于 $u_1=\bar{u}_1=0$, 因此由 (5.9) 式有

$$\begin{aligned}
&u_{k_1}=\bar{u}_1+w_{1k_1}\geqslant\bar{u}_{k_1},\\
&u_{k_2}\geqslant\bar{u}_{k_1}+w_{k_1k_2}\geqslant\bar{u}_{k_2},\\
&\cdots\cdots\\
&u_{k_i}\geqslant\bar{u}_{k_{i-1}}+w_{k_{i-1}k_i}\geqslant\bar{u}_{k_i},\\
&u_j\geqslant\bar{u}_{k_i}+w_{k_ij}\geqslant\bar{u}_j,
\end{aligned}$$

即知

$$u_j \geqslant \bar{u}_j, j=1,2,\cdots,n. \tag{5.11}$$

于是, 由 (5.10) 和 (5.11) 两式知, $u_j=\bar{u}_j, j=1,2,\cdots,n$, 故 u_j 是 D 中最短 (v_1,v_j) 路的权,$j=1,2,\cdots,n$. □

从定理 5.4 的第二部分可知: 若不含非正回路的网络 D 中存在从顶点 v_1 到其他各顶点的路, 则方程 (5.8) 有唯一的解, 这表明线性规划问题 (5.5) 与方程 (5.8) 是等价的.

需要指出的是, 如果网络 D 含有零回路, 则方程 (5.8) 的解不一定是 D 中最短路的权. 例如在图 5.1 所示的网络 D 中, 给定一组值 $u_1=0,u_2=1,u_3=1,u_4=1$, 则 (u_1,u_2,u_3,u_4) 是方程 (5.8) 的解, 但是, u_j 不是 D 中最短 (v_1,v_j) 路的权, $j=2,3,4$.

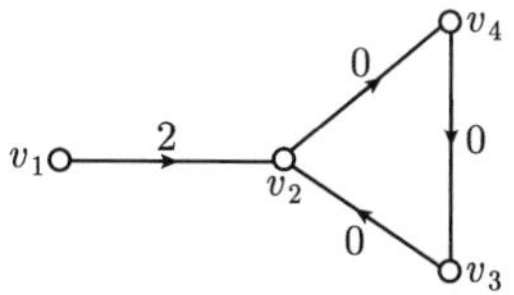

图 5.1 最短路方程解不唯一的例子

为了方便, 以后我们约定: 如果某个 $(v_i, v_j) \notin A$, 则认为 $w_{ij} = \infty$. 这样方程 (5.8) 等价于

$$\begin{cases} u_1 = 0, \\ u_j = \min\limits_{i \neq j}\{u_i + w_{ij}\}, j = 2, 3, \cdots, n. \end{cases} \tag{5.12}$$

方程 (5.12) 称为最短路方程, 它是一个非线性方程组. 求 u_j 时必须知道所有其他的 u_i, 因此直接求解方程 (5.12) 是相当困难的.

应当指出: 如果 D 中不存在 (v_1, v_j) 路, 则方程 (5.12) 的解中 $u_j = \infty$; 反之, 若方程 (5.12) 的解中某个 $u_j = \infty$, 则表示 D 中不存在 (v_1, v_j) 路. 因此, 通过求解方程 (5.12), 或者判断 D 中不存在 (v_1, v_j) 路, 或者得到最短 (v_1, v_j) 路的权.

5.3　无回路网络中最短路的拓扑排序法

不含回路的网络称为无回路网络.

定理 5.5　设有向图 $D = (V, A)$ 不含回路, 则总可以把 D 的顶点重新编号为 $v_1, v_2, \cdots, v_n$, 使得 $\forall j \leqslant i$, 有 $(v_i, v_j) \notin A$.

证明　因为 D 不含回路, 所以由引理 3.4 知 D 中至少有一个顶点没有入弧. 把 D 中某个没有入弧的顶点编号为 v_1, 从 D 中删去 v_1 及其所关联的弧, 得到的有向图仍不含回路, 把其中一个没有入弧的顶点编号为 v_2, 再删去 v_2 及其所关联的弧,……, 重复这一手续, 直到剩下一个顶点, 把它编号为 v_n. 这样得到的顶点编号满足定理的要求. □

由于是求无回路网络 $D = (V, A, w)$ 中从顶点 v_1 到其他各顶点的最短路, 因此可以假定顶点 v_1 没有入弧: 若 v_1 有入弧, 删去 v_1 的所有入弧并不影响求以 v_1 为起点的最短路. 另外, 定理 5.5 的证明是构造性的, 它实际上给出了把顶点进行拓扑排序的一个方法.

因为 D 不含回路, 所以不含非正回路, 从而可以通过解方程 (5.12) 来求 D 中从 v_1 到其他各顶点的最短路的权. 假设 D 的顶点已经完全成拓扑排序, 则方程 (5.12) 等价于方程

$$\begin{cases} u_1 = 0, \\ u_j = \min\limits_{i < j}\{u_i + w_{ij}\}, 2 \leqslant j \leqslant n. \end{cases} \tag{5.13}$$

下面给出求无回路网络 D 中最短路的算法, 称之为拓扑排序 (topological ordering) 法. 具体步骤如下:

为了计算顶点 v_j 的入度, 我们定义

$$b_{ij} = \begin{cases} 1, & 若 (v_i, v_j) \in A, \\ 0, & 否则. \end{cases}$$

Step 0 令 $u_1 = 0, u_j = w_{1j}(j = 2, 3, \cdots, n), S = \{v_1\}, R = \{v_2, v_3, \cdots, v_n\}$, $d_j = \sum\limits_{k=2}^{n} b_{kj}(j = 2, 3, \cdots, n)$.

Step 1 若 $R = \varnothing$, 结束,v_j 为 D 中最短 (v_1, v_j) 路的权 $(j = 1, 2, \cdots, n)$; 否则转 Step 2.

Step 2 若 $\forall v_j \in R, d_j > 0$, 停止,$R$ 中任何顶点在 D 中都有入弧, 即 D 含有回路; 否则, 在 R 中找一个顶点 v_i 使 $d_i = 0$, 令 $S := S \cup \{v_i\}, R := R \backslash \{v_i\}$, 转 Step 3.

Step 3 $\forall v_j \in R$, 令 $u_j := \min\{u_j, u_i + w_{ij}\}, d_j := d_j - b_{ij}$, 转 Step 1.

算法中 S 的顶点 v_i 给予"永久标号" u_i, 对应于最短 (v_1, v_i) 路的权, 该标号在以后的迭代中不会改变; R 中顶点 v_j 给予"临时标号", 对应于最短 (v_1, v_j) 路的权的上界, 它可能在以后的迭代中被改变.

在拓扑排序法中, 顶点的拓扑排序与求解方程 (5.13) 是交叉进行的, 并按顶点的拓扑次序来求以 v_1 为起点的各最短路的权.

例 5.1 求图 5.2(a) 所示网络 D 中从顶点 v_1 到其他各顶点的最短路.

解 D 中 v_1 的入弧 (v_4, v_1) 可以删去, 得到的是无回路网络. 求解过程如图 5.2(b)~(f), 其中顶点 v_j 旁的标号是 (d_j, v_i), 粗线表示最短路上的弧. 图 5.2(f) 中所有粗线标示的弧构成了 D 中以 v_1 为根的最短路树形图. □

现在来分析拓扑排序法的复杂性. 设无回路网络 D 的顶点数为 n, 弧数为 m.Step0 主要是计算 $d_2, d_3, \cdots, d_n$, 需要把 D 的每条弧都考虑一次, 故 Step0 的计算量为 $O(m)$.Step1~Step3 最多循环 $n-1$ 次. 每循环一次,Step1 做一次比较, 即知 Step1 的计算量为 $O(n)$. 第 1 次循环, Step2 需要 $n-1$ 次比较; Step3 分别需要 $n-2$ 次加法、比较和减法. 第 2 次循环, Step2 需要 $n-2$ 次比较; Step3 分别需要 $n-3$ 次加法、比较和减法,$\cdots\cdots$, 因此, Step2 总共需要 $n(n-1)/2$ 次比较, Step3 总共分别需要 $(n-1)(n-2)/2$ 次加法、比较和减法. 所以拓扑排序法的复杂性为 $O(n^2)$.

如果把拓扑排序法作两点修改:

(1) 若 $(v_i, v_j) \notin A$, 则令 $w_{ij} = -\infty$;

(2) 在 Step3 中, 令 $u_j := \max\{u_j, u_i + w_{ij}\}$,

其他的都不变, 就可以得到求无回路网络中最长路的算法.

计划评审技术 (project evaluation & review technique)(简称为 PERT) 中的箭头图 (arrow diagram)(也称为 PERT 网络) 是一个无回路网络, 因此, 可以用上述修改的算法来求 PERT 网络中的关键路线 (即最长路).

拓扑排序法可以通过权矩阵上的计算来实现, 具体步骤是:

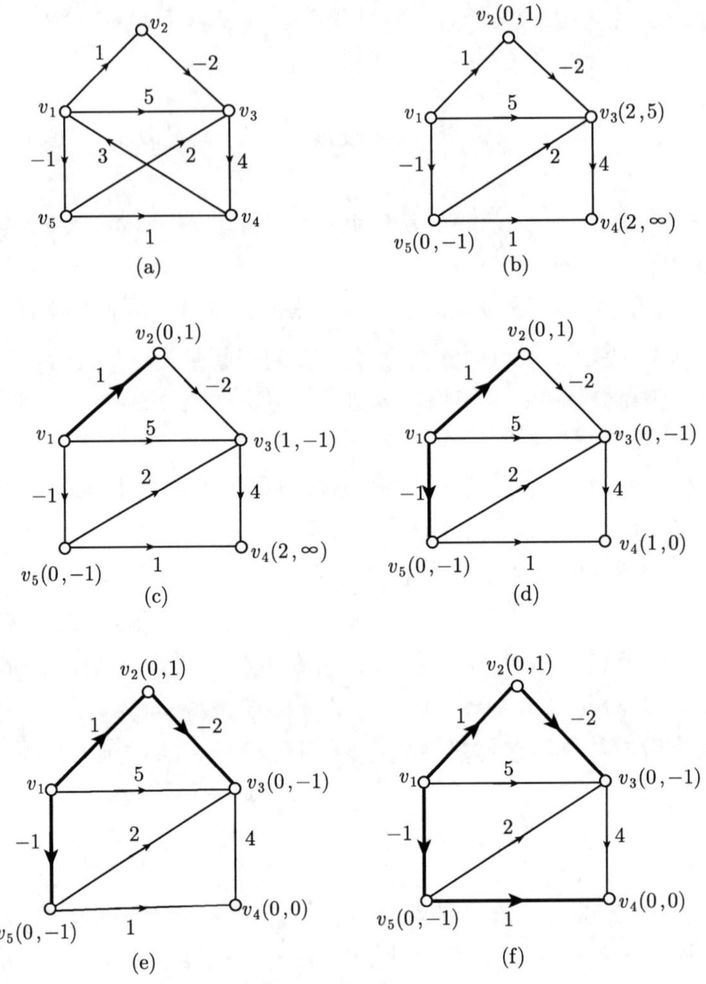

图 5.2　拓扑排序法的例子 (例 5.1)

Step0　把权距阵 $[w_{ij}]_{n\times n}$ 的第 1 列所有元素都改成 ×, 并把第 1 行剩下的其他元素画下划线.

Step1　若不存在所有未画下划线的元素都是 ∞ 的列, 停止, D 含有回路; 否则找一列, 使得该列中未画下划线的元素都是 ∞, 设为第 i 列, 在第 i 列有下划线的元素中找一个最小的元素 w_{ki}, 把 w_{ki} 圈起来, 并把第 i 列其他元素都改成 ×, 然后把第 i 行中不是 × 的元素都加上 w_{ki}, 并把这些元素的画下划线, 转 Step2.

Step2　若存在不含 × 的列, 转 Step1; 否则结束, 圈起来的元素 w_{ij} 表示最短 (v_1, v_j) 路的权, 并表明最短 (v_1, v_j) 路是由最短 (v_1, v_i) 路加上弧 (v_i, v_j) 而成的.

读者可以用这个方法重新计算例 5.1.

5.4 非负权网络中最短路的 Dijkstra 算法

如果网络 D 中每条弧的权均为非负数, 则称 D 为非负权网络. 类似地定义正权网络.

设 $D=(V,A,w)$ 为正权网络, $V=\{v_1,v_2,\cdots,v_n\}$, 则由定理 5.4 知, 求 D 中最短 (v_1,v_i) 路的权 $(j=1,2,\cdots,n)$ 等价于解方程 (5.12).

如果 D 中从顶点 v_1 到其余各顶点的最短路的权按大小排列为 $u_{k_1}\leqslant u_{k_2}\leqslant\cdots\leqslant u_{k_n}$, 这里 $u_{k_1}=u_1=0$, 则由方程 (5.12) 知, $\forall j\in\{2,\cdots,n\}$, 有

$$
\begin{aligned}
u_{k_j}&=\min_{i\neq j}\{u_{k_i}+w_{k_ik_j}\}\\
&=\min\{\min_{i<j}\{u_{k_i}+w_{k_ik_j}\},\min_{i>j}\{u_{k_i}+w_{k_ik_j}\}\},
\end{aligned}
$$

又因 $i>j$ 时,$u_{k_i}\geqslant u_{k_j}$且$u_{k_ik_j}>0$, 故 $u_{k_i}<u_{k_i}+w_{k_ik_j}$, 即 $u_{k_i}<\min\limits_{i>j}\{u_{k_i}+w_{k_ik_j}\}$, 于是方程 (5.12) 等价于

$$
\begin{cases}
u_{k_1}=0,\\
u_{k_j}=\min\limits_{i<j}\{u_{k_i}+w_{k_ik_j}\},2\leqslant j\leqslant n.
\end{cases}
\tag{5.14}
$$

所以 $\bar{u}_{k_j}$ 为正权网络 D 中最短 (v_1,v_{k_j}) 路的权 $(j=1,2,\cdots,n)$ 当且仅当 $(\bar{u}_{k_1},\bar{u}_{k_2},\cdots,\bar{u}_{k_n})$ 为方程 (5.14) 的解.

对于非负权网络我们有下面的定理.

定理 5.6 设 $D=(V,A,w)$ 为非负权网络, 则方程 (5.14) 的解中 u_{k_j} 为 D 中最短 (v_1,v_{k_j}) 路的权 $(j=1,2,\cdots,n)$

证明 设 $\bar{u}_{k_j}$ 是 D 中最短 (v_1,v_{k_j}) 路的权, $j=1,2,\cdots,n$,$(u_{k_1},u_{k_2},\cdots,u_{k_n})$ 是方程 (5.14) 的解, 则由定理 5.4 知, $(\bar{u}_{k_1},\bar{u}_{k_2},\cdots,\bar{u}_{k_n})$ 满足方程 (5.12), 从而 $\bar{u}_{k_j}\geqslant u_{k_j},j=1,2,\cdots,n$. 另一方面, 根据定理 5.2 第一部分的证明, 有 $u_{k_j}\leqslant\bar{u}_{k_j},j=1,2,\cdots,n$. 因此 $u_{k_j}=\bar{u}_{k_j},j=1,2,\cdots,n$. 定理得证. □

基于定理 5.6, Dijkstra(1959) 给出了求非负权网络中最短路的一个算法. 由于方程 (5.14) 与方程 (5.13) 相同, 因此 Dijkstra 算法与拓扑排序法极其相似. 仍然用 S 表示永久标号顶点的集合, 用 R 表示临时标号顶点的集合. Dijkstra 算法的具体步骤是:

Step0 令 $u_1=0,u_j=w_{1j}(j=2,3,\cdots,n),S=\{v_1\},R=\{v_2,v_3,\cdots,v_n\}$.

Step1 取 $v_i\in R$, 使 $u_i=\min\limits_{v_j\in R}u_j$. 若 $u_i=\infty$, 停止, 从 v_1 到 R 中各顶点都没有路; 否则转 Step2.

Step2　令 $S := S \cup \{v_i\}, R := R \setminus \{v_i\}$. 若 $R = \varnothing$, 结束,u_j 为 D 中最短 (v_1, v_j) 路的权 $(j = 1, 2, \cdots, n)$; 否则, 转 Step3.

Step3　$\forall v_j \in R$, 令 $u_j := \min\{u_j, u_i + w_{ij}\}$, 转 Step1.

Dijkstra 算法的复杂性是容易估计的. 算法循环 $n-1$ 次. 整个算法中, Step1 要做 $n(n-1)/2$ 次比较; Step2 需要 $n-1$ 次比较: Step3 需要 $(n-1)(n-2)/2$ 次加法和比较, 因此, 算法的复杂性为 $O(n^2)$.

值得注意的是, 在 Dijkstra 算法的每一次循环中, 顶点标号 u_j 满足 $\max\limits_{v_j \in S} u_j \leqslant \min\limits_{v_j \in R} u_j$, 因此, 算法自动地将 D 中最短路的权由小到大排列起来.

同样, Dijkstra 算法也可以通过权矩阵的计算来实现. 下面给出这种方法的具体步骤.

Step0　把权矩阵 $[w_{ij}]_{n\times n}$ 的第 1 列中所有元素都改为 ×, 把第 1 行剩下的其他元素画下划线.

Step1　在有下划线的元素中找一个最小的 w_{ki}, 若 $w_{ki} = \infty$, 停止, 从 v_1 到某些顶点没有路; 否则, 把 w_{ki} 圈起来, 并把第 i 列其他元素都改成 ×, 然后把第 i 行中不是 × 的元素都加上 w_{ki}, 并将这些元素的下面画下划线, 转 Step2.

Step2　若存在不含 × 的列, 转 Step1; 否则结束, 圈起来的元素 w_{ij} 表示最短 (v_1, v_j) 路的权, 并表明最短 (v_1, v_j) 路是由最短 (v_1, v_i) 路加上弧 (v_1, v_j) 而成的.

例 5.2　用权矩阵法求图 5.3(a) 所示网络中从顶点 v_1 到顶点 v_4 的最短路.

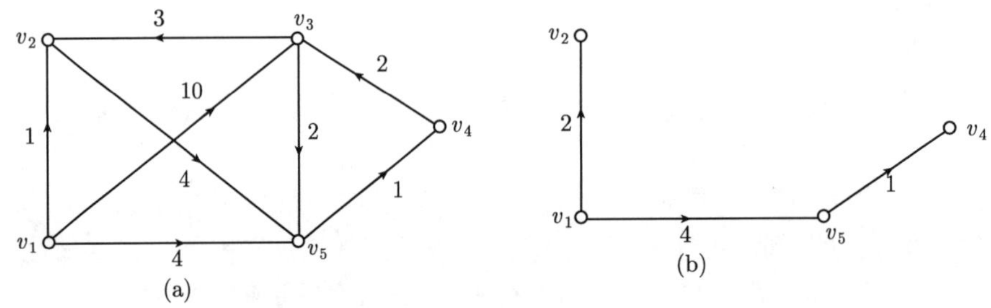

图 5.3　Dijkstra 算法的例子 (例 5.2)

解　求解过程如下:

$$[w_{ij}]_{5\times 5} = \begin{bmatrix} \infty & 1 & 10 & \infty & 4 \\ \infty & \infty & \infty & \infty & 4 \\ \infty & 3 & \infty & \infty & 2 \\ \infty & \infty & 2 & \infty & \infty \\ \infty & \infty & \infty & 1 & \infty \end{bmatrix} \Rightarrow \begin{bmatrix} \times & \underline{1} & \underline{10} & \underline{\infty} & \underline{4} \\ \times & \infty & \infty & \infty & 4 \\ \times & 3 & \infty & \infty & 2 \\ \times & \infty & 2 & \infty & \infty \\ \times & \infty & \infty & 1 & \infty \end{bmatrix}$$

$$\Rightarrow\begin{bmatrix} \times & ① & \underline{10} & \underline{\infty} & \underline{4} \\ \times & \times & \underline{\infty} & \underline{\infty} & 5 \\ \times & \times & \infty & \infty & 2 \\ \times & \times & 2 & \infty & \infty \\ \times & \times & \infty & 1 & \infty \end{bmatrix} \Rightarrow \begin{bmatrix} \times & ① & \underline{10} & \underline{\infty} & ④ \\ \times & \times & \underline{\infty} & \underline{\infty} & \times \\ \times & \times & \infty & \infty & \times \\ \times & \times & 2 & \infty & \times \\ \times & \times & \underline{\infty} & \underline{5} & \times \end{bmatrix}$$

$$\Rightarrow\begin{bmatrix} \times & ① & \underline{10} & \times & ④ \\ \times & \times & \underline{\infty} & \times & \times \\ \times & \times & \infty & \times & \times \\ \times & \times & 7 & \times & \times \\ \times & \times & \underline{\infty} & ⑤ & \times \end{bmatrix}$$

至此, 得到最短 (v_1, v_4) 路为 $v_1v_5v_4$, 长为 5, 见图 5.3(b). □

容易看出, 5.3 节和本节给出的求最短路的权矩阵法, 既求出了最短路的权, 也找出了最短路. 但是, 拓扑排序法和 Dijkstra 算法都没有指出如何找最短路. 在这两个算法中每个顶点 v_j 增加一个前点标号 l_j, 就可以指出最短路是由哪些弧组成的. 具体做法如下:

在拓扑排序法和 Dijkstra 算法的 Step0 中, 令 $l_1 = -1, l_j = 1(2 \leqslant j \leqslant n)$; 在这两个算法的 Step3 修改 R 中顶点 v_j 的临时标号 u_j 的过程中, 同时修改顶点 v_j 的前点标号: 若 $u_j > u_i + w_{ij}$, 则令 $u_j = u_i + w_{ij}, l_j = i$; 否则 u_j 和 l_j 都不变.

这样, 在算法结束时, u_j 的前点标号 l_j 表示最短 (v_1, v_j) 路的最后一条弧是 (v_{l_j}, v_j), 同样利用 v_{l_j} 的前点标号可以求出最短 (v_1, v_{l_j}) 路的最后一条弧, 即最短 (v_1, v_j) 路的倒数第二条弧. 依次类推, 根据各个顶点的前点标号, 由后向前, 依次找最短 (v_1, v_j) 路的所有的弧, 一直找到 v_1 为止. 这种倒推的方法称为反向追踪法.

5.5 解最短路问题的 Ford 算法

前两节中介绍的拓扑排序法和 Dijkstra 算法只适用于两种特殊的网络: 无回路网络和非负权网络. 对于一般的不含负回路的网络, 这两个算法均是失效的. Ford(1956) 提出了求解不含负回路网络中最短路的一个一般性算法.

设网络 $D = (V, A, w)$ 不含负回路, $V = \{v_1, v_2, \cdots, v_n\}$, 并且 $\forall (v_i, v_j) \notin A$, 令

$$w_{ij} = \begin{cases} 0, & 若\ i = j, \\ \infty, & 若\ i \neq j. \end{cases}$$

Ford 算法的思想是逐次逼近, 每次逼近都是求 D 中从顶点 v_1 到其余各顶点的带限制的最短路. 第 1 次逼近是在自顶点 v_1 到顶点 v_j 由不多于一条弧组成的

路中找一条最短的, 记它的权为 $u_j^{(1)}$; 第 2 次逼近在自 v_1 到 v_j 由不多于两条弧组成的路中找一条最短的, 记它的权为 $u_j^{(2)}$; ……, 第 k 次逼近在自 v_1 到 v_j 由不多于 k 条弧组成的路中找一条最短的, 记它的权为 $u_j^{(k)}$. 因为 D 中最短 (v_1, v_j) 路至多由 $n-1$ 条弧组成, 所以最多进行 $n-1$ 次逼近即可. 并且 $u_j^{(n-1)}$ 是 D 中最短 (v_1, v_j) 路的权, $j = 1, 2, \cdots, n$.

Ford 算法的主要依据是下面的定理.

定理 5.7　设网络 D 不含负回路, D 的自顶点 v_1 到顶点 v_j 由不多于 k 条弧组成的路中权最小者记为 $P_j^{(k)}, 1 \leqslant j \leqslant n, 1 \leqslant k \leqslant n-1$, 则 $u_j^{(k)} = w(P_j^{(k)})(1 \leqslant j \leqslant n, 1 \leqslant k \leqslant n-1)$ 当且仅当 $u_j^{(k)}(1 \leqslant j \leqslant n, 1 \leqslant k \leqslant n-1)$ 满足下面的方程

$$\begin{cases} u_j^{(1)} = w_{1j}, & 1 \leqslant j \leqslant n, \\ u_j^{(k)} = \min\limits_{1 \leqslant i \leqslant n} \{u_i^{(k-1)} + w_{ij}\}, & 1 \leqslant j \leqslant n, 2 \leqslant k \leqslant n-1. \end{cases} \tag{5.15}$$

证明　首先证明: $\forall j \in \{1, 2, \cdots, n\}, \forall k \in \{2, \cdots, n-1\}$, 若 (v_i, v_j) 为 $P_j^{(k)}$ 的最后一条弧, 则 $P_j^{(k)} - (v_i, v_j)$ 是 D 的自 v_1 到 v_i 由不多于 $k-1$ 条弧组成的路中权最小者. 这是因为, 若不然, D 中存在自 v_1 到 v_i 由不多于 $k-1$ 条弧组成的路 P_i, 使得 $w(P_i) < w(P_j^{(k)} - (v_i, v_j))$, 从而

$$w(P_i) < w(P_j^{(k)}) - w_{ij}. \tag{5.16}$$

如果 P_i 不含 v_j, 则 $w(P_i + (v_i, v_j)) \geqslant w(P_j^{(k)})$, 此与 (5.16) 式矛盾. 如果 P_i 包含 v_j, 分别记 P_i 的 (v_1, v_j) 节和 (v_j, v_i) 节为 $P(v_1, v_j)$ 和 $P(v_j, v_i)$, 则 $w(P(v_1, v_j)) \geqslant w(P_j^{(k)})$, 从而由 (5.16) 式得

$$\begin{aligned} w(P(v_1, v_j) + (v_i, v_j)) &= w(P(v_j, v_i)) + w_{ij} \\ &< w(P_j^{(k)}) - w(P(v_1, v_j)) \leqslant 0, \end{aligned}$$

即知 D 中包含负回路 $P(v_j, v_i) + (v_i, v_j)$, 与条件矛盾.

$(\Rightarrow) \forall j \in \{1, 2, \cdots, n\} >$ 当 $k = 1$ 时,$u_j^{(1)} = w_{1j}$ 是显然的. 当 $2 \leqslant k \leqslant n-1$ 时, $P_j^{(k)}$ 有两种可能:

(1)$P_j^{(k)}$ 的弧数不超过 $k-1$, 则 $w(P_j^{(k)}) = w(P_j^{(k-1)})$, 即 $u_j^{(k)} = u_j^{(k-1)}$;

(2)$P_j^{(k)}$ 的弧数等于 k 设其最后一条弧为 (v_i, v_j), 则由前面已证的结论知, $w(P_j^{(k)}) - w_{ij} = w(P_i^{(k-1)})$, 即 $u_j^{(k)} = u_i^{(k-1)} + w_{ij}$. 因此, $\forall j \in \{1, 2, \cdots, n\}, \forall k \in \{2, \cdots, n-1\}$, 总有

$$u_j^{(k)} = \min\{u_j^{(k-1)}, \min_{i \neq j}\{u_i^{(k-1)} + w_{ij}\}\}.$$

注意到 $w_{ij}=0(1\leqslant j\leqslant n)$, 所以上式等价于

$$u_j^{(k)}=\min_{1\leqslant i\leqslant n}\{u_i^{(k-1)}+w_{ij}\},1\leqslant j\leqslant n,2\leqslant k\leqslant n-1,$$

由此即知

$$w(P_j^{(k)})=\min_{1\leqslant i\leqslant n}\{w(P_i^{(k-1)})+w_{ij}\},1\leqslant j\leqslant n,2\leqslant k\leqslant n-1. \tag{5.17}$$

($\Leftarrow$) 对 k 进行归纳. 当 $k=1$ 时,$u_j^{(1)}=w_{1j}=w(P_j^{(1)})(1\leqslant j\leqslant n)$. 假设满足方程 (5.15) 的 $u_j^{(k-1)}=w(P_j^{(k-1)})(1\leqslant j\leqslant n)$, 从而 $\forall j\in\{1,2,\cdots,n\},\forall k\in\{2,\cdots,n-1\}$, 由 (5.17) 式和 $u_j^{(k)}$ 满足方程 (5.15) 可知, $w(P_j^{(k)})=\min\limits_{1\leqslant i\leqslant n}\{u_i^{(k-1)}+w_{ij}\}=u_j^{(k)}\Box$.

为了找出最短路, 同样在 Ford 算法中对每个顶点引进前点标号. Ford 算法的具体步骤如下:

Step0 令 $l(v_1)=-1,l(v_j)=1(2\leqslant j\leqslant n),k=1,u_j^{(k)}=w_{1j}(1\leqslant j\leqslant n)$.

Step1 $\forall 1\leqslant j\leqslant n$, 求 $u_r^{(k)}+w_{rj}=\min\limits_{1\leqslant i\leqslant n}\{u_i^{(k)}+w_{ij}\}$, 令 $u_j^{(k+1)}=u_r^{(k)}+w_{rj}$, 且

$$l(v_j)=\begin{cases}l(v_1), & 若r=j,\\ r, & 若r\neq j.\end{cases}$$

Step2 若 $k+1=n-1$, 结束, $u_j^{(k+1)}$ 是 D 中最短 (v_1,v_j) 路的权, 根据各顶点的前点标号, 应用反向追踪法可以得到最短 (v_1,v_j) 路 $(1\leqslant j\leqslant n)$; 否则, 令 $k:=k+1$, 转 Step1.

Ford 算法的复杂性很容易估计. 算法的主要工作量是 Step1 中方程 (5.15) 的循环迭代. 在第 k 次循环中, 计算每个 $u_j^{(k+1)}$ 只需检查顶点 v_j 的所有入弧, 所以每次循环中 Step1 的工作量为 $O(m)$. 总共循环 $n-1$ 次, 因此算法的复杂性为 $O(nm)$.

例 5.3 求图 5.4 所示网络中从顶点 v_1 到其余各顶点的最短路.

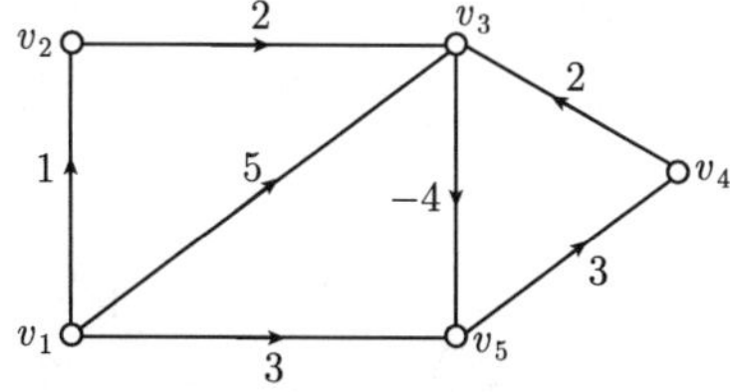

图 5.4 Ford 算法的例子 (例 5.3)

解 迭代过程如下:

$$u_1^{(1)}=0,u_2^{(1)}=1,u_3^{(1)}=5,u_4^{(1)}=\infty,u_5^{(1)}=3,$$
$$l(v_1)=-1,l(v_j)=1(j=2,3,4,5).$$
$$u_1^{(2)}=0,l(v_1)=-1;u_2^{(2)}=1,l(v_2)=1;u_3^{(2)}=3,l(v_3)=2;$$
$$u_4^{(2)}=6,l(v_4)=5;u_5^{(2)}=1,l(v_5)=3.$$
$$u_1^{(3)}=0,l(v_1)=-1;u_2^{(3)}=1,l(v_2)=1;u_3^{(3)}=3,l(v_3)=2;$$
$$u_4^{(3)}=4,l(v_4)=5;u_5^{(3)}=-1,l(v_5)=3.$$
$$u_1^{(4)}=0,l(v_1)=-1;u_2^{(4)}=1,l(v_2)=1;u_3^{(4)}=3,l(l_3)=2;$$
$$u_4^{(4)}=2,l(v_4)=5;u_5^{(4)}=-1,l(v_5)=3.$$

因此, 从 v_1 到 v_1,v_2,v_3,v_4,v_5 的最短分别为 $P_1=v_1,P_2=v_1v_2,P_3=v_1v_2v_3,P_4=v_1v_2v_3v_5v_4,P_5=v_1v_2v_3v_5$, 并且 $w(P_1)=0,w(P_2)=1,w(P_3)=3,w(P_4)=2,w(P_5)=-1$. □

5.6 求所有顶点之间最短路的 Floyd 算法

在某些问题中, 需要求出不含负回路的网络 $D=(V,A,w)$ 中所有顶点对之间的最短路, 其中 $V=\{v_1,v_2,\cdots,v_n\}$. 当然, 可以反复调用前三节介绍的算法来解决这个问题: 第 1 次求从 v_1 到 $v_2,v_3,\cdots,v_n$ 的最短路, 第 2 次求从 v_2 到 $v_1,v_3,\cdots,v_n$ 的最短路, ……, 第 n 次求从 v_n 到 $v_1,v_2,\ldots,v_{n-1}$ 的最短路, 但是这样做程序复杂, 计算量大, 如 n 次调用 Ford 算法, 其复杂性为 $O(n^2m)$. 下面介绍 Floyd(1962) 提出的一个算法.

同 5.5 节一样, 在本节中我们规定: $\forall(v_1,v_j)\notin A$, 令

$$w_{ij}=\begin{cases}0, & 若i=j,\\ \infty, & 若i\neq j.\end{cases}$$

我们用 $D(i,j,k)$ 表示由顶点集合

$$\{v_i\}\cup\{v_j\}\cup\{v_1,v_2,\cdots,v_k\}$$

导出的 D 的子网络. 特别地, $D(i,j,0)$ 表示由顶点集合 $\{v_i\}\cup\{v_j\}$ 导出的 D 的子网络. 若记网络 $D(i,j,k)$ 中最短 (v_i,v_j) 路的权为 $u_{ij}^{(k)}$, 则显然有下列性质:

(1) $u_{ij}^{(0)}=w_{ij}$;
(2) $D(i,j,n)=D$, 即$u_{ij}^{(n)}$为D中最短(v_i,v_j)路的权;
(3) $D(i,j,k-1)$是$D(i,j,k)$的子网络, 故$u_{ij}^{(k)}\leqslant u_{ij}^{(k-1)}$;
(4) $D(i,k,k)=D(i,k,k-1),D(k,j,k)=D(k,j,k-1)$, 因此

$$u_{ik}^{(k)}=u_{ik}^{(k-1)},u_{kj}^{k}=u_{kj}^{(k-1)}.$$

下面证明 Floyd 算法的基本定理.

定理 5.8 设网络D不含负回路, 网络 $D(i,j,k)$中最短 (v_i,v_j)路记为 $P_{ij}^{(k)}(i,j=1,2,\cdots,n;k=0,1,\cdots,n$, 则 $u_{ij}^{(k)}=w(P_{ij}^{(k)})(i,j=1,2,\cdots,n;k=0,1,\cdots,n)$ 当且仅当 $u_{ij}^{(k)}(i,j=1,2,\cdots,n;k=0,1,\cdots,n)$ 满足下面的方程

$$\begin{cases} u_{ij}^{(0)}=w_{ij}, & i,j=1,2,\cdots,n, \\ u_{ij}^{k}=\min\{u_{ij}^{(k-1)},u_{ik}^{(k-1)}+u_{kj}^{(k-1)}\}, & i,j,k=1,2,\cdots,n. \end{cases} \tag{5.18}$$

证明 $(\Rightarrow)\forall i,j\in\{1,2,\cdots,n\}$, 当 $k=0$ 时, 由性质 (1) 知结论成立. 当 $1\leqslant k\leqslant n$ 时,$P_{ij}^{(k)}$ 有两种可能:

(1) 如果所有 $P_{ij}^{(k)}$ 都不经过 v_k, 则 $D(i,j,k)$ 中任何最短 (v_i,v_j) 路恰好是 $D(i,j,k-1)$ 的最短 (v_i,v_j) 路, 因此 $u_{ij}^{(k)}=u_{ij}^{(k-1)}$.

(2) 如果存在一条 $P_{ij}^{(k)}$ 经过 v_k, 分别记 $P_{ij}^{(k)}$ 的 (v_i,v_k) 节和 (v_k,v_j) 节为 P_{ik} 和 P_{kj}, 则 P_{ik} 是 $D(i,k,k)$ 的 (v_i,v_k) 路,P_{kj} 是 $D(k,j,k)$ 的 (v_k,v_j) 路, 所以由性质 (4) 有 $w(P_{ik})\geqslant u_{ik}^{(k)}=u_{ik}^{(k-1)},w(P_{kj})\geqslant u_{kj}^{(k)}=u_{kj}^{(k-1)}$, 从而

$$u_{ij}^{(k)}=w(P_{ij}^{(k)})\geqslant u_{ik}^{(k-1)}+u_{kj}^{(k-1)}. \tag{5.19}$$

又因为 D 不含负回路, 所以 $D(i,j,k)$ 不含负回路. 由于 $P_{ik}^{(k-1)}\cup P_{kj}^{(k-1)}$ 是 $D(i,j,k)$ 中一条有向 (v_i,v_j) 途径, 因此由定理 5.1 知 $w(P_{ik}^{(k-1)})\cup(P_{kj}^{(k-1)})\geqslant u_{ij}^{(k)}$, 即 $u_{ik}^{(k-1)}+u_{kj}^{(k-1)}\geqslant u_{ij}^{(k)}$. 从而由 (5.19) 式得 $u_{ij}^{(k-1)}=u_{ik}^{(k-1)}+u_{kj}^{(k-1)}$.

综上,$u_{ij}^{(k)}=\min\{u_{ij}^{(k-1)},u_{ik}^{(k-1)}+u_{kj}^{(k-1)}\}$, 即知

$$w(P_{ij}^{(k)})=\min\{w(P_{ij}^{(k-1)}),w(P_{ik}^{(k-1)})+w(P_{kj}^{(k-1)})\} \tag{5.20}$$

$(\Leftarrow)$ 对 k 用归纳法. 当 $k=0$ 时,$u_{ij}^{(0)}=w_{ij}=w(P_{ij}^{(0)})(i,j=1,2,\cdots,n)$. 假设满足方程 (5.18) 的 $u_{ij}^{(k-1)}=w(P_{ij}^{(k-1)})(i,j=1,2,\cdots,n)$, 从而 $\forall i,j,k\in\{1,2,\cdots,n\}$, 由 (5.20) 式和 $u_{ij}^{(k)}$ 满足方程 (5.18) 可知,$w(P_{ij}^{(k)})=\min\{u_{ij}^{(k-1)},u_{ik}^{(k-1)}+u_{kj}^{(k-1)}\}=u_{ij}^{(k)}$. □

为了在求 $D(i,j,k)$ 中最短 (v_i,v_j) 路的权的同时找出 $D(i,j,k)$ 中最短路, 引进后点标号. 令 $r_{ij}^{(k)}$ 表示 $P_{ij}^{(k)}$ 的第 1 条弧的头的下标, 显然 $r_{ij}^{(0)}=j$. 如果 $r_{ij}^{(k-1)}$ 已经知道, 当 $u_{ij}^{(k-1)}\leqslant u_{ik}^{(k-1)}+u_{kj}^{(k-1)}$ 时, 则 $u_{ij}^{(k)}=u_{ij}^{(k-1)}$, 故 $r_{ij}^{(k)}=r_{ij}^{(k-1)}$; 否则,$r_{ij}^{(k)}=r_{ik}^{(k-1)}$. 若 $r_{ij}^{(n)}=k$, 则 $P_{ij}^{(n)}$ 的第 1 条弧为 (v_i,v_j), 因为 D 不含负回路, 所以由定理 5.1 知 $P_{ij}^{(n)}-(v_i,v_k)$ 是 D 中最短 (v_k,v_j) 路 $P_{kj}^{(n)}$, 从而 $P_{kj}^{(n)}$ 的第 1 条弧即为 $P_{kj}^{(n)}$ 的第 2 条弧, 依次类推, 可以得到 $P_{ij}^{(n)}$ 上的所有弧. 这种方法称为正向追踪法.

Floyd 算法步骤如下:

Step0 令 $u_{ij}^{(0)} = w_{ij}, r_{ij}^{(0)} = j, i, j = 1, 2, \cdots, n; k = 1$.

Step1 $\forall i, j \in \{1, 2, \cdots, n\}$, 令

$$r_{ij}^{(k)} = \begin{cases} r_{ij}^{(k-1)}, & 若 u_{ij}^{(k-1)} \leqslant u_{ik}^{(k-1)} + u_{kj}^{(k-1)}, \\ r_{ik}^{(k-1)}, & 若 u_{ij}^{(k-1)} > u_{ik}^{(k-1)} + u_{kj}^{(k-1)}, \end{cases}$$

$$u_{ij}^{(k)} = \min\{u_{ij}^{(k-1)}, u_{ik}^{(k-1)} + u_{kj}^{(k-1)}\}.$$

Step2 如果 $k = n$, 结束; 否则, 令 $k := k + 1$, 转 Step1.

例 5.4 求图 5.5 所示的网络中所有顶点对之间的最段落.

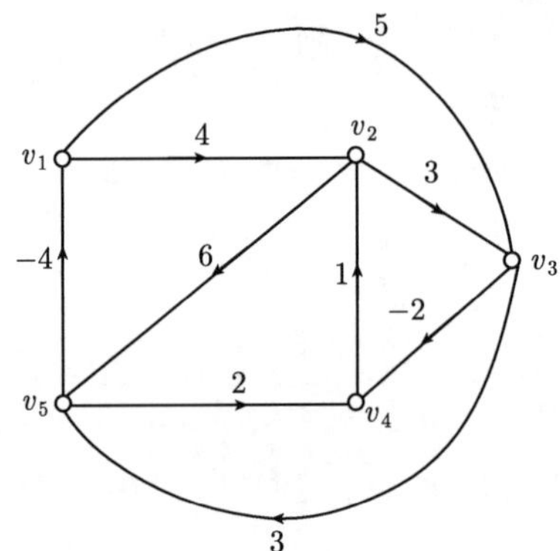

图 5.5 Floyd 算法的例子 (例 5.4)

解 记矩阵 $\boldsymbol{U}_k = [u_{ij}^{(k)}], \boldsymbol{R}_k = [r_{ij}^{(k)}]$, 则

$$\boldsymbol{U}_0 = \begin{bmatrix} 0 & 4 & 5 & \infty & \infty \\ \infty & 0 & 3 & \infty & 6 \\ \infty & \infty & 0 & -2 & 3 \\ \infty & 1 & \infty & 0 & \infty \\ -4 & \infty & \infty & 2 & 0 \end{bmatrix}, \boldsymbol{R}_0 = \begin{bmatrix} 1 & 2 & 3 & 4 & 5 \\ 1 & 2 & 3 & 4 & 5 \\ 1 & 2 & 3 & 4 & 5 \\ 1 & 2 & 3 & 4 & 5 \\ 1 & 2 & 3 & 4 & 5 \end{bmatrix}.$$

迭代 5 次, 依次得到

$$\boldsymbol{U}_1 = \begin{bmatrix} 0 & 4 & 5 & \infty & \infty \\ \infty & 0 & 3 & \infty & 6 \\ \infty & \infty & 0 & -2 & 3 \\ \infty & 1 & \infty & 0 & \infty \\ -4 & 0 & 1 & 2 & 0 \end{bmatrix}, \boldsymbol{R}_1 = \begin{bmatrix} 1 & 2 & 3 & 4 & 5 \\ 1 & 2 & 3 & 4 & 5 \\ 1 & 2 & 3 & 4 & 5 \\ 1 & 2 & 3 & 4 & 5 \\ 1 & 1 & 1 & 4 & 5 \end{bmatrix};$$

$$\boldsymbol{U}_2=\begin{bmatrix}0&4&5&\infty&10\\\infty&0&3&\infty&6\\\infty&\infty&0&-2&3\\\infty&1&4&0&7\\-4&0&1&2&0\end{bmatrix},\boldsymbol{R}_2=\begin{bmatrix}1&2&3&4&2\\1&2&3&4&5\\1&2&3&4&5\\1&2&2&4&2\\1&1&1&4&5\end{bmatrix};$$

$$\boldsymbol{U}_3=\begin{bmatrix}0&4&5&3&8\\\infty&0&3&1&6\\\infty&\infty&0&-2&3\\\infty&1&4&0&7\\-4&0&1&-1&0\end{bmatrix},\boldsymbol{R}_3=\begin{bmatrix}1&2&3&3&3\\1&2&3&3&5\\1&2&3&4&5\\1&2&2&4&2\\1&1&1&1&5\end{bmatrix};$$

$$\boldsymbol{U}_4=\begin{bmatrix}0&4&5&3&8\\\infty&0&3&1&6\\\infty&-1&0&-2&3\\\infty&1&4&0&7\\-4&0&1&-1&0\end{bmatrix},\boldsymbol{R}_4=\begin{bmatrix}1&2&3&3&3\\1&2&3&3&5\\1&4&3&4&5\\1&2&2&4&2\\1&1&1&1&5\end{bmatrix};$$

$$\boldsymbol{U}_5=\begin{bmatrix}0&4&5&3&8\\2&0&3&1&6\\-1&-1&0&-2&3\\3&1&4&0&7\\-4&0&1&-1&0\end{bmatrix},\boldsymbol{R}_5=\begin{bmatrix}1&2&3&3&3\\5&2&3&3&5\\5&4&3&4&5\\2&2&2&4&2\\1&1&1&1&5\end{bmatrix}.$$

根据 $\boldsymbol{U}_5$ 直接得到各最短路的权. 而从 $\boldsymbol{R}_5$ 可以找出各最短路, 见表 5.1. □

表 5.1 Floyd 算法的例子 (例 5.4)

		终点				
	v_1	v_2	v_3	v_4	v_5	
起点	v_1		v_1v_2	v_1v_3	$v_1v_3v_4$	$v_1v_3v_5$
	v_2	$v_2v_5v_1$		v_2v_3	$v_2v_3v_4$	v_2v_5
	v_3	$v_3v_5v_1$	$v_3v_4v_2$		v_3v_4	v_3v_5
	v_4	$v_4v_2v_5v_1$	v_4v_2	$v_4v_2v_3$		$v_4v_2v_5$
	v_5	v_5v_1	$v_5v_1v_2$	$v_5v_1v_3$	$v_5v_1v_3v_4$	

Floyd 算法的计算量可大致估计如下：因为 $\forall k\in\{1,2,\cdots,n\}$, 需要计算 $(n-1)(n-2)$ 个算式 $u_{ij}^{(k)}=\min\{u_{ij}^{(k-1)},u_{ik}^{(k-1)}+u_{kj}^{(k-1)}\}$, 每个算式要作一次加法和一次比较, 所以 Floyd 算法的复杂性为 $O(n^3)$.

5.7 回路的检测

求最短路的 Ford 算法和 Floyd 算法适用的是不含负回路的网络, 因此在采用这两个算法之前应判断网络是否含负回路, 另外还有一些问题也需要我们求出某种特殊的回路. 这些都涉及到回路的检测问题.

5.7.1 具有检测负回路功能的 Ford 算法

设网络 $D=(V,A,w), V=\{v_1,v_2,\cdots,v_n\}$, 并且 $\forall (v_i,v_j)\notin A$, 令

$$w_{ij}=\begin{cases}0, & 若 i=j,\\ \infty, & 若 i\neq j.\end{cases}$$

与 5.5 节类似, 考虑迭代方程

$$\begin{cases}u_j^{(1)}=w_{1j}, & 1\leqslant j\leqslant n,\\ u_j^{(k)}=\min\limits_{1\leqslant i\leqslant n}\{u_i^{(k-1)}+w_{ij}\}, & 1\leqslant j\leqslant n, k=2,3,\cdots,\end{cases}\tag{5.21}$$

易知方程 (5.21) 有如下性质:

(1) $u_j^{(k-1)}\geqslant u_j^{(k)}(j=1,2,\cdots,n;k=2,3,\cdots,)$;

(2) 若存在某个 $k\geqslant 2$, 使得 $\forall j\in\{1,2,\cdots,n\}$, 有 $u_j^{(k-1)}=u_j^{(k)}$, 则 $\forall p\in\{k+1,k+2,\cdots\},\forall j\in\{1,2,\cdots,n\}$, 有 $u_j^{(p)}=u_j^{(k-1)}$;

(3) $u_j^{(k)}$ 不大于 D 中弧数不超过 k 的任何有向 (v_i,v_j) 途径的权 $(j=1,2,\cdots,n;k=1,2,\cdots)$.

定理 5.9 网络 $D=(V,A,w)$ 不含负回路当且仅当 $\forall j\in\{1,2,\cdots,n\}$, 有 $u_j^{(n-1)}=u_j^{(n)}$.

证明 ($\Rightarrow$) 设 D 不含负回路, 根据定理 5.7, 方程 (5.21) 中的 $u_j^{(n-1)}$ 为 D 的最短 (v_1,v_j) 路的权, 从而由定理 5.1 知, $u_j^{(n-1)}$ 等于 D 中最短有向 (v_1,v_j) 途径的权, 即由性质 (3) 有 $u_j^{(n-1)}\leqslant u_j^{(n)}$, 因此, 由性质 (1) 得 $u_j^{(n-1)}=u_j^{(n)}$.

($\Leftarrow$) 设 D 不含负回路, 则 v_1 到某些顶点的有向途径的权无下界, 从而由性质 (3) 可知, 存在某些 j, 使 $u_j^{(k)}$ 关于 k 无下界. 假若 $\forall j\in\{1,2,\cdots,n\}$, 有 $u_j^{(n-1)}=u_j^{(n)}$, 则由性质 (2) 知, $\forall p\in\{k+1,k+2,\cdots\},\forall j\in\{1,2,\cdots,n\}$, 有 $u_j^{(p)}=u_j^{(n-1)}$, 此与某些 $u_j^{(k)}$ 关于 k 无下界相矛盾. □

根据定理 5.9, 只需在 Ford 算法中增加一个判断: "$\forall j\in\{1,2,\cdots,n\}$, 是否有 $u_j^{(k)}=u_j^{(k+1)}$?" 就可以检测负回路, 并且利用前点标号找出负回路. 具体步骤如下:

Step0 令 $l(v_1)=-1, l(v_j)=1(2\leqslant j\leqslant n), k=1, u_j^{(k)}=w_{1j}(1\leqslant j\leqslant n)$.

Step1 $\forall j \in \{1,2,\cdots,n\}$, 求 $u_r^{(k)} + w_{rj} = \min\limits_{1\leqslant i\leqslant n}\{u_i^{(k)} + w_{ij}\}$, 令 $u_j^{(k+1)} = u_r^{(k)} + w_{rj}$, 且

$$l(v_j) = \begin{cases} l(v_j), & \text{若} r = j, \\ r, & \text{若} r \neq j. \end{cases}$$

Step2 若 $\forall j \in \{1,2,\cdots,n\}$, 有 $u_j^{(k+1)} = u_j^{(k)}$, 结束, $u_j^{(k+1)}$ 是 D 中最短 (v_1, v_j) 路的权; 否则转 Step3.

Step3 若 $k+1=n$, 停止, D 中包含负回路; 否则, 令 $k := k+1$, 转 Step1.

例 5.5 判断图 5.6 所示网络中是否含负回路

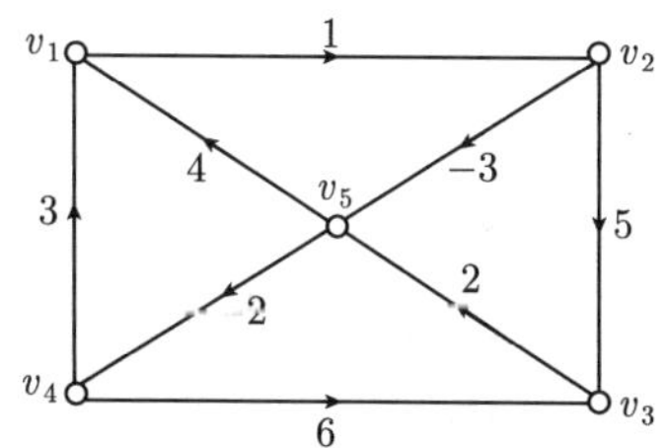

图 5.6 检测负回路的例子 (例 5.5)

解 采用具有检测负回路功能的 Ford 算法, 迭代过程如下:

$$\begin{aligned}
&u_1^{(1)} = 0, u_2^{(1)} = 1, u_3^{(1)} = \infty, u_4^{(1)} = \infty, u_5^{(1)} = \infty, \\
&l(v_1) = -1, l(v_j) = 1 (j = 2,3,4,5). \\
&u_1^{(2)} = 0, l(v_1) = -1; u_2^{(2)} = 1, l(v_2) = 1; u_3^{(2)} = 6, l(v_3) = 2; \\
&u_4^{(2)} = \infty, l(v_4) = 1; u_5^{(2)} = -2, l(v_5) = 2. \\
&u_1^{(3)} = 0, l(v_1) = -1; u_2^{(3)} = 1, l(v_2) = 1; u_3^{(3)} = 6, l(v_3) = 2; \\
&u_4^{(3)} = -4, l(v_4) = 5; u_5^{(3)} = -2, l(v_5) = 2. \\
&u_1^{(4)} = -1, l(v_1) = 4; u_2^{(4)} = 1, l(v_2) = 1; u_3^{(4)} = 2, l(v_3) = 4; \\
&u_4^{(4)} = -4, l(v_5) = 5; u_5^{(4)} = -2, l(v_5) = 2. \\
&u_1^{(5)} = -1, l(v_1) = 4; u_2^{(5)} = -1, l(v_2) = 1; u_3^{(5)} = 2, l(v_3) = 4; \\
&u_4^{(5)} = -4, l(v_4) = 5; u_5^{(5)} = -2, l(v_5) = 2.
\end{aligned}$$

因 $u_2^{(5)} < u_2^{(4)}$, 故存在负回路. 根据最后一次循环中的前点标得到负回路 $v_2v_5v_4v_1v_2$. □

5.7.2 具有检测负回路功能的 Floyd 算法

同 5.6 节中一样, $\forall i,j\in\{1,2,\cdots,n\},\forall k\in\{0,1,\cdots,n\}$, 定义网络 $D(i,j,k)$, 并且考虑迭代方程

$$\begin{cases} u_{ij}^{(0)}=w_{ij}, & i,j=1,2,\cdots,n,\\ u_{ij}^{(k)}=\min\{u_{ij}^{(k-1)},u_{ik}^{(k-1)}+u_{kj}^{(k-1)}\}, & i,j,k=1,2,\cdots,n. \end{cases} \tag{5.22}$$

仿照定理 5.8 的证明, 立即得到如下的引理.

引理 5.10　$\forall i,j\in\{1,2,\cdots,n\},\forall k\in\{0,1,\cdots,n\}$, 方程 (5.22) 中的 $u_{ij}^{(k)}$ 不超过 $D(i,j,k)$ 中任何一条 (v_i,v_j) 路的权.

证明　对 k 进行归纳. 当 $k=0$ 时, 引理显然成立. 假设方程 (5.22) 中的 $u_{ij}^{(k-1)}$ 不大于 $D(i,j,k-1)$ 中任何 (v_i,v_j) 路的权, $i,j=1,2,\cdots,n$. 考虑网络 $D(i,j,k)$ 中任意一条 (u_i,u_j) 路 P_{ij}, 其权记为 u_{ij}. 如果 P_{ij} 不经过 v_k, 则 P_{ij} 也是 $D(i,j,k-1)$ 中的 (v_i,v_j) 路, 由归纳假设, $u_{ij}\geqslant u_{ij}^{(k-1)}$. 如果 P_{ij} 经过 v_k, 记 P_{ij} 的 (v_i,v_k) 节和 (v_k,v_j) 节分别为 $P(v_i,v_k)$ 和 $P(v_k,v_j)$, 则由归纳假设有 $w(P(v_i,v_k))\geqslant u_{ik}^{(k-1)},w(P(v_k,v_j))\geqslant u_{kj}^{(k-1)}$, 即 $u_{ij}\geqslant u_{ik}^{(k-1)}+u_{kj}^{(k-1)}$. 因此总有

$$u_{ij}\geqslant\min\{u_{ij}^{(k-1)},u_{ik}^{(k-1)}+u_{kj}^{(k-1)}\}=u_{ij}^{(k)}.$$ □

根据这个引理可以得到以下定理.

定理 5.11　网络 $D=(V,A,w)$ 存在负回路当且仅当存在 $1\leqslant i\leqslant n$ 和 $1\leqslant k\leqslant n$, 使得 $u_{ik}^{(k-1)}+u_{ki}^{(k-1)}<0$.

证明　($\Leftarrow$) 假设 D 中不含负回路, 根据定理 5.8,$\forall i,k\in\{1,2,\cdots,n\},u_{ik}^{(k-1)}$ 和 $u_{ki}^{(k-1)}$ 分别是 $D(i,k,k-1)$ 中最短 (v_i,v_k) 路的权和最短 (v_k,v_i) 路的权, 因此 $u_{ik}^{(k-1)}+u_{ki}^{(k-1)}$ 是 $D(i,k,k-1)$ 中一条有向闭途径的权, 它可以表示为若干回路的权之和, 因而 $u_{ik}^{(k-1)}+u_{ki}^{(k-1)}\geqslant 0$.

($\Rightarrow$) 设 D 中存在负回路 C, 并设 v_i,v_k 是 C 的所有顶点中下标最大的两个顶点, 于是 C 可以分成两条路 $P(v_i,v_k)$ 与 $P(v_k,v_i)$ 的和, 分别记它们的权为 u_{ik} 和 u_{ki}, 并且 $P(v_i,v_k)$ 和 $P(v_k,v_i)$ 分别是 $D(i,k,k-1)$ 中 (v_i,v_k) 路和 (v_k,v_i) 路, 所以由引理 5.10 有 $u_{ik}^{(k-1)}+u_{ki}^{(k-1)}\leqslant u_{ik}+u_{ki}=w(C)<0$. □

利用定理 5.11, 不难给出具有检测负回路功能的 Floyd 算法, 它的步骤如下:

Step0　令 $u_{ij}^{(0)}=w_{ij},r_{ij}^{(0)}=j(i,j=1,2,\cdots,n),k=1$.

step1　$\forall i,j\in\{1,2,\cdots,n\}$ 令

$$r_{ij}^{(k)}=\begin{cases} r_{ij}^{(k-1)}, & 若 u_{ij}^{(k-1)}\leqslant u_{ik}^{(k-1)}+u_{kj}^{(k-1)},\\ r_{ik}^{(k-1)}, & 若 u_{ij}^{(k-1)}>u_{ik}^{(k-1)}+u_{kj}^{(k-1)}, \end{cases}$$

$$u_{ij}^{(k)} = \min\{u_{ij}^{(k-1)}, u_{ik}^{(k-1)} + u_{kj}^{(k-1)}\}.$$

Step2 若某个 $u_{ii}^{(k)} < 0$, 停止, 此时网络含负回路; 否则转 Step3.

Step3 若 $k = n$, 结束, 得到所有顶点对之间的最短路; 否则, 令 $k := k+1$, 转 Step1.

例 5.6 用具有检测负回路功能的 Floyd 算法求图 5.6 所示网络中负回路.

解 记矩阵 $\boldsymbol{U}_k = [u_{ij}^{(k)}], \boldsymbol{R}_k = [r_{ij}^{(k)}]$, 迭代过程如下:

$$\boldsymbol{U}_0 = \begin{bmatrix} 0 & 1 & \infty & \infty & \infty \\ \infty & 0 & 5 & \infty & -3 \\ \infty & \infty & 0 & \infty & 2 \\ 3 & \infty & 6 & 0 & \infty \\ 4 & \infty & \infty & -2 & 0 \end{bmatrix}, \boldsymbol{R}_0 = \begin{bmatrix} 1 & 2 & 3 & 4 & 5 \\ 1 & 2 & 3 & 4 & 5 \\ 1 & 2 & 3 & 4 & 5 \\ 1 & 2 & 3 & 4 & 5 \\ 1 & 2 & 3 & 4 & 5 \end{bmatrix};$$

$$\boldsymbol{U}_1 = \begin{bmatrix} 0 & 1 & \infty & \infty & \infty \\ \infty & 0 & 5 & \infty & -3 \\ \infty & \infty & 0 & \infty & 2 \\ 3 & 4 & 6 & 0 & \infty \\ 4 & 5 & \infty & -2 & 0 \end{bmatrix}, \boldsymbol{R}_1 = \begin{bmatrix} 1 & 2 & 3 & 4 & 5 \\ 1 & 2 & 3 & 4 & 5 \\ 1 & 2 & 3 & 4 & 5 \\ 1 & 1 & 3 & 4 & 5 \\ 1 & 1 & 3 & 4 & 5 \end{bmatrix};$$

$$\boldsymbol{U}_2 = \begin{bmatrix} 0 & 1 & 6 & \infty & -2 \\ \infty & 0 & 5 & \infty & -3 \\ \infty & \infty & 0 & \infty & 2 \\ 3 & 4 & 6 & 0 & 1 \\ 4 & 5 & 10 & -2 & 0 \end{bmatrix}, \boldsymbol{R}_2 = \begin{bmatrix} 1 & 2 & 2 & 4 & 2 \\ 1 & 2 & 3 & 4 & 5 \\ 1 & 2 & 3 & 4 & 5 \\ 1 & 1 & 3 & 4 & 1 \\ 1 & 1 & 1 & 4 & 5 \end{bmatrix};$$

$\boldsymbol{U}_3 = \boldsymbol{U}_2, \boldsymbol{R}_3 = \boldsymbol{R}_2$;

$$\boldsymbol{U}_4 = \begin{bmatrix} 0 & 1 & 6 & \infty & -2 \\ \infty & 0 & 5 & \infty & -3 \\ \infty & \infty & 0 & \infty & 2 \\ 3 & 4 & 6 & 0 & 1 \\ 1 & 2 & 4 & -2 & -1 \end{bmatrix}, \boldsymbol{R}_4 = \begin{bmatrix} 1 & 2 & 2 & 4 & 2 \\ 1 & 2 & 3 & 4 & 5 \\ 1 & 2 & 3 & 4 & 5 \\ 1 & 1 & 3 & 4 & 1 \\ 4 & 4 & 4 & 4 & 4 \end{bmatrix}.$$

因为 $u_{55}^{(4)} = -1 < 0$, 故网络中含负回路. 根据 $\boldsymbol{R}_4$ 可以找到负回路 $v_5v_4v_1v_2v_5$. □

5.7.3 最小平均回路

设网络 $D=(V,A,w), V=\{v_1,v_2,\cdots,v_n\}$,$C$ 为 D 的一个回格, 称 $w(C)/|C|$ 为 C 的平均权, 其中 $|C|$ 表示 C 的弧数. D 中平均权最小的回路称为 D 的最小平均回路 (minimum mean circuit).

D 中所有含 k 条弧的有向 (v_i,v_j) 途径中权最小者称为 D 中含 k 条弧的最短有向 (v_i,v_j) 途径, 用 $d_j^{(k)}$ 表示它的权,$j=1,2,\cdots,n;k=0,1,\cdots,n$. 容易知道,$D$ 中含 k 条弧的最短有向 (v_1,v_j) 途径的 (v_1,v_i) 节一定是 D 中含 p 条弧的最短有向 (v_1,v_i) 途径, 这里 p 为该 (v_1,v_i) 节的弧数. 因此得到 $d_j^{(k)}$ 的递推方程

$$\begin{cases} d_1^{(0)}=0, d_j^{(0)}=\infty, & 2\leqslant j\leqslant n, \\ d_j^{(k)}=\min\{d_i^{(k-1)}+w_{ij}|(v_i,v_j)\in A\}, & 1\leqslant j\leqslant n, 1\leqslant k\leqslant n. \end{cases} \tag{5.23}$$

对 k 用归纳法不难证明: 方程 (5.23) 中的 $d_j^{(k)}$ 是 D 中含 k 条弧的最短有向 (v_1,v_j) 途径的权 $(1\leqslant j\leqslant n, 0\leqslant k\leqslant n)$.

根据方程 (5.23), Karp(1978) 给出了求最小平均回路的一个算法, 具体步骤如下:

Step1 利用方程 (5.23) 计算 $d_j^{(k)}(1\leqslant j\leqslant n, 1\leqslant k\leqslant n)$.

Step2 计算

$$\lambda^*=\min\left\{\max_{0\leqslant k\leqslant n-1}\frac{d_j^{(n)}-d_j^{(k)}}{n-k}\middle| 1\leqslant j\leqslant n, d_j^{(n)}\text{为有限数}\right\} \tag{5.24}$$

设 $\lambda^*=(d_{j_0}^{(n)}-d_{j_0}^{(r)})/(n-r)$.

Step3 若 $\lambda^*=\infty$, 停止, D 中不含回路; 否则转 Step4.

Step4 根据 j_0 和 r, 求出 D 中含 n 条弧的最短有向 (v_1,v_{j_0}) 途径 $P_{j_0}^{(n)}$ 和含 r 条弧的最短有向 (v_1,v_{j_0}) 途径 $P_{j_0}^{(r)}$, 则 $P_{j_0}^{(n)}-A(P_{j_0}^{(r)})$ 就是 D 中最小平均回路.

分三种情况讨论 Karp 算法的正确性.

(1)$\lambda^*=0$. 此时由 Step2 中 j_0 和 r 的选择可知,$d_{j_0}^{(n)}=d_{j_0}^{(r)}$, 且 D 中存在含 n 条弧的最短有向 (v_1,v_{j_0}) 途径 $P_{j_0}^{(n)}$, 故 $P_{j_0}^{(n)}$ 中含有回路 C^*. 根据方程 (5.23), $P_{j_0}^{(n)}$ 上必存在含 r 条弧的 (v_1,v_{j_0}) 节, 由前知, 它是 D 中含 r 条弧的最短有向 (v_1,v_{j_0}) 途径 $P_{j_0}^{(r)}$, 于是

$$d_{j_0}^{(n)}=w(P_{j_0}^{(n)})=w(P_{j_0}^{(r)})+w(C^*)=d_{j_0}^{(r)}+w(C^*)$$

从而 $w(C^*)=0$, 即 D 中存在零回路 C^*.

再证 D 中不含负回路. 由 $\lambda^*=0$ 知, $\forall j\in\{1,2,\cdots,n\}$, 存在 $0\leqslant k(j)\leqslant n-1$, 使 $d_j^{(n)}\geqslant d_j^{(k(j))}$. 所以, 对于 D 中任何回路 C, 不妨设 $C=v_1v_2\cdots v_pv_1$, 有

$$d_1^{(n-1)}+w_{12}\geqslant d_2^{(n)}\geqslant d_2^{(k(2))},$$

$$d_2^{(k(2))}+\sum_{l=0}^{n-k(2)-1}w_{2+l,2+l+1}\geqslant d_{n-k(2)+2}^{(n)}\geqslant d_{n-k(2)+2}^{(k(n-k(2)+2))},$$

这里顶点的下标是模 p 加法, 并且 $v_{2+l}\in V(C)(l=0,1,\cdots,n-k(2))$. 这组不等式可以一直写下去. 由于 C 的顶点个数有限, 因此上述不等式组右端的下标与左端第 1 项的下标必然出现重复, 不失一般性, 设第 i 个不等式和第 j 个不等式出现这种重复, 即

$$d_i^{(k(i))}+\sum_{l=0}^{n-k(i)-1}w_{i+l,i+l+1}\geqslant d_{n-k(i)+i}^{(k(n-k(i)+i))},$$

$$\cdots\cdots$$

$$d_j^{(k(i))}+\sum_{l=0}^{n-k(j)-1}w_{j+l,j+l+1}\geqslant d_{n-k(j)+j}^{(k(n-k(j)+j))},$$

其中 $n-k(j)+j=i$. 将上述不等式相加, 得知回路 C 的正整数次重复的权非负, 从而 $w(C)\geqslant 0$.

这样我们就证明了 C^* 是 D 中最小平均回路.

(2)λ^* 为有限数且不等于 0. 根据 D 构造新的网络 $D'=(V,A,w')$, 其中 $w_{ij}=w_{ij}-\lambda^*(\forall(v_i,v_j)\in A)$, 则 D' 中含 k 条弧的最短有向 (v_1,v_j) 途径的权为 $d_j^{(k)}-k\lambda^*(1\leqslant j\leqslant n,0\leqslant k\leqslant n)$, 此时 (5.24) 式变成

$$\begin{aligned}&\min\left\{\max_{0\leqslant k\leqslant n-1}\frac{d_j^{(n)}-n\lambda^*-d_j^{(k)}+k\lambda^*}{n-k}\middle|1\leqslant j\leqslant n,d_j^{(n)}\text{为有限数}\right\}\\=&\min\left\{\max_{0\leqslant k\leqslant n-1}\frac{d_j^{(n)}-d_j^{(k)}}{n-k}\middle|1\leqslant j\leqslant n,d_j^{(n)}\text{为有限数}\right\}-\lambda^*\\=&\lambda^*-\lambda^*=0,\end{aligned}$$

因此由情况 (1) 知, D' 中存在一个零回路 C^* 为 D' 的最小平均回路. 于是对 D 中任何回路 C, 有

$$\frac{1}{|C|}(w(C)-|C|\lambda^*)\geqslant\frac{1}{|C^*|}(w(C^*)-|C^*|\lambda^*)=0,$$

所以 $w(C)/|C|\geqslant\lambda^*=w(C^*)/|C^*|$, 即 C^* 是 D 中最小平均回路.

(3)$\lambda^* = \infty$. 此时, $\forall j \in \{1, 2, \cdots, n\}$, 有 $d_j^{(n)} = \infty$, 即 D 中不存在含 n 条弧的有向 (v_1, v_j) 途径, 从而 D 不含回路.

综上, Karp 算法是正确的.

最后简单地分析一下 Karp 算法的复杂性. 设 n 和 m 分别为 D 的顶点数和弧数. 算法的主要计算量在 Step1 和 Step2, Step 1 是按方程 (5.23) 计算所有的 $d_j^{(k)}(1 \leqslant j \leqslant n, 0 \leqslant k \leqslant n)$, 对每个 k, 求 $d_j^{(k)}(j = 1, 2, \cdots, n)$ 恰好把 D 的每一条弧都搜索一次, 所以 Step1 的计算量为 $O(nm)$. 所有的 $d_j^{(k)}$ 共有 $n(n+1)$ 个, 因此 Step2 的计算量为 $O(n^2)$. 于是 Karp 算法的复杂性为 $O(nm)$.

例 5.7 求图 5.5 所示网络中最小平均回路.

解 按照方程 (5.23) 可计算出:

$$d_1^{(0)} = 0, u_j^{(0)} = \infty(j = 2, 3, 4, 5).$$

$$d_1^{(1)} = \infty, d_2^{(1)} = 4, d_3^{(1)} = 5, d_4^{(1)} = \infty, d_5^{(1)} = \infty;$$

$$d_1^{(2)} = \infty, d_2^{(2)} = \infty, d_3^{(2)} = 7, d_4^{(2)} = 3, d_5^{(2)} = 8;$$

$$d_1^{(3)} = 4, d_2^{(3)} = 4, d_3^{(3)} = \infty, d_4^{(3)} = 5, d_5^{(3)} = 10;$$

$$d_1^{(4)} = 6, d_2^{(4)} = 6, d_3^{(4)} = 7, d_4^{(4)} = 12, d_5^{(4)} = 10;$$

$$d_1^{(5)} = 6, d_2^{(5)} = 10, d_3^{(5)} = 9, d_4^{(5)} = 5, d_5^{(5)} = 10.$$

按式 (5.24) 式求得 $\lambda^* = 2/3, j_0 = 5, r = 2$.

网络中含 5 条弧的最短有向 (v_1, v_5) 途径为 $v_1v_3v_4v_2v_3v_5$, 含 2 条弧的最短有向 (v_1, v_5) 途径为 $v_1v_3v_5$, 从而最小平均回路为 $v_3v_4v_2v_3$, 最小平均权为 2/3. □

5.8 第 2 最短路

对于有些问题, 除了求出两个给定的顶点间的最短路外, 有时还需要求这两个顶点间的第 2 最短路, 第 3 最短路,……, 等等. 例如, 在计划评审技术中, 求出关键路线的同时还需要知道次关键路线.

给定一个不含负回路的网络 $D = (V, A, w), V = \{v_1, v_2, \cdots, v_n\}$. 任意指定 D 中某条最短 (v_1, v_n) 路为 D 中第 1 最短 (v_1, v_n) 路.

设 P_1 是 D 中第 1 最短 (v_1, v_n) 路, 如果 D 中有一条 (v_1, v_n) 路 P_2 满足以下两个条件:

(1)$P_2 \neq P_1$;

(2)D 中不存在异于 P_1 的 (v_1, v_n) 路 P, 使得

$$w(P_1) \leqslant w(P) < w(P_2),$$

则称 P_2 为 D 中第 2 最短 (v_1, v_n) 路.

第 2 最短路有如下的性质.

定理 5.12 设 $P_1 = v_{i_1}v_{i_2}\dots v_{i_k}$ 是 D 中第 1 最短 (v_1, v_n) 路 $(i_1 = 1, i_k = n)$, P_2 是 D 中与 P_1 有尽能多公共弧的第 2 最短 (v_1, v_n) 路. 如果 P_1 中存在顶点 v_{i_p}, 使得

(1)v_{i_p} 是 P_1 和 P_2 的公共顶点;

(2) 弧 $(v_{i_{p-1}}, v_{i_p})$ 在 P_1 上但不在 P_2 上,

则 $\forall q \in \{P, p+1, \cdots, k-1\}$, 弧 $(v_{i_q}, v_{i_{q+1}})$ 是 P_1 与 P_2 的公共弧.

证明 首先说明一下, 下面出现的 $P_j(i_r, i_s)$ 是指 P_j 上的 (v_{i_r}, v_{i_s}) 节, $j = 1, 2$. 因为 D 不含负回路且 P_1 是 D 中最短 (v_1, v_n) 路, 所以由定理 5.1 可知,$P_1(i_p, n)$ 是 D 的最短 (v_{i_p}, v_n) 路, 从而 $w(P_1(i_p, n)) \leqslant w(P_2(i_p, n))$. 于是 D 中有向途径 $P = P_2(1, i_p) \cup P_1(i_p, n)$ 满足

$$w(P) \leqslant w(P_2). \tag{5.25}$$

再证 P 是 D 中 (v_1, v_n) 路. 若不然, 设 C 是 P 中所含的有向闭途径, 则易知 v_{i_p} 是 P_1 上最先进入 C 的顶点. 设 P_1 上最后离开 C 的顶点为 v_{i_l}, 显然 $l > p$, 且 $C = P_1(i_p, i_l) \cup P_2(i_l, i_p)$. 把 C 中的弧从 P 上删去, 就得到 D 的 (v_1, v_n) 路 P', 于是 $P' \neq P$, 且$P' = P_2(1, i_l) + P_1(i_l, n)$. 由于 C 可以表示为若干回路的并, 且 D 不含负回路, 因此 $w(C) \geqslant 0$. 从而由 (5.25) 式知 $w(P') \leqslant w(P) \leqslant w(P_2)$. 因为 P_2 是 D 中第 2 最短 (v_1, v_n) 路, 所以 $w(P') = w(P_2)$, 故 P' 也是 D 中第 2 最短 (v_1, v_n) 路. 于是 $P_2(i_l, n) = P_1(i_l, n)$, 否则, P' 与 P_1 的公共弧比 P_2 与 P_1 的公共弧要多, 这与 P_2 的假设矛盾. 因此

$$\begin{aligned} P_1(i_p, n) &= P_1(i_p, i_l) + P_1(i_l, n) \\ &= P_1(i_p, i_l) + P_2(i_l, n) \\ &= P_1(i_p, i_l) + P_2(i_l, i_p) + P_2(i_p, n) \\ &= C + P_2(i_p, n). \end{aligned}$$

这表明 $P_1(i_p, n)$ 不是一条路, 矛盾.

由于弧 $(v_{i_{p-1}}, v_{i_p})$ 在 P_1 上而不在 P_2 上, 因此 $P_1(1, i_p) \neq P_2(1, i_p)$, 从而 $P \neq P_1$. 因 P 是 D 中 (v_1, v_n) 路,P_2 是 D 中第 2 最短 (v_1, v_n) 路, 故由 (5.25) 式知, P 也是 D 的第 2 最短 (v_1, v_n) 路, 由此即知 $P_2(i_p, n) = P_1(i_p, n)$, 否则 P 与 P_1 的公共弧比 P_2 与 P_1 的公共弧要多, 与 P_2 的假设矛盾. □

这个定理的意义在于, 如果 P_2 有一条弧 (v_i, v_j) 不在 P_1 上，且 v_j 是 P_1 与 P_2 的公共顶点, 则在 v_j 以后, P_2 与 P_1 是重合的. 因此, 在求得 D 中最短 (v_1, v_n) 路 P_1 之后, 可以采用枚举法来寻找与 P_1 有尽可能多公共弧的第 2 最短 (v_1, v_n) 路 P_2. 算法的步骤如下:

Step1 用本章前几节介绍的算法求出 D 中最短 (v_1, v_n) 路 P_1, 设 $P_1 = v_{i_1}v_{i_2}\cdots v_{i_k}(i_1 = 1, i_k = n)$ 令 $D_1 = D - (v_{i_{k-1}}, v_{i_k}), R_1 = \varnothing, j = 1$.

Step2 求 D_j 中最短 $(v_{i_1}, v_{i_{k-j+1}})$ 路 $\hat{P}^{(j)}$. 令 $P^{(j)} = \hat{P}^{(j)} + R_j$. 若 $j < k-1$, 令 $D_{j+1} = D_j - (v_{i_{k-j-1}}, v_{i_{k-j}}), R_{j+1} = R_j \cup \{(u_{i_{k-j}}, u_{i_{k-j+1}})\}, j := j+1$, 重复 Step2; 若 $j = k-1$, 转 Step3.

Step3 设 $w(P^{(r)}) = \min\{w(P^{(j)})|1 \leqslant j \leqslant k-1\}$, 则 $P^{(r)}$ 是 D 中第 2 最短 (v_1, v_n) 路.

若 D 为无回路网络或非负权网络, 可用拓扑排序法或 Dijkstra 算法求最短路, 则上述算法的复杂性为 $O(n^3)$; 否则可用 Ford 算法求最短路, 则上述算法的复杂性为 $O(n^2m)$, 这里 n 和 m 分别为 D 的顶点数和弧数.

仿照第 2 最短路的定义, 下面给出第 k 最短路的定义.

设 P_1 是 D 中第 i 最短 (v_1, v_n) 路 $(i = 1, 2, \cdots, k)$. 如果 D 中有一条 (v_1, v_n) 路 P_{k+1} 满足下面两个条件:

(1)$\forall i \in \{1, 2, \cdots, k\}, P_{k+1} \neq P_i$;

(2)D 中不存在异于 $P_1, P_2, \cdots, P_k$ 的 (v_1, v_n) 路 P, 使得

$$w(P_k) \leqslant w(P) < w(P_{k+1}),$$

则称 P_{k+1} 为 D 中第 $k+1$ 最短 (v_1, v_n) 路.

不难把求第 2 最短路的方法推广到求第 k 最短路.

例 5.8 设网络 D 如图 5.7 所示, 求 D 中第 2 最短 (v_1, v_5) 路.

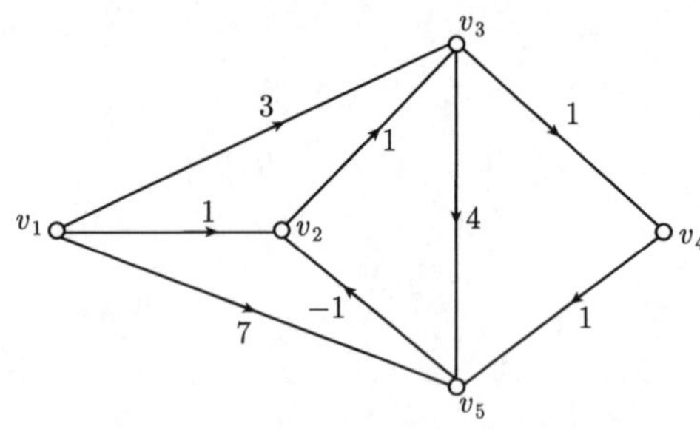

图 5.7 第 2 最短路的例子 (例 5.8)

解 用 Ford 算法求得 D 中最短 (v_1, v_5) 路 $P_1 = v_1v_2v_3v_4v_5$. 令 $D_1 = D - (v_4, v_5), R_1 = \varnothing$.

在 D_1 中求得最短 (v_1, v_5) 路 $\hat{P}^{(1)} = v_1v_2v_3v_5$, 令 $P^{(1)} = \hat{P}^{(1)} + R_1 = \hat{P}^{(1)}$, $w(P^{(1)}) = 6$.令$D_2 = D_1 - (v_3, v_4), R_2 = \{(v_4, v_5)\}$.

在 D_2 中求最短 (v_1, v_4) 路 $\hat{P}^{(2)}, \hat{P}^{(2)}$ 不存在, 从而 $w(P^{(2)}) = w(\hat{P}^{(2)} + R_2) = \infty$. 令 $D_3 = D_2 - (v_2v_3), R_3 = \{(v_3, v_4), (v_4, v_5)\}$.

在 D_3 中求得最短 (v_1, v_3) 路 $\hat{P}^{(3)} = v_1, v_3$, 令 $P^{(3)} = \hat{P}^{(3)} + R_3 = v_1v_3v_4v_5, w(P^{(3)}) = 5$. 令 $D_4 = D - (v_1, v_2), R_4 = \{(v_2, v_3), (v_3, v_4), (v_4, v_5)\}$.

在 D_4 中求得最短 (v_1, v_2) 路 $\hat{P^{(4)}} = v_1v_5v_2$, 令 $P^{(4)} = \hat{P}^{(4)} + R_4 = v_1v_5v_2v_3v_4v_5$, $w(P^{(4)}) = 9$.

因为 $\min\limits_{1 \leqslant j \leqslant 4} w(P^{(j)}) = 5$, 所以 D 中第 2 最短 (v_1, v_5) 路为 $P^{(3)} = v_1v_3v_4v_5$, 权为 5.

5.9 最短路算法的应用

本节我们讨论最短路算法在网络最优化中的几个应用例子.

5.9.1 最大可靠路

给定一个通信网络 D, D 中每条弧 (v_i, v_j) 有一个可靠度 $p_{ij}, 0 < p_{ij} \leqslant 1$.$D$ 中任意一条路 P 的可靠度定义为 P 上所有弧的可靠度的乘积, 即 $p(P) = \prod\limits_{(v_i, v_j) \in A(P)} p_{ij}$.$D$ 的所有 (v_1, v_i) 路中可靠度最大的路称为最大可靠 (v_1, v_i) 路.

如果 $\forall (v_i, v_j) \in A(D)$, 令 $w_{ij} = -\log p_{ij}$, 则 D 中最大可靠 (v_1, v_i) 路等价于 D 中关于 w 的最短 (v_1, v_i) 路, 而后者可用 Dijkstra 算法求得.

5.9.2 最大容量路

设容量网络 $D = (V, A, c), D$ 中任意一条路 P 的容量 $c(P)$ 定义为 P 上所有弧的容量之最小者, 即 $c(P) = \min\limits_{(v_i, v_j) \in A(P)} c_{ij}$.$D$ 的所有 (v_1, v_i) 路中容量最大的路称为最大容量 (v_1, v_i) 路.

求最大容量路与求最短路相似, 只要在 Dijkstra 算法中, $\forall (v_i, v_j) \notin A$, 令 $c_{ij} = 0$, 并把 min 改为 max, 把加法改为 min, 就可得到求最大容量 (v_1, v_i) 路 $(\forall v_i \in V)$ 的算法.

5.9.3 最大期望容量路

给定一个通信网络 D,D 中每条弧 (v_i, v_j) 有一个容量 c_{ij} 和一个可靠度 P_{ij}. D 中任意一条路 P 的期望容量定义为 P 的可靠度与 P 的容量积, 即 $f(P) = p(P) \cdot c(P)$.

D 的 (v_1, v_n) 路中期望容量最大的路称为最大期望容量 (v_1, v_n) 路.

用 $f(D)$ 表示 D 中最大期望容量 (v_1, v_n) 路 P_M 的期望容量, 即 $f(D) = f(P_M)$. 令 P_0 是 D 中最大可靠 (v_1, v_n) 路, 故 $f(P_0) \leqslant f(D)$. 如果 P_0 不是 D 中最大期望容量 (v_1, v_n) 路, 则 $p(P_M) \leqslant p(P_0), c(P_M) > c(P_0)$.

考虑 D 的支撑子网络 D_1, 其弧集 $A_1 = \{(v_i, v_j) \in A(D) | c_{ij} > c(P_0)\}$. 于是, 当 P_0 不是 D 中最大期望容量路时, P_M 是 D_1 的 (v_1, v_n) 路. 因此 $f(D) = \max\{f(P_0), f(D_1)\}$. 注意到 D_1 比 D 至少少一条弧, 反复利用上面的方法, 就得到一组网络 $D \supseteq D_1 \supseteq D_2 \supseteq \cdots \supseteq D_{k-1} \supseteq D_k$ 和相应的最大可靠 (v_1, v_n) 路 $P_0, P_1, P_2, \cdots, P_{k-1}$, 使得 D_k 中不存在 (v_1, v_n) 路, 并且

$$
\begin{aligned}
&p(P_0) \geqslant p(P_1) \geqslant p(P_2) \geqslant \cdots \geqslant p(P_{k-1}), \\
&c(P_0) < c(P_1) < c(P_2) < \cdots < c(P_{k-1}), \\
&f(D) = \max\{f(P_j) | 0 \leqslant j \leqslant k-1\}.
\end{aligned}
$$

由此得到求最大期望容量的算法, 具体步骤如下:

Step0　令 $f(D) = 0, D_0 = D, k = 0$.

Step1　求 D_k 中最大可靠 (v_1, v_n) 路 P. 若 $c(P) = 0$, 结束, $f(D)$ 为 D 中最大期望值容量 (v_1, v_n) 路的期望容量; 否则, 计算路 P 的容量 $c(P)$ 和可靠度 $pP)$, 转 Step2.

Step2　令

$$
\begin{aligned}
&f(D) := \max\{f(D), p(P) \cdot c(P)\}, \\
&D_{k+1} = D_k - \{(v_i, v_j) \in A(D_k) | c_{ij} \leqslant c(P)\}, \\
&k := k + 1,
\end{aligned}
$$

转 Step1.

这个算法最多循环 m 次, m 为 D 的弧数. 求一条最大可靠路的计算量为 $O(n^2)$,n 为 D 的顶点数. 因此该算法的复杂性为 $O(n^2 m)$.

5.9.4　网络的重心

设无向网络 $G = (V, E, w, u)$, 每条边 $v_i v_j$ 有一个权 $w_{ij} \geqslant 0$, 每个顶点 v_i 也有一个权 $u_i \geqslant 0$, 记

$$
g(x) = \sum_{v_i \in V} u_i d(v_i, x), x \in V \cup E,
$$

这里,$x \in V \cup E$ 表示 x 可以是顶点也可以是边上的点; $d(v_i, x)$ 表示 G 中关于 w 的最短 (v_i, x) 链的权. 若存在 $x^* \in V \cup E$, 使 $g(x^*) = \min\limits_{x \in V \cup E} g(x)$, 则称 x^* 为 G 的重心 (barycenter) 或中位点 (median).

例 5.9 设 n 个村庄准备合建一所中学, 已知各村庄之间的道路和距离, 并且还知道各个村庄的中学生人数. 问中学应建在哪里才能使学生上学最方便 (走的总路程最短)?

用 n 个顶点表示 n 个村庄, 用边表示村庄之间的道路, 边上的权为道路的长, 顶点的权为各村庄中学生人数, 得到一个赋权图 G, 因此上述问题就是求 G 的重心.

不难证明:G 的重心可以在 V 中找到, 即

$$\min_{x\in V\cup E} g(x)=\min_{x\in V} g(x).$$

事实上, 假设重心 x^* 在边 v_iv_j 上, 设 G 中点 x^* 到顶点 v_i 的距离为 d, 则点 x^* 到顶点 v_j 的距离为 $w_{ij}-d$. 记

$$\begin{aligned}
V_i&=\{v_k|\text{最短}(x^*,v_k)\text{链经过}v_i\},u(V_i)=\sum_{v_k\in V_i}u_k;\\
V_j&=\{v_k|\text{最短}(x^*,v_k)\text{链经过}v_j\},u(V_j)=\sum_{v_k\in V_j}u_k.
\end{aligned}$$

不失一般性设 $u(V_i)\leqslant u(V_j)$, 则

$$\begin{aligned}
g(x^*)&=\sum_{v_k\in V}u_kd(v_k,x^*)\\
&=\sum_{v_k\in V_i}u_kd(v_k,v_i)+u(V_i)d+\sum_{v_k\in V_j}u_kd(v_k,v_j)+u(V_j)(w_{ij}-d)\\
&\geqslant\sum_{v_k\in V_i}u_kd(v_k,v_i)+u(V_i)d+\sum_{v_k\in V_j}u_kd(v_k,v_j)+u(V_i)(w_{ij}-d)\\
&=\sum_{v_k\in V_i}u_k\cdot(d(v_k,v_i)+w_{ij})+\sum_{v_k\in V_j}u_kd(v_k,v_j)\\
&\geqslant\sum_{v_k\in V}u_kd(v_k,v_j)\geqslant\min_{x\in V}g(x),
\end{aligned}$$

即 $\min\limits_{x\in V\cup E} g(x)=\min\limits_{x\in V} q(x)$.

根据上述结论, 可以得到求重心的算法.

Step1 求 G 中关于 w 的最短 (v_i,v_j) 链的权 $d(v_i,v_j)(\forall v_i,v_j\in V)$.

Step2 求 $g(x^*)=\min\limits_{x\in V}\sum\limits_{v_i\in V}u_id(v_i,x),x^*$ 即为 G 的重心.

设 G 的顶点数为 n. 在该算法中, 求最短 (v_i,v_j) 路可用 Floyd 算法, 其复杂性为 $O(n^3)$. 因此该算法的复杂性为 $O(n^3)$.

对网络 $D=(V,A,w,u)$, 设弧 (v_i,v_j) 上的权 $w_{ij}\geqslant 0$, 顶点 v_i 的权 $u_i\geqslant 0$. 由于 D 中关于 w 的最短 (v_i,v_j) 路的权 $d(v_i,v_j)$ 与最短 (v_j,v_i) 路的权 $d(v_j,v_i)$ 可能会不相等, 因此, $\forall x\in V\cup A$, 定义两个函数

$$g^+(x)=\sum_{v_i\in V}u_id(x,v_i),g^-(x)=\sum_{v_j\in V}u_id(v_i,x),$$

称满足 $g^+(x^+)=\min\limits_{x\in V\cup A} g^+(x)$ 的 x^+ 为 D 的发射重心 (out-baryceter), 称满足 $g^-(x^-)=\min\limits_{x\in V\cup A} g^-(x)$ 的 x^- 为 D 的入射重心 (in-barycenter).D 的发射重心与入射重心一般不会重合.

可以证明: D 的发射重心与入射重心均可在 V 中找到, 即

$$\min_{x\in V\cup A} g^+(x)=\min_{x\in V} g^+(x),\ \min_{x\in V\cup A} g^-(x)=\min_{x\in V} g^-(x).$$

这是因为, 假设发射重心 x^+ 在弧 (v_i,v_j) 上, 记 D 中最短 (x^+,v_j) 路的权为 d, 则 D 中最短 (x^+,v_k) 路必须经过 v_j, 从而

$$\begin{aligned}g^+(x^+) &= \sum_{v_k\in V} u_k d(x^+,v_k)=\sum_{v_k\in V} u_k\cdot(d+d(v_j,v_k))\\ &\geqslant \sum_{v_k\in V} u_k d(v_j,v_k)\geqslant \min_{x\in V}\sum_{v_k\in V} u_k d(x,v_k),\end{aligned}$$

即 $\min\limits_{x\in V\cup A} g^+(x)=\min\limits_{x\in V} g^+(x)$. 同理可证上面的第 2 式.

与求无向网络的重心的算法类似, 不难得到复杂性为 $O(n^3)$ 的求网络中发射重心和入射重心的算法, 其中 n 为 D 的顶点数.

5.9.5　网络的中心

与 5.9.4 小节一样, 考虑无向网络 $G=(V.E,w,u)$, 并称满足

$$\max_{v_i\in V} u_i d(v_i,x^*)=\min_{x\in V}\max_{v_i\in V} u_i d(u_i,x)$$

的顶点 x^* 为 G 的中心 (center).

例 5.10　设某市有 n 个居民区, 已知各居民区相互间的公路及距离, 拟建一个消防队, 负责这些居民区的消防工作. 问消防队应建在哪个居民区, 以便在某个居民区发生火灾时能及时去救援?

用 n 个顶点代表 n 个居民区, 用边代表居民区之间的公路, 边上的权为公路的长, 顶点的权均为 1, 得到一个赋权图. 要使消防队能及时去灭火, 必须使消防队到各居民区的最大距离达到最小. 所以, 上述问题就是求赋权图的中心. □

求无向网络 G 的中心的算法如下:

Step1　利用 Floyd 算法求出 G 中关于 w 的最短 (v_i,v_j) 路的权 $d(v_i,v_j)(\forall v_i,v_j\in V)$.

Step2　$\forall x\in V$, 计算 $g(x)=\max\limits_{v_i\in V} u_i d(v_i,x)$.

Step3　求 $g(x^*)=\min\limits_{x\in V}(x), x^*$ 为 G 的中心.

显然, 该算法的复杂性为 $O(n^3)$, 其中 n 为 G 的顶点数.

在例 5.10 中, 如果允许消防队建在公路旁或居民区, 则又可引出所谓绝对中心的概念.

无向网络 $G=(V,E,w,u)$ 的绝对中心 (absolute center) 是指满足

$$\max_{v_i\in V}u_id(v_i,x^*)=\min_{x\in V\cup E}\max_{v_i\in V}u_id(v_i,x)$$

的 x^*.

设 $v_k\in V, v_iv_j\in E, x_{ij}$ 为边 v_iv_j 上的一点, x_{ij} 也表示顶点 v_i 到点 x_{ij} 的距离, 则最短 (v_k,x_{ij}) 链的权

$$d(v_k,x_{ij})=\min\{d(v_k,v_i)+x_{ij},d(v_k,v_j)+w_{ij}-x_{ij}\}.$$

$\forall v_k \in V, \forall v_iv_j \in E$, 计算 $\min\limits_{o\leqslant x_{ij}\leqslant w_{ij}} d(v_k,x_{ij}) = d(v_k,x_{ij}^{(k)})$. 并求$s(x'_{ij}) = \max\limits_{v_k\in V}u_kd(v_k,x_{ij}^{(k)})$, 以及$s(x'_{pq}) = \min\limits_{v_iv_j\in E} s(x'_{ij})$, 则 G 的绝对中心为边 v_pv_q 上的点 x'_{pq}. 特别地, 当 $x'_{pq}=0$ 时, 绝对中心为顶点 v_p; 当 $x'_{pq}=w_{pq}$ 时, 绝对中心为顶点 v_q. 综上所述, 容易得到求无向网络的绝对中心的算法.

对于网络 $D=(V,A,w,u)$, 称满足

$$\max_{v_i\in V}u_id(x^*,v_i)=\min_{x\in V}\max_{v_j\in V}u_id(x,v_i)$$

的顶点 x^+ 为 D 的发射中心 (out-center); 称满足

$$\max_{v_i\in V}u_id(v_i,x^-)=\min_{x\in V}\max_{v_j\in v}u_id(v_i,x)$$

的顶点 x^- 为 D 的入射中心 (in-center).

求网络的发射中心和入射中心与求无向网络的中心有相似的算法, 在此不再赘述.

同样可以定义网络 $D=(V,A,w,u)$ 的绝对发射中心和绝对入射中心. 但由于对 D 的任何顶点 v_k 及任意弧 (v_i,v_j) 上的点 x_{ij}, 最短 (x_{ij},v_k) 路的权 $d(x_{ij},v_k)$ 均不小于最短 (v_j,v_k) 路的权 $d(v_j,v_k)$, 最短 (v_k,x_{ij}) 路的权 $d(v_k,x_{ij})$ 均不小于最短 (v_k,v_i) 路的权 $d(v_k,v_i)$ 因此 D 的绝对发射中心和绝对入射中心均可在 V 中找到, 即 D 的绝对发射中心就是发射中心, D 的绝对入射中心就是入射中心.

网络的重心和中心同属于网络最优化的一个专题 —— 选址问题 (location problem). 当然选址问题还包含许多其他内容, 参见 [20]. 这里我们就不一一讨论了.

习 题 5

1. 证明定理 5.3.

2. 用拓扑排序法求题图 5.1 所示无回路网络中从顶点 v_1 到其他各顶点的最短路.

3. 用 Dijkstra 算法求题 5.2 所示网络中从顶点 v_1 到其他各顶点的最短路.

4. Dijkstra 算法能否应用于有些弧的权为负数的网络? 若肯定则证明之, 若否定则举出反例.

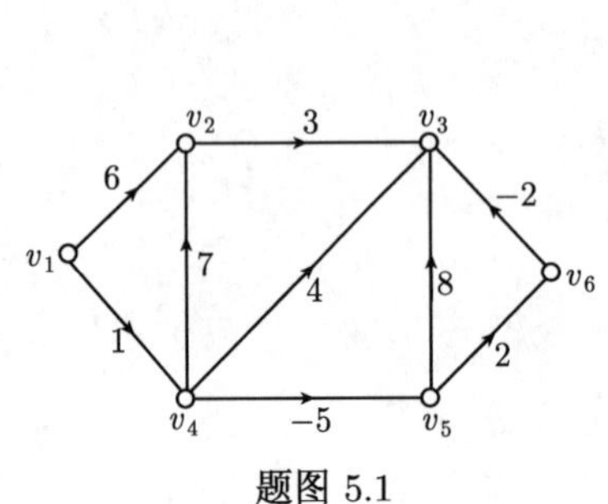

题图 5.1

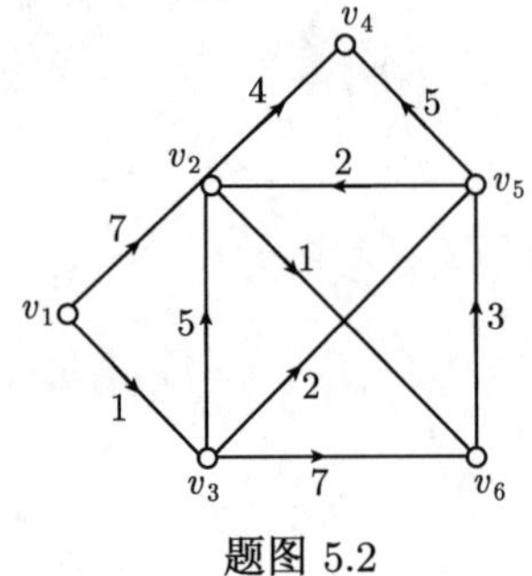

题图 5.2

5. 用 Ford 算法求题图 5.3 所示网络中从顶点 v_1 到其他各顶点的最短路.

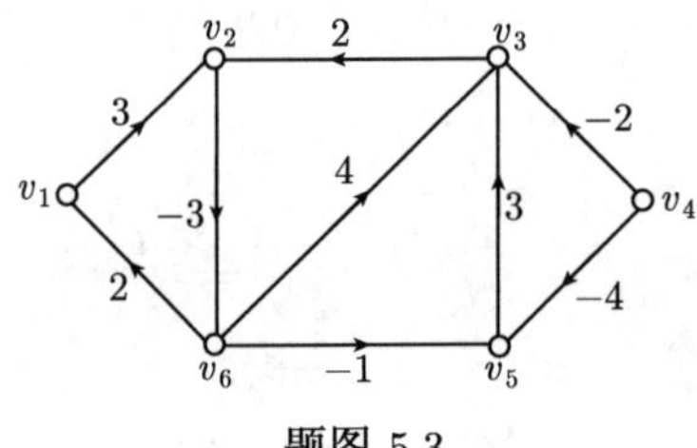

题图 5.3

6. 用 Floyd 算法求题图 5.3 所示网络中所有顶点对之间的最短路.

7. 检测题图 5.4 所示的网络中是否包含负回路.

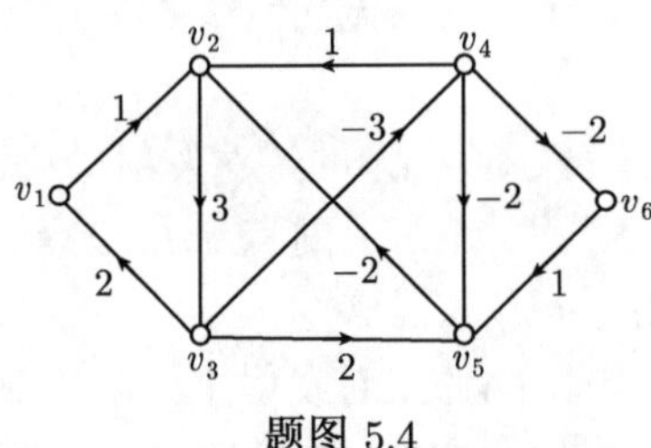

题图 5.4

8. 求题图 5.3 所示的网络中最小平均回路.

9. 证明迭代方程 (5.21) 的性质 (1),(2) 和 (3).

10. 求题图 5.2 所示网络中第 2 最短 (v_1, v_6) 路.

11. 求题图 5.2 所示容量网络 (把每条弧旁数字视为该弧的容量) 中从顶点 v_1 到其他各顶点的最大容量路.

12. 求题图 5.5 所示网络的发射重心、入射重心和发射中心、入射中心, 其中弧旁数字表示该弧的权, 每个顶点的权均为 1.

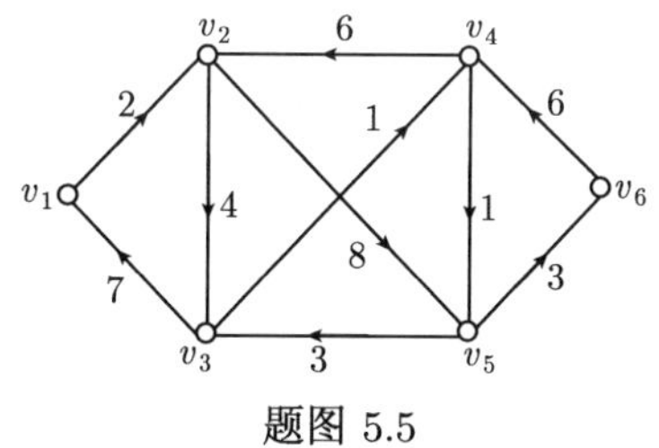

题图 5.5

13. 设 T 是一个树, 在 T 的每条边 v_iv_j 上赋一个权 $w_{ij} \geqslant 0$, 每个顶点 v_i 上赋一个权 $u_i \geqslant 0$, 试设计一个复杂性为 $O(n)$ 的算法求 T 的中心, 其中 n 为 T 的顶点数.

14. 设有一个载重量为 L 的背包和 n 个重量分别为 $w_1, w_2, \cdots, w_n$, 价值分别为 $p_1, p_2, \cdots, p_n$ 的物品, 如何从这 n 个物品中挑一些装进背包, 使背包所装物品的总价值最大? 此问题称为 0-1 背包问题. 假设 0-1 背包问题所有数据均为正整数, 试把 0-1 背包问题化为无回路网络中的最短路问题. 由此设计一个求解 0-1 背包问题的算法, 并分析算法复杂性.

15. 设 $G = (V, E)$ 为连通简单图, $V = \{v_1, v_2, \cdots, v_n\}, \forall v_iv_j \in E$, 赋以容量 $c_{ij} > 0$, 试设计一个复杂性为 $O(n^2)$ 的算法, 求无向容量网络 $G = (V, E, c)$ 中所有顶点对之间的最大容量链.

第 6 章　最　大　流

在现实生活中, 存在着大量的“流”的问题, 例如, 客流, 物资流, 信息流 …… 不胜枚举. 广而言之, ‘流’ 就是将一些“物质”从一个地点运至另一个地点. 因此, 研究网络流可以优化结构, 提高效率, 发挥最大的社会效益和经济效益.

本章介绍网络流的基本概念和性质, 讨论求最大流的主要算法以及双容量网络中的可行循环流、最大流和最小流.

6.1　流　与　截

在 1.5.3 小节中我们介绍了容量网络以及流、可行流和最大流等概念. 下面讨论流的一些性质.

设 $D=(V,A,c)$ 是带发点 v_s 和收点 v_t 的容量网络. 为了后面讨论的方便, 我们总是假设 D 中任意一对顶点之间最多只有一条弧. 如果网络 D 中某一对顶点 v_i,v_j 之间有 p 条以 v_i 为尾以 v_j 为头的弧, 又有 q 条以 v_j 为尾以 v_i 为头的弧,$p\geqslant 1,q\geqslant 1$, 则我们可以在 D 中增加 $p+q-1$ 个顶点 $v^{(1)},v^{(2)},\cdots,v^{(p)},v^{(p+1)},\cdots,v^{(p+q-1)}$, 用 $p-1$ 条路 $v_iv^{(k)}v_j(1\leqslant k\leqslant p-1)$ 来替代其中的 $p-1$ 条以 v_i 为尾、以 v_i 为头的弧, 用 q 条路 $v_jv^{(k)}v_i(p\leqslant k\leqslant p+q-1)$ 来替代其中的 q 条以 v_i 为尾、以 v_i 为头的弧, 从而使 v_i 与 v_j 之间只有一条弧 (v_i,v_j). 因此, 上述的假设不失一般性.

设 $(S,\bar{S})$ 是 D 的一个截集, 如果 $v_s\in S,v_t\in\bar{S}$, 则称 $(S,\bar{S})$ 为 D 的一个截 (cut). 并把 $c(S,\bar{S})=\sum\limits_{(v_i,v_j)\in S,\bar{S}}c_{ij}$ 称为截 $(S,\bar{S})$ 的容量.

设 $f=\{f_{ij}\}$ 是 D 的任意一个流,$(S,\bar{S})$ 是 D 的任何一个截, 则由流的守恒条件知

$$
\begin{aligned}
v(f)&=\sum_{v_j\in N^+(v_s)}f_{sj}-\sum_{v_j\in N^-(v_s)}f_{js}\\
&=\sum_{v_j\in N^+(v_s)}f_{sj}-\sum_{v_j\in N^-(v_s)}f_{js}+\sum_{v_i\in S\setminus\{v_s\}}\left(\sum_{v_j\in N^+(v_i)}f_{ij}-\sum_{v_j\in N^-(v_i)}f_{ji}\right)\\
&=\sum_{v_i\in S}\left(\sum_{v_j\in N^+(v_i)}f_{ij}-\sum_{v_j\in N^-(v_i)}f_{ji}\right)
\end{aligned}
$$

$$= \sum_{(v_i,v_j)\in(S,V)} f_{ij} - \sum_{(v_j,v_i)\in(V,S)} f_{ji}$$
$$= \sum_{(v_i,v_j)\in(S,\bar{S})} f_{ij} - \sum_{(v_j,v_i)\in(\bar{S},S)} f_{ji},$$

于是有以下结论.

引理 6.1 设 f 是容量网络 D 的任意一个流,$(S,\bar{S})$ 是 D 的任何一个截, 则

$$v(f) = \sum_{(v_i,v_j)\in(S,\bar{S})} f_{ij} - \sum_{(v_j,v_i)\in(\bar{S},S)} f_{ji}. \tag{6.1}$$

□

在引理 6.1 中取 $S = V \setminus \{v_t\}, \bar{S} = \{v_t\}$, 立即得到

推论 6.2 设 f 是容量网络 D 的任意一个流, 则

$$\sum_{v_j\in N^+(v_t)} f_{tj} - \sum_{v_j\in N^-(v_t)} f_{jt} = -v(f).$$ □

这个结论我们在 1.5 节中已经指出, 并且应用于 4.4 节中最小费用流问题的线性规划模型.

如果 f 为 D 的可行流, 则 $\forall(v_i,v_j)\in A$, 有 $0 \leqslant f_{ij} \leqslant c_{ij}$. 从而由 (6.1) 式可知, 对 D 的任何一个截 $(S,\bar{S})$, 有

$$v(f) = \sum_{(v_i,v_j)\in(S,\bar{S})} f_{ij} - \sum_{(v_j,v_i)\in(\bar{S},S)} f_{ji} \leqslant \sum_{(v_i,v_j)\in(S,\bar{S})} c_{ij} = c(S,\bar{S}).$$

因此得到

引理 6.3 设 f 是容量网络 D 的任一可行流,$(S,\bar{S})$ 是 D 中任意一个截, 则

$$v(f) \leqslant c(S,\bar{S}).$$ □

这个引理的一个显然的推论是

推论 6.4 设 f 是 D 的一个可行流,$(S,\bar{S})$ 是 D 中一个截. 如果 $v(f) = c(S,\bar{S})$, 则 f 是 D 的最大流,$(S,\bar{S})$ 是 D 中容量最小的截 (简称为最小截 (minimum cut)). □

下面介绍增广链的概念.

设 P 是网络中一条 (v_p,v_q) 链, 规定 p 的正方向是从 v_p 到 v_q, 在这个规定下, P 上的弧分成两类: 一类弧的方向与 P 的正方向相同, 称为前向弧 (foward arc); 一类弧的方向与 P 的正方向相反, 称为后向弧 (reverse arc).

设 f 是容量网络 D 的一个可行流,$(v_i,v_j)\in A$, 如果 f 在弧 (v_i,v_j) 上的流量 $f_{ij}=0$, 则称 (v_i,v_j) 为 f 零弧 (zero arc), 否则称 (v_i,v_j) 为 f 正弧 (positive arc);

如果 f 在弧 (v_i, v_j) 上的流量 $f_{ij} = c_{ij}$, 则称 (v_i, v_j) 为 f 饱和弧 (saturated arc), 否则称 (v_i, v_j) 为 f 非饱和弧 (unsaturated arc). 对于 D 中一条 (v_s, v_i) 链 P, 如果 P 的前向弧为 f 非饱和弧, 后向弧为 f 正弧, 则称 P 为 D 中关于 f 的 (v_s, v_i) 增广链 (augmenting chain). 通常把 D 中关于 f 的 (v_s, v_t) 增广链简称为 f 增广链.

定理 6.5 设 f 是容量网络 D 中可行流, 则 f 是 D 的最大流当且仅当 D 中不存在 f 增广链.

证明 ($\Rightarrow$) 设 P 是 D 中一条 f 增广链, 记 P 的前向弧集合为 $A^+(P)$, 后向弧集合为 $A^-(P)$, 并令

$$\delta = \min\{\min_{(v_i,v_j)\in A^+(P)}\{c_{ij} - f_{ij}\}, \min_{(v_i,v_j)\in A^-(P)} f_{ij}\}, \tag{6.2}$$

则 $\delta > 0$. 于是构造一个新流 $f' = \{f'_{ij} | (v_i, v_j) \in A\}$ 如下:

$$f'_{ij} \begin{cases} f_{ij} + \delta, & 若(v_i, v_j) \in A^+(P), \\ f_{ij} - \delta, & 若(v_i, v_j) \in A^-(P), \\ f_{ij}, & 若(v_i, v_j) \notin A(P), \end{cases} \tag{6.3}$$

从 f 到 f' 的过程称为沿 P 对 f 增广. 易知, f' 是 D 中流值为 $v(f) + \delta$ 的可行流, 因此 f 不是 D 中最大流.

($\Leftarrow$) 设 D 中不存在 f 增广链, 记 S 为 D 中存在关于 f 的 (v_s, v_i) 增广链的顶点 v_i 的集合, 则 $v_s \in S, v_t \in \bar{S}$. 因此, $\forall (v_i, v_j) \in (S, \bar{S})$, 有$f_{ij} = c_{ij}$; $\forall (v_j, v_i) \in (S, \bar{S})$, 有$f_{ji} = 0$. 根据 (6.1) 式, 有

$$\begin{aligned} v(f) &= \sum_{(v_i,v_j)\in(S,\bar{S})} f_{ij} - \sum_{(v_j,v_i)\in(\bar{S},S)} f_{ji} \\ &= \sum_{(v_i,v_j)\in(S,\bar{S})} c_{ij} \\ &= c(S, \bar{S}), \end{aligned}$$

从而由推论 6.4 知,f 是最大流,$(S, \bar{S})$ 是最小截. □

在 4.4 节中, 我们已经证明容量网络 D 中存在最大流 f, 因此由定理 6.5 的必要性知,D 中不存在 f 增广链. 从而根据定理 6.5 的充分性的证明, D 中存在最小截 $(S, \bar{S})$, 使 $v(f) = c(S, \bar{S})$, 这样就得到最大流最小截定理.

定理 6.6 (最大流最小截定理) 任何带发点和收点的容量网络中都存在最大流和最小截, 并且最大流的流值等于最小截的容量. □

下面我们把 4.4.2 小节中利用全单位模矩阵证明过的一个结论 (见定理 4.21 中的 (1)) 在复述一遍, 并用构造性方法证明之.

定理 6.7 如果容量网络 D 中所有弧的容量都是正整数, 则 D 中有一个最大流为可行整数流.

证明 因为 D 中所有弧的容量都是正整数, 所以 D 中任何一个截的容量均为非负整数. 于是由定理 6.6 知,D 中最大流 f^* 的流值 $v(f^*)$ 是非负整数. 我们从 D 的零流 f_1 开始, 根据定理 6.5, 若 f_1 不是最大流, 则 D 中存在 f_1 增广链 P, 按 (6.2) 式求出 δ, 并按 (6.3) 式对 f_1 进行增广得到 D 的可行流 f_2, 因 δ 为正整数, 故 f_2 是可行整数流, 且 $v(f_2) = v(f_1) + \delta \geqslant v(f_1) + 1$. 如果 f_2 不是最大流, 则 D 中存在 f_2 增广链, 对 f_2 进行增广得到 D 的可行整数流 $f_3, v(f_3) \geqslant v(f_2) + 1$. 重复上述过程, 就能得到一个可行整数流的序列 $\{f_i\}$, 且 $v(f_{i+1}) \geqslant v(f_i) + 1(i = 1, 2, 3, \cdots)$. 由于 D 中任何可行流的流值都有整数上界 $v(f^*)$, 因此经过有限步之后, 上述过程必然终止, 得到的可行整数流 f_k 的流值将达到上界 $v(f^*)$, 即 f_k 就是 D 中最大流. □

6.2 Ford-Fulkerson 算法

上一节定理 6.5 和定理 6.7 的构造性证明, 实际上给出了求最大流的算法思想: 从带发点 v_s 和收点 v_t 的容量网络 D 中任何一个可行整数流 f_1(通常取 f_1 为零流) 开始, 如果 D 中存在 f_1 增广链, 则对 f_1 进行增广得到一个流值增大的可行流 f_2, 然后在 D 中寻找 f_2 增广链, 对 f_2 进行增广 $\cdots\cdots$ 一直到找不到增广链为止, 此时的可行流就是 D 的最大流.Ford 和 Fulkerson(1956) 根据上述思想提出了一个算法, 具体步骤如下:

Step0 用任意方法求出 D 中一个可行整数流 f(可以取 f 为零流) 作为初始可行流.

Step1 求 f 增广链.

1.0 给 v_s 以标号 $l_s = 0$ 和 $\delta_s = \infty$, 并把所有顶点标为未检查.

1.1 如果所有已标号顶点都已检查, 转 Step3; 否则任取一个已标号未检查顶点 v_i, 检查所有与 v_i 关联的弧.$\forall (v_i, v_j) \in A$, 若 (v_i, v_j) 为 f 非饱和弧且 v_j 未标号, 则给 v_j 标号 $l_j = +i$ 和 $\delta_j = \min\{\delta_i, c_{ij} - f_{ij}\}$.$\forall (v_j, v_i) \in A$, 若 (v_j, v_i) 为 f 正弧且 v_j 未标号, 则给 v_j 标号 $l_j = -i$ 和 $\delta_j = \min\{\delta_i, f_{ji}\}$. 当所有与 v_i 关联的弧都已检查完毕后, 令 v_i 为已检查, 转 1.2.

1.2 如果 v_t 得到标号, 则已经找到一条 f 增广链, 转 Step2; 否则转 1.1.

Step2 对 f 增广.

2.0 取 $v_j = v_t$.

2.1 若 v_j 的前点标号 $l_j = 0$, 即 v_j 为 v_s, 增广结束, 取消 D 中所有顶点的标号, 转 Step1; 否则转 2.2.

2.2　若 $l_j = +i$, 令 $f_{ij} := f_{ij} + \delta_t$, 用 v_i 替代 v_j, 转 2.1; 若 $l_j = -i$, 令 $f_{ji} := f_{ji} - \delta_t$, 用 v_i 替代 v_j, 转 2.1.

Step3　f 是 D 中最大流. 此时已标号顶点的集合记为 S, 则 $(S,\bar{S})$ 是 D 中最小截.

例 6.1　求图 6.1(a) 所示的网络中从顶点 v_1 到顶点 v_6 的最大流, 图中每条弧旁的两个数字依次为容量和初始可行流 f_1 的流量.

解　用 Ford-Fulkerson 算法对图 6.1(a) 的顶点标号, 见图 6.1(b), 顶点 v_i 旁的括弧内两个数字为 $(l_i,\delta)_i, i = 1, 2, \cdots, 6$.

找到一条 f_1 增广链 $v_1v_4v_2v_5v_6$, 对 f_1 进行增广得到 f_2, 见图 6.1(c).

对图 6.1(c) 的顶点进行标号, 见图 6.1(d), 得到标号的顶点的集合 $S = \{v_1, v_2, v_4\}$, v_6 得不到标号, 所以 f_2 是最大流, 流值为 8, 且 $(S,\bar{S})=\{(v_2,v_3),(v_2,v_5),(v_4,v_5)\}$ 是最小截.　□

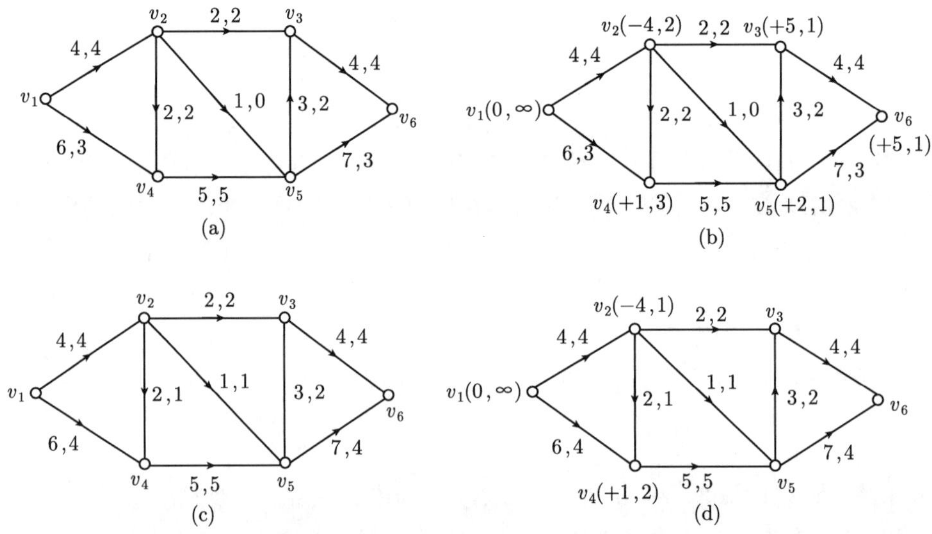

图 6.1　Ford-Fulkerson 算法的例子 (例 6.1)

设容量网络 D 的顶点数为 n, 弧数为 m, 且 D 中所有弧容量均为整数,$c_{\max}$ 为弧容量的最大值.D 中截 $(\{v_s\}, V \setminus \{v_s\})$ 的弧数最多为 $n-1$, 故这个截的容量不超过 $nc_{\max}$, 所以 D 中最大流的流值不超过 $nc_{\max}$. 由于每次增广至少使流值增加 1, 因此增广的次数最多为 $nc_{\max}$. 而寻找一条增广链并沿增广链进行增广的计算量为 $O(m)$. 于是 Ford-Fulkerson 算法的复杂性为 $O(mnc_{\max})$. 这是一个伪多项式算法而不是多项式算法

当容量网络中有些弧容量为无理数时,Ford 和 Fulkerson(1962) 举出了如下的一个例子, 说明 Ford-Fulkerson 算法不会在有限步结束.

例 6.2 设 $\alpha=(-1+\sqrt{5})/2$. 易证：$\alpha^{k+2}=\alpha^k-\alpha^{k+1}(k=0,1,2,\cdots)$. 因 $0<\alpha<1$, 故级数 $\sum\limits_{k=0}^{\infty}\alpha^k=\dfrac{1}{1-\alpha}=\beta>1$. 构造容量网络 $D=(V,A,c)$, 其中

$$
\begin{aligned}
V= &\ \{v_s,v_t\}\cup\{x_i,y_i|1\leqslant i\leqslant 4\},\\
A= &\ \{(v_s,x_i),(y_i,v_t)|1\leqslant i\leqslant 4\}\cup\{a_i=(x_i,y_i)|1\leqslant i\leqslant 4\}\cup\\
&\ \{(x_i,y_j),(y_i,x_j)(y_i,y_j)|i\neq j\text{且}1\leqslant i,j\leqslant 4\},
\end{aligned}
$$

并令弧 a_1,a_2,a_3,a_4 的容量依次为 $1,\alpha,\alpha^2,\alpha^2$, 其他弧的容量均为 β.

用 Ford-Fulkerson 算法求 D 中最大流. 取初始可行流 f_1, 其中弧 (v_s,x_1),(x_1,y_1) 和 (y_1,v_t) 的流量为 1, 其他弧流量均为 0, 则 $v(f_1)=1$. 把 D 中任何弧 a 的容量与流量之差 $c(a)-f^{(1)}(a)$ 称为弧 a 关于 f_1 的剩余容量, 显然, 弧 a_1,a_2,a_3,a_4 关于 f_1 的剩余容量依次为 $0,\alpha,\alpha^2,\alpha^2$.

一般地, 假设第 k 步得到 D 中可行流 f_k, 使得 $v(f_k)=\sum\limits_{p=0}^{k-1}\alpha^p$, 且有 4 条弧 a'_1,a'_2,a'_3,a'_4 关于 f_k 的剩余容量依次为 $0,\alpha^k,\alpha^{k+1},\alpha^{k+1}$, 这里 a'_1,a'_2,a'_3,a'_4 是 a_1,a_2,a_3,a_4 的一个排列, 且令 $a'_i=(x'_i,y'_i),i=1,2,3,4$.

第 $k+1$ 步, 先沿增广链 $v_sx'_2y'_2x'_3y'_3v_t$ 对 f_k 增广, 得到可行流 $\tilde{f}_k$, 此时弧 a'_1,a'_2,a'_3,a'_4 关于 $\tilde{f}_k$ 的剩余容量依次为 $0,\alpha^{k+2},0,\alpha^{k+1}$, 且 $v(\tilde{f}_k)=v(f_k)+\alpha^{k+1}$. 再沿增广链 $v_sx'_2y'_2y'_1x'_1y'_3x'_3y'_4v_t$ 对 $\tilde{f}_k$ 增广, 得到可行流 f_{k+1}, 此时弧 a'_1,a'_2,a'_3,a'_4 关于 f_{k+1} 的剩余容量依次为 $\alpha^{k+2},0,\alpha^{k+2},\alpha^{k+1}$, 且 $v(f_{k+1})=v(\tilde{f}_k)+\alpha^{k+2}=v(f_k)+\alpha^k$. 重新整理弧 a'_1,a'_2,a'_3,a'_4 的次序, 进入第 $k+2$ 步.

显然,D 中最大流的流值为 4β, 因此在这个例子中 Ford–Fulkerson 算法永远不会结束, 从而得到 D 中可行流的无限序列 $\{f_k\}$, 且 $\lim\limits_{k\to\infty}v(f_k)=\beta$. □

6.3 最短增广链算法

根据例 6.2 的讨论, 如果增广链选择得不恰当, 则 Ford-Fulkerson 算法的计算量会变得很大. 因此, 是增广链选取的任意性造成了 Ford-Fulkerson 算法不是多项式算法. 所以要改进算法, 降低其计算量, 必须修正增广链的选取方法, 排除任意性.

为了更好地找到增广链, 我们引入剩余网络的概念.

给定一个带发点 v_s 和收点 v_t 的容量网络 $D=(V,A,c)$ 及 D 上的可形流 f 后, 定义

$$
\begin{aligned}
A^+(f)&=\{(v_i,v_j)|(v_i,v_j)\in A,f_{ij}<c_{ij}\},\\
A^-(f)&=\{(v_i,v_j)|(v_j,v_i)\in A,f_{ji}>0\}.
\end{aligned}
$$

因为 D 中任何一对顶点之间至多有一条弧, 所以 $A^+(f) \cap A^-(f) = \varnothing$, 记 $A(f) = A^+(f) \cup A^-(f)$, 并且 $\forall (v_i, v_j) \in A(f)$, 令

$$c_{ij}(f) = \begin{cases} c_{ij} - f_{ij}, & (v_i, v_j) \in A^+(f), \\ f_{ji}, & (v_i, v_j) \in A^-(f), \end{cases}$$

称 $c_{ij}(f)$ 为弧 (v_i, v_j) 关于 f 的剩余容量 (residual capacity). 于是得到一个带发点 v_s 和收点 v_t 的容量网络 $D(f) = (V, A(f), c_f)$, 称之为 D 关于 f 的剩余网络 (residual network). 容易验证下面的结论是正确的.

定理 6.8　容量网络 D 中 f 增广链与剩余网络 $D(f)$ 中 (v_s, v_t) 路一一对应. 并且, D 中 f 增广链可以增广的流值 δ 等于 $D(f)$ 中对应的 (v_s, v_t) 路的容量. □

Dinic(1970),Edmonds 和 Karp(1972) 独立地提出了改进 Ford-Fulkerson 算法的思想: 每次都沿最短 (即弧数最少的) 增广链进行增广. 由定理 6.8 知, 找 D 中最短 f 增广链等价于求剩余网络 $D(f)$ 中最短 (即弧数最少的)(v_s, v_t) 路. 为此我们介绍分层剩余网络的概念.

在剩余网络 $D(f)$ 中应用 3.1 节中的广探法, 当 $D(f)$ 中存在 (v_s, v_t) 路 ($\forall v_i \in V$) 时, 可以求出从发点 v_s 到其余各顶点 v_i 的最短路的长 $h(v_i)$.$h(v_i)$ 就是 v_i(关于 v_s) 的层数, 即 v_i 为 $D(f)$ 的第 $h(v_i)$ 层顶点.$D(f)$ 的第 0 层中有一个顶点 v_s. 把顶层分层后,$D(f)$ 的弧又可以分为三类:

第 1 类为从第 i 层顶点到第 $i+1$ 层顶点的弧;

第 2 类为从第 i 层顶点到同一层顶点的弧;

第 3 类为从第 i 层顶点到第 j 层顶点的弧 $(j < i)$.

需要指出的是, 由分层的方法决定了不存在从第 i 层顶点到第 $i+j$ 层顶点的弧 $(j > 1)$.

如果 D 中存在 f 增广链, 则 $D(f)$ 中有 (v_s, v_t) 路, 从而 $h(v_t)$ 为有限数. 设 $h(v_t) = k$, 即 $D(f)$ 中任意一条最短 (v_s, v_t) 路的长都等于 k, 且最短 (v_s, v_t) 路上第 i 个顶点的层数为 $i - 1(i = 1, 2, \cdots, k+1)$, 路上的所有弧都是上述定义的第 1 类弧. 第 2 类和第 3 类弧对于求 $D(f)$ 中最短 (v_s, v_t) 路没有作用.

对于 D 的关于 f 的剩余网络 $D(f) = (V, A(f), c_f)$, 我们定义 $D(f)$ 的子网络 $AD(f) = (V'(f), A'(f), c_f)$ 如下:

$$\begin{aligned} V'(f) &= \{v_t\} \cup \{v_i \in V | h(v_i) < h(v_t)\}, \\ A'(f) &= \{(v_i, v_j) \in A(f) | h(v_j) = h(v_i) + 1 < h(v_t)\} \\ &\quad \cup \{(v_i, v_t) \in A(f) | h(v_i) = h(v_t) - 1\}. \end{aligned}$$

$AD(f)$ 称为 D 的关于 f 的分层剩余网络, 其中第 0 层和第 $h(v_t)$ 层分别只有一个顶点 v_s 和 v_t. $AD(f)$ 的所有弧都是第 1 类弧, 这样 $D(f)$ 中任何最短 (v_s, v_t) 路都在 $AD(f)$ 之中, 而 $AD(f)$ 中任何 (v_{s,v_t}) 路都是 $D(f)$ 的最短 (v_s, v_t) 路.

应用剩余网络的分层方法可以证明下面的定理.

定理 6.9 设 f 是容量网络 D 的可行流, P 是 D 中最短 f 增广链,f' 是沿 P 增广后得到的流, 则 D 中最短 f' 增广链的长不会小于 P 的长.

证明 从可行流 f 沿 P 增广得可行流 f',D 中弧 (v_i,v_j) 不外乎出现五种变化:

(1) 由 f 非饱和弧变为 f' 饱和弧;

(2) 由 f 正弧变为 f' 零弧;

(3) 由 f 饱和弧变为 f' 非饱和弧:

(4) 由 f 零弧变为 f' 正弧;

(5) 由满足 $0<f_{ij}<c_{ij}$ 变为满足 $0<f'_{ij}<c_{ij}$.

根据 D 中弧的变化, 我们可以通过在 $D(f)$ 中删去或增加一些弧得到 $D(f')$, 具体做法如下:

若 (1) 出现, 则在 $D(f)$ 中,$h(v_j)=h(v_i)+1$, 删去弧 (v_i,v_j); 若 (2) 出现, 则在 $D(f)$ 中, $h(v_i)=h(v_j)+1$, 删去弧 (v_j,v_i); 若 (3) 出现, 则在 $D(f)$ 中, $h(v_i)=h(v_j)+1$, 增加弧 (v_i,v_j); 若 (4) 出现, 则在 $D(f)$ 中,$h(v_j)=h(v_i)+1$, 增加弧 (v_j,v_i); 若 (5) 出现, 则 $D(f)$ 中弧不发生变化.

设 Q 是 $D(f')$ 中最短 (v_s,v_t) 路, Q 的长为 k. 如果 Q 不含 $A(f')\setminus A(f)$ 的弧, 则 Q 是 $D(f)$ 中最短 (v_s,v_t) 路, 从而 k 等于 P 的长. 如果 Q 含有 $A(f')\setminus A(f)$ 的弧, 则由上面的分析可知,k 必定大于 P 的长. 因此, $D(f')$ 中最短 (v_s,v_t) 路的长不小于 P 的长. □

根据定理 6.9 的证明不难得到以下定理.

定理 6.10 设 f 是 D 的可行流,P 为 $AD(f)$ 中 (v_s,v_t) 路,f' 是 f 沿 P 进行增广后得到的流, $AD_P(f)$ 是 $AD(f)$ 中删去 P 上容量最小的那些弧得到的网络, 则 $AD_P(f)$ 中存在 (v_s,v_t) 路当且仅当 v_t 在 $D(f')$ 中的层数等于 v_t 在 $AD_P(f)$ 中的层数.

证明 ($\Rightarrow$) 因为 P 对应着 D 的一条最短 f 增广链, 所以由定理 6.9 的证明知,$D(f')$ 可由 $D(f)$ 删去或增加一些弧得到, 并且 $D(f)$ 中删去的那些弧恰好是 P 上容量最小的弧.

设 Q 为 $AD_P(f)$ 中任意一条 (v_s,v_t) 路, Q 的长为 k, 则 Q 既是 $D(f)$ 中一条最短 (v_s,v_t) 路, 也是 $D(f')$ 中一条 (v_s,v_t) 路, 因此 v_t 在 $D(f)$ 中的层数为 k, 且 $D(f')$ 中最短 (v_s,v_t) 路的长不会大于 k, 从而根据定理 6.9, $D(f')$ 中最短 (v_s,v_t) 路的长等于 k, 即 v_t 在 $D(f')$ 中的层数为 k. 所以, v_t 在 $D(f')$ 中的层数等于 v_t 在 $D(f)$ 中的层数.

($\Leftarrow$) 设 v_t 在 $D(f)$ 中的层数和在 $D(f')$ 中的层数均为 k, 从而由定理 6.9 的证明知,$A(f')\setminus A(f)$ 中任何弧都不是 $AD(f')$ 的弧, 所以 $AD(f')$ 是 $AD_P(f)$ 的子网

络, 仅可能容量有改变. 由于 v_t 在 $D(f')$ 中的层数为 k, 因此 $AD(f')$ 中存在长为 k 的 (v_s, v_t) 路, 故 $AD_P(f)$ 中亦有长为 k 的 (v_s, v_t) 路. □

由定理 6.10 及其证明显然有下面的推论.

推论 6.11 设 f 是 D 的可行流, P 是 $AD(f)$ 中 (v_s, v_t) 路, f' 是 f 沿 P 进行增广后得到的流,$AD_P(f)$ 是 $AD(f)$ 中删去 P 上容量最小的那些弧得到的网络. 如果 $AD_P(f)$ 中存在 (v_s, v_t) 路, 则 $AD(f')$ 是 $AD_P(f)$ 的子网络 (可能容量有改变), 并且 $AD_P(f)$ 中任何 (v_s, v_t) 路都是 $AD(f')$ 中 (v_s, v_t) 路. □

根据 Dinic,Edmonds 和 Karp 的思想, 可以得到求最大流的最短增广链算法, 它利用分层剩余网络, 同时沿多条最短增广链进行增广.

最短增广链算法的基本思路是: 从 D 的任一可行流 f_1(例如零流) 开始, 构造 D 的关于 f_1 的分层剩余网络 $AD(f_1)$, 在 $AD(f_1)$ 中找一条 (v_s, v_t) 路 P_1, 沿 P_1 对 f_1 进行增广, 再在 $AD(f_1)$ 中删去 P_1 上容量最小的那些弧, 并相应修改 P_1 上弧的容量, 得到 $AD_{P_1}(f_1)$. 如果 $AD_{P_1}(f_1)$ 中存在 (v_s, v_t) 路 P_2, 则由推论 6.11 知, 可以沿 P_2 进行增广, 同样删去 P_2 上容量最小的那些弧, 并修改 P_2 上弧的容量. 因为 $AD(f_1)$ 只有有限条弧, 每次增广至少删去一条弧, 所以在有限次后, 必定使余下的网络不再有 (v_s, v_t) 路, 从而得到新的可行流 f_2. 根据定理 6.10 和定理 6.9, v_t 在 $D(f_2)$ 中的层数大于 v_t 在 $D(f_1)$ 中的层数. 针对 $AD(f_2)$ 重复上面的做法, 经过有限次增广得到新的可行流 f_3. 这样一直做下去, 直到得到可行流 f_k 使 $D(f_k)$ 中不存在 (v_s, v_t) 路, 此时 f_k 即为 D 的最大流.

最短增广链算法的具体步骤如下:

Step0 在 D 中任取一个可行流 f_1 作为初始可行流, 令 $k = 1$.

Step1 根据 f_k 构造 D 的剩余网络 $D(f_k)$, 再用广探法作分层剩余网络 $AD(f_k)$. 如果在作 $AD(f_k)$ 时 v_t 得不到标号, 结束,f_k 就是 D 的最大流; 否则转 Step2.

Step2 在 $AD(f_k)$ 中找 (v_s, v_t) 路.

2.0 给顶点 v_s 以标号 $l_s = -1$ 和 $\delta_s = \infty$, 令 $i = s$

2.1 如果 v_i 在 $AD(f_k)$ 中没有出弧, 转 2.4; 否则, 在 $AD(f_k)$ 中任取一条弧 (v_i, v_j), 转 2.2

2.2 设 v_i 的标号为 (l_i, δ_i), 令 $\delta_j = \min\{\delta_i, c_{ij}(f_k)\}, l_j = i$.

2.3 如果 $j = t$, 转 Step3; 否则, 令 $i := j$, 转 2.1.

2.4 如果 $l_i \neq -1$, 在 $AD(f_k)$ 中删去 v_i 的所有入弧, 得到的网络仍记为 $AD(f_k)$, 令 $i = l_i$, 转 2.1; 否则, 令 $f_{k+1} = f_k, k := k + 1$, 转 Step1.

Step3 从 v_t 的前点标号 l_t 出发进行反向追踪, 求出 $AD(f_k)$ 中 (v_s, v_t) 路 P, 沿 P 对 f_k 增广得到的新的可行流仍记为 f_k; 并在 $AD(f_k)$ 中把 P 上每条弧的容量 $c_{ij}(f_k)$ 改为 $c_{ij}(f_k) - \delta_t$, 删去容量为 0 的弧, 得到新的网络仍记为 $AD(f_k)$; 取消 $AD(f_k)$ 中所有顶点的标号, 转 Step2.

例 6.3 用最短增广链算法求图 6.1(a) 所示容量网络 D 中从顶点 v_1 到顶点 v_6 的最大流.

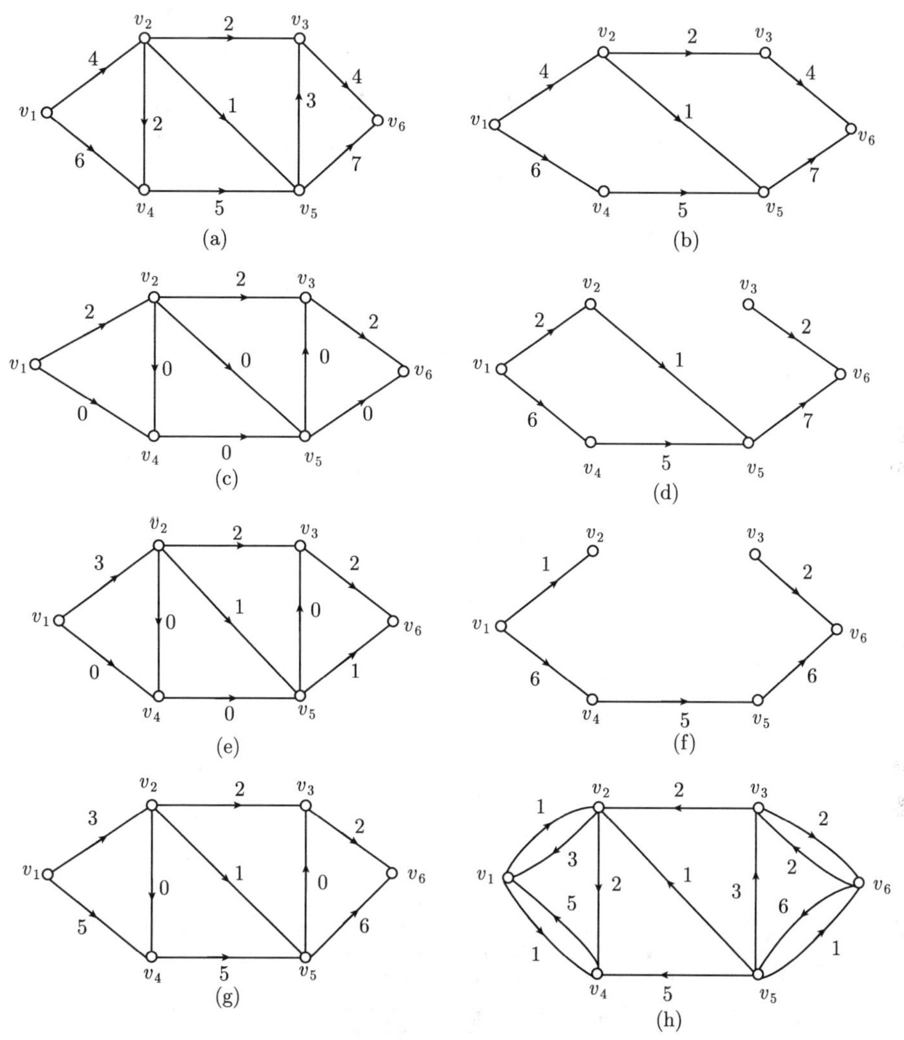

图 6.2 最短增广链算法的例子 (例 6.3)

解 取零流 f_1 作为初始可行流, 得到剩余网络 $D(f_1)$, 见图 6.2(a). 利用广探法构造分层剩余网络 $AD(f_1)$, 见图 6.2(b).

在 $AD(f_1)$ 中找到 (v_1, v_6) 路 $P_1 = v_1v_2v_3v_6$, 沿 P_1 对 f_1 进行增广得到新的可行流仍记为 f_1, 见图 6.2(c).

修改图 6.2(b) 中网络, 得到图 6.2(d), 在这个网络中找到 (v_1, v_6) 路 $P_2 = v_1v_2v_5v_6$, 沿 P_2 对 f_1 进行增广得到新的可行流仍记为 f_1, 见图 6.2(e).

修改图 6.2(d) 中网络, 得到图 6.2(f), 在这个网络中找到 (v_1, v_6) 路 $P_3 = v_1v_4v_5v_6$, 沿 P_3 对 f_1 进行增广得到新的可行流 f_2, 见图 6.2(g).

修改图 6.2(f) 中网络后得到的网络不再存在 (v_1, v_6) 路. 构造剩余网络 $D(f_2)$, 见图 6.2(h).$D(f_2)$ 中不存在 (v_1, v_6) 路, 因此 f_2 为 D 的最大流, 流值为 8. □

下面来讨论最短增广链算法的复杂性. 设容量网络 D 的顶点数为 n, 弧数为 m. 因为算法中构造的分层剩余网络 $AD(f_k)$ 的层数随着 k 单调增加, 所以 Step1 最多执行 $n-1$ 次. 又由广探法知, 每次构造分层剩余网络 $AD(f_k)$ 的复杂性为 $O(m)$. 在 $AD(f_k)$ 中找 (v_s, v_t) 路有两种结果: 或者找到一个没有出弧的顶点, 因而返回; 或者找到 (v_s, v_t) 路, 从而增广. 这两种结果都分别至少删去一条弧, 因此在 $AD(f_k)$ 中至多找 m 次 (v_s, v_t) 路, 而每一次找 (v_s, v_t) 路的计算量为 $O(n)$. 于是最短增广链算法的复杂性为 $O(nm)+O(n^2m)=O(n^2m)$, 即知这是一个强多项式算法.

6.4 预流推进算法

Ford-Fulkerson 算法和最短链增广算法都是先寻找增广链, 然后沿增广链对流进行增广. 本节我们介绍与之不同的求最大流的算法，它是基于 Karzanov(1974) 提出的预流的概念.

设带发点 v_s 和收点 v_t 的容量网络 $D=(V, A, c), |V|=n$. 如果弧集 A 上的函数 f 满足

$$0 \leqslant f_{ij} \leqslant c_{ij}, \forall (v_i, v_j) \in A,$$

$$e(i) = \sum_{v_j \in N^-(v_i)} f_{ji} - \sum_{v_j \in N^+(v_i)} f_{ij} \geqslant 0, \forall v_i \in V \setminus \{v_s, v_t\},$$

则称 f 为 D 的一个预流 (preflow), 并称 $e(i)$ 为 f 在顶点 v_i 上的盈余 (excess). $e(i)>0$ 的顶点 $v_i (i \neq s, t)$ 称为活跃顶点 (active vertex).

对于容量网络 D 的一个预流 f, 同 6.3 节一样可以定义 D 关于 f 的剩余网络 $D(f)=(V, A(f), c_f)$. 顶点集 V 上的非负整值函数 d 称为 $D(f)$ 的距离函数; $\forall v_i \in V, v_i$ 对应的距离函数值记为 $d(i)$, 称为 v_i 的距离标号. 如果距离函数 d 满足

(1) $d(t)=0$;

(2) $\forall (v_i, v_j) \in A(f)$, 有 $d(i) \leqslant d(j)+1$,

则称 d 关于 f 是有效的 (valid), 简称 d 是有效的.

如果 $\forall v_i \in V, d(i)$ 等于 $D(f)$ 中最短 (v_i, v_t) 路的长 (即 $D(f)$ 中弧数最少的 (v_i, v_t) 路所包含的弧数), 则 d 显然是 $D(f)$ 中有效的距离函数.

如果 $D(f)$ 中的弧 (v_i, v_t), 使得 $d(i) = d(j) + 1$, 且 v_i 为活跃顶点, 则称 (v_i, v_j) 为允许弧 (admissible arc).

容易证明: 若距离函数 d 是有效的, 且 $d(s) \geqslant n$, 则 $D(f)$ 中不存在 (v_s, v_t) 路.

预流推进算法也是剩余网络 $D(f)$ 上操作. 如果 $D(f)$ 不存在活跃顶点, 则 f 为 D 的可行流; 否则在 $D(f)$ 中选择一个活跃顶点 v_i, 设法降低 v_i 的盈余, 当 v_i 的出弧中存在允许弧时, 则沿允许弧把流量增加, 这种操作称为推进 (push). 由于算法的最终目的是将流推进到收点 v_t, 因此当 v_i 有多条出弧是允许弧时, 总是首先把流推进到距 v_t 最近的顶点, 即距离标号最小的顶点. 当 v_i 的出弧中不存在允许弧时, 则增大 v_i 的距离标号, 使得 v_i 的出弧中至少有一条允许弧, 以便能进行下一次推进.

究竟在 $D(f)$ 中选择哪一个活跃顶点呢?Goloberg 和 Tarjan(1988) 提出了一种方案: 每次推进都从距离标号最大的活跃顶点开始. 这样做是出于一种朴素的思想: 使得距离标号较小的活跃顶点积累尽可能多的来自距离标号较大的活跃顶点的流量, 然后对累积的盈余进行推进, 这有可能减少推进的次数.

Karzanov 提出的第一个预流推进算法是在分层剩余网络上进行的. Goldberg 和 Tarjan(1988) 引进距离标号来替代分层网络, 给出了一个新的预流推进算法, 具体步骤如下.

Step1 令初始预流 $f = \{f_{ij} | (v_i, v_j) \in A\}$, 其中 $f_{sj} = c_{sj} (\forall (v_s, v_j) \in A)$, 其他的 $f_{ij} = 0$. 构造剩余网络 $D(f)$. 并令 $d(s) = n; \forall v_i \in V \setminus \{v_s\}$, 用广探法求出 $D(f)$ 中最短 (v_i, v_t) 路的长, 记为 $d(i)$.

Step2 如果 $D(f)$ 中不存在活跃顶点, 结束, f 为 D 中最大流; 否则, 在 $D(f)$ 中选取一个满足 $d(i) = \max\{d(k) | e(k) > 0 \text{ 且 } k \neq s, t\}$ 的顶点 v_i, 转 Step3.

Step3 若 v_i 的出弧中存在允许弧, 把集合

$$V_i = \{v_k \in N^+(v_i) | (v_i, v_k) \text{为允许弧}\}$$

中顶点按距离标号从小到大排序, 转 Step4; 否则转 Step6.

Step4 按照 Step3 中排序依次取 V_i 中顶点 v_j, 记 $\delta = \min\{e(i), c_{ij}(f)\}$. 当 $(v_i, v_j) \in A^+(f)$ 时, 令 $f_{ij} := f_{ij} + \delta$; 当 $(v_i, v_j) \in A^-(f)$ 时, 令 $f_{ji} := f_{ji} - \delta$. 再令 $V_i := V_i \setminus \{v_j\}$.

Step5 构造剩余网络 $D(f)$. 若 $e(i) > 0$ 且 $V_i \neq \varnothing$, 转 Step4; 若 $e(i) = 0$, 转 Step2; 若 $V_i = \varnothing$, 转 Step6.

Step6 令 $d(i) = \min\{d(j) + 1 | v_j \in N^+(v_i)\}$, 转 Step2.

在算法的整个执行过程中, 显然剩余网络的每个活跃顶点都至少有一条出弧, 所以算法中 Step6 必能进行下去.

为了说明预流推进算法的正确性, 我们给出下面的一个结论.

定理 6.12　在预流推进算法中, 距离标号始终是有效的.

证明　Step1 中构造的距离标号显然是有效的. 因此只需证明算法的一次推进和一次距离标号的修改都不改变距离标号的有效性.

沿允许弧 (v_i, v_j) 的一次推进可能引起剩余网络的弧的变化只有两种情况：弧 (v_i, v_j) 退出剩余网络, 这不会影响 v_i 和 v_j 的距离标号的有效性；弧 (v_j, v_i) 进入剩余网络, 因 (v_i, v_j) 为允许弧, 故 $d(i) = d(j) + 1$, 所以 $d(j) = d(i) - 1 < d(i) + 1$, 这也不会影响弧 (v_i, v_j) 或弧 (v_j, v_i) 的端点的距离标号的有效性. 于是, 算法的一次推进不会改变距离标号的有效性.

活跃顶点 v_i 的距离标号 $d(i)$ 修改为 $d'(i) = \min\{d(j) + 1 | v_j \in N+(v_i)\}$, 显然不会破坏 v_i 的任何出弧 (v_i, v_j) 的端点的距离标号的有效性. 由于修改 $d(i)$ 之前,v_i 在剩余网络中所有出弧都不是允许弧, 即 $\forall v_j \in N^+(v_i), d(i) < d(j) + 1$, 因此 $d'(i) > d(i)$. 从而 $\forall v_j \in N^-(v_i), d(j) \leqslant d(i) + 1 < d'(i) + 1$, 即也不会破坏 v_i 的任何入弧 (v_j, v_i) 的端点的距离标号的有效性. 这说明算法中距离标号的一次修改不会改变距离标号的有效性. □

当算法结束时, 得到的预流 f 为 D 的可行流. 因为在 Step1 中, 发点 v_s 的距离标号 $d(s) = n$, 并且任何顶点的距离标号在整个算法的执行过程中都不会减少, 所以自始至终剩余网络 $D(f)$ 中不含 (v_s, v_t) 路, 即 D 中不存在 f 增广链, 因此算法结束时得到的可行流 f 是 D 中最大流.

例 6.4　用预流推进算法求图 6.3(a) 所示的容量网络 D 中从 v_1 到 v_5 的最大流.

解　首先沿发点 v_1 的两条出弧 (v_1, v_2) 和 (v_1, v_3) 分别推进, 得到初始预流, 再构造剩余网络, 并用广探法求出剩余网络中最短 (v_i, v_5) 路的长 $d(i), i = 2, 3, 4$, 见图 6.3(b), 其中弧旁的数字为剩余容量, 顶点旁的第 1 个数字为盈余, 第 2 个数字为距离标号.

顶点 v_2, v_3 为活跃顶点, 选取活跃顶点 v_2 及允许弧 (v_2, v_4), 推进 2 个单位流量, 得到剩余网络, 见图 6.3(c).

顶点 v_2 仍是活跃顶点, 它的出弧中只有 (v_2, v_3) 是允许弧, 推进 1 个单位流量, 得到剩余网络, 见图 6.3(d).

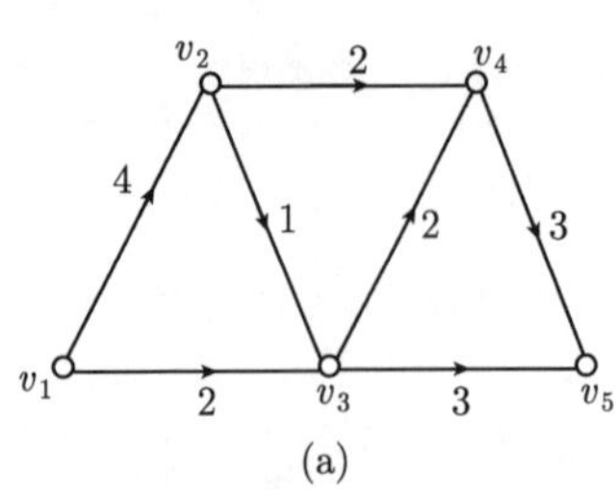

(a)

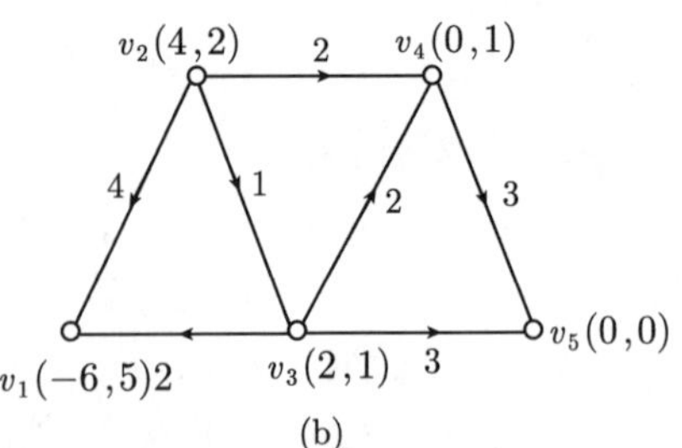

(b)

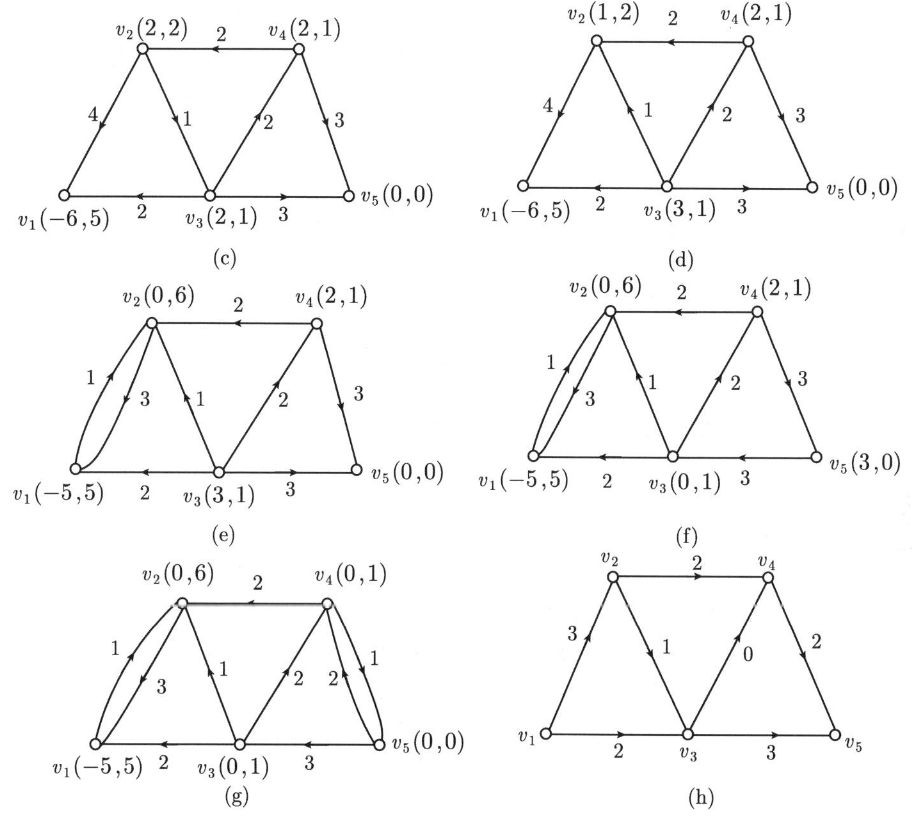

图 6.3 预流推进算法的例子 (例 6.4)

顶点 v_2 还是活跃顶点, 但它的出弧中没有允许弧, 从而把 v_2 的距离标号修改为 6.

此时活跃顶点 v_2 的出弧 (v_2, v_1) 是允许弧, 沿它推进 1 个单位流量, 得到剩余网络, 见图 6.3(e).

顶点 v_3, v_4 为活跃顶点, 选择活跃顶点 v_3 及允许弧 (v_3, v_5), 推进 3 个单位流量, 得到剩余网络, 见图 6.3(f).

只有顶点 v_4 为活跃顶点, 它的出弧中只有 (v_4, v_5) 为允许弧, 推进 2 个单位流量, 得到剩余网络, 见图 6.3(g).

这时没有活跃顶点, 算法结束, 得到 D 的最大流, 见图 6.3(h). □

最后估计预流推进算法的复杂性. 设容量网络 D 的顶点数为 n, 弧数为 m. 由广探法知 Step1 的计算量为 $O(m)$. 在算法的整个执行过程中, 每个顶点的距离标号均不超过 $2n$, 因此距离标号的修改次数不超过 $2n^2$, 而修改一个活跃顶点的距离标号的计算量为 $O(n)$, 故 Step6 的总计算量为 $O(n^3)$. 在相邻的两次距离标号修改之间最多只进行 $n-1$ 次推进操作, 而每次推进操作中, Step4 的计算量为 $O(1)$; Step5 构造剩余网络只需在原来的剩余网络中最多调整两条弧的剩余容量和两个顶点的盈余, 即 Step5 的计算量为 $O(1)$, 所以 Step4 和 Step5 的总计算量为 $O(n^3)$. 显然 Step2 和 Step3 的循环次数为 $O(n^2)$, 从而 Step2 和 Step3 的总计算量为 $O(n^3)$, 于是预流推进算法的复杂性为 $O(n^3)$. 这说明预流推进算法好于最短增广链算法,Cheriyan 和 Maheshwari(1989) 证明了一个更好的结果: 预流推进算法的复杂性为 $O(n^2m^{1/2})$.

6.5 双容量网络流

前面几节讨论的都是容量网络的最大流问题，这一节将研究双容量网络中的流.

6.5.1 双容量网络的可行循环流

设 $D=(V,A,l,c)$ 为双容量网络, 在 1.5.5 小节中我们已定义了循环流和可行循环流. 一般说来, D 中不一定存在可行循环流. 为了给出 D 中存在可行循环流的条件, 我们按如下方法构造一个带发点 v_s 和收点 v_t 的容量网络 $D^*=(V^*,A^*,c^*)$:

$$
\begin{aligned}
&V^*=V\cup\{v_s,v_t\}, v_s\text{和}v_t\text{是新增加的两个顶点},\\
&A^*=A\cup\{v_s,v_i|v_i\in V\}\cup\{(v_i,v_t)|v_i\in V\},\\
&c^*_{ij}=c_{ij}-l_{ij},\forall(v_i,v_j)\in A,\\
&c^*_{si}=\sum_{v_j\in N^-_D(v_i)} l_{ji},\forall v_i\in V,\\
&c^*_{it}=\sum_{v_j\in N^+_D(v_i)} l_{ij},\forall v_i\in V.
\end{aligned}
$$

下面的定理指出了 D^* 中最大流与 D 中可行循环流的关系.

定理6.13　双容量网络 D 中存在可行循环流当且仅当带发点 v_s 和收点 v_t 的容量网络 D^* 中最大流的流值等于 D 中所有弧的下容量之和 L.

证明　($\Rightarrow$) 设 D 中存在可行循环流 f, 令

$$
\begin{aligned}
&f^*_{ij}=f_{ij}-l_{ij},\forall(v_i,v_j)\in A,\\
&f^*_{si}=c^*_{si},\forall v_i\in A,\\
&f^*_{it}=c^*_{it},\forall v_i\in A,
\end{aligned}
$$

则可以直接验证 $f^*=\{f^*_{ij}|(v_i,v_j)\in A^*\}$ 是 D^* 的可行流，且 $v(f^*)=L$.

取 $S=\{v_s\}$, 则 $(S,\bar{S})$ 是 D^* 的一个截, 并且

$$
c^*(S,\bar{S})=\sum_{v_i\in V} c^*_{si}=\sum_{v_i\in V}\sum_{v_j\in N^-_D(v_i)} l_{ji}=L,
$$

从而由推论 6.4 知, f^* 是 D^* 中最大流.

($\Leftarrow$) 设 f^* 是 D^* 中最大流, 且 $v(f^*)=L$. 令

$$f_{ij}=f_{ij}^*+l_{ij},\forall(v_i,v_j)\in A,$$

则同样可验证 $f=\{f_{ij}|(v_i,v_j)\in A\}$ 是 D 的可行循环流 □

根据这个定理可以推出 D 中存在可行循环流的另一个充要条件, 它由 Hoffman(1960) 首先给出.

推论 6.14 双容量网络 D 中存在可行循环流当且仅当

$$\sum_{(v_i,v_j)\in(S,\bar{S})}c_{ij}\geqslant\sum_{(v_j,v_i)\in(\bar{S},S)}l_{ji},\forall D\text{的截集}(S,\bar{S}).\tag{6.4}$$

证明 按前面的方法由 D 构造 D^*, 设 $(S,\bar{S})$ 为 D 的任意一个截集, 令 $S_1=S\cup\{v_s\},S_2=\bar{S}\cup\{v_t\}$, 则 (S_1,S_2) 是 D^* 的一个截, 且容易算出

$$c^*(S_1,S_2)=L+\sum_{(v_i,v_j)\in(S,\bar{S})}c_{ij}-\sum_{(v_j,v_i)\in(\bar{S},S)}l_{ji}.\tag{6.5}$$

若 D 中存在可行循环流, 则由定理 6.13 知, D^* 中最大流的流值为 L. 从而由引理 6.3 得 $c^*(S_1,S_2)\geqslant L$, 于是由 (6.5) 式即知 (6.4) 式成立.

如果 (6.4) 式成立, 则对于 D^* 的任何截 (S_1,S_2), 当 $S_1=\{v_s\}$ 或者 $S_2=\{v_t\}$ 时, 不难验证 $c^*(S_1,S_2)=L$; 当 $S_1\backslash\{v_s\}\neq\varnothing$ 且 $S_2\backslash\{v_t\}\neq\varnothing$ 时, $(S_1\backslash\{v_s\},S_2\backslash\{v_t\})$ 是 D 的一个截集, 从而由 (6.4) 和 (6.5) 两式可知,$c^*(S_1,S_2)\geqslant L$. 因此 L 是 D^* 中最小截的容量. 根据定理 6.6,D^* 中最大流的流值等于 L, 于是由定理 6.13 知道 D 中存在可行循环流. □

根据定理 6.13 的构造性证明可以得到求双量容网络 D 中可行循环流的一个算法, 它的基本步骤如下:

Step1 按前面的方法由 D 构造带发点 v_s 和收点 v_t 的容量网络 D^*, 记 $L=\sum\limits_{(v_i,v_j)\in A}l_{ij}$.

Step2 应用预流推进算法求出 D^* 的最大流 $f^*=\{f_{ij}^*|(v_i,v_j)\in A^*\}$.

Step3 若 $v(f^*)=L$, 结束,$f=\{f_{ij}^*+l_{ij}|(v_i,v_j)\in A\}$ 为 D 的可行循环流; 否则停止, D 中不存在可行循环流.

由预流推进算法的复杂性易知这个算法的复杂性为 $O(n^3)$,n 为 D 的顶点数.

6.5.2 带发点和收点的双容量网络中的流

在双容量网络中指定一个发点和一个收点就得到带发点和收点的双容量网络.

同带发点和收点的容量网络一样, 在带发点 v_s 和收点 v_t 的双容量网络 $D=(V,A,l,c)$ 中也可以定义流, 弧流量, 流值和可行流, 只是这里的可行流 f 满足的流量限制条件应为

$$l_{ij} \leqslant f_{ij} \leqslant c_{ij}, \forall (v_i, v_j) \in A.$$

同样把 D 中流值最大的可行流称为 D 的最大流, 而把 D 中流值最小的可行流称为 D 的最小流 (minimum flow).

显然 D 中不一定存在可行流, 所以应当给出 D 中存在可行流的充要条件. 为此在 D 中增加一条弧 (v_t, v_s), 并令 $l_{ts}=0, c_{ts}=\infty$, 于是得到双容量网络 $\tilde{D}$ 不难知道,D 中存在可行流当且仅当 $\tilde{D}$ 中存在可行循环流. 如果 $\tilde{D}$ 中存在可行循环流 $\tilde{f}=\{\tilde{f}_{ij}|(v_i,v_j)\in A(\tilde{D})\}$, 则 $f=\{\tilde{f}_{ij}|(v_i,v_j)\in A\}$ 为 D 的可行流.

容量网络中增广链和剩余网络的概念也可以推广到双容量网络上来.

设 f 是 D 的一个流,v_p 和 v_q 是 D 的两个顶点,P 是 D 中一条 (v_p, v_q) 链. 如果 P 的前向弧 (v_i, v_j) 的流量 $f_{ij}<c_{ij}$, 且 P 的后向弧 (v_i, v_j) 的流量 $f_{ij}>l_{ij}$, 则称 P 为 D 中关于 f 的 (v_p, v_q) 增广链.

设 f 为 D 的一个流, D 的关于 f 的剩余网络 $D(f)=(V, A(f), c_f)$ 定义如下:

$$\begin{aligned}
&A^+(f)=\{(v_i,v_j)|(v_i,v_j)\in A, f_{ij}<c_{ij}\},\\
&A^-(f)=\{(v_i,v_j)|(v_j,v_i)\in A, f_{ji}>l_{ji}\},\\
&A(f)=A^+(f)\cup A^-(f).
\end{aligned}$$

并且 $\forall (v_i, v_j)\in A(f)$, 令

$$c_{ij}(f)=\begin{cases} c_{ij}-f_{ij}, & 若(v_i,v_j)\in A^+(f)\\ f_{ji}-l_{ji}, & 若(v_i,v_j)\in A^-(f)\end{cases}$$

下面来讨论 D 中最大流和最小流的性质.

设 f 是 D 的任何一个可行流, $(S,\bar{S})$ 是 D 的任意一个截, 分析引理 6.1 的证明可得

$$v(f)=\sum_{v_i,v_j\in(S,\bar{S})} f_{ij}-\sum_{v_j,v_i\in(\bar{S},S)} f_{ji},$$

从而

$$v(f)\leqslant c(S,\bar{S})-l(\bar{S},S), -v(f)\leqslant c(\bar{S},S)-l(S,,\bar{S}).$$

因此有结论: 若 f_i 是 D 的可行流,$(S_i,\bar{S}_i)$ 是 D 的截, $i=1,2$, 并且

$$v(f_1)=c(S_1,\bar{S}_1)-l(\bar{S}_1,S_1), -v(f_2)=c(\bar{S}_2,S_2)-l(S_2,\bar{S}_2),$$

则 f_1 是 D 的最大流, f_2 是 D 的最小流. 于是仿照定理 6.5 的证明可以得到下面的定理.

定理 6.15 设 D 是带发点 v_s 和收点 v_t 的双容量网络, f 是 D 中一个可行流, 则 f 是 D 的最大流当且仅当 D 中不存在关于 f 的 (v_s, v_t) 增广链; f 是 D 的最小流当且仅当 D 中不存在关于 f 的 (v_t, v_s) 增广链.

根据定理 6.15, 可以得到求 D 中最大流或最小流的算法, 这里只写出求最大流的基本步骤.

Step1 根据带发点 v_s 和收点 v_t 的双容量网络 D, 按前面的方法构造双容量网络 $\tilde{D}$. 对 $\tilde{D}$ 应用 6.5.1 小节中的算法, 如果 $\tilde{D}$ 中不存在可行循环流, 停止,D 中无可行流; 否则求出 $\tilde{D}$ 中一个可行循环流 $\tilde{f}$, 从而得到 D 的可行流 f, 转 Step2.

Step2 在 D 中寻找关于 f 的 (v_s, v_t) 增广链. 若 D 中存在关于 f 的 (v_s, v_t) 增广链 P, 转 Step3; 否则, f 是 D 的最大流, 算法结束.

Step3 对 f 沿 P 进行增广, 得到 D 中新的可行流 f, 转 Step2.

需要说明的是, 算法中的 Step2 和 Step3 可以按最短增广链算法中相应的步骤进行, 简单地说, 就是由剩余网络 $D(f)$ 构作分层剩余网络 $AD(f)$, 再在 $AD(f)$ 上寻找 (v_s, v_t) 路并增广.

由 6.5.1 小节中算法的复杂性和最短增广链算法的复杂性可知求 D 中最大流的算法复杂性为 $O(n^2m)$, 其中 n 和 m 分别为 D 的顶点数和弧数.

求 D 中最小流的算法与求 D 中最大流的算法是相似的, 并且算法复杂性也相同.

习 题 6

1. 设 D 是带发点 v_s 和收点 v_t 的容量网络, 证明: D 中存在 (v_s, v_t) 路当且仅当 D 中任何截都是非空的.

2. 设 D 是带发点 v_s 和收点 v_t 的容量网络, 试给出 D 中存在流值为正的可行流的一个充要条件.

3. 用 Ford-Fulkerson 算法求题图 6.1 所示的带发点 v_s 和收点 v_t 的容量网络中最大流和最小截, 其中弧旁数字表示该弧的容量.

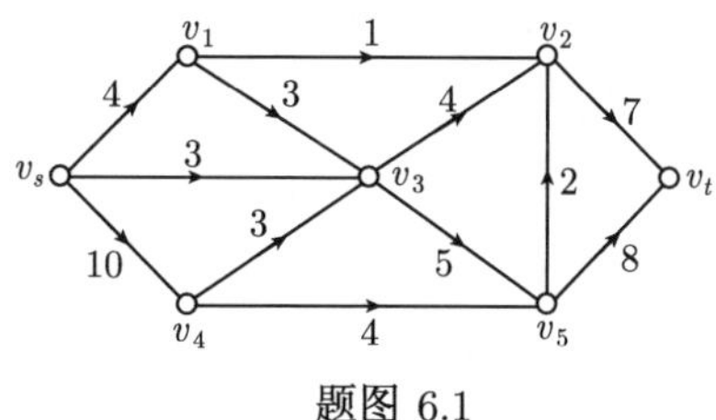

题图 6.1

4. 用最短增广链算法求题图 6.1 所示的容量网络中最大流.

5. 用预流推进算法求题图 6.1 所示的容量网络中最大流.

6. 如果容量网络 $D = (V, A, c)$ 中有 p 个发点 $x_1, x_2, \cdots, x_p$ 和 q 和收点 $y_1, y_2, \cdots, y_q$, 问如何求 D 中从所有发点到所有收点的最大流?

7. 如果带发点和收点的容量网络 D 是一个无向网络, 问如何求 D 中最大流?

8. 设 D 是带发点 v_s 和收点 v_t 的容量网络, 并且 $\forall v_i \in V(D)$, 有顶点容量 $c_i \geqslant 0$, 问如何求 D 中满足约束条件

$$\sum_{v_j \in N^-(v_i)} f_{ji} \leqslant c_i, \forall v_i \in V(D)$$

的流值最大的可行流?

9. 设 D 是带发点 v_s 和收点 v_t 的容量网络, 且每条弧的容量均为 1, 证明:

(1)D 中最大流的流值等于 D 中无公共弧的 (v_s, v_t) 路的最大数目;

(2)D 中最小截的容量等于为使 D 中不再存在 (v_s, v_t) 路所必须删去的弧的最小数目.

10. 设 $D=(V,A,c)$ 为容量网络,X, Y, Z 为 V 的一个划分,$X \neq \varnothing, Y \neq \varnothing.\forall v_i \in X$, 赋一个数 $a(v_i) \geqslant 0; \forall v_j \in Y$, 赋一个数 $b(v_j) \geqslant 0$. 如果函数 $f=\{f_{ij} | (v_i, v_j) \in A\}$ 满足下列条件

$$\sum_{v_j \in N^+(v_i)} f_{ij} - \sum_{v_j \in N^-(v_i)} f_{ji} \begin{cases} \leqslant a(v_i) & v_i \in X, \\ =0, & v_i \in Z, \\ \leqslant -b(v_i), & v_i \in Y, \end{cases}$$

$$0 \leqslant f_{ij} \leqslant c_{ij}, \forall (v_i, v_j) \in A,$$

则称 f 为 D 的相容流 (consistent flow). 证明: D 中存在相容流当且仅当

$$c(S, \bar{S}) \geqslant b(Y \cap \bar{S}) - a(X \cap \bar{S}), \forall S \subseteq V.$$

并请你给出上述结论的一个直观解释.

11. 求题图 6.2 所示的双容量网络中可行循环流, 其中弧旁的前一个数字为下容量, 后一个数字为上容量.

12. 求题图 6.2 所示的双容量网络中从 v_1 到 v_7 的最小流和最大流.

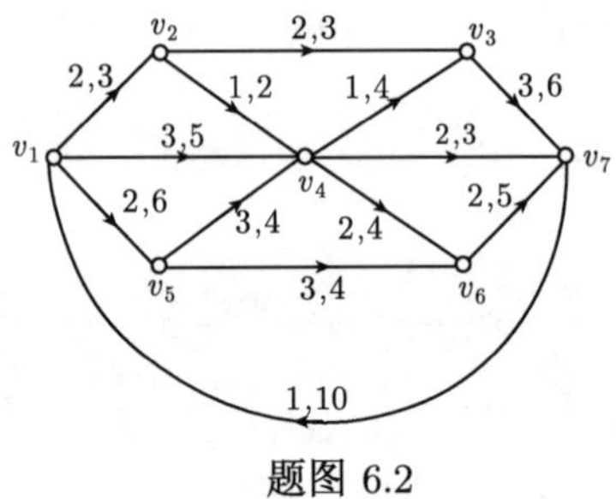

题图 6.2

13. 设 $D=(V,A,l,c)$ 为双容量网络,$D^*=(V^*, A^*, c^*)$ 为 6.5.1 小节中定义的容量网络, 证明:

(1) 定理 6.13 必要性证明中定义的 f^* 为 D^* 的可行流, 且 $v(f^*)=L$;

(2) 定理 6.13 充分性证明中定义的 f 和 D 的可行循环流.

14. 验证 (6.5) 式.

15. 证明定理 6.15.

第 7 章　最小费用流

在第 6 章中, 我们讨论网络流时, 关心的仅仅是流的流值, 并未涉及到流的费用. 显而易见, 费用在许多实际问题中是非常重要的.

本章主要介绍求最小费用流的三个基本算法和求最小费用循环流的状态算法以及最小凸费用流、最小凹费用流.

7.1　负费用回路算法

在 1.5.4 小节中我们定义了带发点 v_s 和收点 v_t 的容量–费用网络 $D=(V,A,c,w)$, 为了讨论的方便, 同第 6 章一样, 在这一章中, 我们不失一般性假设 D 中任意一对顶点之间最多只有一条弧.

设 f 是 D 的一个可行流, 同 6.3 节一样, 可以定义 D 的关于 f 的剩余网络 $D(f)=(V,A(f),c_f,w)$, 其中 $A(f)=A^+(f)\cup A^-(f)$ 和 c_f 的定义与 6.3 节相同; 令

$$\overleftarrow{A}=\{(v_i,v_j)|(v_j,v_i)\in A\},$$

易知 $A\cap\overleftarrow{A}=\varnothing$ 将 A 上的费用 w 扩充到 $A\cup\overleftarrow{A}$ 上, 即 $\forall(v_i,v_j)\in A\cup\overleftarrow{A}$, 定义弧 (v_i,v_j) 的费用

$$w_{ij}=\begin{cases} w_{ij}, & 若(v_i,v_j)\in A,\\ -w_{ji}, & 若(v_i,v_j)\in\overleftarrow{A}.\end{cases}$$

此时 $D(f)$ 也是带发点 v_s 和收点 v_t 的容量–费用网络, 故在 $D(f)$ 上同样定义可行流 $\bar{f}$ 及其流值 $v(\bar{f})$ 和费用 $w(\bar{f})$.

设 f 为 D 的可行流, $\bar{f}$ 为 $D(f)$ 的可行流, $\forall(v_i,v_j)\in A$, 令 $f^*_{ij}=f_{ij}+\bar{f}_{ij}-\bar{f}_{ji}$. 注意: 弧 (v_i,v_j) 和 (v_j,v_i) 在 $D(f)$ 中不一定都存在, $\bar{f}$ 在不存在的那条弧上的流量可视为 0. 不难验证 f^* 是 D 的可行流, 称 f^* 为 f 与 $\bar{f}$ 的和, 记 $f^*=f+\bar{f}$. 容易验证

$$v(f+\bar{f})=v(f)+v(\bar{f}),\tag{7.1}$$

$$w(f+\bar{f})=w(f)+w(\bar{f}).\tag{7.2}$$

反过来, 若 f 和 f^* 是 D 的两个可行流, 则定义如下的 $\bar{f}=\{\bar{f}_{ij}|(v_i,v_j)\in A(f)\}$:

$\forall(v_i,v_j)\in A$, 当 $f_{ij}^*\geqslant f_{ij}$ 时, 令 $\bar{f}_{ij}=f_{ij}^*-f_{ij},\bar{f}_{ji}=0$; 当 $f_{ij}^*<f_{ij}$ 时, 令 $\bar{f}_{ij}=0,\bar{f}_{ji}=f_{ij}-f_{ij}^*$.
可以验证 $\bar{f}$ 是 $D(f)$ 的可行流, 且 $f^*=f+\bar{f}$.

仿照引理 3.4 的证明, 可以推得以下引理。

引理 7.1　每个顶点都至少有一条出弧的有向图中必包含回路. □

设 f 是 D 的一个可行流, 如果 D 中存在一个回路 C 及常数 $K>0$, 使得

$$f_{ij}=\begin{cases}K, & 当(v_i,v_j)\in A(c),\\ 0, & 当(v_i,v_j)\in A\setminus A(c),\end{cases}$$

则称 f 为 D 的圈流 (cycle flow), 记为 f_c. 显然 $v(f_c)=0$.

对于 D 中两个可行流 f_1 和 f_2, 定义 f_1 与 f_2 的和为

$$f=\{f_{ij}^{(1)}+f_{ij}^{(2)}|(v_i,v_j)\in A\}$$

显然 f 是 D 的一个流, 但不一定是 D 的可行流.

引理 7.2　设 f 是 D 上一个流值为 0 的可行流, 且 f 不是零流, 则 f 可以表示为 D 上至多 m 个圈流的和, m 为 D 的弧数.

证明　令 $A'(f)=\{(v_i,v_j)\in A|f_{ij}>0\}$, 由 f 不是零流可知, $A'(f)\neq\varnothing$. 设 D_1 是 D 的由 $A'(f)$ 导出的子网络, 则 $\{f_{ij}|(v_i,v_j)\in A'(f)\}$ 是 D_1 的可行流, 故 D_1 上每个顶点都满足守恒条件, 所以 D_1 中每个顶点至少有一条出弧. 根据引理 7.1, D_1 中存在回路 C_1, 取 $\delta=\min\{f_{ij}|(v_i,v_j)\in A(C_1)\}$, 定义 D 上一个圈流 f_{c_1} 和一个新的可行流 f_1 如下:

$$f_{ij}^{(C_1)}=\begin{cases}\delta, & 若(v_i,v_j)\in A(C_1),\\ 0, & 若(v_i,v_j)\notin A(C_1);\end{cases}$$

$$f_{ij}^{(1)}=\begin{cases}f_{ij}-\delta, & 若(v_i,v_j)\in A(C_1),\\ f_{ij}, & 若(v_i,v_j)\notin A(C_1),\end{cases}$$

显然 $f=f_{c_1}+f_1$, 并且 f_1 至少比 f 多一条流量为 0 的弧. 再考虑 $A'(f_1)=\{(v_i,v_j)\in A|f_{ij}^{(1)}>0\}$ 在 D 中导出子网络 D_2, 重复上述过程, D_2 中含有回路 C_2, 使得 $f_1=f_{c_2}+f_2$, 且可行流 f_2 又至少比 f_1 多一条流量为 0 的弧. 如此继续下去, 至多经过 m 次, 必能得到 $f_{k-1}=f_{C_k}+f_k$, 且 f_k 是零流. 因此

$$f=f_{c_1}+f_{c_2}+\cdots+f_{c_k}.$$ □

设 f 为 D 的可行流, C 为 $D(f)$ 的一个回路, 它必定对应于 D 的一个增广圈 (augmenting cycle), 即可以沿 C 对 f 进行增广, 操作过程如下: 取 $\delta=$

$\min\{c_{ij}(f)|(v_i,v_j)\in A(C)\}$, 则 $\delta>0$. 在 $D(f)$ 上定义一个圈流 f_c, 其中

$$f_{ij}^{(c)}=\begin{cases}\delta, & 若(v_i,v_j)\in A(C),\\ 0, & 若(v_i,v_j)\notin A(C).\end{cases}$$

显然 $w(f_c)=\delta\cdot w(C)$. 于是由 (7.1) 和 (7.2) 两式有

$$v(f+f_c)=v(f)+v(f_c)=v(f),$$
$$w(f+f_c)=w(f)+w(f_c)=w(f)+\delta\cdot w(C),$$

这样就得到 D 中流值仍为 $v(f)$ 的可行流 $f+f_c$. 由此可见, 只要 $w(C)<0$(此时称 C 为 $D(f)$ 中负费用回路 (negative cost circuit), 简称为负回路), 则把 f 沿 C 增广就可以获得 D 中流值不变但费用更小的可行流. 因而 D 中流值为 v_0 的可行流 f 为 D 中最小费用流的必要条件是 $D(f)$ 中不含负回路. 下面的定理说明这也是一个充分条件.

定理 7.3 设 f 是 D 中流值为 v_0 的可行流, 则 f 是 D 中最小费用流当且仅当 $D(f)$ 中不含负回路.

证明 只需证明充分性. 假设 $D(f)$ 不含负回路,f^* 是 D 中任意一个流值为 v_0 的可行流, 且 $f^*\neq f$. 根据前面的讨论, $D(f)$ 中存在可行流 $\bar{f}$, 使得 $f^*=f+\bar{f}$, 则 $\bar{f}$ 不是零流, 且 $v(\bar{f})=v(f^*)-v(f)=0$, 从而由引理 7.2 知

$$\bar{f}=f_{c_1}+f_{c_2}+\cdots+f_{c_k},$$

其中 f_{c_i} 是 $D(f)$ 中圈流,$i=1,2,\cdots,k$. 因此 $w(\bar{f})=\sum\limits_{i=1}^{k}w(f_{c_i})$. 又由 $D(f)$ 不含负回路可知, $w(f_{c_i})\geqslant 0, i=1,2,\cdots,k$, 从而 $w(f^*)=w(f)+w(\bar{f})\geqslant w(f)$, 即 f 是 D 中最小费用流. □

根据定理 7.3, 我们得到求最小费用流的一个算法, 这是由 Klein(1967) 首先提出的, 习惯上称之为负费用回路算法.

Step1 *在 D 中应用第 6 章的最大流算法, 或者求出流值为 v_0 的可行流 f, 转 Step2; 或者判定 D 中不存在流值为 v_0 的可行流, 停止.*

Step2 *构造剩余网络 $D(f)$, 并用 5.7 节中的算法在 $D(f)$ 中检测负回路. 如果不存在负回路, 结束,f 是 D 中最小费用流; 否则, 在 $D(f)$ 中找到一个负回路 C, 转 Step3.*

Step3 *沿 C 对 f 增广, 得到 D 中一个新的可行流 f, 转 Step2.*

例 7.1 求图 7.1(a) 所示的网络 D 中流值为 4 的最小费用流, 其中每条弧旁的前一个数字表示容量, 后一个数字表示单位费用.

解 首先求出 D 中流值为 4 的可行流 f_1, 见图 7.1(b); 再构造剩余网络 $D(f_1)$, 见图 7.1(c).

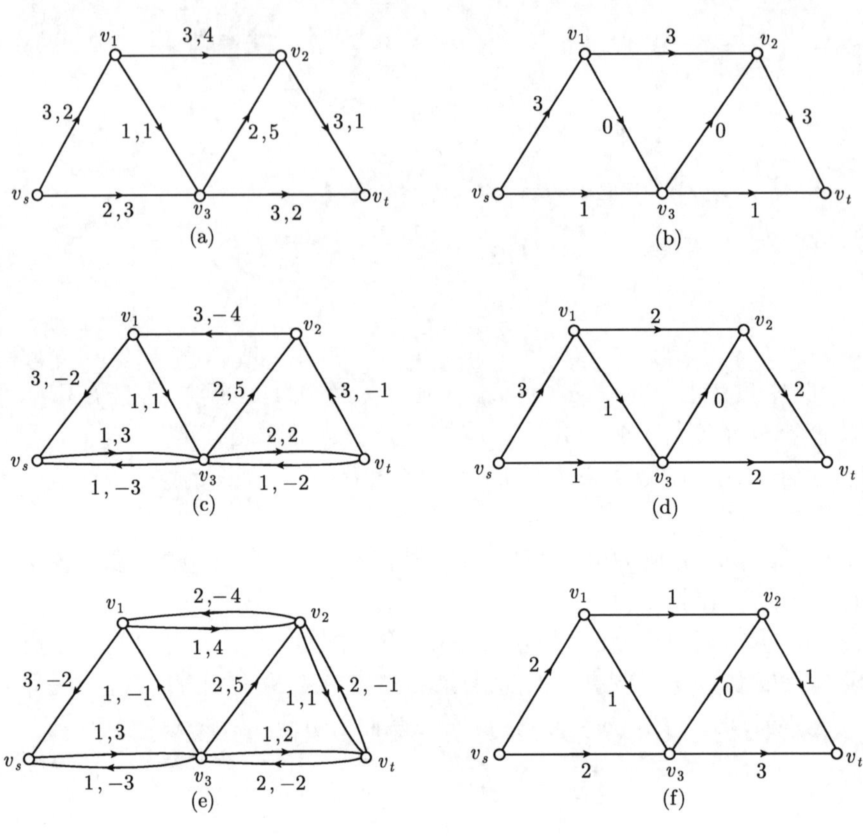

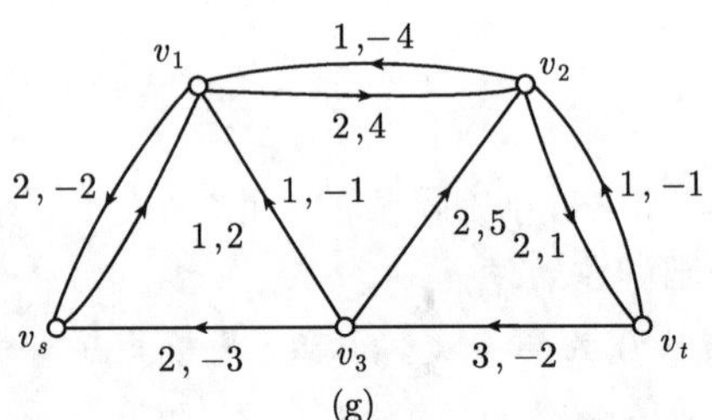

图 7.1　负回路算法的例子 (例 7.1)

找到 $D(f_1)$ 中负回路 $v_1v_3v_tv_2v_1$, 对 f_1 进行增广, 得到 f_2, 见图 7.1(d). 构造剩余网络 $D(f_2)$, 见图 7.1(e).

找到 $D(f_2)$ 中负回路 $v_sv_3v_tv_2v_1v_s$, 对 f_2 进行增广, 得到 f_3, 见图 7.1(f). 构造剩余网络 $D(f_3)$, 见图 7.1(g).

$D(f_3)$ 中不存在负回路, 因此 f_3 是 D 的最小费用流. □

负费用回路算法的复杂性估计. 设 n 和 m 分别为 D 的顶点数和弧数. Step1 如

果应用最短增广链算法求 D 中流值为 v_0 的可行流, 则 Step1 的复杂性为 $O(n^2m)$; Step2 如采用 5.7 节中 Ford 算法寻找负回路, 其复杂性为 $O(nm)$. 假设所有的数据均为整数, 用 $c_{\max}$ 和 $w_{\max}$ 分别表示 D 中所有弧容量的最大值和所有弧单位费用的最大值. 因为 D 中任何可行流的费用不会超过 $mc_{\max}w_{\max}$, 而每次沿负回路增广至少使流的费用下降一个单位, 所以 Step2 和 Step3 至多循环 $mc_{\max}w_{\max}$ 次, 因此, 负费用回路算法的复杂性为 $O(nm^2c_{\max}w_{\max})$.

7.2 最小费用路算法

7.1 节介绍的负费用回路算法是由带发点 v_s 和收点 v_t 的容量–费用网络 $D=(V,A,c,w)$ 中流值为 v_0 的一个可行流, 通过沿负回路增广得到 D 中另一个流值仍为 v_0 的可行流, 从而降低可行流的费用, 直到获得流值为 v_0 且费用最小的可行流. 我们也可以由 D 中流值小于 v_0 且费用最小的可行流, 通过沿增广链增广得到另一个流值增加且费用最小的可行流, 直到获得流值等于 v_0 且费用最小的可行流, 即最小费用流. 为了得到流值增加且费用最小的另一个可行流, 一个很自然的想法是沿费用最小的增广链增广, 即沿剩余网络中费用最小的 (v_s,v_t) 路增广. 这样增广是否一定能达到目的呢? 下面的定理作了肯定的回答.

定理 7.4 设 f 是 D 中流值为 $\bar{v}$ 的最小费用流,P 是剩余网络 $D(f)$ 中费用最小的 (v_s,v_t) 路 (简称为最小费用路 (minimum cost path)), δ 是 P 的容量,$0\leqslant\theta\leqslant\delta$, $\bar{f}$ 是定义在 $D(f)$ 的路 P 上流值为 θ 的可行流, 即

$$\bar{f}_{ij}=\begin{cases}\theta, & 若(v_i,v_j)\in A(P),\\ 0, & 若(v_i,v_j)\notin A(P),\end{cases}$$

则 $f+\bar{f}$ 是 D 中流值为 $\bar{v}+\theta$ 的最小费用流.

为了证明这个定理, 先证明一个引理.

引理 7.5 设 $\tilde{D}$ 是不含弧立点的有向图, $v_s,v_t\in V\tilde{D})$, 并且 v_s 的出弧比入弧多一条,v_t 的入弧比出弧多一条，其他顶点的入弧与出弧条数相等, 则 $\tilde{D}$ 可以表示为一条 (v_s,v_t) 路与若干个回路的和.

证明 从顶点 v_s 出发, 沿一条出弧走向另一个顶点, 因为除 v_s 和 v_t 外, 其余顶点的入弧与出弧的条数相等, 所以, 以后每达到一个顶点后, 总可以沿一条没走过的出弧到达另一个顶点. 按此走法, 每条弧只能经过一次, 最后必然会因没有可走的出弧而停止, 从而最终将走到 v_t 而停止. 所有走过的顶点和弧构成了一条有向 (v_s,v_t) 迹 $W.W$ 可以表示为一条 (v_s,v_t) 路 P 与若干个回路 $C_1,C_2,\cdots,C_j$ 的和. 设 D' 是 $\tilde{D}$ 的由 $A(\tilde{D})\setminus A(W)$ 导出的子图, 则 D' 中任何顶点至少有一条出弧, 并且出弧和入弧的条数相等, 反复应用引理 7.1, D' 可以表示为若干个回路

$C_{j+1}, C_{j+2}, \cdots, C_k$ 的和. 因此

$$\tilde{D} = P + C_1 + C_2 + \cdots + C_k. \qquad \square$$

定理 7.4 的证明　易知 $f + \tilde{f}$ 是 D 中流值为 $\bar{v} + \theta$ 的可行流. 考虑剩余网络 $D(f + \bar{f})$, 则 $A(f + \bar{f}) \setminus A(f)$ 中的弧只能是一些与 P 上弧的端点相同而方向相反的弧.

假设 $f + \bar{f}$ 不是最小费用流, 由定理 7.3 知, $D(f + \bar{f})$ 中必含有负回路 C. 因为 f 是 D 中流值为 $\bar{v}$ 的最小费用流, 所以 C 一定含有若干条 $A(f + \bar{f}) \setminus A(f)$ 中的弧 $(v_{i_1}, v_{j_1}), (v_{i_2}, v_{j_2}), \cdots, (v_{i_l}, v_{j_l})$, 它们对应 P 上的弧 $(v_{j_1}, v_{i_1}), (v_{j_2}, v_{i_2}), \cdots, (v_{j_l}, v_{i_l})$, 把这 $2l$ 条弧的集合记为 A_1. 构造有向图 D_1 : 顶点集为 $V(P) \cup V(C)$, 弧集为 $V(P)$ 与 $V(C)$ 合并而成, 此时 D_1 中可能有重弧, 并且在 D_1 中, v_s 的出弧比入弧多一条, v_t 的入弧比出弧多一条, 其余各顶点的入弧与出弧的条数相等. 在 D_1 中先去掉弧集 A_1, 再去掉弧立点, 得到的图记为 $\tilde{D}$, 则由 A_1 的定义可知, $\tilde{D}$ 满足引理 7.5 的条件, 所以

$$\tilde{D} = P^* + C_1 + C_2 + \cdots + C_k,$$

其中 P^* 是 $D(f)$ 中 (v_s, v_t) 路, C_i 是 $D(f)$ 的回路, 从而 $w(C_i) \geqslant 0, i = 1, 2, \cdots, k$. 由于 $w(A_1) = 0, w(D_1) = w(P) + w(C), w(C) < 0$, 因此, $w(P^*) < w(P)$, 这与 P 是 $D(f)$ 中最小费用路矛盾, 所以 $f + \bar{f}$ 为最小费用流. $\square$

根据这个定理, 可以得到求最小费用流的另一个算法 —— 最小费用路算法, 这是由 Busack 和 Gowen(1961) 提出的, 具体步骤如下:

Step0　*取零流 f 为初始可行流.*

Step1　*若 $v(f) = v_0$, 结束,f 为 D 中流值为 v_0 的最小费用流; 否则转* Step2.

Step2　*构造剩余网络 $D(f)$. 若 $D(f)$ 中不存在 (v_s, v_t) 路, 停止, D 中没有流值为 v_0 的可行流; 否则, 在 $D(f)$ 中找一条最小费用路 P, 转* Step3.

Step3　*令 $\theta = \min\{c_f(P), v_0 - v(f)\}$. 把 f 沿 P 增广流值 θ, 得到新的可行流 f, 转* Step1

例 7.2　用最小费用路算法求图 7.1(a) 所示的网络 D 中流值为 4 的最小费用流.

解　从零流 f_0 开始, 剩余网络 $D(f_0) = D.D$ 中最小费用路为 $v_s v_3 v_t$, 对 f_0 进行增广, 得到 f_1, 见图 7.2(a). 构造剩余网络 $D(f_1)$, 见图 7.2(b).

$D(f_1)$ 中最小费用路为 $v_s v_1 v_3 v_t$, 对 f_1 进行增广得到 f_2, 见图 7.2(c). 构造剩余网络 $D(f_2)$, 见图 7.2(d).

$D(f_2)$ 中最小费用路为 $v_s v_1 v_2 v_t$, 此时只需对 f_2 增广 1 个单位的流值, 得到流值为 4 的最小费用流 f_3, 见图 7.2(e)　$\square$

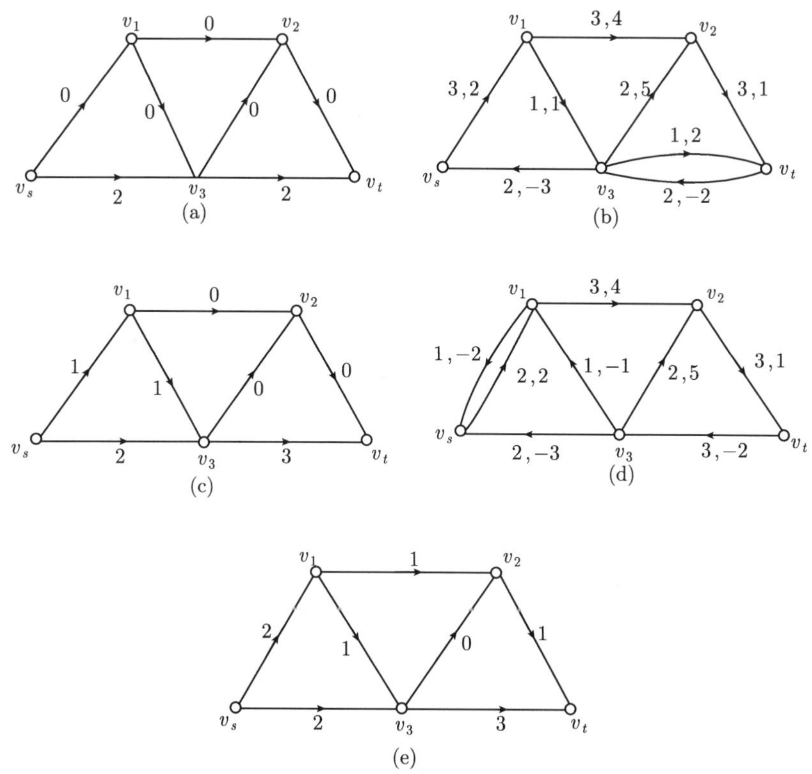

图 7.2 最小费用路算法的例子 (例 7.2)

最小费用路算法的复杂性估计. 设 D 的顶点数为 n, 弧数为 m, 并且假设 D 中所有弧容量及 v_0 均为整数. 在算法的执行过程中, 每次增广的流值至少为 1, 因此最多经过 v_0 次增广, 或者判定 D 中不存在流值为 v_0 的可行流, 或者求出 D 中流值为 v_0 的最小费用流. 所以 Step1~Step3 的循环次数不超过 v_0. Step2 中求最小费用路线可以应用 5.5 节中 Ford 算法, 其复杂性为 $O(nm)$. Step3 中沿最小费用路对流进行增广的计算量为 $O(n)$. 由此可知, 最小费用路算法的复杂性为 $O(nmv_0)$. 一般来说, 最小费用路算法好于负费用回路算法.

下面我们来讨论与最小费用流相关联的两个问题.

(1) 最小费用最大流问题

所谓最小费用最大流 (minimum cost maximum flow) 问题就是在带发点 v_s 和收点 v_t 的容量–费用网络 $D=(V,A,c,w)$ 中求一个费用最小的最大流.

根据定理 7.4, 只要把最小费用路算法作一些改动, 就可以得到求最小费用最大流的算法, 具体步骤如下:

Step0 取零流 f 作为初始可行流.

Step1　构造剩余网络 $D(f)$. 若 $D(f)$ 中不存在 (v_s, v_t) 路, 结束, f 为 D 中最小费用最大流; 否则, 在 $D(f)$ 中找一条最小费用路 P, 转 Step2.

Step2　沿 P 对 f 进行增广得到新的可行流 f, 转 Step1.

例 7.3　求图 7.1(a) 所示的网络 D 中最小费用最大流.

解　从零流 f_0 开始, 找 D 中最小费用路 $v_sv_3v_t$, 对 f_0 进行增广, 得到 f_1, 见图 7.3(a). 构造剩余网络 $D(f_1)$, 见图 7.3(b).

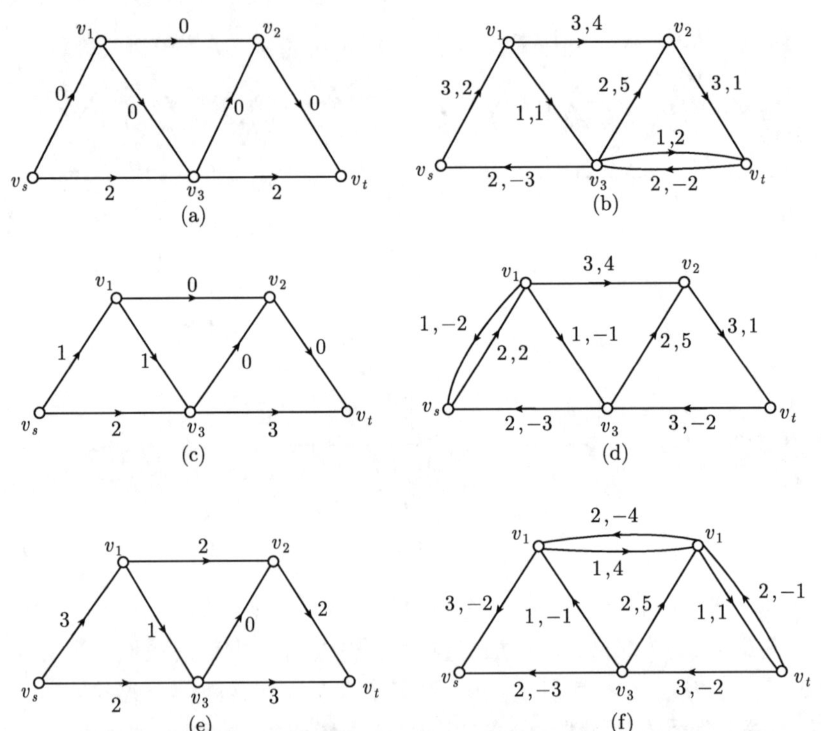

图 7.3　求最小费用最大流的例子 (例 7.3)

$D(f_1)$ 中最小费用路为 $v_sv_1v_3v_t$, 对 f_1 进行增广得到 f_2, 见图 7.3(c). 构造剩余网络 $D(f_2)$, 见图 7.3(d).

$D(f_2)$ 中最小费用路为 $v_sv_1v_2v_t$, 对 f_2 进行增广得到 f_3, 见图 7.3(e). 构造剩余网络 $D(f_3)$, 见图 7.3(f).

因为 $D(f_3)$ 中不存在 (v_s, v_t) 路, 所以 f_3 是 D 中最小费用最大流. □

(2) 预算固定的最大流问题

给定带发点 v_s 和收点 v_t 的容量–费用网络 $D = (V, A, c, w)$ 及常数 $w_0 \geqslant 0$, 求 D 中费用不超过 w_0 的最大流, 这就是预算固定的最大流 (maximum flow with a given budget) 问题.

同样只要对最小费用路算法作相应的修改就能得到求预算固定的最大流的一个算法, 具体步骤如下:

Step0 取零流 f 作为初始可行流.

Step1 构造剩余网络 $D(f)$. 若 $D(f)$ 中不存在 (v_s, v_t) 路, 转 Step4; 否则, 在 $D(f)$ 中找一条最小费用路 P, 转 Step2.

Step2 若 $w(P) \leqslant 0$, 沿 P 对 f 增广得到新的可行流 f, 转 Step1; 否则, 令 $\theta = (w_0 - w(f))/w(P)$, 转 Step3.

Step3 若 $\theta > c_f(P)$, 沿 P 对 f 增广得到新的可行流 f, 转 Step1; 否则, 沿 P 对 f 增广流值 θ, 得到新的可行流 f, 转 Step4.

Step4 结束, f 是 D 中费用不超过 w_0 的最大流.

例 7.4 求图 7.1(a) 所示的网络 D 中费用不超过 12 的最大流.

解 从零流 f_0 开始, 找 D 中最小费用路 $v_sv_3v_t$, 它的容量为 2, 费用为 5, 从而 $\theta = 2.4$. 对 f_0 增广得到 f_1, 见图 7.4(a), $w(f_1) = 10$. 构造剩余网络 $D(f_1)$, 见图 7.4(b).

$D(f_1)$ 中最小费用路为 $v_sv_1v_3v_t$, 其容量为 1, 费用为 5, 故 $\theta = 0.4$. 对 f_1 增广流值 0.4, 得到 f_2, 见图 7.4(c). 此时 f_2 是 D 中费用不超过 12 的最大流. □

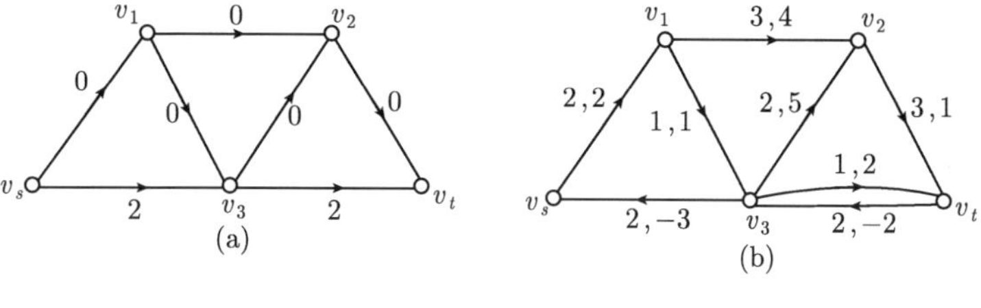

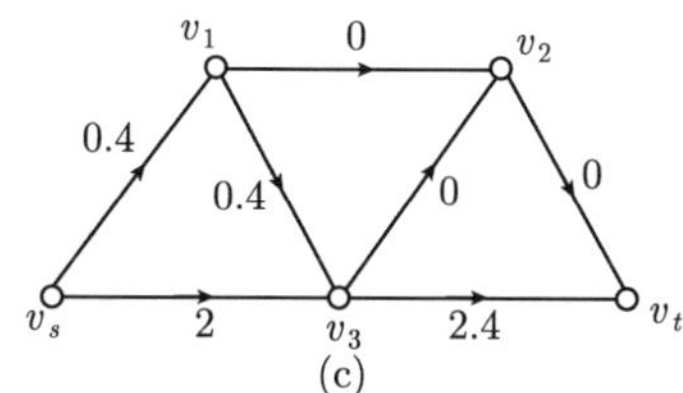

图 7.4 求预算固定的最大流的例子 (例 7.4)

上述两个算法的复杂性估计. 与求最大流的 Ford-Fulkerson 算法相同, 这两个算法中增广的次数均不会超过 $nc_{\max}$, 而找一条最下费用路的复杂性为 $O(nm)$, 因此这两个算法的复杂性均为 $O(n^2mc_{\max})$, 这里 n 为 D 的顶点数, m 为弧数, $c_{\max}$ 为 D 中所有弧容量的最大值.

7.3　原始–对偶算法

7.1 节和 7.2 节介绍的求最小费用流的两个算法都是从纯图论的角度提出来的, 显然我们也可以从最小费用流问题的线性规划模型出发, 应用线性规划的算法思想, 给出求最小费用流的算法.

设 $D=(V,A,c,w)$ 是带发点 v_s 和收点 v_t 的容量–费用网络, 常数 $v_0\geqslant 0$, 则 D 中最小费用流问题的线性规划模型为

$$\begin{cases}\min \displaystyle\sum_{(v_i,v_j)\in A} w_{ij}f_{ij} \\ \text{s.t.} \displaystyle\sum_{v_j\in N^+(v_s)} f_{sj}-\sum_{v_j\in N^-(v_s)} f_{js}=v_0 & (7.3)\\ \displaystyle\sum_{v_j\in N^+(v_t)} f_{tj}-\sum_{v_j\in N^-(v_t)} f_{js}=-v_0 & (7.4)\\ \displaystyle\sum_{v_j\in N^+(v_i)} f_{ij}-\sum_{v_j\in N^-(v_i)} f_{ji}=0,\forall v_i\in V\setminus\{v_s,v_t\} & (7.5)\\ 0\leqslant f_{ij}\leqslant c_{ij},\forall(v_i,v_j)\in A & (7.6)\end{cases}$$

根据 4.1 节的讨论, 上述线性规划问题的对偶问题为

$$\begin{cases}\max\ (v_0\pi_t-v_0\pi_s-\displaystyle\sum_{(v_i,v_j)\in A} c_{ij}\gamma_{ij}) \\ \text{s.t.}\quad \pi_j-\pi_i-\gamma_{ij}\leqslant w_{ij},\forall(v_i,v_j)\in A & (7.7)\\ \gamma_{ij}\geqslant 0,\forall(v_i,v_j)\in A & (7.8)\end{cases}$$

$\forall v_i\in A,\pi_i$ 称为顶点 v_i 的位势 (potential).

根据定理 4.5, 满足 (7.3)~(7.6) 式的一组 $\{f_{ij}\}$ 和满足 (7.7)~(7.8) 式的一组 $\{\pi_i,\gamma_{ij}\}$ 分别为原问题和对偶问题的最优解, 当且仅当下面两个互补松弛条件同时成立:

$$\pi_j-\pi_i-\gamma_{ij}<w_{ij}\Rightarrow f_{ij}=0, \tag{7.9}$$

$$\gamma_{ij}>0\Rightarrow f_{ij}=c_{ij}. \tag{7.10}$$

由于对偶变量 π_i 无限制, 因此, 可以任意给定一组数 $\{\pi_i\}$, 若令

$$\gamma_{ij}=\max\{0,\pi_j-\pi_i-w_{ij}\},\forall(v_i,v_j)\in A, \tag{7.11}$$

则 $\{\pi_i,\gamma_{ij}\}$ 显然满足 (7.7) 和 (7.8) 两式, 即为对偶问题的可行解.

根据 (7.11) 式, 容易证明: 互补松弛条件 (7.9) 式等价于

$$\pi_j-\pi_i<w_{ij}\Rightarrow f_{ij}=0; \tag{7.12}$$

互补松弛条件 (7.10) 式等价于

$$\pi_j - \pi_i > w_{ij} \Rightarrow f_{ij} = c_{ij}. \tag{7.13}$$

于是我们有下面的定理.

定理 7.6 如果 $\{f_{ij}\}$ 和 $\{\pi_i\}$ 满足 (7.3)~(7.6) 式和 (7.12)~(7.13) 式, 则 $\{f_{ij}\}$ 是 D 中流值为 v_0 的最小费用流. □

用数学规划的观点看, 7.1 节中的负费用回路算法是原始算法 (primal method), 而 7.2 节中的最小费用路算法是对偶算法 (dual method). 下面给出求最小费用流的原始–对偶算法, 它的基本思想是: 开始给每个顶点 v_i 一个位势 $\pi_i = 0; \forall (v_i, v_j) \in A$, 令 $f_{ij} = 0$, 则零流 $f = \{f_{ij}\}$ 满足 (7.5) 式和 (7.6) 式, 并且由

$$\pi_j - \pi_i \leqslant w_{ij}, f_{ij} = 0, \forall (v_i, v_j) \in A$$

可知, $\{f_{ij}\}$ 和 $\{\pi_i\}$ 满足 (7.12) 和 (7.13) 两式. 但是零流 f 可能不满足 (7.3) 和 (7.4) 两式, 即可能有 $v(f) < v_0$. 如果 $v(f) < v_0$, 则为了得到流值为 v_0 的最小费用流, 必须增加流值, 且使流值增加之后的新流仍满足 (7.5) 和 (7.6) 两式, 同时让 (7.12) 和 (7.13) 两式继续成立. 为此, 增加流值的方法是: 以满足 $\pi_j - \pi_i = w_{ij}$ 和 $f_{ij} < c_{ij}$ 的弧为前向弧, 以满足 $\pi_j - \pi_i = w_{ij}$ 和 $f_{ij} > 0$ 的弧为后向弧, 寻找 f 增广链. 简单地说, 沿满足 $\pi_j - \pi = w_{ij}$ 的弧寻找 f 增广链, 如果找不到这样的 f 增广链, 则修改顶点的位势 $\{\pi_i\}$, 以便让更多的弧满足 $\pi_j - \pi_i = w_{ij}$, 从而找到这样的增广链.

为寻找 f 增广链, 同样构造剩余网络 $D(f) = (V, A(f), c_f, w)$, 再根据位势 $\{\pi_i\}$ 把 $D(f)$ 中费用 w 修改为 w_π, 其中

$$w_{ij}^{\pi} = \pi_i - \pi_j + w_{ij}, \forall (v_i, v_j) \in A(f),$$

得到一个新的网络 $D(f, \pi) = (V, A(f), c_f, w_\pi)$. 根据 w_π 的定义, 容易得出下面的性质:

(1) 若 C 为 $D(f)$ 中一个回路, 则 $w_\pi(C) = w(C)$;

(2) 若 P 为 $D(f)$ 中一条 (v_p, v_q) 路, 则 $w_\pi(P) = w(P) + \pi_p - \pi_q$;

(3)$\forall (v_i, v_j) \in A^+(f)$, 则 $\pi_j - \pi_i = w_{ij}$ 当且仅当 $w_{ij}^{\pi} = 0; \forall (v_j, v_i) \in A^-(f)$, 则 $\pi_j - \pi_i = w_{ij}$ 当且仅当 $w_{ji}^{\pi} = 0$.

因此, D 中由满足 $\pi_j - \pi_i = w_{ij}$ 的弧组成的 f 增广链等价于 $D(f, \pi)$ 中由满足 $w_{ij}^{\pi} = 0$ 的弧组成的 (v_s, v_t) 路, 若记 $D'(f, \pi)$ 是由 $D(f, \pi)$ 中删去 $w_{ij}^{\pi} \neq 0$ 的弧 (v_i, v_j) 得到的网络, 则它又等价于 $D'(f, \pi)$ 中的 (v_s, v_t) 路.

顶点位势的修改方法是,$\forall v_i \in V$, 把它的位势 π_i 修改为 $\pi_i' = \pi_i + d(i)$, 这里 $d(i)$ 是 $D(f, \pi)$ 中关于 w_π 的最短 (v_s, v_i) 路的权.

现在给出求最小费用流的原始–对偶算法的具体步骤, 它是综合 Ford 和 Fulkerson(1957) 及 Edmonds 和 Karp(1972) 各自提出的算法而成的.

Step0 $\forall v_i \in V$, 令 $\pi_i = 0$; $\forall (v_i, v_j) \in A$, 令 $f_{ij} = 0$.

Step1 若 $v_0 = v(f)$, 则 f 为最小费用流; 否则转 Step2.

Step2 构造网络 $D(f,\pi)$.$\forall v_i \in V$, 求出 $D(f,\pi)$ 中关于 w_π 的最短 (v_s, v_i) 路的权 $d(i)$, 并令 $\pi_i := \pi_i + d(i)$.

Step3 根据新的位势修改 $D(f,\pi)$ 中费用 w_π, 再删去 $D(f,\pi)$ 中 $w_{ij}^\pi \neq 0$ 的弧 (v_i, v_j) 得到 $D'(f,\pi)$, 计算 $D'(f,\pi)$ 中最大流. 若最大流的流值为 0, 即 $D'(f\pi)$ 中不存在 (v_s, v_t) 路, 停止, D 中不存在流值为 v_0 的可行流; 否则转 Step4.

Step4 沿最大流确定的 (v_s, v_t) 路对 f 进行增广 (增广后的流值不能超过 v_0), 转 Step1.

下面的定理保证了算法的正确性.

定理 7.7 (1)D 中所有弧都满足互补松弛条件 (7.12) 和 (7.13) 两式当且仅当 $\forall (v_i, v_j) \in A(f)$, 有 $w_{ij}^\pi \geqslant 0$.

(2) 在算法的执行过程中, D 中所有弧始终满足互补松弛条件 (7.12) 和 (7.13) 两式.

(3) 若 $D(f,\pi)$ 中存在 (v_s, v_k) 路, 则在顶点位势 $\{\pi_i\}$ 修改为 $\{\pi_i'\}$ 之后, $D'(f',\pi')$ 中也存在 (v_s, v_k) 路.

证明 (1) 若有 $(v_i, v_j) \in A^+(f)$, 使 $w_{ij}^\pi < 0$, 则 $f_{ij} < c_{ij}$, 且 $w_{ij}^\pi = \pi_i - \pi_j + w_{ij} < 0$, 即 $\pi_j - \pi_i > w_{ij}$, 从而弧 (v_i, v_j) 不满足 (7.13) 式. 若有 $(v_j, v_i) \in A^-(f)$, 使 $w_{ji}^\pi < 0$, 则 $f_{ij} > 0$, 且 $w_{ji}^\pi = \pi_j - \pi_i - w_{ij} < 0$, 即 $\pi_j - \pi_i < w_{ij}$, 从而弧 (v_i, v_j) 不满足 (7.12) 式.

反之, 若有 $(v_i, v_j) \in A$, 不满足 (7.12) 式, 即有 $\pi_j - \pi_i < w_{ij}$, 但 $f_{ij} > 0$, 则 $(v_j, v_i) \in A^-(f)$, 且 $w_{ji}^\pi = \pi_j - \pi_i - w_{ij} < 0$. 若有 $(v_i, v_j) \in A$, 不满足 (7.13) 式, 即有 $\pi_j - \pi_i > w_{ij}$, 但 $f_{ij} < c_{ij}$, 则 $(v_i, v_j) \in A^+(f)$, 且 $w_{ij}^\pi = \pi_i - \pi_j + w_{ij} < 0$.

综上所述, (1) 得证.

(2) 算法开始时,D 中所有弧都满足 (7.12) 和 (7.13) 两式. 由于 f 是沿满足 $\pi_j - \pi_i = w_{ij}$ 的弧增广为新的可行流 f', 因此, 若 f 和 π 使 D 中所有弧都满足 (7.12) 和 (7.13) 两式, 则 f' 和 π 也使 D 中所有弧都满足.

设为势 $\{\pi_i\}$ 修改为 $\{\pi_i'\}$: $\pi_i' = \pi_i + d(i)$, 若 f 和 π 使 D 中所有弧都满足 (7.12) 和 (7.13) 两式, 则由 (1) 知, $\forall (v_i, v_j) \in A(f)$, 有 $w_{ij}^\pi \geqslant 0$, 即 $D(f,\pi)$ 中不含关于 w_π 的负回路, 于是由最短方程 (5.8) 可知

$$d(j) - d(i) \leqslant w_{ij}^\pi = \pi_i - \pi_j + w_{ij}, \forall (v_i, v_j) \in A(f),$$

从而

$$w_{ij}^{\pi'} = \pi_i' - \pi_j' + w_{ij} \geqslant 0, \forall (v_i, v_j) \in A(f),$$

根据 (1), f 和 π' 也使 D 中所有弧都满足 (7.12) 和 (7.13) 两式.

这就证明了 (2).

(3) 设弧 (v_i, v_j) 是 $D(f,\pi)$ 中关于 w_π 的最短 (v_s, v_k) 路 P 上任意一条弧, 因为由 (1) 和 (2) 可知, $D(f,\pi)$ 中每条弧 (v_p, v_q) 的权 $w_{pq}^{\pi} \geqslant 0$, 所以由定理 5.1, 有

$$d(j) - d(i) = w_{ij}^{\pi} = \pi_i - \pi_j + w_{ij},$$

从而

$$w_{ij}^{\pi'} = (\pi_i + d(i)) - (\pi_j + d(j)) + w_{ij} = 0,$$

即知弧 (v_i, v_j) 属于 $D'(f,\pi')$. 这表明 P 是 $D'(f,\pi')$ 中 (v_s, v_k) 路. 即知 (3) 得证.

□

根据定理 7.7(3), 当算法在 Step3 结束时, $D(f,\pi)$ 中必不存在 (v_s, v_t) 路, 即剩余网络 $D(f)$ 中不存在 (v_s, v_t) 路, 从而 D 中不存在 f 增广链, 即知 D 中不存在流值超过 $v(f)$ 的可行流, 故 D 中不存在流值为 v_0 的可行流. 又由定理 7.7(2) 知, 在算法的执行过程中, (7.12) 和 (7.13) 两式一直是满足的, 因此根据定理 7.6, 当算法在 Step1 结束时, f 必定是 D 中流值为 v_0 的最小费用流.

顺便指出下面两点:

(1)$D(f,\pi)$ 中关于 w_π 的最短 (v_s, v_i) 路 P^* 必定是 $D(f)$ 中关于 w 的最短 (v_s, v_i) 路, 且 $w(P^*) = w_\pi(P^*) + \pi_i$, 即修改后的位势 π_i' 是 $D(f)$ 中关于 w 的最短 (v_s, v_i) 路的权.

这是因为, 对于 $D(f)$ 中任何 (v_s, v_i) 路 P, 由性质 (2) 有

$$w_\pi(P) = w(P) + \pi_s - \pi_i,$$

特别地,

$$w_\pi(P^*) = w(P^*) + \pi_s - \pi_i,$$

且 $\pi_s = 0$, 故由 $w_\pi(P^*) \leqslant w_\pi$ 知,$w(P^*) \leqslant w(P)$. 而 $w(P^*) = w_\pi(P^*) + \pi_i = d(i) + \pi_i = \pi_i'$ 是显然的.

我们注意到 $D'(f,\pi)$ 是 $D(f,\pi)$ 的子网络, 并且 $D(f,\pi)$ 中所有 $w_{ij}^{\pi} \geqslant 0, D'(f,\pi)$ 中所有 $w_{ij}^{\pi} = 0$, 因此 $D'(f,\pi)$ 中任何一条 (v_s, v_t) 路都是 $D(f,\pi)$ 中关于 w_π 的最短 (v_s, v_t) 路, 从而是 $D(f)$ 中关于 w 的最短 (v_s, v_t) 路, 所以原始–对偶算法每次也是沿最小费用路增广.

(2) 设 f' 是由 f 沿 $D'(f,\pi)$ 中 (v_s, v_t) 路 P 增广后得到的可行流, 如果 $D(f,\pi)$ 中不存在 (v_s, v_i) 路, 则 $D(f',\pi)$ 中也不存在 (v_s, v_i) 路.

事实上, 记 $S=\{v_p\in V|D(f,\pi)$ 中不存在 (v_p,v_i) 路 $\}$, 则 $v_s\in S, v_i\in \bar{S}=V\backslash S$. 再令

$$(S,\bar{S})=\{(v_p,v_q)|v_p\in S, v_q\in \bar{S},\text{且}v_p\text{与}v_q\text{在}D\text{中相邻}\}.$$

我们断言: $\forall(v_p,v_q)\in(S,\bar{S})$, 有 $(v_p,v_q)\notin A(f),(v_q,v_p)\notin A(P)$. 这是因为, 若 $(v_p,v_q)\in A(f)$, 则由 $v_q\in\bar{S}$ 知, $D(f,\pi)$ 中存在 (v_q,v_i) 路, 从而 $D(f,\pi)$ 中存在 (v_p,v_i) 路, 与 $v_p\in S$ 矛盾; 若 $(v_q,v_p)\in A(P)$, 设 v_k 是 P 上第一个属于 $\bar{S}$ 的顶点,(v_j,v_k) 是 P 是一条弧, 则 $(v_j,v_k)\in(S,\bar{S})$, 且 $(v_j,v_k)\in A(P)\subseteq A(f)$, 此与前述矛盾. 这个断言说明, $\forall(v_p,v_q)\in(S,\bar{S}), f$ 沿 P 增广并不改变顶点 v_p 与 v_q 之间的弧流量. 当 $(v_p,v_q)\in A$ 时, $f'_{pq}=f_{pq}=c_{pq}$, 故 $(v_p,v_q)\notin A(f')$; 当 $(v_p,v_q)\notin A$ 时, 由 $(v_p,v_q)\in(S,\bar{S})$ 知,$(v_q,v_p)\in A$, 故 $f'_{qp}=f_{qp}=0$, 即 $(v_p,v_q)\notin A(f')$. 因此 $\forall(v_p,v_q)\in(S,\bar{S})$, 有 $(v_p,v_q)\notin A(f')$. 这表明 $D(f',\pi)$ 中不存在 (v_s,v_i) 路.

根据这一点和定理 7.7(3), 如果算法的 Step2 中某个 $d(i)=\infty$, 即 $D(f\pi)$ 中不存在 (v_s,v_i) 路, 则在以后的剩余网络中再也不会存在 (v_s,v_i) 路, 此时可以删去顶点 v_i. 从而算法中所有顶点的位势都是有限的.

例 7.5　用原始–对偶算法求图 7.1(a) 所示的网络 D 中流值为 4 的最小费用流.

解　令 $\pi_i=0(\forall v_i\in V), f_0$ 为零流, 此时 $D(f_0,\pi)=D$. 求出 $D(f_0,\pi)$ 中从 v_s 到其他各个顶点关于 w_π 的最短路的权: $d(s)=0, d(1)=2, d(2)=6, d(3)=3, d(t)=5$; 修改位势: $\pi_s=0,\pi_1=2,\pi_2=6,\pi_3=3,\pi_t=5$.

构造网络 $D(f_0,\pi)$, 见图 7.5(a). 删去 $D(f_0,\pi)$ 中 $w^\pi_{ij}>0$ 的弧 (v_i,v_j), 得到网络 $D'(f_0,\pi)$, 见图 7.5(b).

计算 $D'(f_0,\pi)$ 中最大流, 流值为 3. 沿最大流确定的 (v_s,v_t) 路 $v_sv_3v_t$ 和 $v_sv_1v_3v_t$ 依次增广流值 2 和 1, 得到流值为 3 的最小费用流 f_1, 见图 7.5(c).

构造网络 $D(f_1,\pi)$, 见图 7.5(d), 求 $D(f_1,\pi)$ 中从 v_s 到其他各顶点关于 w_π 的最短路的权: $d(s)=0, d(1)=0, d(2)=0, d(3)=2, d(t)=2$; 修改位势: $\pi_s=0,\pi_1=2,\pi_2=6,\pi_3=5,\pi_t=7$.

构造网络 $D(f_1,\pi)$, 见图 7.5(e), 删去 $D(f_1,\pi)$ 中 $w^\pi_{ij}>0$ 的弧 (v_i,v_j) 得到网络 $D'(f_1,\pi)$, 见图 7.5(f).

计算 $D'(f_1,\pi)$ 中最大流, 流值为 2, 沿最大流确定的 (v_s,v_t) 路 $v_sv_1v_2v_t$ 增广流值 1, 得到流值为 4 的最小费用流 f_2, 见图 7.5(g). □

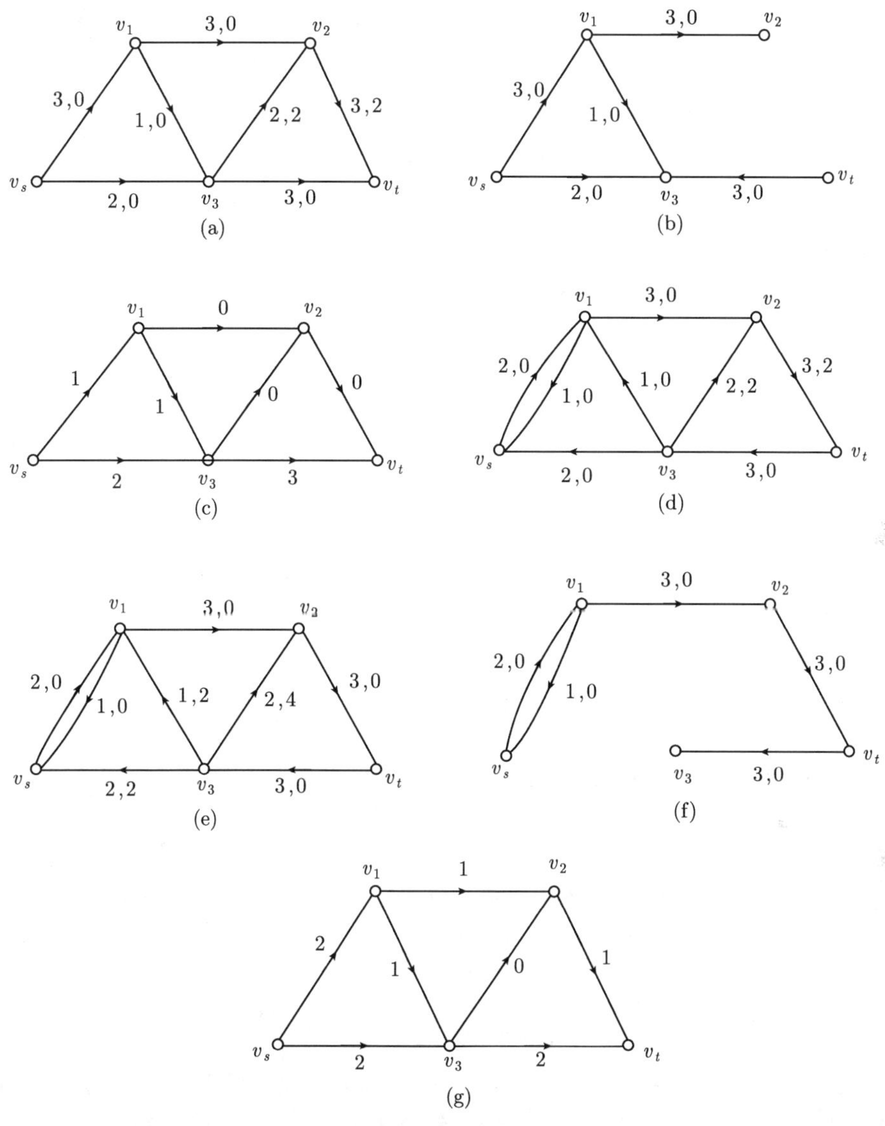

图 7.5 原始–对偶算法的例子 (例 7.5)

最后估计原始–对偶算法的复杂性. 设 D 的顶点数为 n, 弧数为 m, 并且假设 D 中所有弧容量及 v_0 均为整数. 如果我们把算法的 Step3 中 "计算 $D'(f,\pi)$ 中最大流" 改为 "任取 $D'(f,\pi)$ 中一条 (v_s,v_t) 路 P'', 把 Step4 中 "沿最大流确定的 (v_s,v_t) 路对 f 进行增广" 改为 "沿 P 对 f 进行增广", 则得到的求最小费用流的算法称为初始的原始–对偶算法. 对于初始的原始–对偶算法. 流的增广次数不超过 v_0, 即 Step1~Step4 的循环次数不超过 v_0. 在每一次循环中, Step1 的计算量为

$O(1)$, Step2 的计算量为 $O(n^2)$,Step3 的计算量为 $O(m)$, Step4 的计算量为 $O(n)$, 因此初始的原始–对偶算法的复杂性为 $O(n^2v_0)$. 与初始的原始–对偶算法相比, 原始–对偶算法通过调用最大流算法, 每次增广可能回沿多条最小费用路同时进行, 这样或许能减少流的增广次数, 所以原始–对偶算法的复杂性不会超过 $O(n^2v_0)$. 这说明原始–对偶算法好于最小费用路算法.

7.4　最小平均费用回路算法

我们知道，负费用回路算法不是多项式算法. 为了获得多项式算法，必须小心谨慎地选取负回路. Goldberg 和 Tarjan (1989) 建议：在负费用回路算法的 Step2 中，每次都在剩余网络中选取关于费用的最小平均回路. 这样得到的算法称为最小平均费用回路算法，其具体步骤如下：

Step 1　在带发点 v_s 和收点 v_t 容量–费用网络 $D=(V,A,c,w)$ 中应用第 6 章的最大流算法，或者求出流值为 v_0 的可行流 f，转 Step 2；或者判定 D 中不存在流值为 v_0 的可行流，停止.

Step 2　构造剩余网络 $D(f)=(V,A(f),c_f,w)$，并用 5.7.3 小节中的 Karp 算法求 $D(f)$ 中关于 w 的最小平均回路，得到 λ^*. 若 $\lambda^*<0$，求得 $D(f)$ 中最小平均回路 C，转 Step3；否则，结束，f 是 D 中流值为 v_0 的最小费用流.

Step 3　沿 C 对 f 增广，得到 D 中一个新的可行流 f，转 Step 2.

算法的正确性是显而易见的，下面讨论算法复杂性. 为此，先介绍一些定义和记号.

设 f 为容量–费用网络 D 中的一个可行流，C 为剩余网络 $D(f)$ 中关于 w 的最小平均回路，令 C 的平均费用 $\lambda(f)=w(C)/|A(C)|$. 由 $\lambda(f)$ 定义一个新的费用 $\tilde{w}$：

$$\tilde{w}_{ij}=w_{ij}-\lambda(f),\forall(v_i,v_j)\in A\cup\overleftarrow{A},$$

得到的网络记为 $\tilde{D}(f)=(V,A(f),c_f,\tilde{w})$. 于是 $\tilde{D}(f)$ 中不含负回路. 应用 5.5 节的 Ford 算法可求出 $\tilde{D}(f)$ 中从发点 v_s 到任何顶点 v_i 的关于 $\tilde{w}$ 的最短路的权 π_i(称 π_i 为顶点 v_i 的位势)，再将费用 w 和 $\tilde{w}$ 分别修改为 w_π 和 $\tilde{w}_\pi$：

$$w_{ij}^\pi=\pi_i-\pi_j+w_{ij},\tilde{w}_{ij}^\pi=\pi_i-\pi_j+\tilde{w}_{ij},\forall(v_i,v_j)\in A\cup\overleftarrow{A}.$$

由定理 5.1 知，$\forall(v_i,v_j)\in A(f)$，有 $\tilde{w}_{ij}^\pi\geqslant 0$，即 $w_{ij}^\pi\geqslant\lambda(f)$.

在本节余下的讨论中，我们约定：n 和 m 分别是 D 的顶点数和弧数；$f_0,f_1,\cdots,f_l$ 是在执行最小平均费用回路算法的过程中产生的 D 上一系列流值为 v_0 的可行流，C_k 是 $D(f_k)$ 中关于 w 的最小平均回路，$\lambda(f_k)$ 是 C_k 的平均费用，$\pi(k)$ 是

满足

$$w_{ij}^{\pi(k)} \geqslant \lambda(f_k), \forall (v_i, v_j) \in A(f_k)$$

的位势，f_{k+1} 为 f_k 沿 C_k 增广后所得，$k = 0, 1, \cdots, l-1$.

根据上面的分析，可以得到以下三个引理.

引理 7.8 对于 D 中可行流 $f_0, f_1, \cdots, f_l$，有

$$\lambda(f_k) \leqslant \lambda(f_{k+1}), k = 0, 1, \cdots, l-1.$$

证明 构造新的网络 H：顶点集为 $V(C_k) \cup V(C_{k+1})$，弧集为合并 $A(C_k)$ 与 $A(C_{k+1})$、再删去所有方向相反的弧对而成，权函数为 $D(f_k)$ 中费用 w，则 H 是有向 Euler 图. 因为 $A(f_{k+1}) \backslash A(f_k)$ 中都是与 C_k 中弧反向的弧，所以 H 是 $D(f_k)$ 的子图. 而方向相反的弧对的权和为零，故

$$w(H) = w(C_k) + w(C_{k+1}) = \lambda(f_k)|A(C_k)| + \lambda(f_{k+1})|A(C_{k+1})|,$$

由于有向 Euler 图 H 可表示为若干个回路的和，因此 $\lambda(f_k)|A(H)| \leqslant w(H)$. 而

$$|A(H)| \leqslant |A(C_k)| + |A(C_{k+1})|, \lambda(f_k) < 0,$$

于是

$$\begin{aligned} \lambda(f_k)\left(|A(C_k)| + |A(C_{k+1})| \right) &\leqslant \lambda(f_k)|A(H)| \leqslant w(H) \\ &= \lambda(f_k)|A(C_k)| + \lambda(f_{k+1})|A(C_{k+1})|, \end{aligned}$$

即知 $\lambda(f_k) \leqslant \lambda(f_{k+1})$.

引理 7.9 $\forall k \in \{1, 2, \cdots, -m\}$，有

$$\left(1 - \frac{1}{n}\right) \lambda(f_k) \leqslant \lambda(f_{k+m}).$$

证明 分两种情况讨论.

(1) $C_k, C_{k+1}, \cdots, C_{k+m-1}$ 上所有弧关于 $w_{\pi(k)}$ 都是负的. 取 $p \in \{k, \cdots, k+m-1\}$. 当沿 C_p 对 f_p 增广后，C_p 上至少有一条弧不会出现在 $A(f_{p+1})$ 中. 另外，$\forall (v_i, v_j) \in A(C_p)$，若 $(v_j, v_i) \notin A(f_p)$，则 $(v_j, v_i) \in A(f_{p+1})$，且 $w_{ji}^{\pi(k)} = -w_{ij}^{\pi(k)} > 0$. 于是，$D(f_{p+1})$ 至少比 $D(f_p)$ 少一条关于 $w_{\pi(k)}$ 为负的弧. 因为 $D(f_k)$ 中关于 $w_{\pi(k)}$ 为负的弧的数目不超过 m，所以 $\forall (v_i, v_j) \in A(C_{k+m})$，必有 $w_{ij}^{\pi(k)} \geqslant 0$，从而 $\lambda(f_{k+m}) \geqslant 0$. 因此，引理中不等式成立，并且 f_{k+m} 就是流值为 v_0 的最小费用流.

(2) $C_k, C_{k+1}, \cdots, C_{k+m-1}$ 中至少有一个包含关于 $w_{\pi(k)}$ 非负的弧. 令 C_q 为第一个这样的回路，$k \leqslant q < k+m$，并设 $(v_{i_0}, v_{j_0}) \in A(C_q)$ 满足 $w_{i_0j_0}^{\pi(k)} \geqslant 0$. 可以证明：

$$w_{ij}^{\pi(k)} \geqslant \lambda(f_k), \forall (v_i, v_j) \in A(C_q) \backslash \{(v_{i_0}, v_{j_0})\}.$$

事实上，若 $(v_i, v_j) \in A(f_k)$，则由前面的约定知，$w_{ij}^{\pi(k)} \geqslant \lambda(f_k)$；若 $(v_i, v_j) \notin A(f_k)$，则 (v_i, v_j) 必为沿 $C_k, C_{k+1}, \cdots, C_{q-1}$ 增广所产生的反向弧，而这 $q-k$ 个回路上的弧关于 $w_{\pi(k)}$ 都是负的，因此必有 $w_{ij}^{\pi(k)} > 0 \geqslant \lambda(f_k)$. 所以由 7.3 节中 $w_{\pi(k)}$ 的性质知

$$w(C_q) = w_{\pi(k)}(C_q) \geqslant (|A(C_q)| - 1)\lambda(f_k).$$

于是

$$\lambda(f_q) = \frac{w(C_q)}{|A(C_q)|} \geqslant \frac{(\,|A(C_q)| - 1)\lambda(f_k)}{|A(C_q)|} \geqslant \left(1 - \frac{1}{n}\right)\lambda(f_k).$$

由引理 7.8，即得

$$\left(1 - \frac{1}{n}\right)\lambda(f_k) \leqslant \lambda(f_q) \leqslant \lambda(f_{k+m}).$$ □

引理 7.10　若存在 $(v_{i_0}, v_{j_0}) \in A$ 和 $k \in \{0, 1, \cdots, l\}$，满足 $|w_{i_0j_0}^{\pi(k)}| \geqslant -2n\lambda(f_k)$，则弧 (v_{i_0}, v_{j_0}) 上的流量在第 k 次增广后不再改变，即 $f_{i_0j_0}^{(k)} = f_{i_0j_0}^{(k+1)} = \cdots = f_{i_0j_0}^{(l)}$.

证明　分两种情况讨论.

(1) $w_{i_0j_0}^{\pi(k)} \geqslant -2n\lambda(f_k)$. 若 $f_{i_0j_0}^{(k)} > 0$，则 $(v_{j_0}, v_{i_0}) \in A(f_k)$，且 $w_{j_0i_0}^{\pi(k)} \leqslant 2n\lambda(f_k)$，此与 $w_{ij}^{\pi(k)} \geqslant \lambda(f_k)$ $(\forall (v_i, v_j) \in A(f_k))$ 相矛盾，故 $f_{i_0j_0}^{(k)} = 0$. 假若存在 $p \in \{k+1, \cdots, l\}$，使得 $f_{i_0j_0}^{(p)} > 0$，则按 7.1 节的方法构造 $D(f_k)$ 上的可行流 g：

$\forall (v_i, v_j) \in A$, 当$f_{ij}^{(p)} \geqslant f_{ij}^{(k)}$时, 令$g_{ij} = f_{ij}^{(p)} - f_{ij}^{(k)}, g_{ji} = 0$; 当$f_{ij}^{(p)} < f_{ij}^{(k)}$ 时, 令 $g_{ij} = 0, g_{ji} = f_{ij}^{(k)} - f_{ij}^{(p)}$.

显然，g 是 $D(f_k)$ 上流值为 0 的可行流. 根据引理 7.2，g 可分解成 $D(f_k)$ 中若干个圈流之和，且至少有一个回路 C 含弧 (v_{i_0}, v_{j_0}). 因为 $w_{i_0j_0}^{\pi(k)} \geqslant -2n\lambda(f_k)$，且

$$w_{ij}^{\pi(k)} \geqslant \lambda(f_k), \forall (v_i, v_j) \in A(C) \backslash \{(v_{i_0}, v_{j_0})\},$$

所以

$$\frac{w_{\pi(k)}(C)}{|A(C)|} \geqslant \frac{-2n\lambda(f_k) + (\,|A(C)| - 1)\lambda(f_k)}{|A(C)|} > -\lambda(f_k).$$

互换 f_k 和 f_p 的位置, 类似可得在 $D(f_p)$ 上流值为 0 的可行流 g'. 从而 $\forall (v_i, v_j) \in A$，有 $g'_{ij} = g_{ji}$，于是，与 C 的方向相反的回路 C' 在 $D(f_p)$ 中，且

$$\lambda(f_p) \leqslant \frac{w(C')}{|A(C')|} = -\frac{w(C)}{|A(C)|} = -\frac{w_{\pi(k)}(C)}{|A(C)|} < \lambda(f_k),$$

与引理 7.9 的结论矛盾. 因此 $f_{i_0j_0}^{(k)}=f_{i_0j_0}^{(k+1)}=\cdots=f_{i_0j_0}^{(l)}=0$.

(2) $w_{i_0j_0}^{\pi(k)}\leqslant 2n\lambda(f_k)$. 证明留作习题. □

利用上述引理，我们来证明下面的定理.

定理 7.11 最小平均费用回路算法的增广次数为 $O(nm^2\log n)$.

证明 只要证明算法中每当连续进行 $\lceil nm\log(2n)\rceil$ 次增广后，D 中至少有一条弧的流量不再改变即可.

令 $r=\lceil mn\log(2n)\rceil$，$0\leqslant k\leqslant l-r$，则由 $r\geqslant m\cdot n\log(2n)$ 和引理 7.9 有

$$\lambda(f_k)\leqslant\frac{n}{n-1}\lambda(f_{k+m})\leqslant\left(\frac{n}{n-1}\right)^{n\log(2n)}\lambda(f_{k+r}),$$

注意到

$$\left(\frac{n}{n-1}\right)^{n}>2,\ n=2,3,\cdots,$$

故 $\lambda(f_k\geqslant 2n\lambda(f_{k+r})$. 所以

$$w_{\pi(k+r)}(C_k)=w(C_k)=\lambda(f_k)|A(C_k)|\ \geqslant 2n\lambda(f_{k+r})|A(C_k)|,$$

从而存在 $(v_{i_0},v_{j_0})\in A(f_k)$，使得 $w_{i_0j_0}^{\pi(k+r)}\leqslant 2n\lambda(f_{k+r})$. 记 $(v_{i_1},v_{j_1})\in A$ 为 (v_{i_0},v_{j_0}) 在 D 中对应的弧，即 $(v_{i_1},v_{j_1})=(v_{i_0},v_{j_0})$，或 $(v_{i_1},v_{j_1})=(v_{j_0},v_{i_0})$，于是

$$|w_{i_1j_1}^{\pi(k+r)}|\ \geqslant -2n\lambda(f_{k+r}).$$

由引理 7.10 知，弧 (v_{i_1},v_{j_1}) 上的流量在第 $k+r$ 次增广后不再改变. □

现在分析最小平均费用回路算法的复杂性. Step 1 用最短增广链算法求可行流，复杂性为 $O(n^2m)$；由 5.7.3 小节可知 Step 2 执行一次的计算量为 $O(nm)$，而 Step 3 执行一次的计算量为 $O(n)$. 由定理 7.11 知，算法的增广次数即 Step 2 和 Step 3 的执行次数为 $O(nm^2\log n)$. 因此，该算法的总复杂性为 $O(n^2m^3\log n)$，是一个强多项式算法.

例 7.1 中采用负费用回路算法求最小费用流时，每次在剩余网络中找到的负回路恰好都是最小平均回路.

7.5 求最小费用循环流的状态算法

在 1.5.5 小节中介绍了双容量–费用网络 $D=(V,A,l,c,w)$ 以及 D 中最小费用

循环流等概念, 4.4.2 小节中给出了最小费用循环流问题的线性规划模型:

$$\begin{cases} \min \sum\limits_{(v_i,v_j)\in A} w_{ij}f_{ij} \\ \text{s.t.} \sum\limits_{v_j\in N^+(v_i)} f_{ij} - \sum\limits_{v_j\in N^-(v_i)} f_{ji} = 0, \forall v_i \in V & (7.14) \\ l_{ij} \leqslant f_{ij} \leqslant c_{ij}, \forall (v_i,v_j)\in A & (7.15) \end{cases}$$

由 4.1 节的讨论, 易知上述线性规划问题的对偶问题为

$$\begin{cases} \max(\sum\limits_{(v_i,v_j)\in A} l_{ij}\lambda_{ij} - \sum\limits_{(v_i,v_j)\in A} c_{ij}\mu_{ij}) \\ \text{s.t.}\pi_j - \pi_i + \lambda_{ij} - \mu_{ij} = w_{ij}, \forall (v_i,v_j)\in A & (7.16) \\ \lambda_{ij} \geqslant 0, \forall (v_i,v_j)\in A & (7.17) \\ \mu_{ij} \geqslant 0, \forall (v_i,v_j)\in A & (7.18) \end{cases}$$

同样称 π_i 为顶点 v_i 的位势 ($\forall v_i \in V$).

根据定理 4.6, 满足 (7.14)~(7.15) 式的一组 $\{f_{ij}\}$ 和满足 (7.16)~(7.18) 式的一组 $\{\pi_i, \lambda_{ij}, \mu_{ij}\}$ 分别是原问题和对偶问题的最优解, 当且仅当下面两个互补松弛条件同时成立:

$$\lambda_{ij} > 0 \Rightarrow f_{ij} = l_{ij}, \tag{7.19}$$

$$\mu_{ij} \geqslant 0 \Rightarrow f_{ij} = c_{ij}. \tag{7.20}$$

注意到对偶变量 π_i 无限制, 因此 $\forall v_i \in V$, 可以任意给定一组数 $\{\pi_i\}$. 如果 $\forall (v_i,v_j) \in A$, 令

$$\lambda_{ij} = \max\{0, \pi_i - \pi_j + w_{ij}\}, \tag{7.21}$$

$$\mu_{ij} = \max\{0, -(\pi_i - \pi_j + w_{ij})\}, \tag{7.22}$$

则容易验证 $\{\pi_i, \lambda_{ij}, \mu_{ij}\}$ 满足 (7.16)~(7.18) 式, 即它们是对偶问题的可行解.

由 (7.21) 和 (7.22) 两式不难知道, (7.19) 式等价与

$$\pi_j - \pi_i < w_{ij} \Rightarrow f_{ij} = l_{ij}; \tag{7.23}$$

并且 (7.20) 式等价于

$$\pi_j - \pi_i > w_{ij} \Rightarrow f_{ij} = c_{ij}. \tag{7.24}$$

由此即得下述定理.

定理 7.12　如果 $\{f_{ij}\}$ 和 $\{\pi_i\}$ 满足 (7.14)~(7.15) 式和 (7.23)~(7.24) 式, 则 $\{f_{ij}\}$ 是 D 中最小费用循环流. □

根据这个定理, 同样可以涉及出求最小费用循环流的一个原始–对偶算法, 这里是通过引近状态数的概念来描述的, 所以又称为状态算法 (out of kiltter algorithm).

假设任给一组位势 $\{\pi_i\}$ 及 D 中任一循环流 $\{f_{ij}\}$(即 $\{f_{ij}\}$ 满足 (7.14) 式, 但不一定满足 (7.15) 式, 我们可以把 D 中的弧划分为 9 类, 或者说 D 中的弧有 9 中状态.$\forall(v_iv_j) \in A$, 在不改变位势 $\{\pi_i\}$ 的前提下, 将弧流量 f_{ij} 修正为同时满足 (7.15),(7.23) 和 (7.24) 三式所需要调整的量记为 $k_{ij}(f,\pi)$(或简记为 k_{ij}), 称之为弧 (v_i,v_j) 关于 f 和 π 的状态数 (简称为弧 (v_i,v_j) 的状态数.) 表 7.1 中列出了 D 中弧的状态类型和状态数.

表 7.1　D 中弧的状态类型和状态数

状态类型	状态数
(α_1) $\pi_j-\pi_i>w_{ij}, f_{ij}<c_{ij}$	$c_{ij}-f_{ij}$
(β_1) $\pi_j-\pi_i>w_{ij}, f_{ij}=c_{ij}$	0
(γ_1) $\pi_j-\pi_i>w_{ij}, f_{ij}>c_{ij}$	$f_{ij}-c_{ij}$
(α_2) $\pi_j-\pi_i=w_{ij}, f_{ij}<l_{ij}$	$l_{ij}-f_{ij}$
(β_2) $\pi_j-\pi_i=w_{ij}, l_{ij}\leqslant f_{ij}\leqslant c_{ij}$	0
(γ_2) $\pi_j-\pi_i=w_{ij}, f_{ij}>c_{ij}$	$f_{ij}-c_{ij}$
(α_3) $\pi_j-\pi_i<w_{ij}, f_{ij}<l_{ij}$	$l_{ij}-f_{ij}$
(β_3) $\pi_j-\pi_i<w_{ij}, f_{ij}=l_{ij}$	0
(γ_3) $\pi_j-\pi_i<w_{ij}, f_{ij}>l_{ij}$	$f_{ij}-l_{ij}$

由表 7.1 可以看出:

(a)$\forall(v_i,v_j)\in A$, 有 $k_{ij}\geqslant 0$.

(b) 如果所有的 $k_{ij}=0$, 则 f 是 D 中最小费用循环流.

(c) 如果某个状态数大于 0, 则或者 f 不是可行循环流, 或者 f 和 π 不同时满足互补松弛条件 (7.23) 和 (7.24) 两式.

(d) 为了使弧 (v_i,v_j) 同时满足 (7.15),(7.23) 和 (7.24) 三式, 即是使得弧 (v_i,v_j) 的状态数变为 0, 则在不修改位势的前提下, 当 (v_i,v_j) 为 $(a_1)(a_2)(a_3)$ 这三类弧时, 必须使其弧流量增加 $k_{ij}(f,\pi)$; 当 (v_i,v_j) 为 $(\gamma_1)(\gamma_2)(\gamma_3)$ 这三类弧时, 必须使其弧流量减少 $k_{ij}(f,\pi)$.

状态算法的思想就是在每次迭代中, 找出一条状态数 $k_{pq}(f,\pi)>0$ 的弧 (v_p,v_q), 设法减小其状态数, 同时不增大其他弧的状态数. 具体做法是, 或者修改顶点位势, 或者沿 D 中一个含弧 (v_p,v_q) 的圈对 f 进行增广. 如此下去, 直到所有状态数变为 0, 或者判定 D 中不存在可行循环流.

为了便于对循环流 f 进行增广, 同样构造剩余网络 $D(f)=(V,A(f),c_f,w)$, 其

中 $A(f) = A^+(f) \cup A^-(f)$ 与 6.5.2 小节中一样, 并且 $\forall (v_i, v_j) \in A(f)$, 定义容量

$$c_{ij}(f) = \begin{cases} c_{ij} - f_{ij}, 若(v_i, v_j) \in A^+(f)且f_{ij} \geqslant l_{ij}, \\ l_{ij} - f_{ij}, 若(v_i, v_j) \in A^+(f)且f_{ij} < l_{ij}, \\ f_{ji} - l_{ji}, 若(v_i, v_j) \in A^-(f)且f_{ji} \leqslant c_{ji}, \\ f_{ji} - c_{ji}, 若(v_i, v_j) \in A^-(f)且f_{ji} > c_{ji}, \end{cases}$$

和费用 (与 7.1 节相同)

$$w_{ij} = \begin{cases} w_{ij}, & 若(v_i, v_j) \in A, \\ -w_{ji}, & 若(v_i, v_j) \in \overleftarrow{A}. \end{cases}$$

值得注意的是, 这里剩余网络的容量与 6.5.2 小节中剩余网络的容量有所不同. 再由 $D(f)$ 和位势 π 构作网络 $D(f, \pi) = (V, A(f), c_f, w_\pi)$, 即同 7.3 节一样把 $D(f)$ 中费用改为

$$w_{ij}^\pi = \pi_i - \pi_j + w_{ij}, \forall (v_i, v_j) \in A(f).$$

如果 $k_{pq}(f, \pi) > 0$, 当 $(v_p v_q)$ 为 $(\alpha_1)(\alpha_2)(\alpha_3)$ 类弧时, 令 $v_s = v_q, v_t = v_p$; 当 (v_p, v_q) 为 $(\gamma_1)(\gamma_2)(\gamma_3)$ 类弧时, 令 $v_s = v_p, v_t = v_q$. 这样, 只需在 $D(f, \pi)$ 找找一条 (v_s, v_t) 路就可以得到 D 中一个含弧 (v_p, v_q) 的增广圈, 沿该增广圈对 f 增广可以减小弧 (v_p, v_q) 的状态数.

修改位势的方法是: 把 $D(f, \pi)$ 中所有弧 (v_i, v_j) 的费用 w_{ij}^π 修改为 $\max\{0, w_{ij}^\pi\}$, 得到的新网络记为 $D'(f, \pi)$. 然后, $\forall v_i \in V$, 计算 $D'(f, \pi)$ 中最小费用 (v_s, v_i) 路的费用 $d(i)$, 并令 $\pi_i' = \pi_i + d(i)$.

循环流增广的方法是: 找出 $D'(f, \pi')$ 找最小费用 (v_s, v_t) 路 P, 然后沿 $D'(f, \pi')$ 中回路 $P + (v_t, v_s)$ 对 f 进行增广.

现在我们来分析 D 中弧的状态数是如何反应到 $D(f, \pi)$ 之中的, 分三种情况讨论.

(1)D 中弧 (v_i, v_j) 满足流量限制条件 (7.15), 即 $l_{ij} \leqslant f_{ij} \leqslant c_{ij}$. 此时可类似地证明 D 与 $D(f, \pi)$ 也有定理 7.7(1) 的结论: D 中弧 (v_i, v_j) 满足互补松弛条件 (7.23) 和 (7.24) 两式 (即状态数 $k_{ij}(f, \pi) = 0$) 当且仅当在 $D(f, \pi)$ 中,$(v_i, v_j) \in A^+(f)$ 时 $w_{ij}^\pi \geqslant 0, (v_j, v_i) \in A^-(f)$ 时 $w_{ji}^\pi \geqslant 0$. 于是, 若弧 (v_i, v_j) 不满足 (7.23) 式或 (7.24) 式, 即 $k_{ij}(f, \pi) > 0$, 则或者 $(v_j, v_j) \in A^+(f)$ 时有 $w_{ij}^\pi < 0$, 或者 $(v_j, v_i) \in A^-(f)$ 时有 $w_{ji}^\pi < 0$. 又由表 7.1 知, 当 $(v_i, v_j) \in A^+(f)$ 且 $(v_j, v_i) \in A^-(f)$ 时, $w_{ij}^\pi < 0$ 与 $w_{ji}^\pi < 0$ 不会同时成立, 从而当 $w_{ij}^\pi < 0$ 时,$k_{ij}(f, \pi) = c_{ij} - f_{ij} = c_{ij}(f)$; 当 $w_{ji}^\pi < 0$ 时, $k_{ij}(f, \pi) = f_{ij} - l_{ij} = c_{ji}(f)$.

(2)D 中弧 (v_i, v_j) 使 $f_{ij} < l_{ij}$. 此时 $D(f, \pi)$ 中顶点 v_i 与 v_j 之间只有一条弧 (v_i, v_j), 且由表 7.1 知, 当 $w_{ji}^{\pi} \geqslant 0$ 时, $k_{ij}(f, \pi) = l_{ij} - f_{ij} = c_{ij}(f)$; 当 $w_{ji}^{\pi} < 0$ 时, $k_{ij}(f, \pi) = c_{ij} - f_{ij}$.

(3)D 中弧 (v_i, v_j) 使 $f_{ij} > c_{ij}$. 此时 $D(f, \pi)$ 中顶点 v_i 与 v_j 之间只有一条弧 (v_j, v_i), 且由表 7.1 知, 当 $w_{ji}^{\pi} \geqslant 0$ 时, $k_{ij}(f, \pi) = f_{ij} - c_{ij} = c_{ji}(f)$; 当 $w_{ji}^{\pi} < 0$ 时,$k_{ij}(f, \pi) = f_{ij} - l_{ij}$.

状态算法是 Minty(1960) 和 Fulkerson(1961) 独立提出来的, 下面描述的算法步骤是 Ashtaini 和 Magnanti(1976) 给出的.

Step0 给出 D 中一个初始循环流 f(可以取 f 为零流) 和初始位势 $\pi_i = 0(\forall v_i \in V)$.

Step1 $\forall (v_i, v_j) \in A$, 计算状态数 k_{ij}. 若所有 $k_{ij} = 0$ 结束,f 是 D 中最小费用循环流; 否则, 任取一条状态数 $k_{pq} > 0$ 的弧 (v_p, v_q), 转 Step2.

Step2 若 (v_p, v_q) 为 $(\alpha_1)(\alpha_2)(\alpha_3)$ 类弧, 则令 $v_s = v_q, v_t = v_p$; 若 (v_p, v_q) 为 $(\gamma_1)(\gamma_2)(\gamma_3)$ 类弧, 则令 $v_s = v_p, v_t = v_q$.

Step3 构造网络 $D'(f, \pi)$,$\forall v_i \in V$, 计算 $D'(f, \pi)$ 中最小费用 (v_s, v_i) 路的费用 $d()i$. 若 $d(t) = \infty$, 停止, D 中不存在可行循环流; 否则, 设 P 为 $D'(f, \pi)$ 中最小费用 (v_s, v_t) 路, 并且令 $\pi_i := \pi_i + d(i)(\forall v_i \in V)$, 转 Step4.

Step4 重新计算弧 (v_p, v_q) 关于 f 和新的 π 的状态数 k_{pq}. 若 $k_{pq} > 0$, 则沿 $P + (v_t, v_s)$ 对 f 进行增广, 得到新的循环流仍记为 f, 转 Step1; 否则直接转 Step1.

下面的四个定理说明状态算法是正确的.

定理 7.13 设 f 是 D 的一个循环流, 如果存在 $(v_p, v_q) \in A$, 使得下列两种情况之一发生, 则 D 中不存在可行循环流:

(i) $f_{pq} < l_{pq}$, 且 D 中不存在关于 f 的 (v_q, v_p) 增广链;

(ii)$f_{pq} > c_{pq}$, 且 D 中不存在关于 f 的 (v_p, v_q) 增广链.

证明 若 (i) 发生, 令

$$S = \{v_i \in V | D\text{中存在关于}f\text{的}(v_q, v_i)\text{增广链}\},$$

则 $v_q \in S, v_p \in \bar{S}$, 从而 $(S, \bar{S})$ 为 D 的一个截集. 显然, $\forall (v_i, v_j) \in (S, \bar{S})$, 有 $f_{ij} \geqslant c_{ij}; \forall (v_j, v_i) \in (S, \bar{S})$, 有 $f_{ji} \leqslant l_{ji}$. 于是

$$\sum_{(v_i,v_j)\in(S,\bar{S})} f_{ij} \geqslant \sum_{(v_i,v_j)\in(S,\bar{S})} c_{ij}, \quad \sum_{(v_j,v_i)\in(\bar{S},S)} f_{ji} \leqslant \sum_{(v_j,v_i)\in(\bar{S},S)} l_{ji}.$$

因 $(v_p, v_q) \in (\bar{S}, S)$, 且 $f_{pq} < l_{pq}$, 故

$$\sum_{(v_j,v_i)\in(S,\bar{S})} f_{ji} < \sum_{(v_j,v_i)\in(\bar{S},S)} l_{ji}.$$

分析引理 6.1 的证明可知

$$\sum_{(v_i,v_j)\in(\bar{S},S)} f_{ij} = \sum_{(v_j,v_i)\in(\bar{S},S)} f_{ji},$$

因此

$$\sum_{(v_i,v_j)\in(S,\bar{S})} c_{ij} < \sum_{(v_j,v_i)\in(\bar{S},S)} l_{ji}.$$

根据推论 6.14, D 中不存在可行循环流.

同理可证：若 (ii) 发生, 则 D 中也不存在可行循环流. □

如果算法在 Step3 结束, 即 $D'(f,\pi)$ 中不存在 (v_s,v_t) 路, 则 D 中不存在关于 f 的 (v_s,v_t) 增广链, 特别地 $(v_s,v_t)\notin A(f)$. 从由表 7.1 和状态算法可知, 当 (v_p,v_q) 为 $(\alpha_1)(\alpha_2)(\alpha_3)$ 类弧时, $f_{pq}<l_{pq}$; 当 (v_p,v_q) 为 $(\gamma_1)(\gamma_2)(\gamma_3)$ 类弧时, $f_{pq}>c_{pq}$, 所以由定理 7.13 知 D 中不存在可行循环流.

定理 7.14 状态算法中, 对位势的修改不会增大任何弧的状态数.

证明 设 $(v_p,v_q)\in A$ 使 $k_{pq}(f,\pi)>0$. 由 Step2 得到顶点 v_s 和 v_t, 且由网络 $D'(f,\pi)$ 的构造可知, (v_t,v_s) 是 $D'(f,\pi)$ 中的弧.

对于 $D'(f,\pi)$ 中任何一条弧 $(v_i,v_j)\neq(v_t,v_s)$, 因 $D'(f,\pi)$ 中弧的费用都是非负的, 故由最短路方程 (5.8) 得 $d(j)\leqslant d(i)+\max\{0,w_{ij}^{\pi}\}$, 即 $d(i)-d(j)\geqslant-\max\{0,w_{ij}^{\pi}\}$, 这里 $d(k)$ 是 $D'(f,\pi)$ 中最小费用 (v_s,v_k) 路的费用,$\forall v_k\in V$. 把位势 π_k 修改为 $\pi'_k=\pi_k+d(k),\forall v_k\in V$, 则有

$$w_{ij}^{\pi'}=\pi'_i-\pi'_j+w_{ij}=w_{ij}^{\pi}+d(i)-d(j)\geqslant w_{ij}^{\pi}-\max\{0,w_{ij}^{\pi}\},$$

所以

$$\begin{aligned} &w_{ij}^{\pi}\geqslant 0\Rightarrow w_{ij}^{\pi'}\geqslant 0,\\ &w_{ij}^{\pi}<0\Rightarrow w_{ij}^{\pi'}\geqslant w_{ij}^{\pi}. \end{aligned} \tag{7.25}$$

而对于弧 $(v_i,v_j)=(v_t,v_s)$, 由 $d(s)=0,d(t)\geqslant 0$ 有

$$w_{ij}^{\pi'}=\pi'_i-\pi'_j+w_{ij}=w_{ij}^{\pi}+d(i)-d(j)\geqslant w_{ij}^{\pi}. \tag{7.26}$$

下面分情况讨论 D 中弧 (v_i,v_j) 的状态数的变化.

① 弧 (v_i,v_j) 满足 (7.15) 式, 即 $l_{ij}\leqslant f_{ij}\leqslant c_{ij}$. 应用前面的 (1) 来讨论. 如果 $k_{ij}(f,\pi)=0$, 则当 $(v_i,v_j)\in A^+(f)$ 时,$w_{ij}^{\pi}\geqslant 0$; 当 $(v_j,v_i)\in A^-(f)$ 时,$w_{ji}^{\pi}\geqslant 0$. 从而由 (7.25) 式可知, 当 $(v_i,v_j)\in A^+(f)$ 时, $w_{ij}^{\pi'}\geqslant 0$; 当 $(v_j,v_i)\in A^-(f)$ 时, $w_{ji}^{\pi'}\geqslant 0$. 即知状态数 $k_{ij}(f,\pi')=0=k_{ij}(f,\pi)$.

如果 $k_{ij}(f,\pi)>0$, 则当 $w_{ij}^{\pi}<0$ 时, $k_{ij}(f,\pi)=c_{ij}(f)$; 当 $w_{ji}^{\pi}<0$ 时, $k_{ij}(f,\pi)=c_{ji}(f)$; 并且 $w_{ij}^{\pi}<0$ 与 $w_{ji}^{\pi}<0$ 不会同时成立. 当 $w_{ij}^{\pi}<0$ 时, 要么 $w_{ij}^{\pi'}\geqslant 0$, 而

$(v_j,v_i)\in A^-(f), w_{ji}^{\pi}\geqslant 0$, 故由 (7.25) 和 (7.26) 两式知, $w_{ji}^{\pi'}\geqslant 0$, 所以 $k_{ij}(f,\pi')=0<k_{ij}(f,\pi)$; 要么 $w_{ij}^{\pi'}<0$, 从而 $k_{ij}(f,\pi')=c_{ij}(f)=k_{ij}(f,\pi)$, 即知 $w_{ij}^{\pi}<0$ 时, $k_{ij}(f,\pi')\leqslant k_{ij}(f,\pi)$. 当 $w_{ji}^{\pi}<0$ 时, 同理可证 $k_{ij}(f,\pi')\leqslant k_{ij},(f,\pi)$.

②弧 (v_i,v_j) 使 $f_{ij}<l_{ij}$. 应用前面的 (2) 来分析. 此时 $(v_i,v_j)\in A^+(f),(v_j,v_i)\notin A^-(f)$. 若 $w_{ij}^{\pi}\geqslant 0$, 则由 (7.25) 和 (7.26) 两式可知, $w_{ij}^{\pi'}\geqslant 0$, 从而 $k_{ij}(f,\pi')=c_{ij}(f)=k_{ij}(f,\pi)$. 若 $w_{ij}^{\pi}<0$ 则 $k_{ij}(f,\pi)=c_{ij}-f_{ij}$, 并且当 $w_{ij}^{\pi'}<0$ 时, $k_{ij}(f,\pi')=c_{ij}-f_{ij}=k_{ij}(f,\pi)$; 当 $w_{ji}^{\pi'}\geqslant 0$ 时, $k_{ij}(f,\pi)=l_{ij}-f_{ij}\leqslant k_{ij}(f,\pi)$.

③弧 (v_i,v_j) 使 $f_{ij}>c_{ij}$. 应用前面的 (3) 来分析. 此时 $(v_i,v_j)\notin A^+(f),(v_j,v_i)\in A^-(f)$. 若 $w_{ji}^{\pi}\geqslant 0$, 则由 (7.25) 和 (7.26) 两式知, $w_{ji}^{\pi'}\geqslant 0$, 从而 $k_{ij}(f,\pi')=c_{ji}(f)=k_{ij}(f,\pi)$. 若 $w_{ji}^{\pi}<0$, 则 $k_{ij}(f,\pi)=f_{ij}-l_{ij}$, 并且当 $w_{ji}^{\pi'}<0$ 时, $k_{ij}(f,\pi')=f_{ij}-l_{ij}=k_{ij}(f,\pi)$: 当 $w_{ji}^{\pi'}\geqslant 0$ 时, $k_{ij}(f,\pi')=f_{ij}-c_{ij}\leqslant k_{ij}(f,\pi)$.

综上所述, 定理 7.14 得证. □

定理 7.15 如果在状态算法中, $D'(f,\pi)$ 中最小费用 (v_s,v_t) 路 $P=v_sv_t$, 则 $k_{pq}(f,\pi')=0$, 其中 $\pi'=\pi_i+d(i), d(i)$ 是 $D'(f,\pi)$ 中最小费用 (v_s,v_i) 路的费用, $\forall v_i\in V$.

证明 因 $P=v_sv_t$, 故 $(v_s,v_t),(v_t,v_s)\in A(f)$. 所以由 Step2 知，弧 (v_p,v_q) 关于 f 和 π 为 (α_1) 类弧或为 (γ_3) 类弧, 且 $l_{pq}<f_{pq}<c_{pq}$.

当 (v_p,v_q) 为 (α_1) 类弧时, $v_s=v_p,v_t=v_q,w_{pq}^{\pi}=\pi_q-\pi_p-w_{pq}>0$, 从而 $d(q)=0,d(p)=w_{pq}^{\pi}$. 因此

$$\pi_q'-\pi_p'=\pi_q-(\pi_p+w_{pq}^{\pi})=w_{pq}.$$

由表 7.1 知 $k_{pq}(f,\pi')=0$.

当 (v_p,v_q) 为 (γ_3) 类弧时, $v_s=v_p,v_t=v_q,w_{pq}^{\pi}=\pi_p-\pi_q+w_{pq}>0$, 从而 $d(p)=0,d(q)=w_{pq}^{\pi}$. 于是

$$\pi_q'-\pi_p'=(\pi_p+w_{pq}^{\pi})-\pi_p=w_{pq}.$$

由表 7.1 知 $k_{pq}(f,\pi')=0$. □

定理 7.16 在状态算法中, 设 $D'(f,\pi)$ 中最小费用 (v_s,v_t) 路 P 上至少有两条弧, 位势 π' 是由位势 π 修改而成的, f' 是沿回路 $P+(v_t,v_s)$ 对 f 增广得到新的循环流, 则 $\forall(v_i,v_j)\in A$, 有 $k_{ij}(f',\pi')\leqslant k_{ij}(f,\pi)$, 并且 $k_{pq}(f',\pi')<k_{pq}(f,\pi)$.

证明 在位势保持不变时, 沿回路 $C=P+(v_t,v_s)$ 对 f 增广, 只可能改变 C 上弧对应于 D 中的那些弧的状态数. 因此, 根据定理 7.14, 我们只需考察 C 上弧对应于 D 中的那些弧的状态数的变化情况.

(1)$\forall(v_i,v_j)\in A(P)$, 在 $D'(f,\pi)$ 中由最短路方程 (5.8) 有 $d(j)=d(i)+\max\{0,w_{ij}^{\pi}\}\geqslant d(i)+w_{ij}^{\pi}$, 从而

$$w_{ij}^{\pi'}=\pi_i'-\pi_j'+w_{ij}=w_{ij}^{\pi}+(d(i)-d(j))\leqslant 0.$$

①如果 $(v_i,v_j)\in A(P)$ 在 D 中对应的弧为 (v_i,v_j), 则$(v_i,v_j)\in A^+(f)$, 故由 $w_{ij}^{\pi'}\leqslant 0$ 及表 7.1 知,(v_i,v_j) 关于 f 和 π' 只能为 $(\alpha_1)(\alpha_2)(\beta_3)$ 类弧, 且由 f 的增广过程显然有 $f'_{ij}>f_{ij}$.

若 (v_i,v_j) 关于 f 和 π' 为 (α_1) 类弧, 则 $w_{ij}^{\pi'}<0$ 且 $f_{ij}\leqslant c_{ij}$, 即 $f'_{ij}\leqslant c_{ij}$, 故 (v_i,v_j) 关于 f' 和 π' 只可能为 $(\alpha_1)(\beta_2)$ 类弧, 此时或者 $k_{ij}(f',\pi')=c_{ij}-f'_{ij}<c_{ij}-f_{ij}$, 或者 $k_{ij}(f',\pi')=0$, 因而 $k_{ij}(f',\pi')<k_{ij}(f,\pi')$.

若 (v_i,v_j) 关于 f 和 π' 为 (α_2) 类弧, 则 $w_{ij}^{\pi'}=0$ 且 $f_{ij}<l_{ij}$, 即 $f'_{ij}\leqslant l_{ij}$, 故 (v_i,v_j) 关于 f' 和 π' 为 $(\alpha_2)(\beta_2)$ 类弧, 此时或者 $k_{ij}(f',\pi')=l_{ij}-f'_{ij}<l_{ij}-f_{ij}$, 或者 $k_{ij}(f',\pi')=0$, 因此 $k_{ij}(f',\pi')<k_{ij}(f,\pi')$.

若 (v_i,v_j) 关于 f 和 π' 为 (β_2) 类弧, 则 $w_{ij}^{\pi'}=0$ 且 $l_{ij}\leqslant f_{ij}<c_{ij}$, 即 $l_{ij}\leqslant f'_{ij}\leqslant c_{ij}$, 故 (v_i,v_j) 关于 f' 和 π' 为 (β_2) 类弧, 此时,$k_{ij}(f',\pi')=0=k_{ij}(f,\pi)$.

这就证明了在这种情况下, 总有 $k_{ij}(f',\pi')\leqslant k_{ij}(f,\pi')$, 从而由定里 7.14 有 $k_{ij}(f',\pi')\leqslant k_{ij}(f,\pi)$.

② 如果 $(v_i,v_j)\in A(P)$ 在 D 中对应的弧为 (v_j,v_i), 则 $(v_i,v_j)\in A^-(f)$, 故由 $w_{ij}^{\pi'}\leqslant 0$ 及表 7.1 知, (v_j,v_i) 关于 f 和 π' 只可能为 $(\gamma_2)(\gamma_3)(\beta_2)$ 类弧, 且 $f'_{ji}<f_{ji}$.

同①一样, 分情况讨论可知, $k_{ji}(f',\pi')\leqslant k_{ji}(f,\pi')$, 于是由定理 7.14 有 $k_{ji}(f',\pi')\leqslant k_{ji}(f,\pi)$.

(2) 对于 C 中的弧 (v_t,v_s), 由 (7.26) 式知, $w_{ts}^{\pi'}\geqslant w_{ts}^{\pi}$.

如果 (v_t,v_s) 在 D 中对应的弧为 (v_t,v_s), 则由 Step2 知, $(v_t,v_s)\in A^+(f)$, 且 (v_t,v_s) 关于 f 和 π 为 $(\alpha_1)(\alpha_2)(\alpha_3)$ 类弧. 另外由 f 的增广过程知, $f'_{ts}>f_{ts}$, 并由 Step4 知 $k_{ts}(f,\pi')>0$.

若 (v_t,v_s) 关于 f 和 π 为 α_1 类弧, 则 $f_{ts}<c_{ts}$.

当 $w_{ts}^{\pi'}<0$ 时,(v_t,v_s) 关于 f 和 π' 为 (α_1) 类弧, 从而由①知, $k_{ts}(f',\pi')<k_{ts}(f,\pi')$.

当 $w_{ts}^{\pi'}=0$ 时,(v_t,v_s) 关于 f 和 π' 只可能为 $(\alpha_1)(\beta_2)$ 类弧, 于是由①知, 当 (v_t,v_s) 关于 f 和 π' 为 (α_2) 类弧时, $k_{ts}(f',\pi')<k_{ts}(f,\pi')$;

当 $w_{ts}^{\pi'}>0$ 时 (v_t,v_s) 关于 f 和 π' 为 (α_3) 类弧, 即 $f_{ts}<l_{ts}$, 从而 $f'_{ts}\leqslant l_{ts}$, 故 (v_t,v_s) 关于 f' 和 π' 只可能为 $(\alpha_3)(\beta_2)$ 类弧, 此时或者 $k_{ts}(f',\pi')=l_{ts}-f'_{ts}<l_{ts}-f_{ts}$, 或者 $k_{ts}(f',\pi')=0$, 因此 $k_{ts}(f',\pi')<k_{ts}(f,\pi')$.

同理可证: 若 (v_t,v_s) 关于 f 和 π 为 (α_2) 或 (α_3) 类弧, 则 $k_{ts}(f',\pi')<k_{ts}(f,\pi')$.

根据定理 7.14, 如果弧 (v_t,v_s) 在 D 中对应的弧为 (v_t,v_s), 则总有 $k_{ts}(f',\pi')<k_{ts}(f,\pi')\leqslant k_{ts}(f,\pi)$.

如果 (v_t,v_s) 在 D 中对应的弧为 (v_s,v_t), 则类似地可证: $k_{st}(f',\pi')<k_{st}(f,\pi)$.

综上所述, 定理 7.16 得证. □

例 7.6 求图 7.6(a) 所示的双容量–费用网络 D 中最小费用循环流, 其中弧旁的数字依次为下容量, 上容量, 单位容量的费用.

解 给定初始循环流 f_1, 见图 7.6(b), 初始位势 $\pi_i = 0, i = 1,2,3,4,5$. 计算 D 中个弧关于 f_1 和 π 的状态数:

$$k_{12} = 0, k_{23} = 1, k_{24} = 2, k_{31} = 0, k_{34} = 1, k_{45} = 2.$$

在 D 中取一条使 $k_{pq} > 0$ 的弧 $(v_p, v_q) = (v_2, v_3)$, 它为 (α_3) 类弧, 令 $v_s = v_3, v_t = v_2$.

构造网络 $D(f_1,\pi)$(见图 7.6(c)) 及 $D'(f_1,\pi)$. 求 $D'(f_1,\pi)$ 中最小费用 (v_s, v_i) 路的费用: $d(1) = d(2) = 4, d(3) = 0, d(4) = 4, d(5) = 0$. 最小费用 (v_s, v_t) 路 $P = v_3v_4v_2$.

修改位势: $\pi_1 = 2, \pi_2 = 4, \pi_3 = 0, \pi_4 = 4, \pi_5 = 0$.

重新计算弧 (v_2, v_3) 关于 f_1 和 π 的状态数, 得 $k_{23} = 1 > 0$. 沿回路 $P + (v_s, v_t)$ 对 f_1 增广得到 f_2 见图 7.6(d). 计算 D 中各弧关于 f_2 和 π 的状态数:

$$k_{12} = 0, k_{23} = 0, k_{24} = 1, k_{31} = 0, k_{34} = 0, k_{45} = 0, k_{53} = 2.$$

在 D 中任取一条使 $k_{pq} > 0$ 的弧 $(v_p, v_q) = (v_2, v_4)$, 它为 (γ_3) 类弧, 令 $v_s = v_2, v_t = v_4$.

构造网络 $D(f_2,\pi)$(见图 7.6(e)) 及 $D'(f_2,\pi)$. 求 $D'(f_2,\pi)$ 中最小费用 (v_s, v_t) 路的费用: $d(1) = 6, d(2) = 0, d(3) = 6, d(4) = 6, d(5) = 6$. 最小费用 (v_s, v_t) 路 $P = v_2v_3v_4$.

修改位势: $\pi_1 = 8, \pi_2 = 4, \pi_3 = 6, \pi_4 = 10, \pi_5 = 6$.

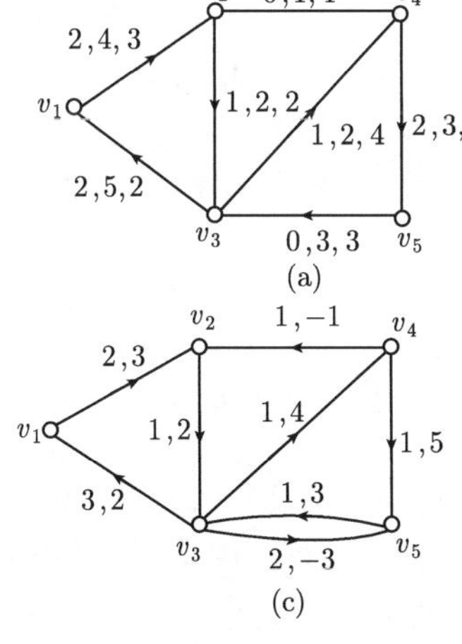

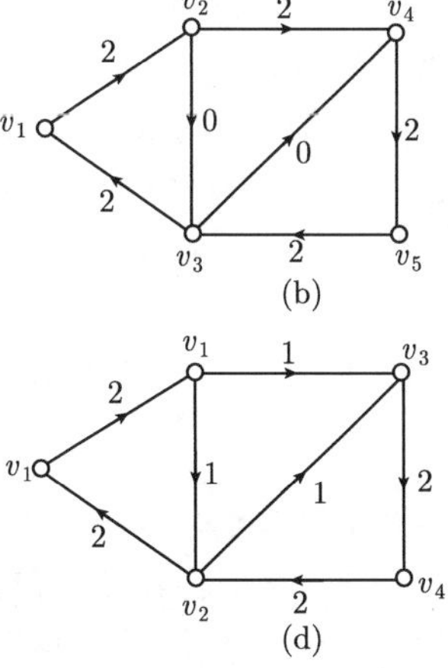

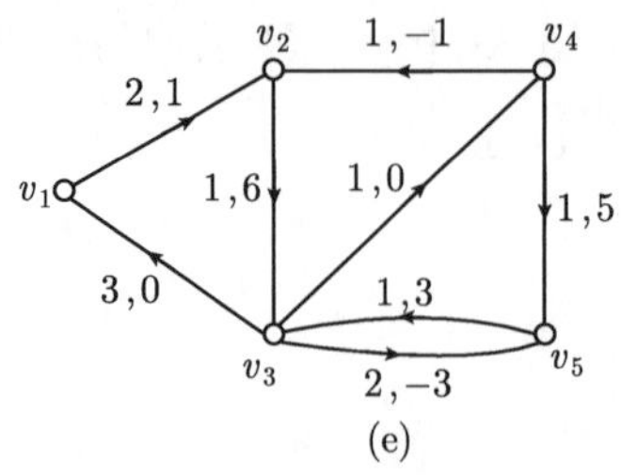

(e)

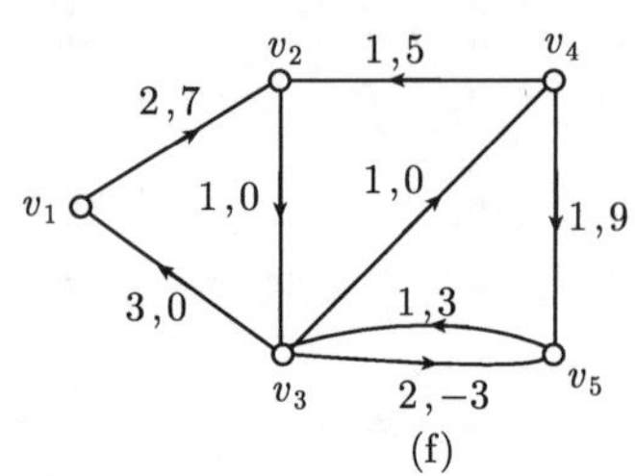

(f)

图 7.6　状态算法的例子 (例 7.6)

重新计算弧 (v_2, v_4) 关于 f_2 和 π 的状态数, 得 $k_{24} = 0$. 再计算 D 中各弧关于 f_2 和 π 的状态数:

$$k_{12} = 0, k_{23} = 0, k_{24} = 0, k_{31} = 0, k_{34} = 0, k_{45} = 0, k_{53} = 2.$$

D 中只有弧 (v_5, v_3) 的状态数 $k_{53} = 2 > 0, (v_5, v_3)$ 为 (γ_3) 类弧, 令 $v_s = v_5, v_t = v_3$.

构造网络 $D(f_2, \pi)$(见图 7.6(f)) 及 $D'(f_2, \pi)$. 求 $D'(f_2\pi)$ 中最小费用 (v_s, v_i) 路的费用: $d(1) = 3, d(2) = 8, d(3) = 3, d(4) = 3, d(5) = 0$. 最小费用 (v_s, v_t) 路 $P = v_5v_3$.

修改位势: $\pi_1 = 11, \pi_2 = 12, \pi_3 = 9, \pi_4 = 13, \pi_5 = 6$.

重新计算弧 (v_5, v_3) 关于 f_2 和 π 的状态数, 得 $k_{53} = 0$.

计算 D 中各弧关于 f_2 和 π 的状态数, 知所有状态数均为 0. 因此 f_2(见图 7.6(d)) 是 D 中最小费用循环流. □

其实, 在例 7.6 中, 当求出 $D'(f_2, \pi)$ 中最小费用 (v_s, v_t), 就可以立即判断 f_2 是 D 中最小费用循环流. 想一想, 这是为什么?

状态算法的复杂性估计. 设 D 的顶点数为 n, 弧数为 m, 并假设 D 中所有弧的下容量和上容量均为整数, 用 $c_{\max}$ 表示 D 中所有弧的上容量的最大值. 因为每条弧的状态数不会超过 $c_{\max}$, 所以所有弧的状态数之和不超过 $mc_{\max}$. 由于算法每循环一次, 必定使所有弧的状态数之和至少减少 1, 因此算法最多循环 $mc_{\max}$ 次. 每一次循环的主要工作量是求非负权 (费用) 网络 $D'(f, \pi)$ 中最短路, 其复杂性为 $O(n^2)$, 于是状态算法的复杂性为 $O(n^2mc_{\max})$.

7.6　最小凸费用流和最小凹费用流

在本章前几节中我们讨论最小费用流时, 每条弧上的费用都是该弧的单位流量的费用. 换句话说, 所涉及的费用都是弧流量的线性函数, 但是在现实生活中, 费用有时是非线性的. 本节将讨论两种特殊的非线性费用流: 凸费用流和凹费用流.

7.6.1 凸函数和凹函数

设 $R \subseteq \mathbb{R}^n$ 是非空凸集, g 是定义在 R 上的实函数. 如果 $\forall \boldsymbol{x}_1, \boldsymbol{x}_2 \in R$ 及 $a \in [0.1]$, 都有

$$g(a\boldsymbol{x}_1 + (1-a)\boldsymbol{x}_2) \leqslant ag(\boldsymbol{x}_1) + (1-a)g(\boldsymbol{x}_2),$$

则称 g 是 R 上的凸函数 (convex function).

如果 $-g$ 是 R 上凸函数, 则称 g 是 R 上的凹函数 (concave function).

显然, 线性函数

$$g(\boldsymbol{x}) = \boldsymbol{c}^T\boldsymbol{x} + d, \boldsymbol{x} \in \mathbb{R}^{\mathrm{n}}, c \neq \boldsymbol{0}, d \in \mathbb{R}$$

在 $\mathbb{R}^n$ 上即是凹函数也是凹函数.

根据凸函数和凹函数的定义, 不难验证下面的结论.

引理 7.17 设 g_i 是 $R_i \subseteq \mathbb{R}$ 上的凸函数 (或凹函数), $i = 1, 2, \cdots, k$, 则 $\forall \lambda_i \geqslant 0 (i = 1, 2, \cdots, k)$, 函数

$$g(x_1, x_2, \cdots, x_k) = \sum_{i=1}^{k} \lambda_i g_i(x_i)$$

是 $R_1 \times R_1 \times \cdots \times \mathbb{R}_k \subseteq \mathbb{R}^k$ 上的凸函数 (或凹函数). □

7.6.2 最小凸费用流

设 $D = (V, A, c, w)$ 是带发点 v_s 和收点 v_t 的容量–费用网络, 其中 $\forall (v_i, v_j) \in A$, 弧容量 c_{ij} 为正整数, 费用 $w_{ij}(f_{ij})$ 是 $[0, \infty)$ 上关于弧流量 f_{ij} 的非负凸函数, 且 $w_{ij}(0) = 0, v_0$ 为非负整数. D 上的最小凸费用流问题的数学规划模型为

$$\left\{\begin{array}{ll} \min & w(f) = \displaystyle\sum_{(v_i,v_j)\in A} w_{ij}(f_{ij}) \\ \text{s.t.} & \displaystyle\sum_{v_j \in N^+(v_i)} f_{ij} - \sum_{v_j \in N^-(v_i)} f_{ji} = \begin{cases} v_0, & v_i = v_s \\ 0, & v_i \in V \setminus \{v_s, v_t\} \\ -v_0, & v_i = v_t \end{cases} \\ & 0 \leqslant f_{ij} \leqslant c_{ij}, \forall (v_i, v_j) \in A \end{array}\right. \tag{7.27}$$

上述问题的最优解称为 D 中流值为 v_0 的最小凸费用流 (minimum convex-cost flow).

设 f 是 D 中一个可行整数流, 构造 D 的关于 f 的剩余网络 $D(f) = (V, A(f), c, w)$, 其中 $A(f) = A^+(f) \cup A^-(f)$ 和剩余容量 c_f 的定义与 6.3 节相同, 并且 $\forall (v_i, v_j) \in A \cup \overleftarrow{A}$, 定义弧 (v_i, v_j) 的费用

$$w_{ij} = \begin{cases} w_{ij}(f_{ij}+1) - w_{ij}(f_{ij}), (v_i, v_j) \in A, \\ w_{ji}(f_{ji}-1) - w_{ji}(f_{ji}), (v_i, v_j) \in \overleftarrow{A}. \end{cases}$$

由 $w_{ij}(f_{ij})$ 的凸性知, 当 $(v_i, v_j) \in A$ 时, 有

$$w_{ij}(f_{ij}) \leqslant \frac{1}{f_{ij}+1} w_{ij}(0) + \frac{f_{ij}}{f_{ij}+1} w_{ij}(f_{ij}+1) = \frac{f_{ij}}{f_{ij}+1} w_{ji}(f_{ij}+1),$$

即知

$$w_{ij}(f_{ij}+1) - w_{ij}(f_{ij}) \geqslant \frac{1}{f_{ij}+1} w_{ij}(f_{ij}+1) \geqslant 0;$$

当 $(v_i, v_j) \in \overleftarrow{A}$ 时, 有

$$w_{ji}(f_{ji}-1) \leqslant \frac{1}{f_{ji}} w_{ji}(0) + \frac{f_{ji}-1}{f_{ji}} w_{ji} f_{ji} = \frac{f_{ji}-1}{f_{ji}} w_{ji}(f_{ji}),$$

即得

$$w_{ji}(f_{ji}-1) - w_{ji}(f_{ji}) \leqslant \frac{1}{-f_{ji}} w_{ji}(f_{ji}) \leqslant 0.$$

这表明: 当 $(v_i, v_j) \in A$ 时, $w_{ij} \geqslant 0$; 当 $(v_i, v_j) \in \overleftarrow{A}$ 时, $w_{ij} \leqslant 0$.

我们断言: 对于 D 中任何一个可行整数流 f, $D(f)$ 中不存在弧数为 2 的负回路. 这是因为, 对于 $D(f)$ 中任何弧数为 2 的回路 $C = v_i v_j v_i, i \neq j$, 若 $(v_i, v_j) \in A^+(f)$, 则 $(v_j, v_i) \in A^-(f)$, 从而

$$w_{ij} = w_{ij}(f_{ij}+1) - w_{ij}(f_{ij}), w_{ij} = w_{ij}(f_{ij}-1) - w_{ij}(f_{ij}),$$

因此由

$$w_{ij}(f_{ij}) \leqslant \frac{1}{2} w_{ij}(f_{ij}+1) + \frac{1}{2} w_{ij}(f_{ij}-1)$$

可知 $w(C) = w_{ij} + w_{ji} \geqslant 0$; 若 $(v_i, v_j) \in A^-(f)$, 则 $(v_j, v_i) \in A^+(f)$, 同理可证 $w(C) \geqslant 0$.

应当注意到剩余网络 $D(f)$ 中的费用 w 是线性的. 同样把 $D(f)$ 中满足 $w(C) = \sum\limits_{(v_i,v_j)\in A(C)} w_{ij} < 0$ 的回路 C 称为负回路.

根据上述断言, 依照定理 7.3 的证明, 不难得到下述定理.

定理 7.18　设 f 是 D 中流值为 v_0 的可行整数流, 则 f 是 D 中流值为 v_0 的最小凸费用流当且仅当 $D(f)$ 中不含负回路.

由定理 7.14 容易推出下面的定理.　□

定理 7.19　设可行整数流 f 是 D 中流值为 $\bar{v}$ 的最小凸费用流, P 是 $D(f)$ 中费用最小的 (v_s, v_t) 路, $\forall (v_i, v_j) \in A$, 令

$$\tilde{f}_{ij} = \begin{cases} f_{ij}+1, & (v_i, v_j) \in A(P) \cap A^+(f), \\ f_{ij}-1, & (v_j, v_i) \in A(P) \cap A^-(f), \\ f_{ij}, & \text{其他}, \end{cases}$$

则 $\tilde{f}=\{\tilde{f}_{ij}\}$ 是 D 中流值为 $\bar{v}+1$ 的最小凸费用流. □

根据定理 7.18 和定理 7.19, 可以得到求最小凸费用流的两个算法.

求最小凸费用流的负费用回路算法的基本步骤如下:

Step1 求出 D 中流值为 v_0 的可行整数流 f, 转 Step2; 若 D 中不存在流值为 v_0 的可行流, 停止.

Step2 构造剩余网络 $D(f)$. 若 $D(f)$ 不存在负回路, 结束,f 是 D 中流值为 v_0 的最小凸费用流; 否则, 在 $D(f)$ 中找一个负回路 C, 转 Step3.

Step3 把 f 沿 C 增广流值 1, 得到新的可行流 f, 转 Step1.

求最小凸费用流的最小费用路算法的基本步骤如下:

Step0 取零流为初始可行流 f.

Step1 若 $v(f)=v_0$, 结束, f 为 D 中流值为 v_0 的最小凸费用流; 否则转 Step2.

Step2 构造剩余网络 $D(f)$. 若 $D(f)$ 中不存在 (v_s,v_t) 路, 停止, D 中没有流值为 v_0 的可行流; 否则, 在 $D(f)$ 中找一条最小费用 (v_s,v_t) 路 P, 转 Step3.

Step3 把 f 沿 P 增广流值 1, 得到一个新的可行流 f, 转 Step1.

设 n 和 m 分别为 D 的顶点数和弧数, D 中每条弧的容量均为整数, 每条弧上的费用均为非负整数值函数, 且记

$$w_{\max}=\max\{w_{ij}(c_{ij})|(v_i,v_j)\in A\},$$

则不难知道负费用回路算法的复杂性为 $O(nm^2w_{\max})$; 最小费用路算法的复杂性为 $O(nmv_0)$.

7.6.3 最小凹费用流

设 $D=(V,A,c,w)$ 是带发点 v_s 和收点 v_t 的容量–费用网络, 其中 $\forall(v_i,v_j)\in A$, 容量 $c_{ij}>0$, 费用$w_{ij}(f_{ij})$ 是$[0,\infty)$上关于弧流量f_{ij}的非负凹函数, 且 $w_{ij}(0)=0$, $v_0\geqslant 0$.D 中流值为 v_0 且费用最小的可行流称为 D 中流值为 v_0 的最小凹费用流 (minimum concave-cost flow). 最小凹费用流问题的数学规划模型仍为问题 (7.27) 的形式.

根据引理 7.17, $w(f)=\sum\limits_{(v_i,v_j)\in A}w_{ij}(f_{ij})$ 仍为凹函数. 最小凹费用流问题的约束条件是有界变量的线性约束, 因此它的可行域是一个有界多胞形. 最小凹费用流问题的基本可行解必多胞形的极点, 反之亦真. 所以称问题的基本可行解为 D 中流值为 v_0 的极可行流, 简称为极流 (extreme flow), 并且可以证明: 若 D 中存在流值为 v_0 的可行流, 则 D 中一定存在一个极流为最小凹费用流.

下面我们来讨论极流的性质, 为此先给出一个引理.

引理 7.20 设 $D=(V,A)$ 是非空无环有向图, $A_1\subseteq A, A_1\neq\varnothing$, 则 A_1 中弧在 D 的关联矩阵 $\boldsymbol{M}(D)$ 中对应的列向量线性无关当且仅当 $D[A_1]$ 不含圈.

证明　(⇒) 假若 $D[A_1]$ 中含有圈 C, 设 C 的弧数为 k. 因为 C 是 k 阶连通有向图, 所以 $\text{rank}\boldsymbol{M}(C)=k-1$. 把 C 中弧在 $\boldsymbol{M}(D)$ 中对应的列向量构成的矩阵记为 $\boldsymbol{M}_c$, 则 $\boldsymbol{M}_c$ 的行包含 $\boldsymbol{M}(C)$ 的所有行向量和若干个零向量, 从而 $\text{rank}\boldsymbol{M}_c=k-1$, 即 $\boldsymbol{M}_c$ 的 k 个列向量线性相关, 于是 A_1 中弧在 $\boldsymbol{M}(D)$ 中对应的列向量也线性相关.

(⇐) 假设 $D[A_1]$ 不含圈, 并记 $D[A_1]$ 的顶点数、弧数和连通分支数分别为 n,m,k, 则 $\text{rank}\boldsymbol{M}(D[A_1])=n-k$. 注意到 $D[A_1]$ 的每个连通分支都是树, 从而 $m=n-k$, 于是 $\boldsymbol{M}(D[A_1])$ 是列满秩矩阵. 记 A_1 中弧在 $\boldsymbol{M}(D)$ 中对应的列向量构成的矩阵为 $\boldsymbol{M}_1$, 则 $\boldsymbol{M}(D[A_1])$ 是由 $\boldsymbol{M}_1$ 的 n 个行向量构成的, 因此 $\boldsymbol{M}_1$ 也是列满秩矩阵，即知 A_1 中弧在 $\boldsymbol{M}(D)$ 中对应的列向量线性无关. □

请读者注意引理 7.20 与定理 4.19 之间的异同.

由基本可行解的定义可知, $f=\{f_{ij}|(v_i,v_j)\in A\}$ 为 $D=(V,A,c,w)$ 中极流当且仅当基变量 (即满足 $0<f_{ij}<c_{ij}$ 的变量 f_{ij}) 在问题的约束矩阵 $\boldsymbol{M}(D)$ 中对应的列向量线性无关, 这又等价于集合

$$A_f=\{(v_i,v_j)\in A|0<f_{ij}<c_{ij}\}$$

中弧在 $\boldsymbol{M}(D)$ 中对应的列向量线性无关. 于是由引理 7.20 可以得到极流的一个特征性描述:

定理 7.21　设 f 是 $D=(V,A,c,w)$ 中流值为 v_0 的可行流, 则 f 为 D 的极流当且仅当或者 $A_f=\varnothing$ 或者 $D[A_f]$ 中不含圈. □

基于前面的讨论和定理 7.21, 不难给出求最小凹费用流的隐枚举法和分枝定界法, 有兴趣的读者可参考 [29] 和 [77].

习　题　7

1. 验证等式 (7.1) 和 (7.2)

2. 用负费用回路算法和最小费用路算法分别求题图 7.1 所示的容量–费用网络中从 v_s 到 v_t 流值为 2 的最小费用流, 其中弧旁的前一个数字表示容量, 后一个数字表示单位流量的费用.

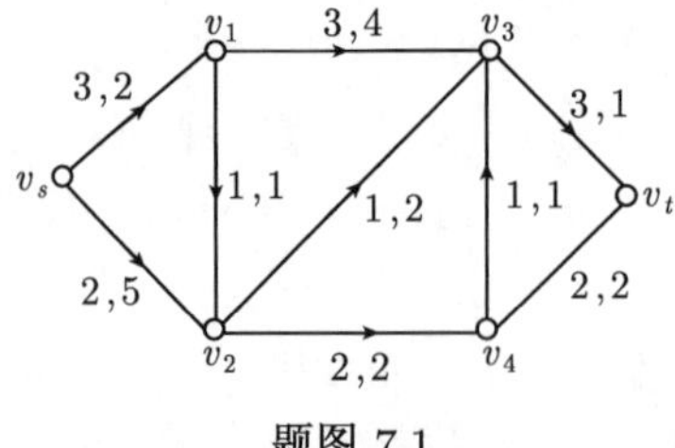

题图 7.1

3. 求题图 7.1 所示的容量–费用网络中从 v_s 到 v_t 的最小费用流最大流.

4. 求题图 7.1 所示的容量–费用网络中从 v_s 到 v_t 费用不超过 29 的最大流.

5. 用原始–对偶算法求题图 7.2 所示的容量 - 费用网络中从 v_s 到 v_t 流值为 5 的最小费用流, 其中弧旁的前一个数字为容量, 后一个数字为单位流量的费用.

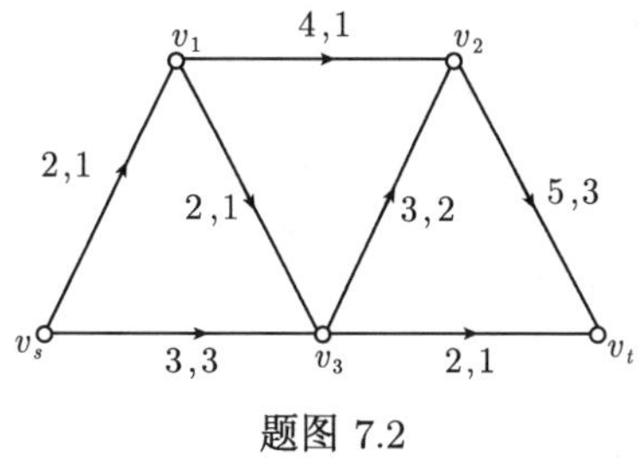

题图 7.2

6. 证明 7.3 节中网络 $D(f)$ 与 $D(f,\pi)$ 的性质 (1),(2) 和 (3).

7. 试把运输问题 (见习题 4 第 8 题) 化成最小费用流问题.

8. 试把最小费用流问题化成运输问题.

9. 完成引理 7.10 的证明

10. 用状态算法求题图 7.3 所示的双容量–费用网络中最小费用循环流, 其中弧旁的数字依次为下容量, 上容量, 单位流量的费用.

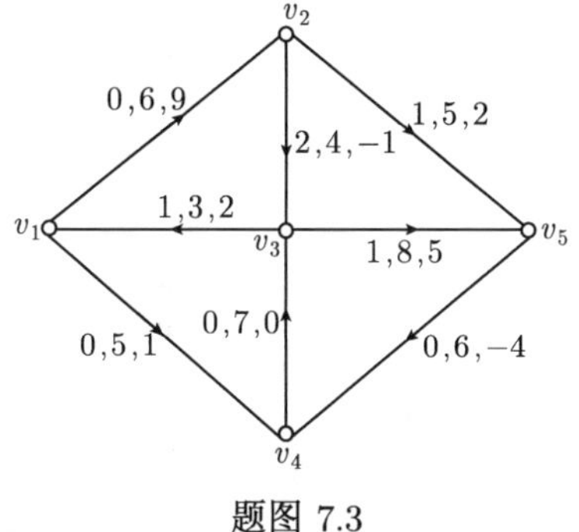

题图 7.3

11. 试把最大流问题、最小费用流问题以及求网络中从顶点 v_1 到其他各个顶点的最短路问题分别化为最小费用循环流问题.

12. 对习题 6 第 10 题中容量网络 D 上每条弧 (v_i, v_j) 赋一个单位费用 w_{ij}, 从而 D 中费用最小的相容流称为最小费用相容流. 试把最小费用相容流问题化为最小费用循环流问题.

13. 证明引理 7.17

14. 证明定理 7.18

15. 证明定理 7.19

16. 对于 7.6.3 小节中容量–费用网络 D, 设 D 中存在流值为 v_0 的可行流, 证明 D 中一定存在一个极流为最小凹费用流.

17. 在现实生活中, 常常回遇到这类问题：有些货物不能与其他货物混在同一个货箱中

(例如, 有毒物品与视频, 军品与民品, 等等), 即是说, 这些货物无论是否装满一个货箱, 均按一个货箱的运价收费. 这样, 运费就是一个分段线性函数. 如何把这样一批货物沿一个单行公路网从发点运到收点, 使总运费最小? 这里, 我们假设所有货箱的规格是相同. 试把上述问题化为最小费用流问题, 并给求解这类网络流问题的算法, 且分析算法复杂性.

18. 设 $D=(V,A,c,w)$ 是带发点 v_s 和收点 v_t 的容量–费用网络, 其中 $\forall(v_i,v_j)\in A$, 费用 $w_{ij}(f_{ij})$ 为非负且严格单调增加的分段线性凸函数. 试把求 D 中流值为 v_0 且费用最小的可行流问题化成最小费用流问题.

第 8 章　二部图的匹配

二部图是一类重要的图, 其匹配问题则是网络最优化中一类典型的问题, 它与许多组合最优化问题密切相关, 并且有着诸多的应用.

本章介绍二部图的匹配和覆盖的性质以及它们之间的关系, 讨论求二部图或赋权二部图中最大匹配、最大权匹配和最大最小匹配的算法, 强调最大匹配与最大流、最大权匹配与最小费用流之间的联系.

8.1 图 的 匹 配

在 1.5.6 小节中我们介绍了图的匹配及最大匹配等概念. 本节将讨论匹配的一些性质.

因为讨论的是图的匹配问题, 所以, 不失一般性, 假设本章涉及的图都是简单图.

设 M 是图 $G=(V,E)$ 的一个匹配, $v_i \in V$. 若 v_i 与 M 中的边相关联, 则称 v_i 是 M 饱和点 (saturated vertex), 否则称 v_i 为 M 非饱和点 (unsaturated vertex). 若 G 中两个顶点 v_i 和 v_j 与 M 中同一条边关联, 则称 v_i 和 v_j 在 M 中配对 (mate). 如果图 G 的每个顶点都是 M 饱和点, 则称 M 为 G 的完美匹配 (perfect matching). 显然 G 的完美匹配是最大匹配.

设 M 是 G 的一个匹配, P 是 G 的一条链, 如果 P 的边交替地属于 M 和 $E\backslash M$, 则称 P 为 M 交错链 (alternating chain). 类似地定义 G 的 M 交错圈 (alternating cycle). 易知, G 的 M 交错圈一定是偶圈. 一条连接两个不同的 M 非饱和点的 M 交错链称为 M 增广链 (augmenting chain).

如果 G 中存在 M 增广链 P, 不妨设 $P=v_1e_1v_2\cdots v_{2k+1}e_{2k+1}v_{2k+2}$, 则 M 与 $E(P)$ 的环和

$$M\oplus E(P)=(M\backslash\{e_2,e_4,\cdots,e_{2k}\})\cup\{e_1,e_3,\cdots,e_{2k+1}\}$$

是 G 的匹配, 且 $|M\oplus E(P)|=|M|+1$. 这就证明了若 G 中存在 M 增广链, 则 M 不是最大匹配.

比较 M 增广链与 6.1 节中关于流 f 的增广链, 可以发现: 这两种增广链的作用非常类似, M 增广链能扩大匹配的边数, f 增广链能增加流值. 而且我们知道, 可行流 f 是最大流当且仅当不存在 f 增广链. 同样我们有下面的定理.

定理 8.1　图 G 中匹配 M 是最大匹配当且权当 G 中不存在 M 增广链.

证明　只需证明充分性. 假设 M 不是 G 的最大匹配, 则存在 G 的匹配 M', 使 $|M'|>|M|$. 考虑子图 $H=G[M\oplus M']$, 则 $\forall v_i\in V$, 有 $d_H(v_i)\leqslant 2$. 从而 H 的每个连通分支或者是边交替地属于 M 和 M' 的偶圈, 或者是边交替地属于 M 和 M' 的链. 由于 $|M'|>|M|$, 因此 H 中至少有一个连通分支 P, 它所包含的属于 M' 的边比属于 M 的边要多. 显然 P 只能是一条链, 且 P 的起点和终点都有 M' 饱和点, 即 P 是 M 增广链. □

定理 8.1 给出了求最大匹配的算法思想: 从任何一个匹配开始, 在图中以非饱和点为起点寻找增广链. 如果找到增广链, 则对匹配进行增广 (通过作环和使匹配的边数增加一条); 否则当前匹配是最大匹配. 因此, 求最大匹配的关键是寻找增广链. 8.2 节将介绍求二部图的最大匹配的算法, 一般图的最大匹配的算法放到第 9 章去讨论.

现在我们主要研究二部图的匹配.

设 $S\subseteq V(G)$, 我们称 $\bigcup\limits_{v\in S}N_G(v)$ 为 S 的领域 (neighbour), 记作 $N_G(S)$ 或简记作 $N(S)$.

定理 8.2　二部图 $G=(X,Y,E)$ 中存在饱和 X 的每个顶点的匹配当且仅当

$$|N(S)|\geqslant|S|,\quad \forall S\subseteq X.$$

证明　$(\Rightarrow)$ 设 M 是 G 中饱和 X 中每个顶点的一个匹配, 且 $S\subseteq X$. 因为 S 的每个顶点都是 M 饱和点, 所以 S 的每个顶点必与 $N(S)$ 中某个顶点在 M 中配对, 而且由匹配的定义知, 与 S 中不同的顶点配对的顶点是不相同的, 所以 $|N(S)|\geqslant|S|$.

$(\Leftarrow)$ 设 M^* 是 G 的最大匹配, M^* 不饱和 X 的所有顶点. 记 v 是 X 中一个 M^* 非饱和点, Z 是 G 中通过 M^* 交错链与 v 相连接的所有顶点的集合, 故 $v\in Z$. 令 $S=X\cap Z, T=Y\cap Z$. 因为 M^* 是最大匹配, 所以 G 中不存在 M^* 增广链. 于是, 除 v 之外, Z 中每个顶点都是 M^* 饱和的, 而且 $Z\backslash\{v\}$ 中的顶点在 M^* 中两两配对. 因此 $|S\backslash\{v\}|=|T|$, 即 $|S|-1=|T|$.

由于 $\forall y\in T, G$ 中存在 M^* 交错 (v,y) 链 Q, 且由 G 是二部图知, Q 上与 y 相邻的顶点必属于 X, 即属于 S, 因此 $y\in N(S)$. 另一方面, $\forall y\in N(S)$, 设 S 中与 y 相邻的顶点为 x, P 是 G 中 M^* 交错 (v,x) 链. 若 y 在 P 上, 则 P 的 (v,y) 节是 M^* 交错 (v,y) 链, 从而 $y\in T$; 否则, 因 $v\in X$, $x\in X$, 故 P 的长为偶数, 其最后一条边属于 M^*, 从而 $xy\notin M^*$, 所以 $P+xy$ 是 M^* 交错 (v,y) 链, 即 $y\in T$. 这就证明了 $N(S)=T$. 于是有

$$|N(S)|=|T|=|S|-1<|S|.$$

从而定理的充分性成立. □

下面介绍图的覆盖. 设 L 是图 G 的顶点集的一个子集, 如果 G 的每一条边至少有一个端点在 L 中, 则称 L 是 G 的顶点覆盖 (vertex covering), 简称为覆盖. G 中顶点数最少的覆盖称为 G 的最小覆盖 (minimum covering).

如果 L 是图 G 的覆盖, M 是 G 的匹配, 则 L 至少包含 M 的每条边的一个端点, 而 M 中任何两条边又不可能有共同的端点, 因此, $|M| \leqslant |L|$. 由此易知: 若 $|M| = |L|$, 则 M 是 G 的最大匹配, L 是 G 的最小覆盖.

二部图的最大匹配与最小覆盖有如下的关系.

定理 8.3 二部图 G 的最大匹配的边数等于 G 的最小覆盖的顶点数.

证明 设 $G = (X, Y, E)$,M^* 是 G 的最大匹配, U 是 X 中 M^* 非饱和点的集合. 若 $U = \varnothing$, 则 $|M^*| = |X|$. 注意到 X 是 G 的一个覆盖, 从而由上述讨论知 X 是最小覆盖. 若 $U \neq \varnothing$, 用 Z 表示 G 中与 U 中顶点有 M^* 交错链相连接的顶点的集合, 则 $U \subseteq Z$. 令 $S = X \cap Z$,$T = Y \cap Z$, 与定理 8.2 证明中的有关论证相似, 可得 $T = N(S)$, $|S \backslash U| = |T|$.

因为 $T = N(S)$, 即 G 中不存在端点分别属于 S 和 $Y \backslash T$ 的边, 也就是说, G 中任意一条边至少有一个端点属于 T 或 $X \backslash S$, 所以 $T \cup (X \backslash S)$ 是 G 的一个覆盖, 记为 L^*. 显然有

$$|M^*| = |X \backslash U| = |S \backslash U| + |X \backslash S|.$$

从而由 $|S \backslash U| = |T|$ 知, $|M^*| = |L^*|$. 根据前述讨论, L^* 是 G 的最小覆盖. □

8.2 求二部图中最大匹配的算法

设有 m 个工人 $x_1,x_2,\cdots,x_m$ 和 n 项工作 $y_1,y_2,\cdots,y_n$. 规定每个工人至多做一项工作, 每项工作至多分配给一名工人. 由于种种原因, 每名工人可能只胜任其中的若干项工作. 问应怎样分配才能使尽可能多的工人分配到他胜任的工作? 这个问题称为人员分配问题 (personnel assignment problem).

人员分配问题可以用图的语言来表达. 令 $X = \{x_1, x_2, \cdots, x_m\}$, $Y = \{y_1, y_2, \cdots, y_n\}$, 构造二部图 $G = (X, Y, E)$ 如下: $\forall i \in \{1, 2, \cdots, m\}$, $\forall j \in \{1, 2, \cdots, n\}$, 当且仅当工人 x_i 胜任工作 y_i 时, G 中有一条边 x_iy_j. 于是人员分配问题就化成在 G 中求最大匹配的问题. □

8.2.1 用最大流的算法求最大匹配

对于二部图 $G = (X, Y, E)$, 我们构造一个带发点 v_s 和收点 v_t 的容量网络 D: 增加两个新顶点 v_s 和 v_t; $\forall x_i \in X$,$\forall y_i \in Y$, 分别连弧 (v_s,v_i) 和 (y_j,v_t), 再把 G 中所有的边 x_iy_j 都改为弧 (x_i, y_j); 令 D 中所有弧的容量都为 1. 此时, G 中任何一个

匹配 M 都对应于 D 中一个可行整数流 $f=\{f_{ij}\}$: $\forall x_iy_j\in M$, 有 $f_{ij}=1$, $f_{si}=1$, $f_{jt}=1$, 其他弧的流量均为 0; 反之, D 中任意一个可行整数流 $f=\{f_{ij}\}$ 对应于 G 中一个匹配 $M=\{x_iy_i\in E|f_{ij}=1\}$. 因此求 G 中最大匹配 M^* 等价于求 D 中最大流 f^*, 且 $|M^*|=v(f^*)$. 因为 D 中所有弧容量均为 1, 所以应用第 6 章中求最大流的算法可以求出 D 中各弧流量为整数的最大流, 从而得到 G 的最大匹配, 由此我们还发现, D 中关于可行整数流 f 的增广链中去掉顶点 v_s 和 v_t 之后, 恰好是与 f 对应的匹配 M 的增广链. 这说明求二部图中最大匹配的这种方法的核心是把寻找 G 中关于匹配的增广链转化为在 D 中寻找关于流的增广链.

记 $n=\max\{|X|,|Y|\}$, 则 D 的顶点数为 $O(n)$. 求 D 中最大流可以采用预流推进算法, 其复杂性为 $O(n^3)$, 从而求二部图中最大匹配的这种方法的复杂性为 $O(n^3)$.

8.2.2 匈牙利算法

下面根据定理 8.1 和定理 8.3, 设计求二部图 $G=(X,Y,E)$ 中最大匹配的算法, 它的基本思想是: 对于已知的匹配 M, 从 X 中任意选定的 M 非饱和点 x_i 出发, 寻找 M 增广链. 为了提高效率, 可以运用广探法的思想求以 x_i 为起点的所有最短 (即弧数最少的)M 交错链, 由 5.2 节中的讨论可知, 这样就得到一个树 J, 称 J 为以 x_i 为根的 M 交错树 (alternating tree). 如果找到 M 增广链, 则 M 可以得到增广; 否则从 X 中另一个 M 非饱和点出发, 继续寻找 M 增广链. 重复这个过程直到 G 中不存在增广链结束, 此时的匹配就是 G 中最大匹配. 这个算法通常称为匈牙利算法 (Hungarian method), 因为这里介绍的寻找增广的方法最早由匈牙利学者 Egerváry(1931) 提出. 下面叙述的算法步骤是 Edmonds(1965) 给出.

Step 0 任何一个匹配 M(可以取 $M=\varnothing$), 所有顶点都未标号.

Step 1 若 X 中没有 M 非饱和点, 结束, M 为最大匹配; 否则把 X 中每个 M 非饱和点标以“-1”和未检查, 转 Step2.

Step 2 若 X 中所有标号顶点都已检查, 结束, M 为最大匹配; 否则, 取 X 中已标号未检查的顶点 x_i, 转 Step 3.

Step 3 若所有与 x_i 相邻的顶点都已标号, 把 x_i 改为已检查, 转 Step 2; 否则转 Step 4.

Step 4 把所有与 x_i 相邻的未标号顶点 y_i 都标以“i”. 若其中某个 y_i 是 M 非饱和点, 转 Step 5; 否则, 对所有 y_i, 把与 y_i 在 M 中配对的顶点 x_p 标以“j”和未检查, 并把 x_i 改为已检查, 转 Step 2.

Step 5 从得到标号的 M 非饱和点 y_i 开始, 根据顶点的标号反向追踪, 一直到找到标号为“-1”的 M 非饱和点 x_i 为止, 得到 M 增广链 P, 令 $M:=M\oplus E(P)$. 取消所有顶点的标号, 转 Step 1.

算法的标号过程就是生长以 X 中 M 非饱和点为根的交错数的过程. 如果算法在 Step 2 结束, 则对于 X 中每个 M 非饱和点 x_i, 都找到了以 x_i 为根的 M 交错树. 这样的 M 交错数称为匈牙利数 (Hungarian tree).

下面来证明匈牙利算法的正确性. 为此只需证明算法在 Step 2 结束时, M 是最大匹配. 根据算法的步骤, 当算法在 Step 2 结束时, X 中所有标号顶点都已检查, 但没有找到 M 增广链. 令 S 是 X 中所有标号顶点的集合, T 是 Y 中所有标号顶点的集合, 则 $N(S)=T$. 把 X 中所有 M 非饱和点的集合记为 U, 则 $S\backslash U$ 和 T 中顶点都是 M 饱和的, 由算法知, $S\backslash U$ 中顶点与 T 中顶点在 M 中两两配对, 即 $|S\backslash U|=|T|$. 记 $L=(X\backslash S)\cup T$, 由定理 8.3 的证明可知, $|M|=|L|$. 因此 M 为 G 的最大匹配, L 为 G 的最小覆盖.

例 8.1 求图 8.1(a) 所示的二部图中最大匹配 □

解 取初始匹配 $M_1=\{x_2y_2,x_3y_3,x_5y_5\}$, 在图 8.1(b) 中用粗边表示. x_1 和 x_4 为 M_1 非饱和点, 给予它们标号 “-1” 和未检查.

取 X 中已标号未检查的顶点 x_1, 把与 x_1 相邻的未标号顶点 y_2 和 y_3 都给予标号 “1”. y_2 和 y_3 均为 M_1 饱和点, 把与 y_2 配对的顶点 x_2 和与 y_3 配对的顶点 x_3 分别给予标号 “2” 和 “3” 及未检查. 把 x_1 改为已检查.

取 X 中已标号未检查的顶点 x_2, 把与 x_2 相邻的未标号顶点 y_1, y_4, y_5 都给予标号 “2”. y_1 是 M_1 非饱和点, 找到 M_1 增广链 $P_1=x_1y_2x_2y_1$, 见图 8.1(b).

对 M_1 沿 P_1 进行增广, 得到匹配 $M_2=\{x_1y_2,x_2y_1,x_3y_3,x_5y_5\}$, 在图 8.1(c) 中用粗边表示. 取消所有顶点的标号. x_4 为 M_2 非饱和点, 给予标号 “-1” 和未检查.

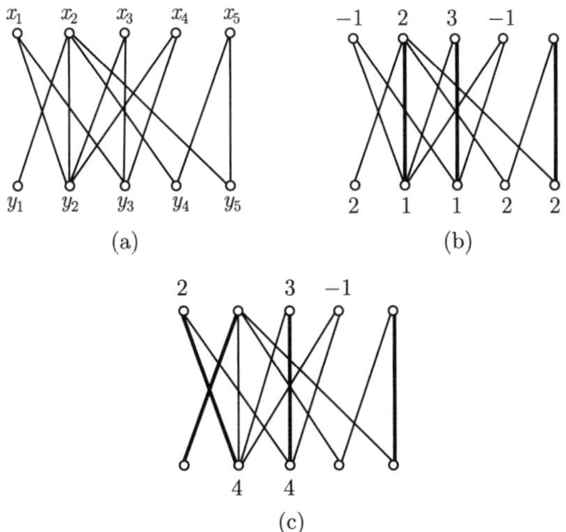

图 8.1 匈牙利算法的例子 (例 8.1)

X 中已标号未检查的顶点为 x_4, 把与 x_4 相邻的未标号顶点 y_2 和 y_3 都给予标号“4”. y_2 和 y_3 均为 M_2 饱和点, 把与 y_2 配对的顶点 x_1 和与 y_3 配对的顶点 x_3 分别给予标号“2”和“3”及未检查. 把 x_4 改为已检查.

取 X 中已标号未检查的顶点 x_1, 与 x_1 相邻的顶点都已标号, 把 x_1 改为已检查.

取 X 中已标号未检查的顶点 x_3，与 x_3 相邻的顶点都已标号, 把 x_3 改为已检查.

X 中所有标号顶点都以检查, 见图 8.1(c). 结束, M_2 为最大匹配. □

匈牙利算法的复杂性估计. 设 G 的边数为 m, 令 $n = \max\{|X|, |Y|\}$. G 的最大匹配的边数不会超过 n, 所以算法最多进行 $O(n)$ 次增广. 每寻找一次增广链, 对顶点标号需要的计算量为 $O(M)$, 反向追踪及增广的计算量为 $O(n)$. 因此匈牙利算法的复杂性为 $O(nm)$.

8.3 求赋权二部图中最大权匹配的算法

在 8.2 节提出的人员分配问题中有时还考虑工人 x_i 做工作 y_i 的效率, 这时可以提出所谓分派为题 (assignmet problem): 应怎样分配才能使总的效率最大? 这里的总效率是指分配方案中每个工人的工作效率之和. 同样, 我们构造一个二部图 G, 并且把工作 x_i 做工作 y_i 的效率作为 G 中边 x_iy_i 的权 w_{ij}. 于是, 分派问题就相当于在赋权二部图 G 中求一个最大权匹配.

为了讨论的方便, 下面对问题进行简化.

(1) 不失一般性, 假设本节讨论的赋权二部图 G 的边的权都是非负的. 因为 G 中最大权匹配必定不含权为负的边, 所以如果 G 中某些边的权为负, 则可以删去这些边.

(2) 如果 $G = (X, Y, E, w)$ 是赋非负权的完全二部图, 且 $|X| = |Y|$, 则 G 中一定有一个完美匹配是最大权匹配. 事实上, 因为 G 是完全二部图, $|X| = |Y|$, 所以 G 中有完美匹配. 于是, 对 G 的任何一个匹配总可以通过添加一些边使其成为完美匹配, 而且匹配的权不会减少.

(3) 对于赋非负权的简单二部图 $G = (X, Y, E, w)$, 总可以把求 G 中最大权匹配化为求赋非负权的完全二部图中最大权完美匹配. 方法如下: 首先比较 $|X|$ 和 $|Y|$, 如果 $|X| \neq |Y|$, 则在顶点少的集合中增加新顶点使新得到的集合满足 $|X'| = |Y'|$. 然后把增加新顶点后的图添加一些边使其成为完全二部图, 并令新增加的边的权为 0, 从而得赋非负权的完全二部图 $G' = (X', Y', E', w')$, 这样, G' 中最大权完美匹配去掉权为 0 的边就是 G 中最大权匹配.

因此, 只需讨论赋非负权的完全二部图中最大权完美匹配.

8.3.1 用最小费用流的算法求最大权完美匹配

设 $G=(X,Y,E,w)$ 是赋非负权的完全二部图, $|X|=|Y|=|n|$. 按照 8.2.1 小节的做法, 构造带发点 v_s 和收点 v_t 的容量–费用网络 D: 增加两个新顶点 v_s 和 v_t; $\forall x_i \in X$, $\forall y_j \in Y$, 分别连弧 (v_s,x_i) 和 (y_j,v_t), 并令它们的容量均为 1, 费用均为 0; 把 G 中所有的边 x_iy_j 都改为弧 (x_i,y_j), 定义其容量为 1, 费用 $w'_{ij}=K-w_{ij}$, 这里 K 是一个足够大的正数. 由 8.2.1 小节的讨论可知, G 中匹配 M 与 D 中可行整数流 f 是一一对应的, 且 $|M|=v(f), w'(f)=K|M|-w(M)$. 由于 G 中完美匹配 M 满足 $|M|=n$, 因此, 我们可以应用第 7 章介绍的求最小费用流的算法求出 D 中流值为 n 的最小费用流, 它所对应的完美匹配就是 G 中最大权完美匹配.

设 G 的边数为 m, 则 D 的顶点数为 $O(n)$, 弧数为 $O(m)$. 如采用最小费用路算法求 D 中流值为 n 的最小费用流, 其复杂性为 $O(n^2m)$, 从而这种方法的复杂性也为 $O(n^2m)$; 如采用原始–对偶算法求 D 中流值为 n 的最小费用流, 其复杂性为 $O(n^3)$, 从而这种方法的复杂性也为 $O(n^3)$. 因此这是一个强多项式算法.

8.3.2 原始–对偶算法

设 $G=(X,Y,E,w)$ 是赋非负权的完全二部图, $|X|=|Y|=n$. 根据 4.4.3 小节的讨论, G 中最大权完美匹配的线性规划模型为

$$\begin{cases} \max \displaystyle\sum_{i=1}^{n}\sum_{j=1}^{n} w_{ij}x_{ij} \\ \text{s.t.}\ \displaystyle\sum_{j=1}^{n} x_{ij}=1, \quad i=1,2,\cdots,n & (8.1) \\ \qquad \displaystyle\sum_{i=1}^{n} x_{ij}=1, \quad j=1,2,\cdots,n & (8.2) \\ \qquad x_{ij}\geqslant 0, i, \quad j=1,2,\cdots,n & (8.3) \end{cases}$$

再由 4.1 节知, 它的对偶问题为

$$\begin{cases} \min \left(\displaystyle\sum_{i=1}^{n}\lambda_i+\sum_{j=1}^{n}\mu_j\right) \\ \text{s.t.}\ \lambda_i+\mu_j \geqslant w_{ij}, i,j=1,2,\cdots,n \end{cases} \tag{8.4}$$

并且由定理 4.4 知, 若 $\{x_{ij}\}$满足 (8.1)~(8.3) 式, $\{\lambda_i,\mu_j\}$满足 (8.4) 式, 则 $\{x_{ij}\}$和 $\{\lambda_i,\mu_j\}$分别是原问题和对偶问题的最优解当且仅当下面的互补松弛条件成立

$$x_{ij}>0 \Rightarrow \lambda_i+\mu_j=w_{ij}. \tag{8.5}$$

我们注意到, G 中完美匹配 M 一一对应于原问题的可行解 $\{x_{ij}\}$, 其中

$$x_{ij}=\begin{cases}1, & x_iy_j\in M,\\ 0, & x_iy_i\in M,\end{cases}$$

或 $M=\{x_iy_j|x_{ij}=1\}$. 因此互补松弛条件 (8.5) 式等价于

$$x_iy_j\in M\Rightarrow \lambda_i+\mu_j=w_{ij}. \tag{8.6}$$

于是有下面的定理.

定理 8.4　设 $G=(X,Y,E,w)$ 是赋非负权的完全二部图, $|X|=|Y|$, M 为 G 的完美匹配. 如果存在一组 $\{\lambda_i,\mu_j\}$ 满足 (8.4) 式, 并且 $\forall x_iy_j\in M$, 有 $\lambda_i+\mu_j=w_{ij}$, 则 M 是 G 中最大权完美匹配. □

根据这个定理, 我们可以给出求 G 中最大权完美匹配的原始–对偶算法, 其基本思想是, 取初始匹配 $M\neq\varnothing$, 并且令

$$\lambda_i=\max\{w_{ij}|1\leqslant i\leqslant n,1\leqslant j\leqslant n\},\mu_j=0,\forall x_i\in X,\forall y_j\in Y,$$

则 $\{\lambda_i,\mu_j\}$ 满足 (8.4) 式, 而且 M 和 $\{\lambda_i,\mu_j\}$ 满足 (8.6) 式, 但 M 不是完美匹配. 然后在由 $\{x_iy_j\in E|\lambda_i+\mu_j=w_{ij}\}$ 导出的 G 的子网络中, 通过生长 M 交错树来寻找 M 增广链. 如果存在 M 增广链, 则对 M 进行增广, 得到新的匹配; 如果不存在 M 增广链, 则修改 λ_i 和 μ_j, 使满足 $\lambda_i+\mu_j=w_{ij}$ 的边增多. 重复上述过程, 直到 X 中所有顶点都成为饱和点为止.

原始–对偶算法的具体步骤如下, 这是 Kuhn(1955) 和 Munkres(1957) 分别给出的.

Step 0　取 $M=\varnothing$, $\forall x_i\in X$,$\forall y_j\in Y$, 令

$$\lambda_i=\max\{w_{ij}|1\leqslant i\leqslant n,1\leqslant j\leqslant n\},\mu_j=0,$$

修改函数 $\delta_j=\infty$, 所有的顶点都没有标号.

Step 1　如果 X 中没有 M 非饱和点, 结束, M 为 G 中最大权完美匹配; 否则, 把 X 中每个 M 非饱和点标以“-1”和未检查, 转 Step 2.

Step 2　若 X 中所有标号顶点都已检查, 转 Step 7; 否则, 取 X 中已标号未检查顶点 x_i, 用 $N(x_i)$ 记 G 中与 x_i 相邻的未标号顶点的集合, 转 Step 3.

Step 3　若 $N(x_i)=\varnothing$, 把 x_i 改为已检查, 转 Step 2; 否则, 任取 $y_i\in N(x_i)$, 令 $\delta_j:=\min\{\delta_j,\lambda_i+\mu_j-w_{ij}\}$, 转 Step 4.

Step 4　若 $\delta_j=0$, 给 y_j 以标号“i”, 转 Step 5; 否则, 令 $N(x_i):=N(x_i)\backslash\{y_i\}$, 转 Step 3.

Step 5 若 y_i 为 M 非饱和点, 转 Step 6; 否则, 把与 y_i 在 M 中配对的顶点 x_p 标以"j"和未检查, 令 $N(x_i) := N(x_i)\backslash\{y_i\}$, 转 Step 3.

Step 6 从 Y 中已标号的 M 非饱和点 y_i 出发, 反向追踪一直找到标号为"-1"的 X 中 M 非饱和点为止, 得到 G 中 M 增广链 P, 令 $M := M \oplus E(P)$, 取消 G 中所有顶点的标号, 并且 $\forall y_i \in Y$, 令 $\delta_j = \infty$, 转 Step 1.

Step 7 取 $\delta = \min\{\delta_j|\delta_j > 0\}$. 对 X 中所标号顶点 x_i, 令 $\lambda_i := \lambda_i - \delta$; 对 Y 中所有标号顶点 y_j(即 $\delta_j = 0$), 令 $\mu_j := \mu_j + \delta$; 对 Y 中所有未标号顶点 y_j(即 $\delta_j > 0$), 令 $\delta_j := \delta_j - \delta$. 考察修改后变为 $\delta_j = 0$ 的顶点 y_i, 设边 x_iy_j 满足 $\lambda_i + \mu_j = w_{ij}$, 给 y_j 以标号"i". 若 y_j 为 M 非饱和点, 转 Step 6; 否则, 把与 y_i 在 M 中配对的顶点 x_p 标以"j"和未检查. 当所有修改后变为 $\delta_j = 0$ 的 Y 中顶点考察完毕后, 转 Step 2.

在算法的执行过程中, 对匹配进行增广时, λ_i 和 μ_j 不发生变化, 所以 (8.4) 式仍然成立; 又因增广链是由 $\lambda_i + \mu_j = w_{ij}$ 的边 x_iy_j 构成的, 故增广后的匹配仍满足 (8.6) 式. 修改对偶变量 λ_i, μ_i 时, 根据 δ 的取法, 修改后 (8.4) 式仍成立, 并且至少有一个顶点 y_i 的 δ_j 由正变为 0, 而且不影响 (8.6) 式. 因此, (8.4) 式和 (8.6) 式始终是成立的. 显然当算法结束时 M 是 G 的完美匹配, 从而由定理 8.4 知, M 是最大权完美匹配.

例 8.2 求图 8.2(a) 所示的赋权二部图中最大权匹配, 其中边旁的数字为该边的权.

解 我们把图 8.2(a) 所示的无向网络看作赋权完全二部图, 只是有些边没有画出来, 没有画出的那些边的权为 0.

令 $M_1 = \varnothing$, $\lambda_i = 5$, $\mu_j = 0$, $\delta_j = \infty$, $i, j = 1, 2, 3, 4$. x_1, x_2, x_3, x_4 为 M_1 非饱和点, 故给它们以标号"-1"和未检查.

取 X 中已标号未检查顶点 x_1, 与 x_1 相邻的未标号顶点为 y_1 和 y_2. 令 $\delta_1 = 1, \delta_2 = 0$, 给 y_2 以标号"1", 见图 8.2(b).

y_2 为 M_1 非饱和点, 找到 M_1 增广链 y_2x_1, 对 M_1 进行增广得到 $M_2 = \{x_1y_2\}$, 在图 8.2(c) 中用粗边表示. 取消所有顶点的标号, 并令 $\delta_j = \infty$, $j = 1, 2, 3, 4$. x_2, x_3, x_4 为 M_2 非饱和点, 给它们以标号"-1"和未检查.

取 X 中已标号未检查顶点 x_2, 与 x_2 相邻的未标号顶点为 y_2, y_3. 令 $\delta_2 = 2$, $\delta_3 = 3$, 则 $\delta_2 > 0, \delta_3 > 0$. 把 x_2 改为已检查.

取 X 中已标号未检查顶点 x_3, 与 x_3 相邻的未标号顶点为 y_2, y_4. 令 $\delta_2 = 2$, $\delta_4 = 1$, 则 $\delta_2 > 0, \delta_4 > 0$, 把 x_3 改为已检查.

取 X 中已标号未检查顶点 x_4, 与 x_4 相邻的未标号顶点为 y_2, y_3, y_4. 令 $\delta_2 = 2$, $\delta_3 = 1$, $\delta_4 = 1$, 把 x_4 改为已检查. 见图 8.2(c).

X 中所有标号顶点都已检查, 取 $\delta = 1$. 对 X 中所有标点顶点 x_2, x_3, x_4, 令

$\lambda_2 = 4$, $\lambda_3 = 4$, $\lambda_4 = 4$; 对 Y 中未标号顶点 y_1, y_2, y_3, y_4, 令 $\delta_1 = \infty$, $\delta_2 = 1$, $\delta_3 = 0$, $\delta_4 = 0$. 给 y_3, y_4 以标号“4”和“3”, 见图 8.2(d).

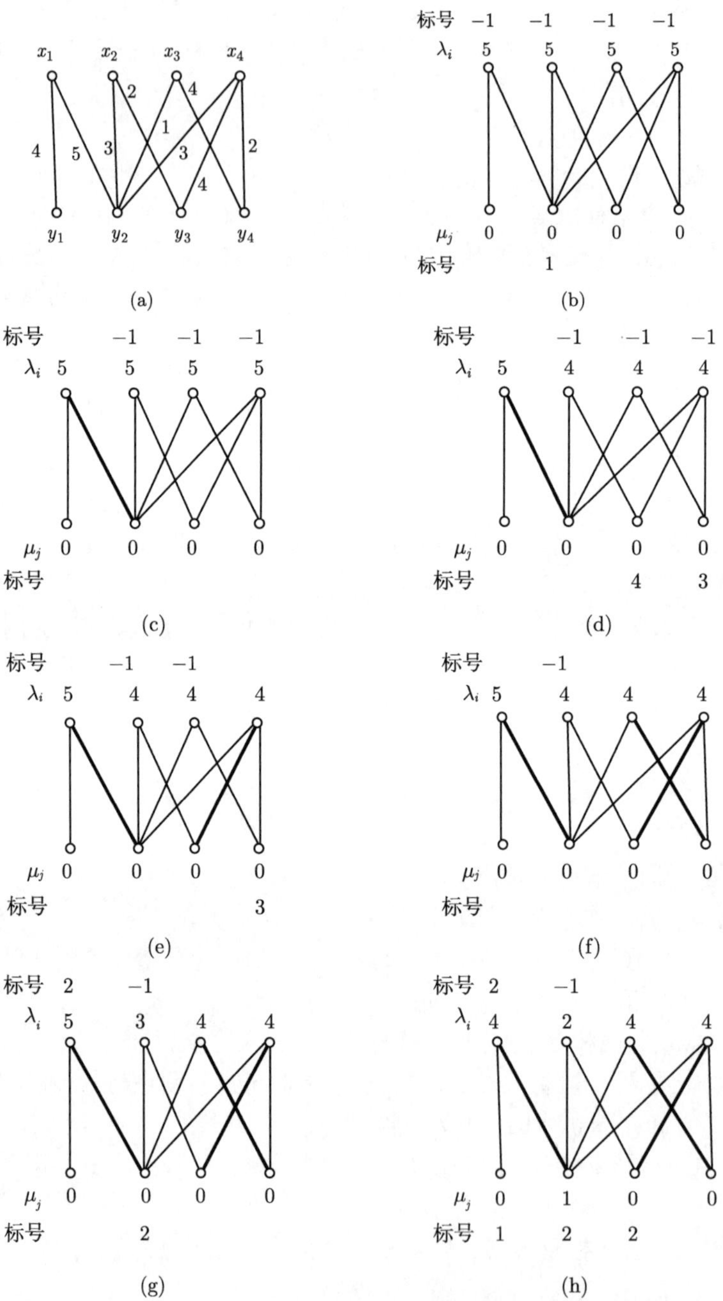

图 8.2 原始–对偶算法的例子 (例 8.2)

y_3, y_4 为 M_2 非饱和点, 从 y_3 出发找到 M_2 增广链 y_3x_4, 对 M_2 进行增广得到 $M_3 = \{x_1y_2, x_4y_3\}$, 在图 8.3(e) 中用粗边表示. 取消所有顶点的标号, 并令 $\delta_j = \infty$, $j = 1, 2, 3, 4$. x_2, x_3 为 M_3 非饱和点, 给它们以标号"-1"和未检查.

取 X 中已标号未检查顶点 x_2, 与 x_2 相邻的未标号顶点为 y_2, y_3. 令 $\delta_2 = 1$, $\delta_3 = 2$, 把 x_2 改为已检查.

取 X 中已标号未检查顶点 x_3, 与 x_3 相邻的未标号顶点为 y_2, y_4. 令 $\delta_2 = 1$, $\delta_4 = 0$, 给 y_4 以标号"3", 见图 8.2(e).

y_4 为 M_3 非饱和点, 找到 M_3 增广链 y_4x_3, 对 M_3 进行增广得到 $M_4 = \{x_1, y_2, x_3y_4, x_4y_3\}$, 在图 8.3(f) 中用粗边表示. 取消所有顶点的标号, 并令 $\delta_j = \infty$, $j = 1, 2, 3, 4$. x_2 为 M_4 非饱和点, 给予标号"-1"和未检查.

取 X 中已标号未检查顶点 x_2, 与 x_2 相邻的未标号顶点为 y_2, y_3. 令 $\delta_2 = 1$, $\delta_3 = 2$, 把 x_2 改为已检查, 见图 8.2(f).

X 中所有标号顶点都已检查, 取 $\delta = 1$. 对 X 中标号顶点 x_2, 令 $\lambda_2 = 3$; 对 Y 中未标号顶点 y_1, y_2, y_3, y_4, 令 $\delta_1 = \infty$, $\delta_2 = 0$, $\delta_3 = 1$, $\delta_4 = \infty$. 给 y_2 以标号"2", y_2 为 M_4 饱和点, 把与 y_2 配对的顶点 x_1 标以"2"和未检查.

取 X 中已标号未检查顶点 x_1, 与 x_1 相邻的未标号顶点为 y_1. 令 $\delta_1 = 1$, 把 x_1 改为已检查, 见图 8.2(g).

X 中所有标号顶点都已检查, 取 $\delta = 1$. 对 X 中标号顶点 x_1, x_2, 令 $\lambda_1 = 4$, $\lambda_2 = 2$; 对 Y 中标号顶点 y_2, 令 $\mu_2 = 1$; 对 Y 中未标号顶点 y_1, y_3, y_4, 令 $\delta_1 = 0$, $\delta_3 = 0$, $\delta_4 = \infty$. 给 y_1, y_3 以标号"1"和"2", 见图 8.2(h).

y_1 为 M_4 非饱和点, 找到 M_4 增广链 $y_1x_1y_2x_2$, 对 M_4 进行增广得到 $M_5 = \{x_1y_1, x_2y_2, x_3y_4, x_4y_3\}$, M_5 是最大权完美匹配. □

原始—对偶算法的复杂性估计. 因为 G 中完美匹配有 n 条边, 所以增广的次数为 n. 每次增广, 寻找增广链的计算量为 $O(n^2)$, 修改 λ_i, μ_j 和 δ_j 的计算量为 $O(n^2)$, 对匹配增广的计算量为 $O(n)$. 因此算法的复杂性为 $O(n^3)$.

8.4 最大最小匹配

设 $G = (X, Y, E, w)$ 是赋权二部图, M 为 G 的一个匹配, 记

$$\tilde{w}(M) = \min\{w_{ij} | x_iy_j \in M\}.$$

如果 G 中有一个最大匹配 M^*, 使得

$$\tilde{w}(M^*) = \max\{\tilde{w}(M) | M\text{为}G\text{的最大匹配}\},$$

则称 M^* 为 G 的最大最小匹配 (maximin matching). 如果 G 中存在一个含 k 条边的匹配 M_k^*, 使得

$$\tilde{w}(M_k^*) = \max\{\tilde{w}(M)|M\text{为}G\text{中含}k\text{条边的匹配}\},$$

则称 M_k 为 G 的最大最小 k 匹配.

例如, 有 n 个工人要分配到一条流水线的 n 个工作台上去, 令 w_{ij} 表示工人 x_i 在工作台 y_j 上的工作速度, 流水线的生产速度由最慢工人的速度制约着. 那么, 应怎样制订分配方案, 才能使流水线的生产速度最快? 这个问题称为瓶颈分派问题 (bottleneck assignment problem). 显然, 瓶颈分派问题可以化为求赋权完全二部图中最小权最大的完美匹配, 即最大最小匹配.

关于最大最小 k 匹配, Gross(1960) 证明了下面的定理.

定理 8.5　设 M_k^* 是赋权二部图 $G=(X,Y,E,w)$ 的最大最小 k 匹配, $k \geqslant 1$, 则

$$\tilde{w}(M_k^*) = \min_{H_{k-1}} \max\{w_{ij}|x_iy_j \in E(H_{k_1})\}, \tag{8.7}$$

其中 H_{k-1} 表示从 G 中任意删去 $k-1$ 个顶点得到的子网络.

证明　记 $\hat{E}=\{x_iy_j \in E|w_{ij} > \tilde{w}(M_k^*)\}$, 分情况讨论.

如果 $\hat{E}=\varnothing$, 则 $\forall x_iy_j \in E$, 有 $w_{ij} \leqslant \tilde{w}(M_k^*)$, 从而 $\forall x_iy_j \in M_k^*$, 有 $w_{ij} = \tilde{w}(M_k^*)$. 因为任何 H_{k-1} 中至少含有 M_k^* 的一条边, 所有对一切 H_{k-1}, 均有 $\tilde{w}(M_k^*) = \max\{w_{ij}|x_iy_j \in E(H_{k-1})\}$, 即知 (8.7) 式成立.

如果 $\tilde{E} \neq \varnothing$, 记 $\tilde{G}$ 是由 $\tilde{E}$ 导出的 G 的子网络, 则二部图 $\tilde{G}$ 中最大匹配至多含 $k-1$ 条边, 若不然, $\tilde{G}$ 中存在含 k 条边的匹配 M_k, 由 $\tilde{G}$ 的定义知, $\tilde{w}(M_k) > \tilde{w}(M_k^*)$, 此与 M_k^* 是最大最小 k 匹配相矛盾. 于是, 根据定理 8.3, $\tilde{G}$ 中有一个覆盖至多含 $k-1$ 个顶点, 从而 $\tilde{G}$ 中存在一个含 $k-1$ 个顶点的覆盖 L, 记 $H_{k-1}^* = G-L$. 由于 L 为 $\tilde{G}$ 的覆盖, 因此

$$\tilde{w}(M_k^*) \geqslant \max\{w_{ij}|x_iy_j \in E(H_{k-1}^*)\}. \tag{8.8}$$

因任何 H_{k-1} 至少包含 M_k^* 的一条边, 故

$$\max\{w_{ij}|x_iy_j \in E(H_{k-1})\} \geqslant \tilde{w}(M_k^*), \forall H_{k-1}. \tag{8.9}$$

由 (8.8) 和 (8.9) 两式知 (8.7) 式成立. □

这个定理与定理 8.3 相似, 它指出了最大最小匹配的对偶性质.

下面我们介绍求赋权二部图 G 中最大最小匹配的阈算法 (threshold method), 其基本思想是: 由空匹配 M_0 和一个适当大的数 w_0(称为阈) 开始, 在一般步骤中最大最小 k 匹配 M_k 已经求出, 然后在由 $\{x_iy_j \in E|w_{ij} \geqslant w_0\}$ 导出的子网络中生

长 M_k 交错树来寻找 M_k 增广链. 如果存在 M_k 增广链 P, 作 $M_{k+1} = M_k \oplus E(P)$, 则 M_{k+1} 为最大最小 $k+1$ 匹配; 否则, 降低阀 w_0 的值到恰好能允许 M_k 增广链出现. 重复上述过程, 直到求出 G 最大匹配 M 为止, 此时 M 就是 G 中最大最小匹配, 并且最后的阀 $w_0 = \tilde{w}(M)$. 据此, 我们给出阀算法的具体步骤.

Step 0 取 $M = \varnothing$, $w_0 = \infty$; $\forall y_i \in Y$, 令 $\delta_j = -\infty$. 所有顶点都未标号.

Step 1 若 X 中每个顶点都是 M 饱和点, 结束, M 为 G 中最大最小匹配; 否则, 给 X 中每个 M 非饱和点标以 "-1" 和未检查, 转 Step 2.

Step 2 若 G 中不存在未检查的标号顶点, 结束, G 中不存 M 增广链, M 为 G 中最大最小匹配; 否则转 Step 3.

Step 3 若 X 中存在未检查的标号顶点, 取一个这样的顶点 x_i, 转 Step 4; 否则转 Step 5.

Step 4 考察 G 中不属于 M 的每一条边 x_iy_j. 若 y_j 已标号且 $\delta_j \geqslant w_{ij}$, 或者 y_j 已检查, 什么也不做, 考虑 G 中另一条不属于 M 且与 x_i 关联的边; 否则, 改标 y_j 为 "i" 和未检查, 并令 $\delta_j = w_{ij}$.

当所有不属于 M 且与 x_i 关联的边考察完毕后, 改 x_i 为已检查, 转 Step 2.

Step 5 若 Y 中所有未检查的标号顶点 y_i 都满足 $\delta_j < w_0$, 则令 $w_0 := \max\{\delta_j | \delta_j < w_0\}$, 转 Step 6; 否则什么也不做, 转 Step 6.

Step 6 在 Y 中选取一个满足 $\delta_j \geqslant w_0$ 的未检查的标号顶点 y_i. 若 y_i 为 M 非饱和点, 转 Step 7; 否则, 把与 y_j 在 M 中配对的顶点 x_p 标以 "j" 和未检查, 并改 y_j 为已检查, 转 Step 2.

Step 7 从 Y 中已标号的 M 的非饱和点 y_j 出发, 反向追踪一直找到标号为 "-1" 的顶点 x_i 为止, 得到一条 M 增广链 P, 令 $M := M \oplus E(P)$. 取消 G 中所有顶点的标号, 并 $\forall y_i \in Y$, 令 $\delta_j = -\infty$, 转 Step 1.

根据 8.2.2 小节中匈牙利算法的证明不难知道, 阀算法结束时得到的匹配 M 是 G 中最大匹配. 再由前面的分析可知 M 一定是 G 中最大最小匹配.

例 8.3 求图 8.3(a) 所示的赋权二部图中最大最小匹配, 图中每条边旁的数字表示该边的权.

解 取 $M_1 = \varnothing$, $w_0 = \infty$, $\delta_j = -\infty (j = 1, 2, 3, 4)$. X 中顶点 x_1, x_2, x_3, x_4 为 M_1 非饱和点, 给它们以标号 "-1" 和未检查.

取 X 中已标号未检查顶点 x_1, 边 x_1y_3 不属于 M_1, 且 y_3 未标号, 给 y_3 以标号 "1" 和未检查, 并令 $\delta_3 = 7$. 把 x_1 改为已检查.

取 X 中已标号未检查顶点 x_2, 边 x_2y_1, x_2y_3, x_2y_4 不属于 M_1, y_3 已标号且 $\delta_3 \geqslant w_{23}$; y_1, y_4 未标号, 给 y_1 和 y_4 以标号 "2" 和未检查, 并令 $\delta_1 = -2$, $\delta_4 = -3$. x_2 改为已检查.

取 X 中已标号未检查顶点 x_3, 边 x_3y_3 不属于 M_1, y_3 已标号但 $\delta_3 < w_{33}$, y_3 改标“3”和未检查, 并令 $\delta_3 = 9$, x_3 改为已检查.

取 X 中已标号未检查顶点 x_4, 边 $x_4y_1, x_4y_2, x_4y_3, x_4y_4$ 不属于 M_1. y_1 已标号但 $\delta_1 < w_{41}$, y_1 改标“4”和未检查, 并令 $\delta_1 = 5$; y_2 未标号, 标 y_2 为“4”和未检查, 并令 $\delta_2 = 3$; y_3 已标号且 $\delta_3 = w_{43}$; y_4 已标号且 $\delta_4 > w_{44}$. x_4 改为已检查.

Y 中顶点 y_1, y_2, y_3, y_4 都是已标号未检查, 且 $\delta_j < w_0$, $j = 1, 2, 3, 4$, 令 $w_0 = 9$. 取 Y 中已标号未检查顶点 y_3, $\delta_3 = w_0$. y_3 为 M_1 非饱和点, 见图 8.3(b), 图中顶点的标点右上角带“+”号表示已被检查.

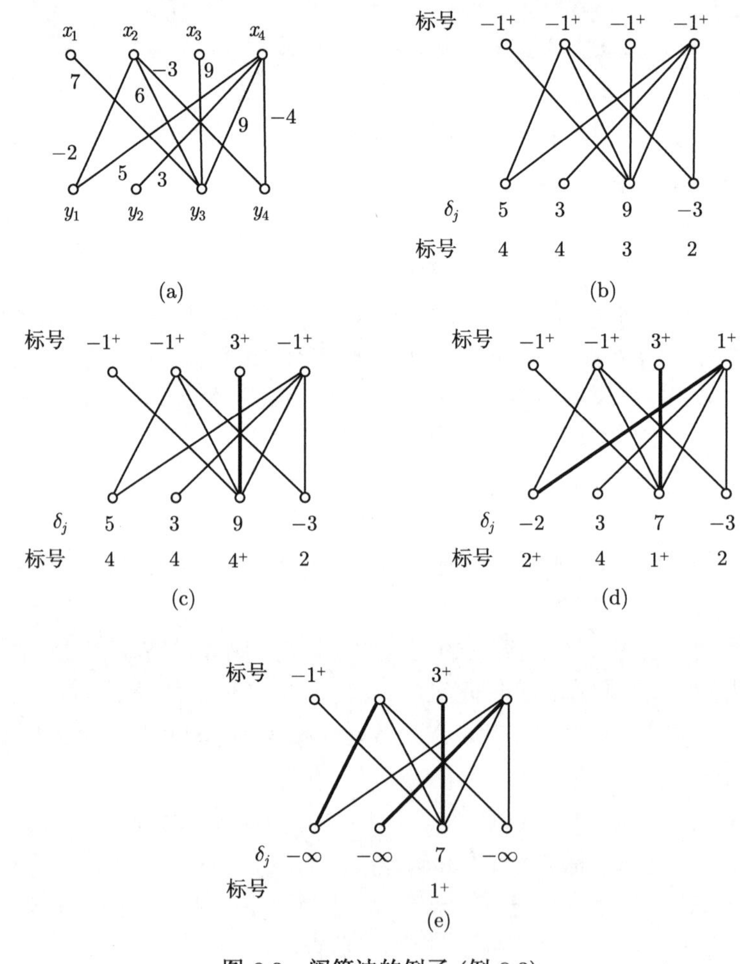

图 8.3　阀算法的例子 (例 8.3)

从 y_3 出发, 反向追踪得到一条 M_1 增广链 y_3x_3, 对 M_1 增广链得到 $M_2 = \{x_3y_3\}$, 在图 8.3(c) 中用粗边表示. 取消所有顶点的标号, 令所有 $\delta_j = -\infty$. x_1, x_2, x_4

为 M_2 非饱和点, 给它们以标号"-1"和未检查.

取 X 中已标号未检查顶点 x_1, 边 x_1y_3 不属于 M_2, 且 y_3 未标号, 给 y_3 以标号"1"和未检查, 并令 $\delta_3 = 7$. x_1 改为已检查.

取 X 中已标号未检查顶点 x_2, 边 x_2y_1, x_2y_3, x_2y_4 不属于 M_2. y_3 已标号且 $\delta_3 \geqslant w_{23}$; y_1, y_4 未标号, 给它们已标号"2"和未检查, 并令 $\delta_1 = -2, \delta_4 = -3$. x_2 改为已检查.

取 X 中已标号未检查顶点 x_4, 边 $x_4y_1, x_4y_2, x_4y_3, x_4y_4$ 不属于 M_2. y_1 已标号但 $\delta_1 < w_{41}$, 改标 y_1 以"4"和未检查, 并令 $\delta_1 = 5$; y_2 未标号, 标 y_2 为"4"和未检查, 并令 $\delta_2 = 3$; y_3 已标号但 $\delta_3 < w_{43}$, 改标 y_3 为"4"和未检查, 并令 $\delta_3 = 9$; y_4 已标号且 $\delta_4 \geqslant w_{44}$. x_4 改为已检查.

Y 中顶点 y_3 已标号未检查且 $\delta_3 = w_0$, y_3 为 M_2 饱和点, 与 y_3 配对的顶点为 x_3, 标 x_3 为"3"和未检查, y_3 改为已检查.

取 X 中已标号未检查顶点 x_3, 与 x_3 关联的边属于 M_2, x_3 改为已检查.

Y 中顶点 y_1, y_2, y_4 都是已标号未检查, 且 $\delta_j < w_0$, $j = 1, 2, 4$. 令 $w_0 = 5$. 取 Y 中已标号未检查顶点 y_1, y_1 为 M_2 非饱和点, 见图 8.3(c).

从 y_1 出发反向追踪得到 M_2 增广链 y_1x_4, 对 M_2 增广得到 $M_3 = \{x_3y_3, x_4y_1\}$, 在图 8.3(d) 中用粗边表示. 取消所有顶点的标号, 令所有 $\delta_j = -\infty$. x_1, x_2 为 M_3 非饱和点, 给它们以标号"-1"和未检查.

取 X 中已标号未检查顶点 x_1, 边 x_1y_3 不属于 M_3, 且 y_3 未标号, 把 y_3 标以"1"和未检查, 并令 $\delta_3 = 7$. x_1 改为已检查.

取 X 中标号未检查顶点 x_2, 边 x_2y_1, x_2y_3, x_2y_4 不属于 M_3. y_3 已标号且 $\delta_3 > w_{23}$; y_1, y_4 未标号, 给它们以标号"2"和未检查, 并令 $\delta_1 = -2$, $\delta_4 = -3$. x_2 改为已检查.

Y 中顶点 y_3 已标号未检查, 且 $\delta_3 > w_0$, y_3 为 M_3 饱和点, 与 y_3 配对的顶点为 x_3, 标 x_3 为"3"和未检查, y_3 改为已检查.

取 X 中已标号未检查顶点 x_3, 与 x_3 关联的边属于 M_3, x_3 改为已检查.

Y 中顶点 y_1, y_4 都是已标号未检查, 且 $\delta_j < w_0$, $j = 1, 4$. 令 $w_0 = -2$.

取 Y 中已标号未检查顶点 y_1, $\delta_1 = w_0$, y_1 为 M_3 饱和点, 与 y_1 配对的顶点为 x_4, 标 x_4 为"1"和未检查, y_1 改为已检查.

取 X 中已标号未检查顶点 x_4, 与 x_4 关联但不属于 M_3 的边为 x_4y_2, x_4y_3, x_4y_4. y_2 未标号, 标 y_2 为"4"和未检查, 并令 $\delta_2 = 3$; y_3 已检查; y_4 已标号且 $\delta_4 > w_{44}$. x_4 改为已检查.

Y 中已标号未检查顶点为 y_2, y_4, 但 $\delta_2 > w_0$, 且 y_2 为 M_3 非饱和点, 见图 8.3(d).

从 y_2 出发反向追踪得到 M_3 增广链 $y_2x_4y_1x_2$, 对 M_3 增广得到 $M_4=\{x_2y_1, x_3y_3, x_4y_2\}$, 在图 8.3(e) 中用粗边表示. 取消所有顶点的标号, 令所有 $\delta_j=-\infty$. x_1 为 M_4 非饱和点, 给予标号“-1”和未检查.

取 X 中已标号未检查顶点 x_1, 边 x_1y_3 不属于 M_4, 且 y_3 未标号, 标 y_3 为“1”和未检查, 并令 $\delta_3=7$. x_1 改为已检查.

Y 中已标号未检查顶点为 y_3, $\delta_3>w_0$. y_3 为 M_3 饱和点, 与 y_3 配对的顶点为 x_3, 标 x_3 为“3”和未检查. y_3 改为已检查.

取 X 中已标号未检查顶点 x_3, 与 x_3 关联的边属于 M_4, x_3 改为已检查. 此时不存在已标号未检查顶点, 因而 M_4 为最大最小匹配. □

阀算法的复杂性分析. 设 $n=\max\{|X|,|Y|\}$, G 的边数为 m. 因为阀 w_0 的值每下降一次, 至少使一条边 x_iy_j 成为 $w_{ij}\geqslant w_0$, 所以阀值下降的次数不会超过 m. 对于每一个阀值, Step 2 和 Step 3 的计算量均为 $O(n)$, Step 4 的计算量为 $O(m)$, Step 5, Step 6 和 Step 7 的计算量均为 $O(n)$. 因此阀算法的复杂性为 $O(m^2)$.

习　题　8

1. 证明: 树至多有一个完美匹配.

2. 两人在图 G 上做游戏, 方法是交替地选择不同的顶点 $v_1, v_2, \cdots$, 使得 $i>1$ 时, v_i 与 v_{i-1} 相邻, 直到不能选到顶点为止, 最后选到顶点的人为胜. 证明: 第一个选顶点的人有一个取胜策略当且仅当 G 中不存在完美匹配.

3. 证明: 二部图 $G=(V,E)$ 中存在完美匹配当且仅当 $\forall V_1\subseteq V$, 有 $|N_G(V_1)|\geqslant|V_1|$.

4. 证明: 一个 8×8 正方形删去两个位于对角上的 1×1 小正方形后, 不能用 1×2 长方形恰好遮盖.

5. 用匈牙利算法求题图 8.1 所示二部图中最大匹配和最小覆盖.

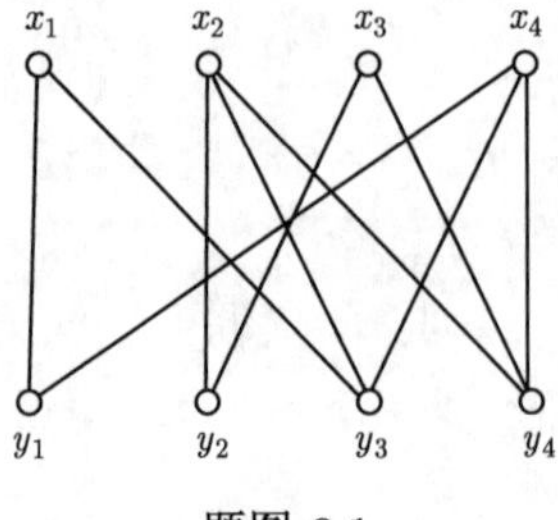

题图 8.1

6. n 阶方阵中两两不同行不同列的 n 个元素的集合称为方阵的一条对角线. 对角线的权

是它的 n 个元素之和. 求下面 5 阶方阵中权最大的对角线和权最小的对角线:

$$\begin{bmatrix} 3 & 5 & 5 & 4 & 1 \\ 2 & 2 & 0 & 2 & 2 \\ 0 & 4 & 4 & 1 & 0 \\ 0 & 1 & 1 & 0 & 0 \\ 1 & 2 & 1 & 3 & 3 \end{bmatrix}.$$

7. 求解下面的瓶颈分派问题, 其中工人 i 在工作台 j 上的工作速度为 $w_{ij}(i=1,2,3,4,5)$, 工人的工作速度构成一个矩阵

$$[w_{ij}]_{5\times 5} = \begin{bmatrix} 1 & 3 & 2 & 6 & 0 \\ 4 & 2 & 3 & 8 & 3 \\ 8 & 4 & 1 & 5 & 0 \\ 3 & 5 & 4 & 8 & 8 \\ 2 & 6 & 9 & 5 & 2 \end{bmatrix}.$$

8. 设图 $G=(V,E)$, a 和 b 是定义在 V 上的两个非负整值函数. 如果存在 $M\subseteq E$, 使得

$$a(v_i) \leqslant d_M(v_i) \leqslant b(v_i), \forall v_i \in V,$$

其中 $d_M(v_i)$ 表示 M 中与 v_i 关联的边数, 则称 M 为 G 的 (a,b) 匹配. 特别地, 把 $(0,b)$ 匹配简称为 b 匹配. G 中边数最多 (或边数最小) 的 (a,b) 匹配称为 G 的最大 (a,b) 匹配 (或最小 (a,b) 匹配). 试分别设计求二部图中最大 (a,b) 匹配和最小 (a,b) 匹配的算法, 并分析算法复杂性.

9. 设 $G=(V,E,w)$ 是赋权图, a 和 b 是定义在 V 上的两个非负整值函数, G 中权最大 (或权最小) 的 (a,b) 匹配称为 G 的最大权 (a,b) 匹配 (或最小权 (a,b) 匹配). 试分别设计求赋权二部图中最大权 (a,b) 匹配和最小权 (a,b) 匹配的算法, 并分析算法复杂性.

10. 设有向图 $D=(V,A)$, a^+,a^- 和 b^+, a^- 是定义在 V 上的四个非负整值函数. 如果存在 $M\subseteq A$, 使得 $\forall v_i \in V$, 有

$$a^+(v_i) \leqslant d^+_M(v_i) \leqslant b^+(v_i), a^-(v_i) \leqslant d^-_M(v_i) \leqslant b^-(v_i),$$

其中 $d^+_M(v_i)$ 和 $d^-_M(v_i)$ 分别表示 M 中以 v_i 为尾和以 v_i 为头的弧数, 则称 M 为 D 的 $(a^+,a^-;b^+,b^-)$ 匹配. 试把 $(a^+,a^-;b^+,b^-)$ 匹配问题化为二部图的匹配问题.

11. 设 $G=(X,Y,E,w)$ 是赋权的完全二部图, $X=\{x_1,x_2,\cdots,x_n\}$, $Y=\{y_1,y_2,\cdots,y_n\}$, 且边 x_iy_j 的权 w_{ij} 满足下述条件: 存在实数 $\alpha_1 \geqslant \alpha_2 \geqslant \cdots \geqslant \alpha_n$ 和 $\beta_1 \geqslant \beta_2 \geqslant \cdots \geqslant \beta_n$, 使得

$$w_{ij} = \max\{0, \alpha_i - \beta_j\}, i,j=1,2,\cdots,n,$$

证明: $M=\{x_iy_i|1\leqslant i\leqslant n\}$ 是 G 中最小权完美匹配.

第 9 章　一般图的匹配

本章将第 8 章中交错树和匈牙利树的概念推广到一般图上, 给出求一般图中最大匹配的花算法; 利用最大权匹配的线性规划模型导出求一般赋权图中最大权匹配的原始–对偶算法

9.1 交 错 树

同二部图一样, 求一般图中最大匹配的算法的理论基础仍然是定理 8.1. 算法的思想还是通过生长交错树寻找关于匹配的增广链.

与第 8 章相同, 假设本章所讨论的都是简单图.

首先我们给出 8.2.2 小节提到的交错树的一般性定义.

设 M 为图 G 的一个匹配, G 中树 J 称为以 v 为根的 M 交错树, 是指下列条件成立:

(1) v 是 J 中 M 非饱和点;

(2) $\forall v_i \in V(J)$, J 中唯一的 (v, v_i) 链为 M 交错链;

(3) 与 J 中顶点关联的 M 的边属于 $E(J)$.

仿照树形图, 对于 G 中以 v 为根的 M 交错树 J, 我们把 J 中 (v, v_i) 链的长称为顶点 v_i 的代. J 中代为偶数的顶点称为外点 (outer vertex), 代为奇数的顶点称为内点 (inner vertex).

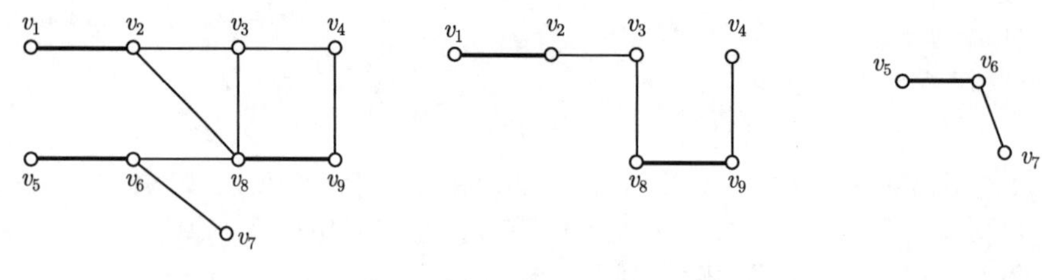

(a) 图G及其匹配M　(b) G的M交错树J_1　(c) G的M交错树J_2

图 9.1　交错树和匈牙利树的例子

在图 9.1(a) 所示的图 G 中, 粗边表示 G 的匹配 M; 图 9.1(b) 所示的图 J_1 是 G 中以 v_3 为根的 M 交错树, 其中 v_1, v_3, v_9 为外点, v_2, v_4, v_8 为内点; 图 9.1(c) 所示的图 J_2 是 G 中以 v_7 为根的 M 交错树, 其中 v_5, v_7 为外点, v_6 为内点.

在 8.2.2 小节中还提到了匈牙利树. 二部图 $G_1=(X,Y,E)$ 中关于匹配 M 的匈牙利树 J 是指交错树 J 中只有根是 M 非饱和点, 且 J 不能再生长下去. 显然 J 的外点均属于 X, 内点均属于 Y. 这说明, 交错树 J 为匈牙利树等价于 J 的每个悬挂点均为外点, 且 G_1 中与 J 的外点相邻的顶点必为 J 的内点. 这样, 可以把匈牙利树的概念推广到一般图上来.

设 J 为图 G 的 M 交错树, 如果 J 的根是 J 中唯一的 M 非饱和点, 且 J 的每个外点都只被 G 中的边关链到 J 的内点上, 则称 J 为 G 中关于 M 的匈牙利树. 易知, 图 9.1(b) 所示的 J_1 不是关于 M 的匈牙利树, 而图 9.1(c) 所示的 J_2 则是关于 M 的匈牙利树.

现在我们来介绍在一般图 $G=(V,E)$ 中生长交错树的算法思想.

假设 J 是 G 中 M 交错树, 其根是 J 中唯一 M 非饱和点, 令

$$\mathscr{D}=\{e\in E\backslash E(J)|e\text{同时关联}J\text{的外点和内点}\}.$$

如果 J 的任何一个外点都不与不属于 $E(J)\cup\mathscr{D}$ 的边关联, 则 J 是 G 中关于 M 的匈牙利树.

如果 J 的某个外点 v_1 与不属于 $E(J)\cup\mathscr{D}$ 的边 e 关联, 设 $e=v_1v_2$, 则 v_2 不是 J 的内点. 以下分三种情况讨论.

(1) 当 v_2 是 J 的外点时, $J+e$ 含有一个圈 B. 因为 v_1 和 v_2 同为 J 的外点, 所以 J 上唯一的 (v_1,v_2) 链的长为偶数, 从而 B 是一个奇圈.

(2) 当v_2不在 J 中, 且为M非饱和点时, 得到一条从J的根到 v_2 的 M 增广链.

(3) 当 v_2 不在 J 中, 且为 M 饱和点时, 设与 v_2 在 M 下配对的顶点为 v_3, 则边 v_2v_3 不在 J 中, 从而由交错树的定义知, v_3 不在 J 中. 这时我们把顶点 v_2, v_3 和边 v_1v_2, v_2v_3 加到 J 中, 得到一个更大的 M 交错树 J', 其中 v_2 是 J' 的内点, v_3 是 J' 外点.

上述的奇圈 B 称为花朵 (blossom), 也就是说, 所谓 B 为 G 中关于匹配 M 的花朵是指 B 是 G 的奇圈且 B 恰好含 $(|V(B)|-1)/2$ 条 M 的边. 花朵 B 中有唯一的顶点 b, 它在 B 中关联的两条边都不是 M 的边, 称顶点 b 为 B 的花蒂 (base). 例如, 在图 9.2 中, 粗边表示匹配 M 的边, 则奇圈 $v_5v_6v_7v_8v_9v_{10}v_{11}v_5$ 是关于 M 的花朵, v_5 是花蒂.

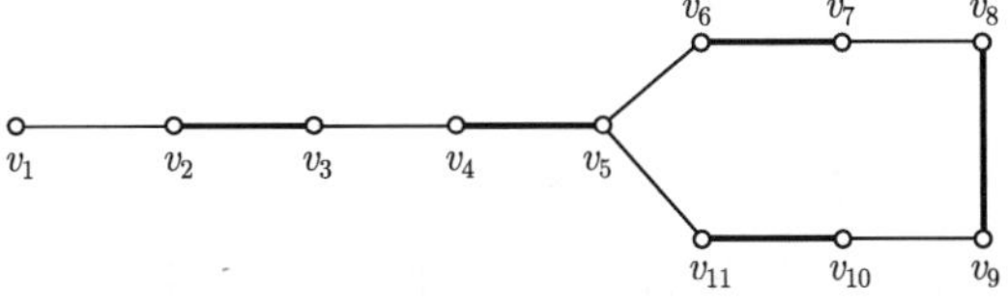

图 9.2 花朵的例子

根据上面的讨论, 可以得到生长交错树的算法, 这里称为生长交错树的子程序, 具体步骤如下:

Step 0　在图 G 中任取一个 M 非饱和点 v. 令 $J = v$, v 为外点, 把 v 标以“+”; $\mathscr{D} = \varnothing$.

Step 1　任选一条与 J 中某个外点 v_i 关联但不属于 $E(J)\cup\mathscr{D}$ 的边 v_iv_j. 如果选不出这样的边, 结束, J 为匈牙利树; 否则分四种情况讨论: 当顶点 v_i 有标号“−”时, 令 $\mathscr{D} := \mathscr{D}\cup\{v_iv_j\}$, 重复 Step 1; 当顶点 v_j 有标号“+”时, 转 Step 2; 当顶点 v_j 未标号且为 M 非饱和点时, 转 Step 3; 当顶点 v_j 未标号且为 M 饱和点时, 把 v_j 标以“−”, 并把与 v_j 在 M 下配对的顶点 v_k 标以“+”, 令 $J := J+\{v_j, v_k\}+\{v_iv_j, v_jv_k\}$, 重复 Step 1.

Step 2　$J + v_iv_j$ 中含有一个花朵. 在 J 中分别从 v_i 和 v_j 反向追踪到根 v, 得到 (v_i, v) 链 $P(v_i, v)$ 和 (v_j, v) 链 $P(v_j, v)$. 设 $P(v_i, v)$ 与 $P(v_j, v)$ 的第一个公共顶点为 b(花蒂), 于是得到一个花朵

$$B = P(v_i, b) + P(v_j, b) + v_iv_j,$$

其中 $P(v_i, b)$ 和 $P(v_j, v)$ 分别是 $P(v_i, v)$ 上的 (v_i, b) 节和 $P(v_j, v)$ 上的 (v_j, b) 节, 算法结束.

Step 3　$J + v_j + v_iv_j$ 中含一条 M 增广链. 在 J 中由外点 v_i 反向追踪到根 v, 得到关于 M 的 (v_i, v) 交错链 $P(v_i, v)$, 于是

$$P = P(v_i, v) + v_j + v_iv_j$$

是一条 M 增广链, 算法结束.

显然, 这个子程序结束时一定能够得到下例三种情况之一:

(1) 一条增广链;

(2) 一个花朵;

(3) 一个匈牙利树.

生长交错树子程序的复杂性估计. 设图 G 的顶点数为 n, 边数为 m. 子程序中 Step 1 最多将 G 的每一条边考察一次, 从而 Step 1 的计算量为 $O(m)$. 而 Step 0, Step 2 和 Step 3 的计算量均为 $O(n)$, 因此该子程序的复杂性为 $O(m)$.

9.2　求最大匹配的花算法

分析 9.1 节中生长交错树子程序, 不难发现它是在 8.2.2 小节中介绍的生长交错树的方法的基础上修改而成的. 在一般图中生长交错树与在二部图中生长交错树的一个根本区别是前者可能会产生花朵. 如何处理这些花朵是设计求一般图中

最大匹配的算法的难点. Edmonds(1965) 提出了处理花朵的方法, 从而得到了求最大匹配的一个算法, 称之为花算法.

下面我们分别讨论应用生长交错树子程序之后, 可能发生的三种情况.

(1) 当找到一条 M 增广链 P 时, 沿 P 对 M 进行增广, 得到匹配 $M' = M \oplus E(P)$, 再在 G 中重新生长 M' 交错树.

(2) 当找到一个关于 M 的花朵 B 时, 同 3.3 节中朱–刘算法相似, 把奇圈 B 收缩成一个人造顶点 v_b, v_b 为外点. 这时图 G 被收缩成 G/B, 匹配 M 被收缩成 M/B, 交错树 J 被收缩成 J/B. 易知, J/B 是图 G/B 中 M/B 交错树. 再在 G/B 中继续生长 M/B 交错树. 并且我们有下面的结论.

定理 9.1 设 M 是图 G 的一个匹配, B 是 G 中关于 M 的一个花朵, 则 M 是 G 的最大匹配当且仅当 M/B 是 G/B 的最大匹配.

证明 ($\Rightarrow$) 设 M/B 不是 G/B 的最大匹配, 则 G/B 中存在一个匹配 M_1, 使 $|M_1| > |M/B|$. 把 M_1 看做是 G 的一个匹配, 从而 M_1 至多与 B 的一个顶点关联. 如果 M_1 不与 B 中任何顶点关联, 在 B 中任取一个最大匹配 M_B, 则 $M_1 \cup M_B$ 是 G 的一个匹配, 且 $|M_1 \cup M_B| > |M/B| + |M_B| = |M|$; 如果 M_1 与 B 中顶点 v_i 关联, 在 B 中取一个最大匹配 M_B, 使 v_i 成为 B 中唯一的 M_B 非饱和点, 则同样可知 $M_1 \cup M_B$ 是 G 的一个匹配, 且 $|M_1 \cup M_B| > |M|$. 因此, M 不是 G 的最大匹配.

($\Leftarrow$) 反证法. 假设 M 不是 G 的最大匹配, 而 M/B 是 G/B 的最大匹配. 设 B 的花蒂为 b, b 或者是 M 非饱和点, 或者是 M 饱和点. 如果 b 是 M 饱和点, 则由 9.1 节中生长交错树子程序可知, 必有一个 M 交错树 J, 使 B 包含在 $J + e$ 之中. 于是, J 中存在一条从 J 的根 (M 非饱和点、外点) 到花蒂 b 的 M 交错链 Q. 因为 b 是 J 的外点, 所以 Q 的长为偶数, 因此得到 G 的另一个匹配 $M' = M \oplus E(Q)$. 此时 b 是 M' 非饱和点, 且 $|M'| = |M|$, $|M'/B| = |M/B|$. 从而 M' 不是 G 的最大匹配, M'/B 是 G/B 的最大匹配. 这样, 总可以假设花蒂 b 是 M 非饱和点 (若不然, 则用 M' 替代 M 即可). 于是, 收缩花朵 B 所得到的人造顶点 v_b 成为 M/B 非饱和点.

由于 M 不是 G 的最大匹配, 因此 G 中存在 M 增广链 P. 若 $E(P) \bigcap E(B) = \varnothing$, 则 P 显然是 G/B 的 M/B 增广链; 若 $E(P) \bigcap E(B) \neq \varnothing$, 设 P 的起点为 v_1, 终点为 v_2, $v_1 \neq v_2$, 它们均是 M 非饱和点, 则 v_1 和 v_2 不可能都在 B 上. 不妨设 $v_1 \notin V(B)$, 所以 P/B 上的 (v_1, v_b) 节是 G/B 中 M/B 交错链, 从而也是 G/B 中 M/B 增广链, 此与 M/B 是最大匹配相矛盾. □

(3) 当得到一个匈牙利树 J 时, 我们有下面的定理.

定理 9.2 设 M 为图 G 的一个匹配, J 是 G 中关于 M 的匈牙利树, v 是 M 非饱和点但不是 J 的根, 则 G 中以 v 为起点的任意一条 M 增广链都不包含 J 上的顶点.

证明　反证法. 假设存在一条以 v 为起点的 M 增广链 P, 并且 P 与 J 有公共顶点. 设 v_2 是从 v 出发沿 P 前进第一次遇到的 J 上的顶点, 并设 $e_1 = v_1v_2$ 是进入 J 之前 P 上的最后一条边. 由匈牙利树的定义知, J 的每个外点只被 G 中边关联到 J 的内点, 因 $v_1 \notin V(J)$, 故 v_2 必是 J 的内点. 又因为交错树 J 中顶点关联的 M 的边必在 J 上, 所以 $e_1 \notin M$. 由于 v_2 是内点, 因此必存在边 $e_2 = v_2v_3 \in M$, e_2 在 J 上, v_3 为 J 的外点. P 上与 v_3 关联的另一条边 $e_3 = v_3v_4 \notin M$. 由 v_3 是 J 的外点且 J 是匈牙利树可知, v_4 为 J 的内点. 此时 v_4 又出现类似于 v_2 的情况, 依次类推, 我们发现, 增广链 P 从 v_2 以后就不再离开 J, 并且 J 中在 P 上出现的外点全是 M 饱和点. 由于 J 的顶点数有限, 因此这一过程经过有限步必停留在 J 的某个 M 饱和点上, 这与 P 是 M 增广链相矛盾. 定理得证. □

根据定理 9.2, G 的 M 增广链必包含于图 $G - V(J)$ 之中. 因此, 如果应用生长交错树子程序得到一个匈牙利树 J, 则可以从 G 中删去 J 的所有顶点及其关联的边, 得到一个较小的图 $G - V(J)$, 再在 $G - V(J)$ 中重新生长交错树.

反复应用生长交错树的子程序, 并根据子程序的结果, 或者对匹配进行增广, 或者收缩花朵, 或者在图中删去匈牙利树的顶点及其关联的边. 最后得到一组匈牙利树 $J_2, J_2, \cdots, J_k$ 和一个图 G_k, 其中 $\forall i \neq J_i$ 与 J_j 无公共点, 且 G_k 中至多包含一个非饱和点. 但匈牙利树 $J_i(1 \leqslant i \leqslant k)$ 中和图 G_k 中都可能含有人造顶点, 于是我们必须把所有的人造顶点展开成奇圈, 以便求出 G 的最大匹配.

展开人造顶点是不难的, 容易给出展开人造顶点的子程序的步骤如下:

Step 0　设图 G' 是收缩图 G 中花朵产生的收缩子图, M' 为 G' 的最大匹配. 令 $\tilde{G} = G'$, $\tilde{M} = M'$.

Step 1　如果 $\tilde{G}$ 中不存在人造顶点, 则子程序结束; 否则, 任取 $\tilde{G}$ 的一个人造顶点 v_b, 转 Step 2.

Step 2　如果 v_b 是 $\tilde{M}$ 饱和点, 设与 v_b 关联的 $\tilde{M}$ 的边为 v_bv_1, 把 v_b 展开成奇圈 B, 记 v_2v_1 是 v_bv_1 对应于收缩 B 之前的边, 找出 B 的最大匹配 M_B, 使 v_2 成为 M_B 非饱和点; 如果 v_b 是 $\tilde{M}$ 非饱和点, 把 v_b 展开成奇圈 B, 任取 B 的一个最大匹配 M_B.

然后令 $\tilde{M} := \tilde{M} \bigcup M_B$, 并把由 $\tilde{G}$ 展开人造顶点 v_b 而得到的新图仍记为 $\tilde{G}$, 此时 $\tilde{M}$ 是 $\tilde{G}$ 的最大匹配, 转 Step 1.

不难知道, 展开人造顶点子程序的复杂性为 $O(nk)$, 其中 n 为图 G 的顶点数, k 为 G' 中人造顶点的个数.

根据前面的讨论, 并应用生长交错树子程序和展开人造顶点子程序, 我们可以写出花算法的详细步骤.

Step 0　令 $G_0 = G$, $J_0 = \varnothing$, $k = 0$, $i = 1$. 从 G_0 中任取一个匹配 M_0.

Step 1　如果图 G_k 中至多含一个 M_k 非饱和点, 转 Step 5; 否则, 在 G_k 中任

取一个 M_k 非饱和点 v, 以 v 为根, 调用生长交错树子程序构造 M_k 交错树. 如果得到一条 M_k 增广链 P, 转 Step 2; 如果得到一个花朵 B_i, 转 Step 3; 如果得到一个匈牙利树 J_{k+1}, 转 Step 4.

Step 2 令 $M_k := M_k \oplus E(P)$. 取消所有顶点的标号, 转 Step 1.

Step 3 收缩花朵 B_i 得到人造顶点 v_{b_i}, 令 $G_k := G_k/B_i$, $M_k := M_k/B_i$, $J_k := J_k/B_i$, $i := i+1$, 转 Step 1, 以 J_k 的根为根继续生长交错树.

Step 4 令 $G_{k+1} = G_k - V(J_{k+1})$, $M_{k+1} = M_k \cap E(G_{k+1})$, $M_{J_{k+1}} = M_k \cap E(J_{k+1})$, $k := k+1$. 取消所有顶点的标号, 转 Step 1.

Step 5 这时得到一组匈牙利树 $J_1, J_2, \cdots, J_k$ 和图 G_k. $M_{J_1}, M_{J_2}, \cdots, M_{J_k}$ 和 M_k 分别是 $J_1, J_2, \cdots, J_k$ 和 G_k 的最大匹配. 调用展开人造顶点的子程序, 把 $J_1, J_2, \cdots, J_k$ 和 G_k 展开为不含人造顶点的图 $\tilde{J}_1, \tilde{J}_2, \cdots, \tilde{J}_k$, 和 $\tilde{G}_k$, 以及它们的各自的最大匹配 $\tilde{M}_{J_1}, \tilde{M}_{J_2}, \cdots, \tilde{M}_{J_k}$ 和 $\tilde{M}_k$, 从而得到 G 的最大匹 $M = \tilde{M}_k \cup (\bigcup\limits_{i=1}^{k} \tilde{M}_{J_i})$.

例 9.1 求图 9.3(a) 所示的图 G 中最大匹配, 其中图的粗边表示初始匹配 M_0 的边.

解 令 $G_0 = G.v_1, v_8, v_{21}$ 为 M_0 非饱和点, 以 v_1 为根生长 M_0 交错树, 得到一个花朵 $B_1 = v_3v_4v_6v_7v_5v_3$, 然后收缩花朵 B_1 得人造顶点 v_{b_1}, $G_0 := G_0/B_1$, $M_0 := M_0/B_1$, 见图 9.3(b).

在 G_0 中继续生长以 v_1 为根的 M_0 交错树, 得到一个匈牙利树 J_1, 见图 9.3(c).

令 $G_1 = G_0 - V(J_1)$, $M_1 = M_0 \cap E(G_1)$, 见图 9.3(d).

G_1 中顶点 v_8, v_{21} 为 M_1 非饱和点, 以 v_8 为根生长 M_1 交错树, 得到花朵 $B_2 = v_{13}v_{14}v_{16}v_{17}v_{15}v_{13}$, 然后收缩花朵 B_2, 得到人造顶点 v_{b_2}, $G_1 := G_1/B_2$, $M_1 := M_1/B_2$, 见图 9.3(e).

在 G_1 中继续生长以 v_8 为根的 M_1 交错树, 得到花朵 $B_3 = v_{10}v_{11}v_{b_2}v_{18}v_{12}v_{10}$, 收缩花朵 B_3, 得到人造顶点 v_{b_3}, $G_1 := G_1/B_3$, $M_1 := M_1/B_3$, 见图 9.3(f).

在 G_1 中继续生长以 v_8 为根的 M_1 交错树, 得到 M_1 增广链 $P = v_8v_9v_{b_3}v_{19}v_{20}v_{21}$, 令 $M_1 := M_1 \oplus E(P)$, 见图 9.3(g).

此时 G_1 中不存在 M_1 非饱和点. 最后调用展开人造顶点子程序把 J_1 和 G_1 中所有人造顶点展开, 从而得 G 的最大匹配, 见图 9.3(h). □

花算法的复杂性估计. 设图 G 的顶点数为 n. 边数为 m. 花算法中 Step1~Step4 循环的次数为 $O(n)$. 对于每次循环, Step 1 生长交错树的复杂性为 $O(m)$, Step 2 的计算量为 $O(n)$, Step 3 的计算量为 $O(m)$, Step 4 的计算量为 $O(n)$, 从而 Step 1 ~Step 4 的总计算量为 $O(nm)$. Step 5 是展开人造顶点, 算法产生的人造顶点数不超过 $O(n)$. 由展开人造顶点子程序知, 展开一个人造顶点的复杂性为 $O(n)$, 故

Step 5 的总计算量为 $O(n^2)$. 因此花算法的复杂性为 $O(nm)$.

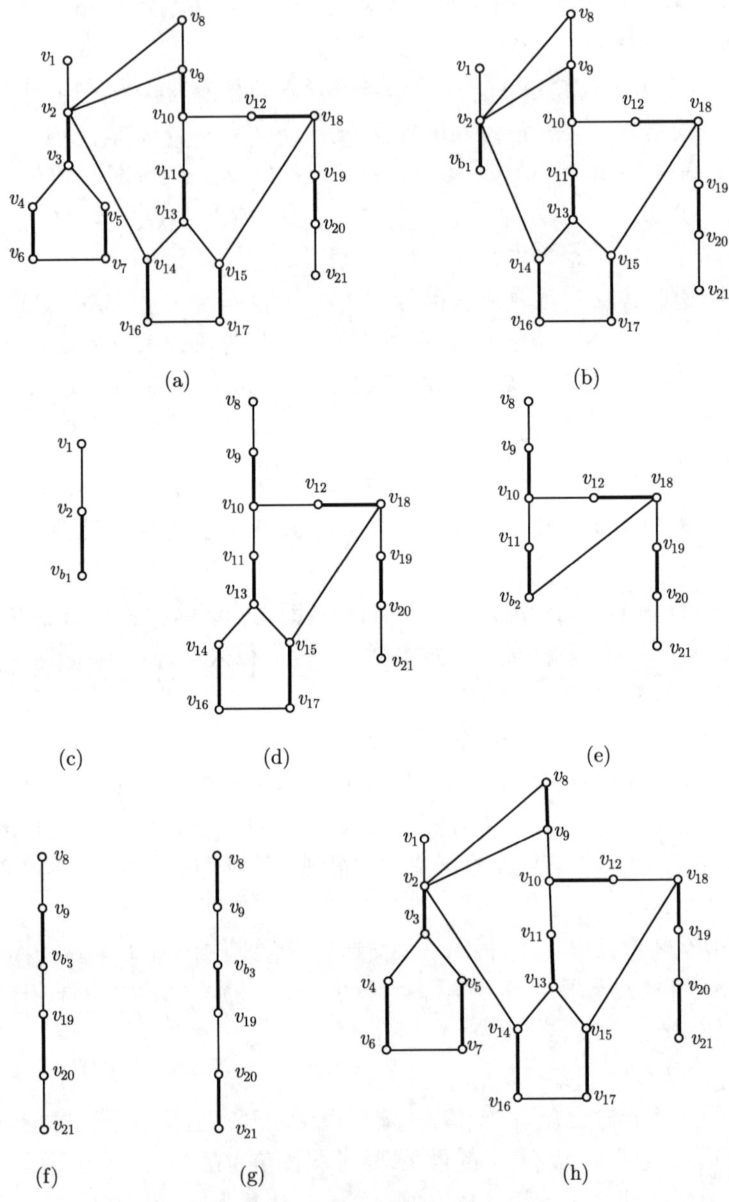

图 9.3 花算法的例子 (例 9.1)

自从 Edmonds 提出复杂性为 $O(n^4)$ 的花算法以来, 人们一直在努力改进花算法的复杂性, 分别得到了复杂性为 $O(n^2m)$, $O(n^3)$, $O(nm)$ 和 $O(n^{5/2})$ 的花算法. 在现有的求最大匹配的算法中, 复杂性最低的是 $O(n^{1/2}m)$, 这是 Micali 和

Vazirani(1980) 给出的.

9.3 求最大权匹配的原始–对偶算法

设赋权图 $G=(V,E,w)$, M 为 G 的一个匹配. G 中一条 M 交错链 P 称为 G 的加权 M 增广链 (weighted M-augmenting chain) 是指 P 满足下述三个条件:

(1) P 上属于 M 的边的权之和小于 P 上不属于 M 的边的权之和;

(2) 当 P 的第一条边不属于 M 时, P 的起点为 M 非饱和点;

(3) 当 P 的最后一条边不属于 M 时, P 的终点为 M 非饱和点.

设 C 是 G 的一个 M 交错圈, 如果 C 中属于 M 的边的权之和小于 C 中不属于 M 的边的权之和, 则称 C 为 G 的加权 M 增广链 (weighted M-augmenting cycle).

有了上述概念, 可以给出最大权匹配的一个充要条件.

定理 9.3 设 M 是赋权图 G 的一个匹配, 则 M 为 G 中最大权匹配当且仅当 G 中即不存在加权 M 增广链也不存在加权 M 增广圈.

证明 ($\Rightarrow$) 若 G 中存在加权 M 增广链 P, 则 $M'=M\oplus E(P)$ 是 G 的一个匹配, $w(M')>w(M)$, 从而 M 不是 G 的最大权匹配. 若 G 中存在加权 M 增广圈, 则同样可以推出 M 不是 G 的最大权匹配.

($\Leftarrow$) 假设 M 不是 G 的最大权匹配, 则必存在 G 的匹配 M^*, 使 $w(M^*)>w(M)$. 构造 G 的子网络 $H=G[M\oplus M^*]$, 由定理 8.1 的证明知, H 的每个连通分支或者是一个 M 交错圈, 或者是一个 M 交错链. 因为 $w(M^*)>w(M)$, 所以 H 中必有一个连通分支 H_1, 使得 H_1 中属于 M^* 的边的权之和大于 H_1 中属于 M 的边的权之和. 于是, H_1 或者是 G 中一个加权 M 增广圈, 或者是 G 中一条加权 M 增广链, 充分性得证. □

由于本节讨论的是赋权图 G 中最大权匹配, 因此同 8.3 节一样, 可以假设 G 中每条边的权都是非负的.

根据 4.4.3 小节的讨论, 赋权的简单图 $G=(V,E,w)$ 中最大权匹配问题的线性规划模型为

$$\begin{cases}\max \sum\limits_{v_iv_j\in E} w_{ij}x_{ij} & \\ \text{s.t.} \sum\limits_{v_j\in N(v_i)} x_{ij}\leqslant 1, \forall v_i\in V & (9.1)\\ \sum\limits_{v_iv_j\in T_k} x_{ij}\leqslant p_k, \forall \text{顶点奇集} S_k & (9.2)\\ x_{ij}\geqslant 0, \forall v_iv_j\in E & (9.3)\end{cases}$$

这里顶点奇集 S_k 使得 $|S_k| = 2p_k + 1$; T_k 表示两个端点均属于 S_k 的 G 中边的集合. 把 G 中所有顶点奇迹的全体记为 OS.

根据 4.1 节讨论, 上述线性规划问题的对偶问题为

$$\begin{cases} \max\left(\sum_{v_i\in V} y_j + \sum_{S_k\in OS} p_k z_k\right) \\ \text{s.t. } \ y_i + y_j + \sum_{k:v_iv_j\in T_k} z_k \geqslant w_{ij}, \forall v_iv_j \in E & (9.4) \\ \qquad y_i \geqslant 0, \forall v_i \in V & (9.5) \\ \qquad z_k \geqslant 0, \forall S_k \in OS & (9.6) \end{cases}$$

由定理 4.7 可知, 若 $\{x_{ij}\}$ 满足 (9.1)~(9.3) 式, $\{y_i, z_k\}$ 满足 (9.4)~(9.6) 式, 则 $\{x_{ij}\}$ 和 $\{y_i, z_k\}$ 分别是原问题和对偶问题的最优解当且仅当下面三个互补松弛条件同时成立:

$$x_{ij} > 0 \Rightarrow y_i + y_j + \sum_{k:v_iv_j\in T_k} z_k = w_{ij}, \tag{9.7}$$

$$y_i > 0 \Rightarrow \sum_{v_j\in N(x_i)} x_{ij} = 1, \tag{9.8}$$

$$z_k > 0 \Rightarrow \sum_{v_iv_j\in T_k} x_{ij} = p_k. \tag{9.9}$$

因为 G 中匹配 M 与原问题的整数解 $\{x_{ij}\}$ 一一对应, 且 $v_iv_j \in M$ 等价于 $x_{ij} = 1$, 所以互补松弛条件 (9.7)~(9.9) 式可依次化为

$$v_iv_j \in M \Rightarrow y_i + y_j + \sum_{k:v_iv_j\in T_k} z_k = w_{ij}, \tag{9.10}$$

$$y_i > 0 \Rightarrow v_i\text{为}M\text{饱和点}, \tag{9.11}$$

$$z_k > 0 \Rightarrow T_k\text{中有}p_k\text{条边属于}M. \tag{9.12}$$

从而有下面的定理:

定理 9.4 设 M 为赋权简单图 $G = (V, E, w)$ 的一个匹配. 如果存在一组 $\{y_i, z_k\}$ 满足 (9.4)~(9.6) 式, 并且同时满足 (9.10)~(9.12) 式, 则 M 是 G 中最大权匹配. □

根据定理 9.4, 可以给出求 G 中最大权匹配的原始—对偶算发的基本思想. 开始时取匹配 $M = \varnothing$, 并且令

$$y_i = \frac{1}{2}\max\{w_{ij} | v_iv_j \in E\}, \forall v_i \in V, \tag{9.13}$$

$$z_k = 0, \forall S_k \in OS. \tag{9.14}$$

此时 $\{y_i, z_k\}$ 满足 (9.4)~(9.6) 式, 而且 M 与 $\{y_i, z_k\}$ 同时满足 (9.10) 和 (9.12) 两式, 只是可能不满足 (9.11) 式. 然后在由边集

$$E^* = \left\{ v_i v_j \middle| y_i + y_j + \sum_{k: v_i v_j \in T_k} z_k = w_{ij} \right\}$$

导出的子网络中, 应用生长交错树子程序, 以 $y_v > 0$ 的非饱和点 v(即不满足条件 (9.11) 式的顶点) 为根生长交错树. 如果得到增广链, 则通过对匹配增广, 消除两个非饱和点, 重新寻找 $y_v > 0$ 的非饱和点 v, 以 v 为根生长交错树. 如果得到花朵, 则把花朵收缩为人造顶点, 得到新的赋权图, 继续生长交错树. 如果得到匈牙利树, 则修改对偶变量, 使 (9.4)~(9.6) 式和 (9.10), (9.12) 式继续满足, 并且或者使 E^* 扩大, 或者使某个顶点 v_i 的对偶变量 y_i 的取值变为 0. 重复上述过程, 使 $y_v > 0$ 的非饱和点逐渐减少, 即不满足 (9.11) 式的顶点逐渐减少, 最后所有顶点都满足 (9.11) 式, 在应用展开人造顶点子程序得到 G 中最大权匹配.

下面给出球最大权匹配的原始–对偶算法的具体步骤.

Step 0 取匹配 $M = \varnothing$, 并且按 (9.13) 和 (9.14) 两式把对偶变量 y_i 和 z_k 初始化. 令 $l = 0$, 把 G 记为 $G_l = (V_l, E_l, w)$.

Step 1 在 G_l 中取一个 $y_v > 0$ 的非人造的 M 非饱和点 v. 如果不存在这样的顶点, 转 Step 5; 否则按

$$E^* = \left\{ v_i v_j \in E_l \middle| y_i + y_j + \sum_{k: v_i v_j \in T_k} z_k = w_{ij} \right\}$$

构造边的集合, 并记 $G^* = G_l[E^*]$. 调用生长交错树子程序, 在 G^* 中生长以 v 为根的交错树. 子程序结束时, 必然有下列三种情况之一发生:

(1) 得到一条增广链 P, 此时转 Step 2;

(2) 得到一个花朵 B, 此时转 Step 3;

(3) 得到一个匈牙利树 J. 若 J 不包含人造顶点, 转 Step 4; 若 J 包含人造顶点 v_{b_k}, 则用 v_{b_k} 的标号去标记对应的花朵 B_k 中所有的顶点, 转 Step 4.

Step 2 令 $M := M \oplus E(P)$, 取消 G_l 中所有顶点的标号, 转 Step 1.

Step 3 令 $l := l + 1, B_l = B$. 把 B_l 收缩成人造顶点 v_{b_l}, 令其对偶变量 $z_l = 0$, $M := M/B_l$, $G_l = G_{l-1}/B_l$. 并把 v_{b_l} 标以"+"(外点), B_l 中所有顶点的标号修改为"+"(外点), 转 Step 1: 如果 v 不包含在 B_l 中, 则以 v 为根继续生长交错树; 如果 v 包含在 B_l 中, 则以 v_{b_l} 为根继续生长交错树.

Step 4 计算

$$\delta_1=\min\{y_i|v_i\in V_0,\text{且}v_i\text{为外点}\},$$

$$\delta_2=\min\{y_i+y_j-w_{ij}|v_iv_j\in E_0,v_i\text{为外点},v_j\text{未标号}\},$$

$$\delta_3=\frac{1}{2}\min\{y_i+y_j-w_{ij}|v_iv_j\in E_0,v_i\text{和}v_j\text{均为外点},\quad\text{且}v_i,v_j\text{不在同一个人造顶点中}\},$$

$$\delta_4=\frac{1}{2}\min\{z_k|S_k\text{收缩为人造顶点},v_{b_k},\text{且}v_{b_k}\text{为内点}\},$$

$$\delta=\min\{\delta_1,\delta_2,\delta_3,\delta_4\}$$

. 调整对偶变量如下:

(i) 把 V_0 中每个外点 v_i 对应的 y_i 减去 δ;

(ii) 把 V_0 中每个内点 v_i 对应的 y_i 加上 δ;

(iii) 把 G_l 中每个人造的内点 v_{b_k} 对应的 z_k 减去 2δ;

(iv) 把 G_l 中每个人造的外点 v_{b_k} 对应的 z_k 加上 2δ.

当 $\delta=\delta_1$ 时, 存在外点 v_i 对应的 $y_i=0$. 若 v_i 不是 J 的根, 则找出从 J 的根 v 到 v_i 的 M 交错链 $\tilde{P}$, 令 $M:=M\oplus E(\tilde{P})$, 取消所有顶点的标号, 转 Step 1; 若 v_i 是 J 的根, 则取消所有顶点的标号, 转 Step 1.

当 $\delta=\delta_4$ 时, 存在人造顶点 v_{b_k} 对应的 $z_k=0$. 调用展开人造顶点子程序, 把 v_{b_k} 展开为奇圈 B_k, 求得 B_k 的最大匹配 M_k, 令 $M:=M\cup M_k$, $l:=l+1$, 得到新的赋权图 $G_l=(V_l,E_l,w)$, 取消所有顶点的标号, 转 Step 1, 继续生长以 v 为根的交错树.

当 $\delta=\delta_2$ 或 $\delta=\delta_3$ 时, 转 Step 1, 此时 E^* 将扩大.

Step 5 调用展开人造顶点的子程序, 按 G_l 中所有人造顶点的收缩次序的相反次序, 把 G_l 中所有人造顶点展开为奇圈, 求得所产生的奇圈中最大匹配. 所有奇圈中最大匹配与 M 的并即为 G 中最大权匹配.

关于算法的正确性我们有下面的定理.

定理 9.5 上述的原始–对偶算法得到的匹配是 G 中最大权匹配.

证明 根据定理 9.4, 只需证明, 在算法的执行过程中,(9.4)~(9.6) 式和 (9.10), (9.12) 两式一直是满足的, 并且算法结束时 (9.11) 式被满足.

由于 G 中每条边的权都是非负数, 因此算法开始时选取的匹配 M 和对偶变量 $\{y_i,z_k\}$ 满足 (9.4)~(9.6) 式以及 (9.10), (9.12) 两式.

根据 Step 4 中 δ 的取法, 调整对偶变量之后, 任何一个对偶变量都不会变为负数, 所以 (9.5) 和 (9.6) 两式始终满足.

下面说明在调整对偶变量之后, (9.4) 式仍满足. $\forall v_iv_j\in E$, 分三种情况讨论:

(1) v_iv_j 在某个人造顶点之中;

(2) $v_iv_j \in E^*$, 但不在任何人造顶点之中;

(3) $v_iv_j \notin E^*$, 且不在任何人造顶点之中.

对于情况 (1), 若包含 v_iv_j 的人造顶点未被标号, 则 y_i 和 y_j 以及该人造顶点对应的对偶变量都不发生变化; 若包含 v_iv_j 的人造顶点是外点, 则 y_i 和 y_j 都减去 δ, 而该人造顶点对应的对偶变量加上 2δ; 若包含 v_iv_j 的人造顶点是内点, 则 y_i 和 y_j 都加上 δ, 而该人造顶点对应的对偶变量减去 2δ. 因此不会改变 (9.4) 式.

对于情况 (2), 若 v_i 和 v_j 均未标号, 则 y_i 和 y_j 不发生改变; 若 v_i 和 v_j 同是内点, 则 v_i 和 v_j 都加上 δ; 若 v_i 和 v_j 中一个是内点, 另一个是外点, 则内点对应的对偶变量加上 δ, 外点对应的对偶变量减去 δ; 若 v_i 和 v_j 中一个是内点, 另一个未标号, 则内点对应的对偶变量加上 δ. 因为只有得到匈牙利 J 才会转到 Step 4 去调整对偶变量, 所以不会出现 v_i 和 v_j 中两个都是外点或者一个是外点另一个未标号的情况. 因此不会改变 (9.4) 式.

对于情况 (3), 此时由 $v_iv_j \in E^*$ 知

$$y_i + y_j + \sum_{k:v_iv_j \in T_k} z_k > w_{ij}.$$

若 v_i 和 v_j 或者均未标号, 或者具有不同的标号, 则或者对偶变量不发生变化, 或者对偶变量的改变保持上式左端不变; 若 v_i 和 v_j 或者一个是内点、另一个未标号, 或者同为内点, 则对偶变量的改变使上式左端增大; 若 v_i 和 v_j 中一个是外点, 另一个未标号, 则由 δ_2 的取法知, 对偶变量的改变不会使上式中的大于号变为小于号; 若 v_i 和 v_j 都是外点, 则由 δ_3 的取法知, 对偶变量的改变也不会使上式中的大于号变为小于号. 所以 (9.4) 式仍然成立.

再证 (9.10) 式在算法中始终是满足的. 由于算法中 Step 1~Step 4 选择匹配的边都是在 E^* 上进行, 因此对匹配增广不会破坏 (9.10) 式. 当找不到 $y_v > 0$ 的非人造的非饱和点时, 转到 Step 5 去展开人造顶点, 因人造顶点中的每条边都属于 E^*, 故展开人造顶点之后得到的匹配的边仍然满足 (9.10) 式.

式 (9.11) 在算法结束时是满足的, 否则就需要重复 Step 1.

最后讨论 (9.12) 式. 顶点奇集 S_k 对应的 z_k 能够变为正的, 仅当 S_k 收缩成人造顶点时. 而 Step 5 中, 必须把每个人造顶点展开为奇圈, 并在该奇圈上取一个最大匹配. 于是, (9.12) 式是满足的.

定理得证. □

顺便地指出下面一个有趣的结果.

定理 9.6 上述原始–对偶算法中对匹配 M 的增广都是沿加权 M 增广链进行的.

证明　只需证明算法中 Step 1 产生的 M 增广链 P 和 Step 4 产生的 M 交错链 $\tilde{P}$ 都是加权 M 增广链.

设 $P=v_1v_2\cdots v_p$, 易知 P 上所有的边都不包含在任何人造顶点之中. 又由算法知

$$y_i+y_j+\sum_{k:v_iv_j\in T_k}z_k=w_{ij},\forall v_iv_j\in E(P),$$

从而

$$y_i+y_j=w_{ij},\forall v_iv_j\in E(P). \tag{9.15}$$

令

$$E'=\{v_iv_j\notin E(P)|v_iv_j\in M\},\quad E''=\{v_iv_j\in E(P)|v_iv_j\in M\}.$$

因 P 是 M 增广链, 故 $v_1v_2\in E'$, $v_{p-1}v_p\in E'$, 从而由 (9.15) 式有

$$w(E')=\sum_{i=1}^{p}y_i,\quad w(E'')=\sum_{i=2}^{p-1}y_i.$$

由于 $y_1>0$, $y_p\geqslant 0$, 因此 $w(E')>w(E'')$, 即 P 是 G_l 中加权 M 增广链.

不失一般性, 设 $\tilde{P}=v_1v_2\cdots v_q$, 同样有

$$y_i+y_j=w_{ij},\forall v_iv_j\in E(\tilde{P}). \tag{9.16}$$

并令

$$\tilde{E'}=\{v_iv_j\in E(\tilde{P})|v_iv_j\notin M\},\quad \tilde{E''}=\{v_iv_j\in E(\tilde{P})|v_iv_j\in M\}.$$

由算法知, $v_1v_2\in\tilde{E'}$, $v_{q-1}v_q\in\tilde{E''}$, 从而由 (9.16) 式知

$$w(\tilde{E'})=\sum_{i=1}^{q-1}y_i,\quad w(\tilde{E''})=\sum_{i=2}^{q}y_i.$$

于是由 $y_1>0$, $y_q=0$ 知, $w(\tilde{E'})>w(\tilde{E''})$, 即 $\tilde{P}$ 也是 G_l 中加权 M 增广链. □

由此发现, 原始–对偶算法本质上是通过生长交错树来寻找加权增广链. 与求最大匹配的花算法的不同之处在于, 这里的交错树的生长由对偶变量控制着.

例 9.2　求图 9.4(a) 所示的赋权图 G 中最大权匹配, 图中边旁的数字表示该边的权.

解　取初始匹配 $M=\varnothing$, $y_i=5(i=1,2,\cdots,8)$, 所有的 $z_k=0$. 并令 $G_0=G$.

v_1 是 G_0 中 $y_1>0$ 的非人造的 M 非饱和点, $E^*=\{v_1v_5,v_4v_5\}$, 以 v_1 为根在 $G_0[E^*]$ 中生长交错树, 得到一条 M 增广链 v_5v_1, 对 M 增广得到新的匹配 $M=\{v_1v_5\}$, 在图 9.4(b) 中用粗边表示. 取消所有顶点的标号.

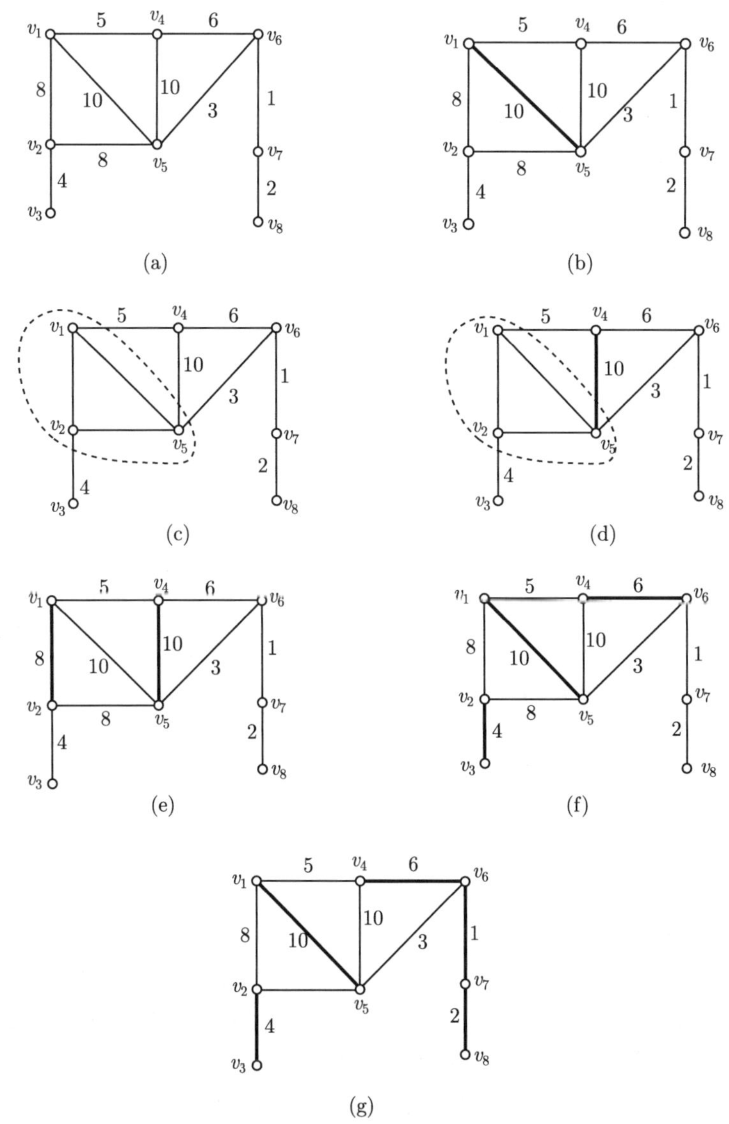

图 9.4 原始–对偶算法的例子 (例 9.2)

v_2 是 G_0 中 $y_2 > 0$ 的非人造的 M 非饱和点, E^* 不变, 以 v_2 为根在 $G_0[E^*]$ 中生长交错树, 得到匈牙利树 $J = v_2$.

计算 $\delta_1 = 5$, $\delta_2 = 2$, $\delta_3 = \infty$, $\delta_4 = \infty$; $\delta = \delta_2 = 2$. 调整对偶变量:$y_1 = 5$, $y_2 = 3$, $y_i = 5(i = 3, 4, \cdots, 8)$.

$E^* = \{v_1v_5, v_4v_5, v_1v_2, v_2v_5\}$, 继续以 v_2 为根在 $G_0[E^*]$ 中生长交错树, 得到一个花朵 $B_1 = v_2v_1v_5v_2$, 把 B_1 收缩成一个人造顶点 v_{b_1}, 从而 v_1, v_2, v_5 为外点,

$M := M/B_1 = \varnothing$, $G_1 = G_0/B_1$, $z_1 = 0$, 见图 9.4(c), 图中的虚线标记奇圈 B_1.

以 v_{b_1} 为根继续生长交错树, $E^* = \{v_{b_1}v_4\}$, 得到一条增广链 $v_4v_{b_1}$, 对 M 增广链得到新的匹配 $M = \{v_4v_5\}$, 在图 9.4(d) 中用粗边表示. 取消所有顶点的标号.

以 v_3 为根生长交错树, $E^* = \{v_{b_1}v_4\}$, 得到匈牙利树 $J = v_3$.

计算 $\delta_1 = 5$, $\delta_2 = 4$, $\delta_3 = \infty$, $\delta_4 = \infty$; $\delta = \delta_2 = 4$. 调整对偶变量:$y_1 = 5$, $y_2 = 3$, $y_3 = 1$, $y_i = 5(i = 4, 5, \cdots, 8)$, $z_1 = 0$.

以 v_3 为根继续生长交错树, $E^* = \{v_3v_{b_1}, v_{b_1}v_4\}$, 得到一个匈牙利树 $J = v_3v_{b_1}v_4, v_{b_1}$ 为内点, 故 v_1, v_2, v_5 均为内点.

计算 $\delta_1 = 1$, $\delta_2 = 4$, $\delta_3 = \infty$, $\delta_4 = 0$; $\delta = \delta_4 = 0$. 所有对偶变量都不变. 人造顶点 v_{b_1} 对应的 $z_1 = 0$, 展开 v_{b_1} 成奇圈 B_1, 取 B_1 中最大匹配 $M_1 = \{v_1v_2\}$, 令 $M := M \cup M_1 = \{v_1v_2, v_4v_5\}$, 得到赋权图 G_2(其实 $G_2 = G_0$), 取消所有顶点的标号, 见图 9.4(e), 粗边表示 M 的边.

以 v_3 为根继续生长交错树, $E^* = \{v_1v_2, v_1v_5, v_2v_3, v_2v_5, v_4v_5\}$, 得到匈牙利树 $J = v_3v_2v_1v_5v_4$.

计算 $\delta_1 = 1$, $\delta_2 = 4$, $\delta_3 = \infty$, $\delta_4 = \infty$; $\delta = \delta_1 = 1$, 修改对偶变量:$y_1 = 4$, $y_2 = 4$, $y_3 = 0$, $y_4 = 4$, $y_5 = 6, y_i = 5(i = 6, 7, 8)$. v_3 为 J 的根, 取消所有顶点的标号.

以 v_6 为根生长交错树, $E^* = \{v_1v_2, v_1v_5, v_2v_3, v_4v_5\}$, 得到匈牙利树 $J = v_6$.

计算 $\delta_1 = 5$, $\delta_2 = 3$, $\delta_3 = \infty$, $\delta_4 = \infty$; $\delta = \delta_2 = 3$. 修改对偶变量:$y_1 = 4$, $y_2 = 4$, $y_3 = 0$, $y_4 = 4$, $y_5 = 6$, $y_6 = 2$, $y_7 = 5$, $y_8 = 5$.

以 v_6 为根继续生长交错树, $E^* = \{v_1v_2, v_1v_5, v_2v_3, v_4v_5, v_4v_6\}$, 得到增广链 $v_3v_2v_1v_5v_4v_6$, 对 M 增广得到新的匹配 $M = \{v_1v_5, v_2v_3, v_4v_6\}$, 在图 9.4(f) 中用粗边表示. 取消所有顶点的标号.

以 v_7 为根生长交错树, E^* 不变, 得到匈牙利树 $J = v_7$.

计算 $\delta_1 = 5$, $\delta_2 = 6$, $\delta_3 = \infty$, $\delta_4 = \infty$; $\delta = \delta_1 = 5$. 修改对偶变量:$y_1 = 4$, $y_2 = 4$, $y_3 = 0$, $y_4 = 4$, $y_5 = 6$, $y_6 = 2$, $y_7 = 0$, $y_8 = 5$. v_7 为 J 的根, 取消所有顶点的标号.

以 v_8 为根生长交错树, E^* 不变, 得到匈牙利树 $J = v_8$.

计算 $\delta_1 = 5$, $\delta_2 = 3$, $\delta_3 = \infty$, $\delta_4 = \infty$; $\delta = \delta_2 = 3$. 修改对偶变量:$y_1 = 4$, $y_2 = 4$, $y_3 = 0$, $y_4 = 4$, $y_5 = 6$, $y_6 = 2$, $y_7 = 0$, $y_8 = 2$.

以 v_8 为根继续生长交错树, $E^* = \{v_1v_2, v_1v_5, v_2v_3, v_4v_5, v_4v_6, v_7v_8\}$, 得到增广链 v_7v_8, 对 M 增广得到新的匹配 $M = \{v_1v_5, v_2v_3, v_4v_6, v_7v_8\}$, 在图 9.4(g) 中用粗边表示.

此时 M 为 G_2 的完美匹配, 且 G_2 中无人造顶点, 所以 M 为 G 中最大权匹配. □

原始-对偶算法的复杂性估计. 设赋权图 G 的顶点数为 n, 边数为 m. Step 0 的计算量为 $O(m)$, Step 5 是展开人造顶点, 与 9.2 节中花算法相同, 其复杂性为

$O(n^2)$. Step 1～Step 4 的循环次数为 $O(n)$. 在每次循环中, Step 1 是构造边集 E^* 是生长交错树, 其计算量分别为 $O(nm)$ 和 $O(m)$, Step 2 的计算量为 $O(n)$, Step 3 的计算量为 $O(m)$, Step 4 的计算量为 $O(m)$. 因此原始–对偶算法的复杂性 $O(n^2m)$.

求最大权匹配的第一个算法是 Edmonds(1965) 提出的, 其复杂性为 $O(n^4)$. 上面叙述的原始–对偶算法的基本步骤是 Edmonds 和 Johnson(1970) 给出的. Gabow (1990) 得到了复杂性为 $O(nm+n^2\log n)$ 的求最大权匹配的算法.

最后我们来讨论赋权图的另外两类匹配.

设赋权图 $G=(V,E,w)$, 我们把 G 中权最大的最大匹配称为 G 的最大权最大匹配, 把 G 中最小的最大匹配称为 G 的最小权最大匹配.

利用原始–对偶算法可以求出 G 中最大权最大匹配和最小权最大匹配, 具体做法如下:

(1) 构造赋权图 $G'=(V,E,w')$, 其中

$$w'(e)=K+w(e),\forall e\in E,$$

K 是足够大的正数. 于是对 G' 用原始–对偶算法求出的最大权匹配就是 G 的最大权最大匹配.

(2) 构造赋权图 $G''=(V,E,w'')$, 其中

$$w''(e)=K-w(e),\forall e\in E,$$

K 是足够大的正数. 同样, 对 G'' 用原始–对偶算法求出的最大权匹配就是 G 的最小权最大匹配.

习 题 9

1. 装箱问题 (bin packing) 是问如何用个数最少的容积为 1 的箱子装进 n 个体积均不超过 1 的物品, 假设 n 个待装物品的体积都大于 1/3, 试把此时的装箱问题转化为匹配问题.

2. 设 M 是图 G 的一个匹配, J 是 G 中 M 交错树, 则 J 为 G 中关于 M 的匈牙利树当且仅当 J 的每个悬挂点均为 J 的外点, 且 G 中与 J 的外点相邻的顶点必为 J 的内点.

3. 设 M 是图 G 的一个匹配, B 是 G 中关于 M 的一个花朵, P 是 G 中一条 M 交错链, 请判断下面的结论是否正确 (若是请证明, 否则请举反例): P 是 G 的 M 增广链当且仅当 P/B 是 G/B 的 M/B 增广链.

4. 求题图 9.1 所示的图中最大匹配, 其中图的粗边表示初始匹配 M_0 的边.

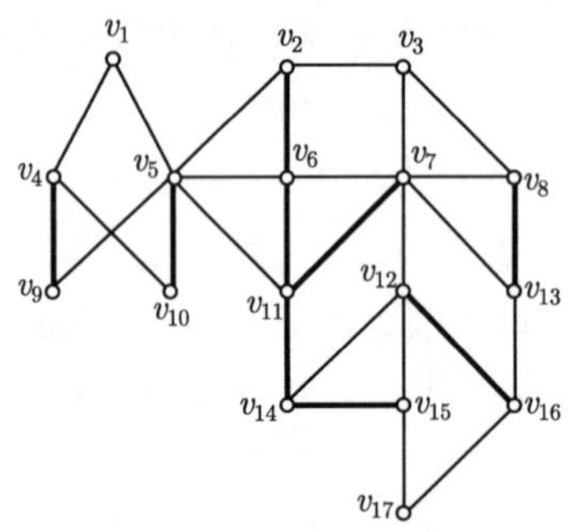

题图 9.1

5. 一个图 $G=(V,E)$ 的边覆盖 (edge covering) 是 E 的子集 F, 使得 G 的每个顶点都是 F 中至少一条边的端点, G 中边数最少的边覆盖称为 G 的最少边覆盖 (minimum edge covering). 假设 G 中不含孤立点, 证明 G 中最小边覆盖 F^* 与 G 中最大匹配 M^* 满足 $|F^*|+|M^*|=|V|$. 并给出求 G 中最小边覆盖的一个有效算法.

6. 求题图 9.1 所示的图中最小边覆盖.

7. 求题图 9.2 所示的赋权图中最大权匹配, 其中边旁的数字表示该边的权.

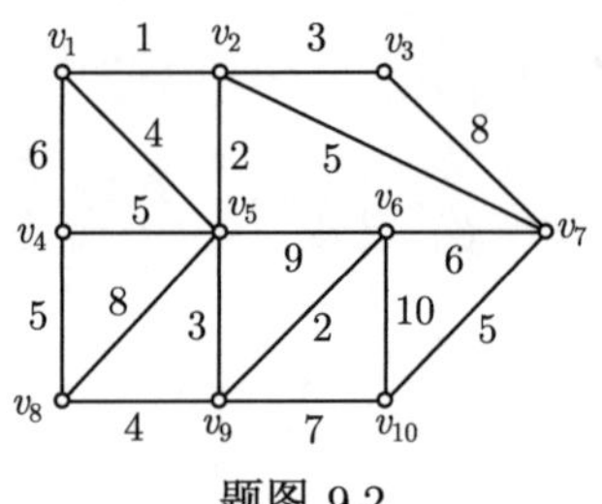

题图 9.2

8. 求题图 9.2 所示的赋权图中最大权最大匹配和最小权最大匹配.

9. 试把图的最大 b 匹配问题 (见习题 8 第 8 题) 转化为最大匹配问题.

10. 试把赋权图中最大权 b 匹配问题 (见习题 8 第 9 题) 转化为最大权匹配问题.

第 10 章　中国邮递员问题

管梅谷在 1960 年提出中国邮递员问题的时候, 设计了一个“奇偶点图上作法”, 但后来发现这个算法不是多项式界的. 随后许多人对中国邮递员问题进行了研究, 作了一些推广.

本章介绍求 Euler 闭迹、有向 Euler 闭迹、赋权图上的邮递员问题和赋权有向图上的邮递员问题的强多项式算法, 还将讨论赋权混合图上的邮递员问题.

10.1　Euler 闭迹

在 1.3 节中给我们出了 Euler 图和 Euler 闭迹的定义, 本节将介绍求 Euler 图中 Euler 闭迹的算法.

下面的引理是显而易见的.

引理 10.1　设 W_1 和 W_2 是图 G 的两条闭迹, 若 W_1 与 W_2 没有公共边但有公共顶点, 则 W_1 和 W_2 可以衔接成 G 的一条闭迹. □

Euler 图有如下一个很好的特征性描述:

定理 10.2　设图 G 不含孤立点, 则 G 是 Euler 图当且仅当 G 连通且 G 的每个顶点都是偶点.

证明　($\Rightarrow$) 设 G 是 Euler 图, 且不含孤立点, W 是 G 的 Euler 闭迹, 则 G 连通. 因为 W 包含 G 的所有顶点, 所以 $\forall v_i \in V(G)$, v_i 在 W 上作为内部顶点每出现一次, 必定与 G 中两条边关联; 当 v_i 是 W 的起点时, v_i 必是 W 的终点, 从而 v_i 也与 G 中两条边关联. 因此 G 的每个顶点都关联偶数条边, 即都是偶点.

($\Leftarrow$) 假设 $G=(V,E)$ 是不含孤立点的连通图, 且每个顶点都是偶数. 我们对 G 的边数 $|E|$ 用归纳法.

当 $|E| \leqslant 2$ 时, 不难验证 G 是 Euler 图.

假设当 $|E| < k$ 时定理的充分性成立. 现在考虑 $|E| = k > 2$ 时的情况. 由于 G 中不含孤立点, 因此 G 中每个顶点的度均大于 1, 从而由推论 2.2 知, G 不是树. 因 G 连通, 故 G 中至少包含一个圈 C. 考虑 $E\backslash E(C)$. 如果 $E\backslash E(C) = \varnothing$, 则 $G = C$, 定理的充分性成立. 否则考虑由 $E\backslash E(C)$ 导出的 G 的子图 G', 设 G' 的所有连通分支为 $G_1, G_2, \cdots, G_p$, 则 G_i 中每个顶点在 G' 中的度都是偶数, 且 $|E(G_i)| < k$, $i = 1, 2, \cdots, p$. 根据归纳假设, $\forall i \in \{1, 2, \cdots, p\}$, G_i 中所有的边可以组成一条闭迹 W_i. 因为 G 连通, 所以 C 与 W_i 有公共顶点 $(i = 1, 2, \cdots, p)$. 反复应用引理 10.1,

就可以把 C 及这些闭迹衔接成 G 的一条闭迹 W, 则 W 是 G 的 Euler 闭迹, 即 G 是 Euler 图. □

根据定理 10.2 及其充分性的证明, 我们可以得到求不含孤立点的 Euler 图 G 中 Euler 闭迹的算法思想. 首先求出 G 中任意一条闭迹 W_0. 如果 $E(G)\backslash E(W_0)=\varnothing$, 则是 W_0 就是 G 的 Euler 闭迹. 如果 $E(G)\backslash E(W_0)\neq\varnothing$, 考虑图 $G-E(W_0)$. 因为 G 连通, 所以 $G-E(W_0)$ 中必有一条边与 W_0 中某个顶点 v_{i_1} 关联, 在 $G-E(W_0)$ 中求一条包含 v_{i_1} 的闭迹 W_1', 从而 W_0 与 W_1' 可以衔接成 G 的一个闭迹 W_1. 如果 $E(G)\backslash E(W_1)=\varnothing$, 则 W_1 是 G 的 Euler 闭迹; 否则由 G 的连通性知, $G-E(W_1)$ 中有一条边与 W_1 中某个顶点 v_{i_2} 关联, 在 $G-E(W_1)$ 中找一条包含 v_{i_2} 的闭迹 W_2', 从而 W_1 与 W_2' 可以衔接成 G 的一个更长的闭迹 W_2. 如此继续下去, 可以得到 G 的一个闭迹 W_k, 使 $E(G)\backslash W(W_k)=\varnothing$, 此时 W_k 就是 G 的 Euler 闭迹.

根据上面的分析, 可以给出求不含孤立点的 Euler 图 G 中 Euler 闭迹的算法, 具体步骤如下:

Step 0 在 G 中任取一个顶点 v_1, 令 $\tilde{v}=v_1$, $v=v_1$, $W_0=v_1$, $G_0=G$, $i=0$.

Step 1 在 G_i 中任取一条与 v 关联的边 $e=vv'$, 把顶点 v' 和边 e 加入到 W_i 之中, 得到一条更长的迹 W_{i+1}, 并令 $G_{i+1}=G_i-e$, $i:=i+1$.

Step 2 若 $v'=\tilde{v}$, 转 Step 3; 否则, 令 $v=v'$, 转 Step 1.

Step 3 若 G_i 为空图, 结束, W_i 是 G 的 Euler 闭迹; 否则, 在 W_i 中选取一个满足 $d_{G_i}(v_k)\geqslant 1$ 的顶点 v_k, 把 W_i 改写为以 v_k 为起点和终点的闭迹. 令 $\tilde{v}=v_k, v=v_k$, 转 Step 1.

不难知道, 该算法的复杂性为 $O(m)$, 其中 m 为 Euler 图 G 的边数.

例 10.1 求图 10.1(a) 中 Euler 图 G 的 Euler 闭迹.

解 以 v_1 为起点求 G 中闭迹, 得 $W_6=v_1v_2v_3v_5v_2v_4v_1$, 在 G 中删去 W_6 中的边得到 G_6, 见图 10.1(b).

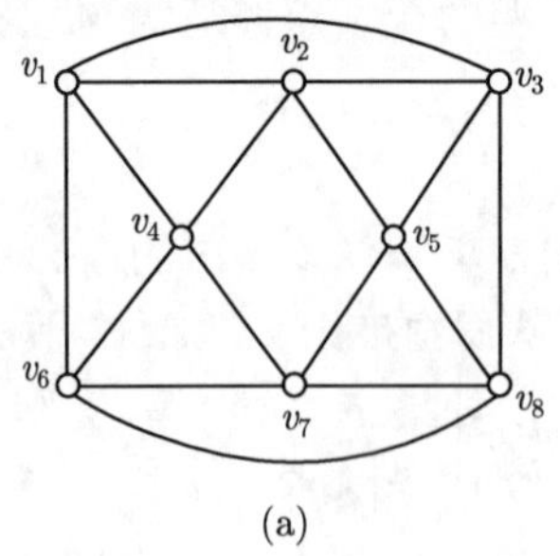

(a)

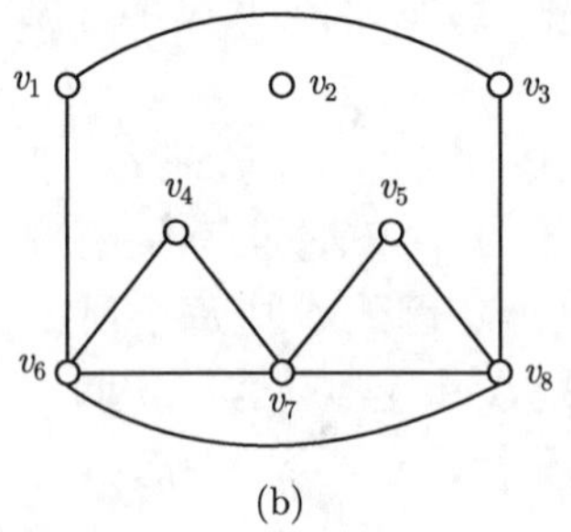

(b)

图 10.1 求 Euler 闭迹的例子 (例 10.1)

G_6 中顶点 v_1 的度大于 1 且在 W_6 之中, 因此以 v_1 为起点在 G_6 中寻找边扩

大 W_6, 得

$$W_{16} = v_1v_2v_3v_5v_2v_4v_1v_3v_8v_5v_7v_4v_6v_7v_8v_6v_1.$$

此时 $G_{16} = G - E(W_{16})$ 为空图, 即 W_{16} 是 G 的 Euler 图. □

10.2 有向 Euler 闭迹

本节将讨论求有向 Euler 图中有向 Euler 闭迹的算法, 基本思想与 10.1 节求 Euler 闭迹的算法极其相似.

与引理 10.1 一样, 关于有向闭迹也有如下的显而易见的引理.

引理 10.3 设 W_1 和 W_2 是有向图 D 的两条有向闭迹, 若 W_1 与 W_2 没有公共弧但有公共顶点, 则 W_1 与 W_2 可以衔接成 G 的一条有向闭迹. □

我们把有向图中出度等于入度的顶点称为平衡点 (balanced vertex). 不是平衡点的顶点称为非平衡点 (unbalanced verterx).

有向 Euler 图也有下面一个类似与定理 10.2 的充要条件.

定理 10.4 设有向图 D 不含孤立点, 则 D 是有向 Euler 图当且仅当 D 连通且 D 的每个顶点都是平衡点.

证明 必要性的证明同定理 10.2 的必要性证明完全一样. 下面只证明充分性.

设 $D = (V, A)$ 是不含孤立点的连通有向图, 且 D 的每个顶点都是平衡点. 我们对 D 的弧数 $|A|$ 用归纳法.

当 $|A| \leqslant 2$ 时, 易知 D 是有向 Euler 图.

假设当 $|A| < k$ 时定理的充分性成立. 现在考虑 $|A| = k > 2$ 时的情况. 由于 D 不含孤立点, 且每个项目顶点都是平衡点, 因此 D 的每个顶点至少有一条出弧, 从而由引理 7.1 知, D 中至少包含一个回路 C. 如果 $A\backslash A(C) = \varnothing$, 则 $D = C$, 定理的充分性成立; 否则考虑由 $A\backslash A(C)$ 导出的 D 的子图 D', 设 D' 的所有连通分支为 $D_1, D_2, \cdots, D_p$, 则 $\forall i \in \{1, 2, \cdots p\}$, D_i 中每个顶点都是平衡点, 且 $|A(D_i)| < k$. 根据归纳假设, $\forall i \in \{1, 2, \cdots p\}$, D_i 中所有的弧可以组成一条有向闭迹 W_i. 由 D 的连通性可知, C 与 W_i 有公共顶点 $(i = 1, 2, \cdots, p)$. 反复应用引理 10.3, 就可以把 C 及这些有向闭迹衔接成 D 的一条有向闭迹 W, 则 W 是 D 的有向 Euler 闭迹, 即 D 是有向 Euler 图. □

这个充要条件的证明与定理 10.2 的证明完全类似, 因此我们可以设计一个与上一节中算法类似的求有向 Euler 闭迹的算法, 具体步骤如下:

Step 0 *在不含孤立点的有向 Euler 图 D 中任取一个顶点 v_1, 令 $\tilde{v} = v_1, v = v_1$, $W_0 = v_1$, $D_0 = D$, $i = 0$.*

Step 1 在 D_i 中任取一条 v 的出弧 $a=(v,v')$, 把顶点 v' 和弧 a 加入到 W_i 之中, 得到一条更长的有向迹 W_{i+1}, 并令 $D_{i+1}=D_i-a$, $i:=i+1$.

Step 2 若 $v'=\tilde{v}$, 转 Step 3; 否则, 令 $v=v'$, 转 Step 1.

Step 3 若 D_i 为空图, 结束, W_i 是 D 的有向 Euler 闭迹; 否则, 在 W_i 中选取一个满足 $d_{D_i}(v_k)\geqslant 1$ 的顶点 v_k, 把 W_i 改写为以 v_k 为起点和终点的有向闭迹. 令 $\tilde{v}=v_k$, $v=v_k$, 转 Step 1.

同样, 该算法的复杂性为 $O(m)$, 其中 m 为有向 Euler 图 D 的弧数.

10.3 赋权图上的邮递员问题

1.5.7 小节介绍的中国邮递员问题, 可以用图的术语更一般地描述为: 给定一个赋权的连通图 $G=(V,E,w)$, 所有边 v_iv_j 的权 $w_{ij}>0$. 在 G 中求一条闭途径 C^*, 使它经过 G 中每条边至少一次, 并且 C^* 包含的边的权的总和最小 (重复出现的边权重复计算). 因此中国邮递员问题又称为赋权图上的邮递员问题.

我们把经过 G 中每条边至少一次的闭途径称为 G 的邮路 (postman path). G 中权最小的邮路称为 G 的最优邮路 (optimal postman path).

容易看出: 如果 G 是 Euler 图, 则 G 的 Euler 闭迹就是 G 的最优邮路. 因此, 对于赋权的 Euler 图 G, 只需应用 10.1 节中的算法求出 Euler 闭迹就得到 G 的最优邮路.

如果赋正权的连通图 G 不是 Euler 图, 则由定理 10.2 知, G 必含有奇点. 而奇点的个数为偶数. 这时, 对于 G 的任何邮路 C, C 必然通过 G 的某些边一次以上. 假设邮路 C 在边 $e_{ij}=v_iv_j$ 上通过 k_{ij} 次, 我们在 v_i 与 v_j 之间添加 $k_{ij}-1$ 条新边, 令每条新边的权都等于 e_{ij} 的权 w_{ij}, 称这些新边为 e_{ij} 上的添加边. 对于 G 的每条边 v_iv_j, 都根据 C 通过边 v_iv_j 的次数 k_{ij}, 增加 $k_{ij}-1$ 条添加边, 记所得到的赋权图为 $\tilde{G}$, 则 $\tilde{G}$ 为 Euler 图, C 为 $\tilde{G}$ 的 Euler 闭迹. 显然, C 的权 $w(C)$ 的大小由所有添加边的权和决定.

定理 10.5 设 C^* 是赋正权的连通图 $G=(V,E,w)$ 中最优邮路, 则 C^* 中每边上的添加边的数目至多为 1.

证明 若 C^* 中边 e 上的添加边多于一条, 则可以去掉其中的偶数条, 使 e 上最多剩下一条添加边, 得到的图 G' 仍然是 Euler 图, G' 中 Euler 闭迹 C' 也是 G 的邮路, 而且 $w(C')<w(C^*)$, 这与 C^* 是最优邮路相矛盾. □

根据前面的讨论及定理 10.5, 中国邮递员问题可以归结为如下的网络最优化问题:

在赋正权的连通图 $G=(V,E,w)$ 中, 求 $E_1\subseteq E$ 满足

(1) 把 E_1 中的所有边作为添加边加入 G 中, 使所得到的图为 Euler 图;

(2) 在满足 (1) 的前提下, 使 $w(E_1) = \sum\limits_{e \in E_1} w(e)$ 达到最小.

为方便起见, 我们把满足 (1) 的边集 E_1 称为 G 的可行集, 满足 (2) 的边集 E_1 称为 G 的最优集. 显然, G 中的可行集对应于 G 的邮路, G 中的最优集对应于 G 的最优邮路. 关于最优集有下面的结果.

定理 10.6 设 $G = (V, E, w)$ 是赋正权的连通图, E^* 为 G 的最优集, $H^* = G[E^*]$, V' 为 G 中所有奇点的集合, $|V'| = 2k$, 则 H^* 可以表示为分别连接 V' 中 k 对不同顶点 G 中 k 条最短链的和.

证明 把 E^* 中的边作为添加边加入到 G 中, 得到的图 G^* 是 Euler 图, 从而对于 G 的每个奇点, 它在 H^* 中也是奇点; 对于 G 的每个偶点, 它在 H^* 中或者不出现, 或者也是偶点. 于是 V' 中的顶点在 H^* 中也是奇点, 而 H^* 中其他顶点都是偶点, 即 H^* 中奇点的个数为 $2k$.

易知 H^* 中不含圈, 若不然, H^* 含有圈 C, 由于 G 连通, 且 G^* 的每个顶点都是偶点, 因此 $G^* - E(C)$ 是连通图且每个顶点都是偶点, 即 $G^* - E(C)$ 也是 Euler 图, 所以 $E' = E^* \backslash E(C)$ 是 G 的可行集, $w(E') < w(E^*)$, 此与 E^* 是最优集矛盾.

从 H^* 的任意一个奇点出发, 沿 H^* 中没有走过的边走向一个新的顶点, 一直到无法继续为止, 此时终点一定是 H^* 的另一个奇点, 所有经过的顶点和边就是一条迹 P_1. 由于 H^* 不含圈, 因此 P_1 一定是 H^* 的一条连接两个奇点的链, 从而 P_1 也是 G 中一条连接两个奇点的链. 考虑 $H_1 = H^* - E(P_1)$, V' 中只有 $2k-2$ 个顶点在 H_1 中是奇点, 同样可以在 H_1 中找一条连接一对奇点的链 P_2. 考虑 $H_2 = H_1 - E(P_2)$, 重复这个过程, 可得到 k 条链 $P_1, P_2, \cdots, P_k$ 和 k 个子图 $H_1, H_2, \cdots, H_k$, 且

$$H_i = H_{i-1} - E(P_i), 1 \leqslant i \leqslant k,$$

其中 $H_0 = H^*$. 这时 H_k 中所有顶点都是偶点, 因 H_k 不含圈, 故 H_k 是空圈. 于是

$$H^* = P_1 + P_2 + \cdots + P_k.$$

这 k 条链分别连接 V' 中 k 对不同的奇点, 而且它们都是 G 中相应奇点对之间的最短链, 否则把不是最短链的 P_i 换成相应的最短链, 则对应的可行集中边的权和就会变小, 此与 E^* 是最优集矛盾. □

定理 10.6 说明: 要找出 G 的最优集, 只是求出 G 中以 $2k$ 个奇点为起点和终点的 k 条最短链, 并使这 k 条最短链的权之和最小. 这样的 k 条最短链的所有边组成的集合就是 G 的最优集. 由此启发我们构造一个以 V' 为顶点集的赋权完全图 $F = K_{2k}$, 令 F 中每条边 v_iv_j 上的权等于 G 中最短 (v_i, v_j) 链的权. 因此求 G 中满足上述要求的 k 条最短链就等价于求 F 的最小权完美匹配, 即最小权最大匹配. 于是我们得到了求赋正权连通图上的邮递员问题的算法, 具体步骤如下:

Step 1　若赋正权连通图 G 的每个顶点都是偶点, 令 $\tilde{G}=G$, 转 Step 2; 否则转 Step 3.

Step 2　求出 $\tilde{G}$ 的 Euler 闭迹 C, 结束, C 是 G 的最优邮路.

Step 3　求出 G 中任意一对奇点之间的最短链.

Step 4　构造完全图 F, F 的顶点对应于 G 的奇点, F 中每条边 v_iv_j 的权等于 G 中最短 (v_i,v_j) 链的权.

Step 5　求出 F 中最小权最大匹配 M.

Step 6　找出 M 的每条边对应的 G 中最短链, 把这些最短链上的边作为添加边加到 G 中去, 得到 Euler 图 $\tilde{G}$, 转 Step 2.

算法的复杂性估计. 设 G 的顶点数为 n, 边数为 m, 则 $\tilde{G}$ 的顶点数为 n, 边数为 $O(m)$. Step 1 的计算量为 $O(m)$, Step 2 的计算量为 $O(m)$, Step 3 可采用 Floyd 算法, 其复杂性为 $O(n^3)$, Step 4 的计算量为 $O(n^2)$, Step 5 可用 9.3 节的原始–对偶算法, 其复杂性为 $O(n^2m)$, Step 6 的计算量为 $O(m)$. 因此该算法的复杂性为 $O(n^2m)$.

应当指出的是, 如果赋正权图 G 连通, 则 G 中奇点之间存在最短链, 从而 G 有最优邮路. 如果 G 不连通, 则 G 中不一定存在邮路. 这也是我们假设所讨论的赋正权图连通的原因.

例 10.2　求图 10.2(a) 所示的赋权图 G 中的最优邮路, 图中边旁的数字表示该边的权.

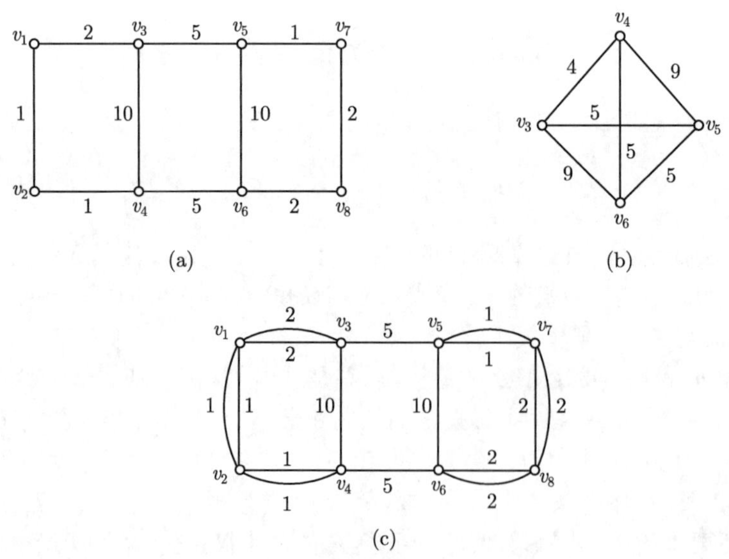

图 10.2　求最优邮路的例子 (例 10.2)

解 G 中有奇点 v_3, v_4, v_5, v_6, 用 Floyd 算法求出 G 中奇点之间的最短链如下:

$P_{3,4} = v_3v_1v_2v_4$, 权为4; $P_{3,5} = v_3v_5$, 权为5;

$P_{3,6} = v_3v_1v_2v_4v_6$, 权为9; $P_{4,5} = v_4v_2v_1v_3v_5$, 权为9;

$P_{4,6} = v_4v_6$, 权为5; $P_{5,6} = v_5v_7v_8v_6$, 权为5.

构造 4 阶完全图 F, 并对每条边赋权, 见图 10.2(b).

求出 F 中最小权完美匹配 $M = \{v_3v_4, v_5v_6\}$.

M 中的边 v_3v_4 对应 $P_{3,4} = v_3v_1v_2v_4$, 边 v_5v_6 对应 $P_{5,6} = v_5v_7v_8v_6$. 把边集 $\{v_3v_1, v_1v_2, v_2v_4, v_5v_7, v_7v_8, v_8v_6\}$ 作为添加边加入到 G 中, 得到 Euler 图 $\tilde{G}$, 见图 10.2(c).

最后应用 10.1 节中的算法得到 $\tilde{G}$ 的 Euler 闭迹

$$C = v_1v_3v_4v_2v_1v_3v_5v_6v_8v_7v_5v_7v_8v_6v_4v_2v_1,$$

C 就是 G 的最优邮路. □

10.4 赋权有向图上的邮递员问题

在中国邮递员问题中, 如果邮递员负责投递的街区的每条街道都是单行道, 则邮递员的投递区可以用一个赋正权的连通有向图表示, 其中每条街道对应一条弧, 街道的交会点对应一个顶点, 街道的长看作弧的权. 因此这类邮递员问题称为赋权有向图上的邮递员问题. 从图论的角度看, 赋权有向图上的邮递员问题可以叙述为: 在赋正权连通有向图 $D = (V, A, w)$ 中求一条有向闭途径 C^*, 使它经过 D 中每条弧至少一次, 并且 C^* 包含的弧的权的总和最小 (重复出现的弧权重复计算).

我们把经过 D 的每条弧至少一次的有向闭途径称为 D 的有向邮路. D 中权最小的有向邮路称为 D 的最优有向邮路.

值得注意的是, 虽然连通图中存在邮路, 但连通的有向图中不一定存在有向邮路. 例图 10.3 中的连通有向图就不存在有向邮路.

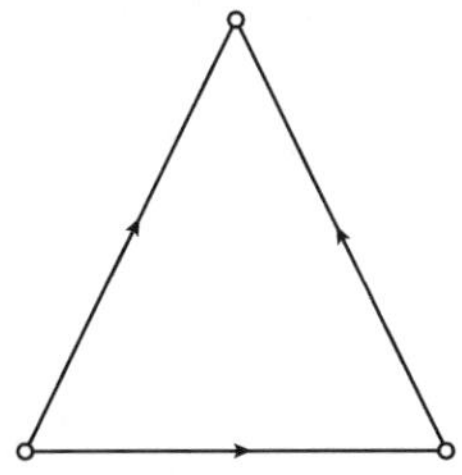

图 10.3 不存在有向邮路的例子

假设连通有向图 D 中存在有向邮路 C, 则 C 必包含 D 的所有顶点, 从而 $\forall v_i, v_j \in V(D)$, C 上的 (v_i, v_j) 节和 (v_i, v_j) 节分别为 D 中有向 (v_i, v_j) 途径和有向 (v_i, v_j) 途径, 因此 D 中存在 (v_i, v_j) 路和 (v_i, v_j) 路, 即 D 是强连通的. 所以, 我们总是假设所讨论的赋正权有向图是强连通的.

如果赋正权有向图 D 是有向 Euler 图, 则 D 的有向 Euler 闭迹就是 D 的最优有向邮路.

如果赋正权的强连通有向图 D 不是有向 Euler 图, 则由定理 10.4 知, D 中必有某些顶点不是平衡点. 于是, 对于 D 的任何有向邮路 C, C 必然通过某些弧一次以上. 假设有向邮路 C 在弧 $a_{ij} = (v_i, v_j)$ 上通过 k_{ij} 次, 则 D 中添加 $k_{ij} - 1$ 条以 v_i 为尾 v_j 为头的新弧, 令每条新弧的权等于 a_{ij} 的权 w_{ij}, 称这些新弧为 a_{ij} 上的添加弧. 对 D 的每条弧 (v_i, v_j), 都根据 C 通过弧 (v_i, v_j) 的次数 k_{ij}, 在 D 中增加 $k_{ij} - 1$ 条添加弧, 记所得到的赋权有向图为 $\tilde{D}$, 则 $\tilde{D}$ 是有向 Euler 图, C 为 $\tilde{D}$ 的有向 Euler 闭迹, 并且 C 的权 $w(C)$ 的大小由所有添加弧的权和决定.

10.4.1 用最小费用流的算法求最优有向邮路

对于赋正权的强连通有向图 $D = (V, A, w)$, 我们用 f_{ij} 表示弧 (v_i, v_j) 上添加弧的数目, 则 f_{ij} 的取值应当满足

$$d^+(v_i) + \sum_{v_j \in N^+(v_i)} f_{ij} = d^-(v_i) + \sum_{v_j \in N^-(v_i)} f_{ji}, \forall v_i \in V,$$

同时使所有添加弧的权和 $\sum\limits_{(v_i, v_j) \in A} w_{ij} f_{ij}$ 达到最小.

为了讨论的方便, 我们记

$$\sigma_i = d^-(v_i) - d^+(v_i), \forall v_i \in V,$$

注意到 $\sum\limits_{v_i \in V} d^+(v_i) = \sum\limits_{v_i \in V} d^-(v_i)$, 因此

$$\sum_{v_i \in V} \sigma_i = 0. \tag{10.1}$$

于是赋权有向图上的邮递员问题可以表示为整数线性规划问题

$$\begin{cases} \min \displaystyle\sum_{(v_i, v_j) \in A} w_{ij} f_{ij} \\ \text{s.t.} \displaystyle\sum_{v_j \in N^+(v_i)} f_{ij} - \sum_{v_j \in N^-(v_i)} f_{ji} = \sigma_i, \forall v_i \in V \\ \quad f_{ij} \geqslant 0 \text{整数}, \forall (v_i, v_j) \in A \end{cases} \tag{10.2}$$

因为问题 (10.2) 的约束矩阵正好是有向图 D 的关联矩阵, 从而为全单位模矩阵, 所以问题 (10.2) 中的整数约束可以去掉, 于是赋权有向图上的邮递员问题可以化为线性规划问题

$$\begin{cases} \min \sum\limits_{(v_i,v_j)\in A} w_{ij}f_{ij} \\ \text{s.t.} \sum\limits_{v_j\in N^+(v_i)} f_{ij} - \sum\limits_{v_j\in N^-(v_i)} f_{ji} = \sigma_i, \forall v_i \in V \\ f_{ij} \geqslant 0, \forall (v_i,v_j)\in A \end{cases} \tag{10.3}$$

下面我们证明问题 (10.3) 可以化为带发点和收点的容量—费用网络上的最小费用流问题. 设

$$S = \{v_i \in V | \sigma_i > 0\}, \tag{10.4}$$

$$T = \{v_i \in V | \sigma_i < 0\}, \tag{10.5}$$

$$\sigma = \sum_{v_i\in S} \sigma_i, \tag{10.6}$$

则由 (10.1) 式即知, $\sum\limits_{v_i\in T} \sigma_i = -\sigma$.

在 D 中增加一个发点 v_s 和一个收点 v_t, 并且 $\forall v_i \in S$, 连一条弧 (v_s, v_i), 令弧 (v_s, v_i) 的容量为 σ_i, 费用为 0; $\forall v_i \in T$, 连一条弧 (v_j, v_t), 令弧 (v_j, v_t) 的容量为 $|\sigma_j|$, 费用为 0; $\forall (v_i, v_j) \in A$, 令弧 (v_i, v_j) 的容量为 ∞, 费用为 w_{ij}. 这样就得到了一个带发点 v_s 和收点 v_t 的容量—费用网络 D'. 于是问题 (10.3) 就化为求 D' 中流值为 σ 的最小费用流问题. 因此, 求赋正权的强连通有向图 D 上的最优有向邮路就转化成求 D' 中流值为 σ 的最小费用流.

综上所述, 我们可以得到求赋权有向图上的最优有向邮路的一个算法, 具体步骤如下:

Step 1 设 $D = (V, A, w)$ 是赋正权的强连通有向图. $\forall v_i \in V$, 计算 $\sigma_i = d^-(v_i) - d^+(v_i)$. 若所有 $\sigma_i = 0$. 令 $\tilde{D} = D$, 转 Step 2; 否则转 Step 3.

Step 2 求出 $\tilde{D}$ 的有向 Euler 闭迹 C, 结束, C 是 D 的最优有向邮路.

Step 3 按 (10.4)~(10.6) 求出 S, T 和 σ.

Step 4 构造带发点 v_s 和收点 v_t 的容量–费用网络 $D' = (V', A', c', w')$:

$$\begin{aligned} &V' = V \cup \{v_s, v_t\}, \\ &A' = A \cup \{(v_s, v_i) | v_i \in S\} \cup \{(v_j, v_t) | v_j \in T\}, \\ &c'_{ij} = \infty, w'_{ij} = w_{ij}, \forall (v_i, v_j) \in A, \\ &c'_{si} = \sigma_i, w'_{si} = 0, \forall v_i \in S, \end{aligned}$$

$$c'_{jt} = |\sigma_j|, w'_{jt} = 0, \forall_{v_j} \in T.$$

Step 5　求出 D' 中流值为 σ 的最小费用可行整数流 $f = \{f_{ij}|(v_i, v_j) \in A'\}$.

Step 6　$\forall (v_i, v_j) \in A$, 在 D 中增加 f_{ij} 条权均为 w_{ij} 的添加弧, 得到新的赋权有向图 $\tilde{D}$, 转 Step 2.

算法的复杂性估计. 设 D 的顶点数为 n, 弧数为 m, 则 $\tilde{D}$ 的顶点数为 n, 弧数为 $O(m\sigma)$; D' 的顶点数为 $O(n)$, 弧数为 $O(m)$. Step 1 的计算量为 $O(m)$, Step 2 的计算量为 $O(m\sigma)$, Step 3 的计算量为 $O(n)$, Step 4 的计算量为 $O(m)$, Step 5 可采用 7.3 节中原始–对偶算法, 其复杂性为 $O(n^2\sigma)$, Step 6 的计算量为 $O(m\sigma)$. 注意 $\sigma \leqslant m$, 因此该算法的复杂性为 $O(n^2 m)$.

我们还要指出: 如果赋正权有向图 D 是强连通的, 则 D 中一定存在最优有向邮路. 这是因为, D 是强连通的, 故由 D' 的构造可知, D' 中存在流值为 σ 的可行整数流. 又由于 D' 上每条弧的费用都是非负的, 因此 D' 中必存在流值为 σ 的最小费用可行整数流. 从而根据前面的讨论, D 中存在最优有向邮路.

例 10.3　求图 10.4(a) 所示的赋正权有向图 D 的最优有向邮路, 其中弧旁的数字表示该弧的权.

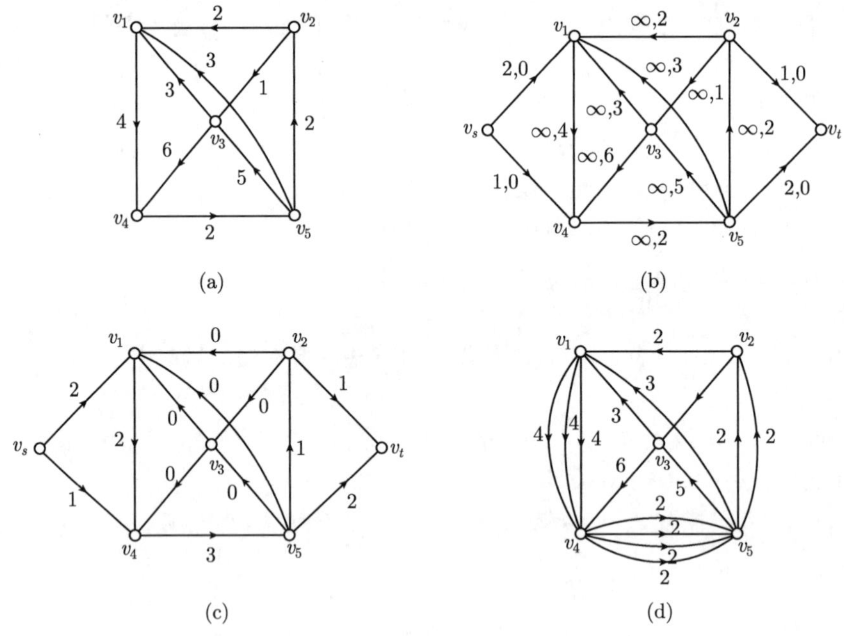

图 10.4　求最优有向邮路的例子 (例 10.3)

解　经计算可得

$$\sigma_1 = 2, \sigma_2 = -1, \sigma_3 = 0, \sigma_4 = 1, \sigma_5 = -2;$$
$$S = \{v_1, v_4\}, T = \{v_2, v_5\}, \sigma = 3.$$

构造带发点 v_s 和收点 v_t 的容量–费用网络 D', 见图 10.4(b), 其中每条弧旁的前一个数字表示容量, 第二个数字表示单位费用.

求出 D' 中流值为 3 的最小费用流, 见图 10.4(c), 其中弧旁的数字表示弧流量.

根据 D' 中流值为 3 的最小费用流, 对 D 增加添加弧得到网络 $\tilde{D}$, 见图 10.4(d).

求出 $\tilde{D}$ 的有向 Euler 闭迹

$$C = v_1v_4v_5v_3v_4v_5v_1v_4v_5v_2v_3v_1v_4v_5v_2v_1,$$

C 为 D 的最优有向邮路. □

10.4.2 用最小权完美匹配的算法求最优有向邮路

设 $D = (V, A, w)$ 为赋正权的强连通有向图, 与 10.3 节相仿, 我们定义 D 的可行弧集和最优弧集. 如果添加弧的集合 A_1(A_1 中可能有重复元素), 使得把 A_1 中所有弧都添加到 D 中之后, 得到的新网络 $\tilde{D}$ 中每个顶点都是平衡点, 则称 A_1 为 D 的可行弧集, 使 $w_(A_1) = \sum\limits_{a\in A_1} w(a)$ 达到最小的 D 的可行弧集 A_1 称为 D 的最优弧集.

对于最优弧集也有如下的类似与定理 10.6 的结论:

定理 10.7 设 $D = (V, A, w)$ 是赋正权的强连通图有向图, A^* 为 D 的最优弧集, H^* 为由 A^* 导出的有向图, 则 H^* 可以表示为从 S 中顶点到 T 中顶点的 D 中 σ 条最短路的和, 这里 S, T 和 σ 分别由 (10.4)~(10.6) 式定义. □

这个定理的证明与定理 10.6 的证明完全类似, 留作练习.

根据前面的讨论可以知道, 求 D 的最优有向邮路等价于求 D 的最优弧集. 定理 10.7 又告诉我们, 要找出 D 的最优弧集, 只要求出 D 的从 S 中顶点到 T 中顶点的 σ 条最短路, 并使这 σ 条最短路的权之和最小. 这样的 σ 条最短路上的所有弧组成的集合就是 D 的最优弧集. 为此, 我们构造一个赋权的完全二部图 $G = (X, Y, E, \tilde{w})$ 如下:

$$X = \{x_{i,p} | v_i \in S, p = 1, 2, \cdots, \sigma_i\},$$

$$Y = \{x_{j,q} | v_j \in T, q = 1, 2, \cdots, |\sigma_j|\},$$

$$E = \{x_{i,q}y_{j,q} | x_{i,p} \in X, y_{j,q} \in Y\},$$

并且令 G 中边 $x_{i,p}y_{j,q}$ 的权等于 D 中最短 (v_i, v_j) 路的权, $p = 1, 2, \cdots, \sigma_i, q = 1, 2, \cdots, |\sigma_j|$. 因而, 求 D 中满足上述要求的 σ 条最短路就等价于求 G 中最小权完美匹配, 于是就得到求最优有向邮路的另一个算法, 其步骤如下:

Step 1 设 $D=(V,A,w)$ 是赋正权的强连通有向图. $\forall v_i\in V$, 计算 $\sigma_i=d^-(v_i)-d^+(v_i)$. 若所有 $\sigma_i=0$, 令 $\tilde{D}=D$, 转 Step 2; 否则转 Step 3.

Step 2 求出 $\tilde{D}$ 的有向 Euler 闭迹 C, 结束, C 是 D 的最优有向邮路.

Step 3 按 (10.4)~(10.6) 求出 S,T 和 σ. $\forall v_i\in S$, $v_j\in T$, 求出 D 中最短 (v_i,v_j) 路.

Step 4 按前面的方法构造赋权的完全二部图 G.

Step 5 求出 G 中最小权完美匹配 M.

Step 6 找出 M 的每条边 $x_{i,p}y_{i,q}$ 对应的 D 中最短 (v_i,v_j) 路, 把这些最短路上的每条弧都作为添加弧加到 D 中去, 得到有向 Euler 图 $\tilde{D}$, 转 Step 2.

算法的复杂性估计. 设 D 的顶点数为 n, 弧数为 m, 则 $\tilde{D}$ 的顶点数为 n, 弧数为 $O(m\sigma)$; G 的顶点数为 2σ, 边数为 σ^2. Step 1 的计算量为 $O(m)$, Step 2 的计算量为 $O(m\sigma^2)$, Step 3 可采用 Floyd 算法求最短路, 其复杂性为 $O(n^3)$, Step 4 的计算量为 $O(\sigma^3)$, Step 5 可采用 8.3.2 节中原始–对偶算法, 其复杂性为 $Q(\sigma^3)$, Step 6 的计算量为 $O(m\sigma)$. 注意到 $\sigma\leqslant m$, 因此该算法的复杂性为 $O(m^3)$.

例 10.4 采用上面的算法求图 10.4(a) 所示的赋权有向图 D 的最优有向邮路.

解 由例 10.3 知, $\sigma_1=2$, $\sigma_2=-1$, $\sigma_3=0$, $\sigma_4=1$, $\sigma_5=-2$; $S=\{v_1,v_4\}$, $T=\{v_2,v_5\}$, $\sigma=3$.

用 Floyd 算法求得 D 中从 S 中顶点到 T 中顶点的最短路如下:

$P_{1,2}=v_1v_4v_5v_2$, 权为8; $P_{1,5}=v_1v_4v_5$, 权为6;

$P_{4,2}=v_4v_5v_2$, 权为4; $P_{4,5}=v_4v_5$, 权为2.

构造赋权的完全二部图 G, 见图 10.5.

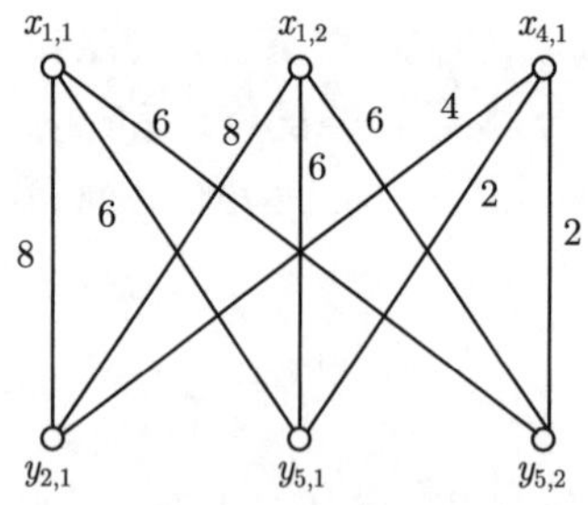

图 10.5 赋权的完全二部图 G(例 10.4)

求出 G 中最小权完美匹配 $M=\{x_{1,1}y_{5,1},x_{1,2}y_{5,2},x_{4,1}y_{2,1}\}$.

M 中边 $x_{1,1}y_{5,1}$ 和边 $x_{1,2}y_{5,2}$ 均对应于路 $v_1v_4v_5$, 边 $x_{4,1}y_{2,1}$ 对应于路 $v_4v_5v_2$. 把弧集 $\{(v_1,v_4),(v_4,v_5),(v_1,v_4),(v_4,v_5),(v_4,v_5),(v_5,v_2)\}$ 作为添加弧加到 D 中, 得

到有向 Euler 图 $\tilde{D}$, 参见图 10.4(d). 求出 $\tilde{D}$ 的有向 Euler 闭迹

$$C = v_1v_4v_5v_2v_3v_1v_4v_5v_2v_1v_4v_5v_3v_4v_5v_1,$$

C 为 D 的最优有向邮路. □

10.5 赋权混合图上的邮递员问题

设在中国邮递员问题中, 邮递员的投递区内的街道有些是单行道, 有些是双行道. 如果我们把单行街道用一条弧表示, 双行街道用一条边表示, 街道的长表示相应的弧或边的权, 街道的交会点用一个顶点表示, 则投递区所对应的既不是图也不是有向图.

10.5.1 混合 Euler 图

为了更好地描述上面的邮递员问题, 我们引进混合图的概念.

混合图 (mixed graph)$H = (V, E\cup A)$ 是指 V 为顶点集, E 为边集, A 为弧集, 且 $V \neq \varnothing$, $E \neq \varnothing$, $A \neq \varnothing$, $E\cap A = \varnothing$.

如果把混合图 H 中条弧 (v_i, v_j) 都改为边 v_iv_j, 则得到一个图 G, 称 G 为 H 的基础图. 若 H 的基础图 G 是连通的, 则称 H 是连通的.

同样, 可以把混合图 H 中每条边 v_iv_j 都改为弧 (v_i, v_j), 得到的有向图 D 称为 H 的定向图.

混合图 $H = (V, E\cup A)$ 中的混合 (v_1, v_{k+1}) 途径是指非空有限序列 $W = v_1e_1 v_2\cdots v_ke_kv_{k+1}$, 其中 $v_i \in V(1 \leqslant i \leqslant k+1)$, $e_j \in E\cup A(1 \leqslant j \leqslant k)$, 当 $e_j \in E$ 时, $e_j = v_jv_{j+1}$, 当 $e_j \in A$ 时, $e_j = (v_j, v_{j+1})$ 如果 $k \geqslant 1$, 且 $v_1 = v_{k+1}$, 则称 W 为 H 的混合闭途径. 边互不相同且弧互不相同的混合途径 (或混合闭途径) 称为混合迹 (或混合闭迹). 类似地可以混合链和混合圈.

如果对混合图 H 的所有边和弧都赋一个权, 则称 H 为赋权混合图或混合网络. 因此, 上述的邮递员问题可以转化为如下的网络最优化问题: 在赋正权的连通混合图 $H = (V, E\cup, w)$ 中, 求一条经过 H 的每条边和弧至少一次的混合闭迹径 C^*, 并且使 C^* 的权 (即 C^* 上所有边与弧的权之和, 重复出现的边和弧的权重复计算) 最小.

H 中经过每条边和弧至少一次的混合闭途径称为 H 混合邮路, H 中权最小的混合邮路称为 H 的最优混合邮路.

我们自然要问: 是否任何赋正权的连通混合图 H 中都存在混合邮路呢? 回答是否定的. 这是因为, 当存在 $S_1 \subset V$, $S_1 \neq \varnothing$, 使得 H 中即不存在从 S_1 到 $V\backslash S_1$

的弧, 也不存在从 S_1 到 $V\backslash S_1$ 的边, 即

$$\{(v_i, v_j) \in A | v_i \in S_1, v_j \in V\backslash S_1\} = \varnothing,$$

$$\{v_i v_j \in E | v_i \in S_1, v_j \in V\backslash S_1\} = \varnothing$$

时, H 中就不存在混合邮路.

混合图 H 中经过每条边和弧恰好一次的混合闭迹称为 H 的混合 Euler 闭迹 (mixed Euler closed trail). 存在混合 Euler 闭迹的混合图称为混合 Euler 图 (mixed Euler graph).

利用混合图 $H = (V, E \cup A)$ 的子图 $G_H = (V, E)$ 和子有向图 $D_H = (V, A)$, 不难给出混合 Euler 图的充分条件.

定理 10.8 设混合图 H 连通, 且子图 G_H 中每个顶点都是偶点, 子有向图 D_H 中每个顶点都是平衡点, 则 H 为混合 Euler 图. □

这个定理的证明与定理 10.2 和定理 10.4 的充分性证明极为相似, 所以留给读者去完成.

显然, 由定理 10.8 可以得到混合 Euler 图与 Euler 图和有向 Euler 图之间的一个关系:

推理 10.9 设混合图 H 连通, 且子图 G_H 的每个非空连通分之均为 Euler 图, 子有向图 D_H 的每个非空连通分支均为有向 Euler 图, 则 H 为混合 Euler 图.□

因此, 综合 10.1 节和 10.2 节中的算法, 可以设计出求满足定理 10.8 中条件的混合 Euler 图 $H = (V, E \cup A, w)$ 中混合 Euler 闭迹的一个算法, 具体步骤如下:

Step 0 在 H 中任取一个顶点 v_1, 令 $\tilde{v} = v_1, v = v_1, W_0 = v_1, H_0 = H, i = 0$.

Step 1 若 v 在 H_i 中与某条弧关联, 任取 v 的一条出弧 $e = (v, v')$, 转 Step 2; 否则, 在 H_i 中任取一条与 v 关联的边 $e = vv'$, 转 Step 2.

Step 2 把顶点 v' 和 e 加入到 W_i 之中, 得到一条更长的混合迹 W_{i+1}, 并令 $H_{i+1} = H_i - e, i := i + 1$. 若 $v' = \tilde{v}$, 转 Step 3; 否则令 $v = v'$, 转 Step 1.

Step 3 若 H_i 为空图, 结束, W_i 是 H 的混合 Euler 闭迹; 否则, 在 W_i 中选取顶点 v_k, 使得 v_k 不是 H_i 的孤立点, 把 W_i 改为以 v_k 为起点和终点的混合闭迹, 令 $\tilde{v} = v_k, v = v_k$, 转 Step 1.

易知该算法的复杂性为 $O(m)$, 其中 $m = |E \cup A|$.

10.5.2 赋权混合图上邮递员问题的求解

在 11.7.3 小节中我们将指出: 对于一般的赋权混合图上的邮递员问题, 至今未找到有效算法, 也许根本就不存在有效算法. 因此我们只讨论如下的两种特殊情况.

如果在赋正权的连通混合图 $H = (V, E \cup A, w)$ 中, 基础图的每个顶点均为偶点, 子有向图 D_H 的每个顶点均为平衡点, 则由定理 10.8 可知, H 是混合 Euler 图,

并且可以应用 10.5.1 小节中的算法求出 H 的混合 Euler 闭迹 C,C 即为 H 的最优混合邮路.

下面假设赋正权的连通混合图 H 的基础图中每个顶点均为偶点, 但子有向图 D_H 中存在非平衡点.

首先把 H 中的边任意定向, 得到 H 的定向图 D. 同 10.4.1 小节一样, 按照 (10.1) 式和 (10.4)~(10.6) 式定义 σ_i, σ, S, T. 由假设可知, 定向图 D 中任何顶点 v_i 的出度 $d_D^+(v_i)$ 与入度 $d_D^-(v_i)$ 之和均为偶数, 因此 $\forall v_i \in V$, σ_i 为偶数, 从而 σ 为偶数.

如果 $S = \varnothing$ 且 $T = \varnothing$, 即 D 为有向 Euler 图, 则可以应用 10.2 节中的算法求出 D 的有向 Euler 闭迹 C, 显然 C 对于 H 的最优混合邮路.

如果 $S \neq \varnothing$ 且 $T \neq \varnothing$, 则构造带发点 v_s 和收点 v_t 的容量–费用网络 $D' = (V', A', c', w')$ 如下:

(1) 增加一个发点 v_s 和一个收点 v_i, 并且 $\forall v_i \in S$, 连一条弧 $(v_s, v_i) \in A'$, 令它的容量 $c'_{si} = \sigma_i$, 费用 $w'_{si} = 0$; $\forall v_j \in T$, 连一条弧 $(v_j, v_i) \in A'$, 令它的容量 $c'_{jt} = |\sigma_j|$, 费用 $w'_{jt} = 0$.

(2) $\forall (v_i, v_j) \in A$, 作一条弧 $(v_i, v_j) \in A'$, 并令它的容量 $c'_{ij} = \infty$, 费用 $w'_{ij} = w_{ij}$.

(3) $\forall (v_i, v_j) \in E$, 作两条弧 $(v_i, v_j), (v_j, v_i) \in A'$, 并令它们的容量 $c'_{ij} = c'_{ji} = \infty$, 费用 $w'_{ij} = w'_{ji} = w_{ij}$.

(4) $\forall (v_i, v_j) \in A(D)\backslash A$, 作一条弧 $(v_j, v_i) \in A'$, 并令它的容量 $c'_{ji} = 2$, 费用 $w'_{ji} = 0$, 这样的弧称为人造弧 (artificial arc).

关于容量–费用网络 D', 我们有下面的定理.

定理 10.10 如果带发点 v_s 和收点 v_t 的容量—费用网络 $D' = (V', A', c', w')$ 中不存在流值为 σ 的可行流, 则赋正权的连通混合图 H 中不存在混合邮路.

证明 设 D' 中不存在流值为 σ 的可行流, 应用 Ford-Fulkerson 算法, 求 D' 中最大流 f 和最小截 $(S_1, \bar{S_1})$, 此时 $S_1 \neq \{v_s\}$, $\bar{S_1} \neq \{v_t\}$, 且 $\forall (v_i, v_j) \in (S_1, \bar{S_1})$, 有 $f_{ij} = c'_{ij}$. 这说明 $(S_1, \bar{S_1})$ 中任何弧必定具有有限容量, 由 D' 与 H 的关系可知, H 中既不存在从 $S_1\backslash\{v_s\}$ 到 $\bar{S_1}\backslash\{v_t\}$ 的弧, 也不存在 $S_1\backslash\{v_s\}$ 与 $\bar{S_1}\backslash\{v_t\}$ 之间的边, 根据 10.5.1 节的讨论, H 中不存在混合邮路. □

当 D' 中存在流值为 σ 的可行流时, 因为 σ 是偶数, 且 D' 中每条弧的容量或者为偶数, 或者为 ∞, 所以应用最小费用流的算法可以求得 D' 中一个流值为 σ 的最小费用流 $f = \{f_{ij} | (v_i, v_j) \in A'\}$, 使得 $\forall (v_i, v_j) \in A'$, 弧流量 f_{ij} 均为偶数, 从而可知 D' 中所有人造弧的流量或者为 0, 或者为 2.

再根据混合网络 $H = (V, E \cup A, w)$ 和 D' 中最小费用可行整数流 f, 构造网络 $D^* = (V, A^*, w^*)$ 如下:

(1) $\forall(v_i,v_j)\in A$, 根据非人造弧 (v_i,v_j) 的流量 f_{ij}, 作 $f_{ij}+1$ 条弧 $(v_i,v_j)\in A^*$, 并令 $w^*_{ij}=w_{ij}$.

(2) $\forall v_iv_j\in E$, 设 D' 中的人造弧为 (v_i,v_j), 若人造弧 (v_i,v_j) 的流量为 2, 非人造弧 (v_i,v_j) 的流量为 f_{ij}, 则非人造弧 (v_j,v_i) 的流量为 0, 从而作 $f_{ij}+1$ 条弧 $(v_i,v_j)\in A^*$, 并令 $w^*_{ij}=w_{ij}$; 若人造弧 (v_i,v_j) 的流量为 0, 且非人造弧 (v_j,v_i) 的流量为 f_{ji}, 则非人造弧 (v_i,v_j) 的流量为 0, 从而作 $f_{ji}+1$ 条弧 $(v_j,v_i)\in A^*$, 并令 $w^*_{ji}=w_{ij}$.

根据 D^* 的构造, 仿照 10.4.1 小节中的讨论, 可以得到以下定理.

定理 10.11　设 D^* 是按上述方法, 由混合网络 H 和 D' 中最小费用可行整数流 f 构造的网络, 则 D^* 是有向 Euler 图, 且 D^* 中有向 Euler 闭迹就是赋正权的连通混合图 H 的最优混合邮路. □

综合上述讨论, 可以给出求满足前述假设条件的混合网络 H 中最优混合邮路的算法, 具体步骤如下:

Step 1　把 H 的边任意定向, 得到 H 的定向图 D, 求出 σ_i,σ 和 S,T. 若 $S=\varnothing$ 且 $T=\varnothing$, 令 $D^*=D$, 转 Step 2; 否则转 Step 3.

Step 2　应用 10.2 节中算法求出 D^* 中有向 Euler 闭迹 C, 则 C 对应于 H 的最优混合邮路.

Step 3　构造带发点 v_s 和收点 v_t 的容量–费用网络 D', 求 D' 中流值为 σ 的最小费用流. 若 D' 中不存在流值为 σ 的可行流, 停止, H 中不存在混合有邮路; 否则, 得到 D' 中一个流值为 σ 的可行整数流 f 为最小费用流, 转 Step 4.

Step 4　根据 f 构造网络 D^*, 转 Step 2.

仿照 10.4.1 小节中算法的复杂性分析, 不难得知该算法的复杂性也是 $O(n^2m)$, 其中 $n=|V|,m=|E\cup A|$.

例 10.5　求图 10.6(a) 所示的混合网络 H 中最优混合邮路, 其中边旁和弧旁的数字表示权.

解　把混合网络 H 中每条边任意定向, 得到网络 D, 见图 10.6(b), 在 D 中, 求得

$$\sigma_1=0,\sigma_2=4,\sigma_3=-2,\sigma_4=0,\sigma_5=0,\sigma_6=-2,\sigma_7=0;$$

$$S=\{v_2\},T=\{v_3,v_6\},\sigma=4.$$

构造带发点 v_s 和收点 v_t 的容量–费用网络 D', 见图 10.6(c), 其中粗弧表示人造弧; 若弧旁只有一个数字, 则这个数字表示该弧的费用, 该弧的容量为 ∞; 若弧旁有两个数字, 则前一个数字为容量, 后一个数字为费用.

应用第 7 章的求最小费用流的算法, 得到 D' 中流值为 4 的且费用最小的可行整数流 f, 见图 10.6(d), 其中弧旁的数字表示该弧的流量, 旁边没有数字的弧的流

量均为 0.

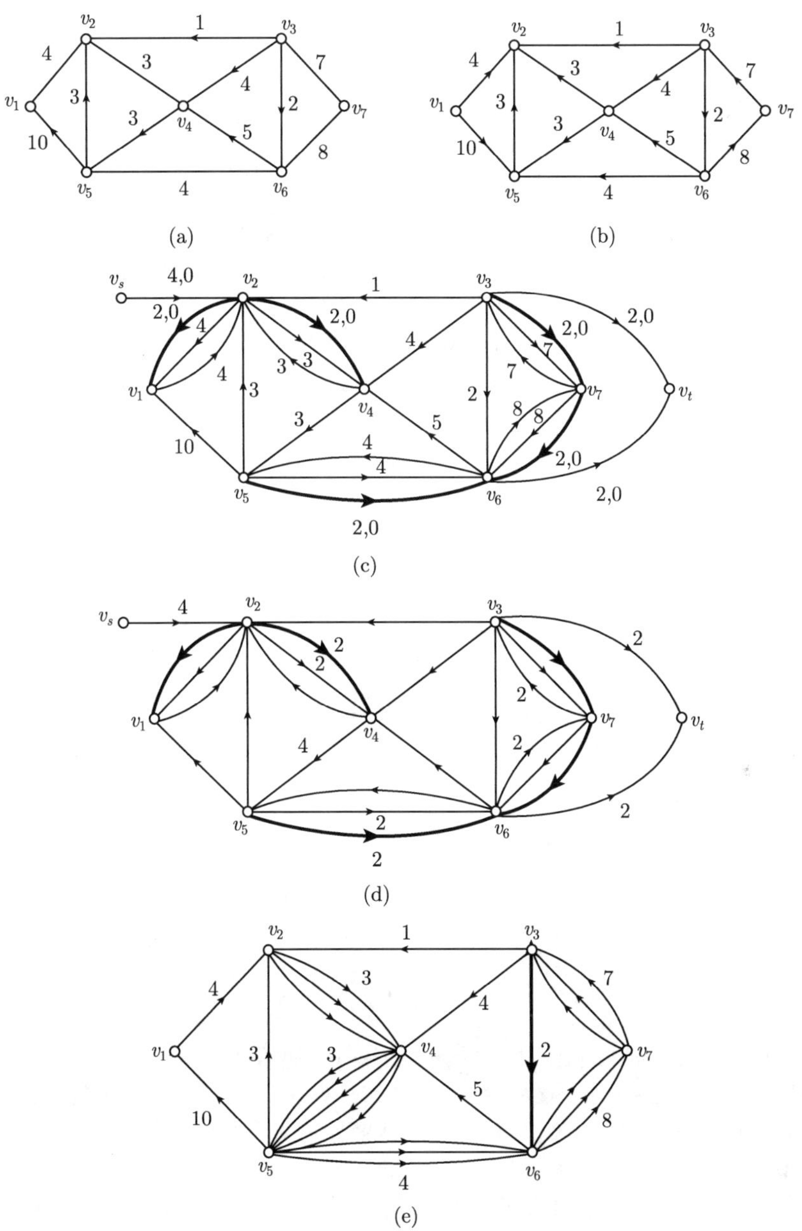

图 10.6 求最优混合邮路的例子 (例 10.5)

根据最小费用流 f 和混合网络 H 构造网络 D^*, 见图 10.6(e), 其中弧旁的数字表示该弧的权, 两个顶点之间的重弧只标出一条重弧的权.

利用 10.2 节中的算法求出有向 Euler 图 D^* 中有向 Euler 闭迹

$$C = v_1v_2v_4v_5v_2v_4v_5v_6v_4v_5v_6v_7v_3v_2v_4v_5v_6v_7v_3v_4v_5v_1,$$

C 即为 H 的最优混合邮路. □

习　题　10

1. 如果图 G 中存在包含一切边的迹 W, 则称 W 为 G 的 Euler 闭迹. 设图 G 不含孤立点, 证明: G 中含有 Euler 迹当且权当 G 连通且 G 中最多有两个奇点.

2. 证明或举反例否定命题: 不存在偶数个顶点奇数条边的 Euler 图.

3. 试判断题图 10.1 所示的有向图是否为有向 Euler 图. 如果是, 请求出它的有向 Euler 闭迹.

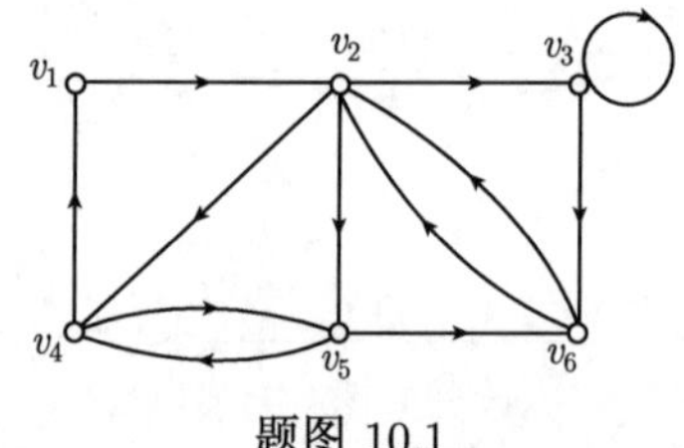

题图 10.1

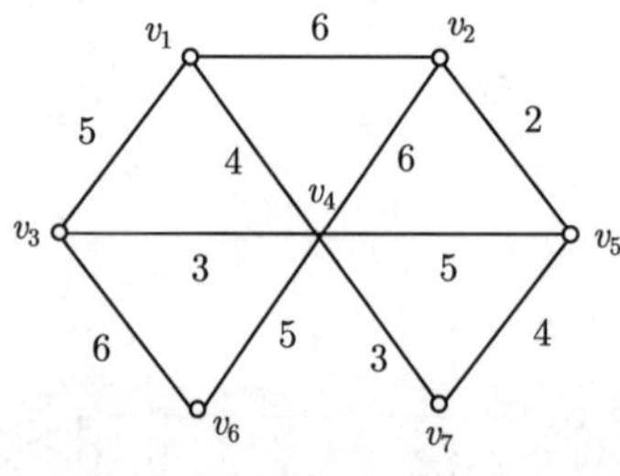

题图 10.2

4. 求题图 10.2 所示的赋权图中的最优邮路, 其中边旁的数字表示边的权.

5. 设 $G = (V, E, w)$ 是一个赋权图, $E_0 \subseteq E$, 称 G 中经过 E_0 的每条边恰好一次的邮路为 G 的 E_0 邮路. G 中权最小的 E_0 邮路称为 G 的最优 E_0 邮路, 试设计求最优 E_0 邮路的一个有效算法.

6. 在题图 10.2 所示的赋权图 G 中, 令 $E_0 = \{v_1v_2, v_1v_3\}$, 求 G 中的最优 E_0 邮路.

7. 试用 10.4.1 小节中的算法求题图 10.3 所示的网络中最优有向邮路, 其中弧旁的数字表示弧的权.

8. 证明定理 10.7.

9. 试用 10.4.2 小节中的算法求题图 10.3 所示的网络中最优有向邮路.

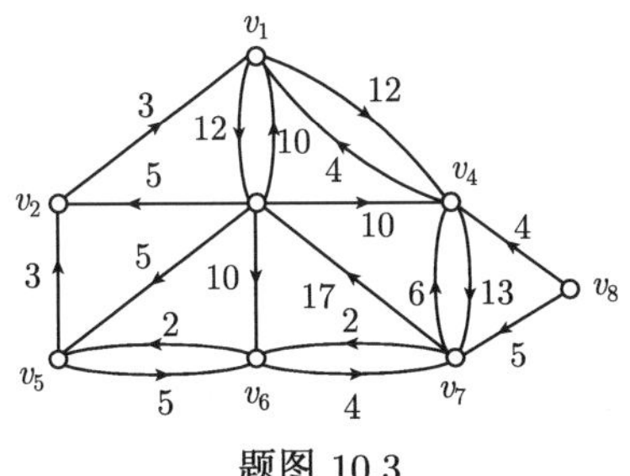

题图 10.3

10. 证明定理 10.8.

11. 举例说明定理 10.8 的逆命题不真.

12. 能否用 10.5.1 小节中的算法求任何混合 Euler 图中混合 Euler 闭迹? 为什么?

13. 求题图 10.4 所示的混合网络中最优混合邮路.

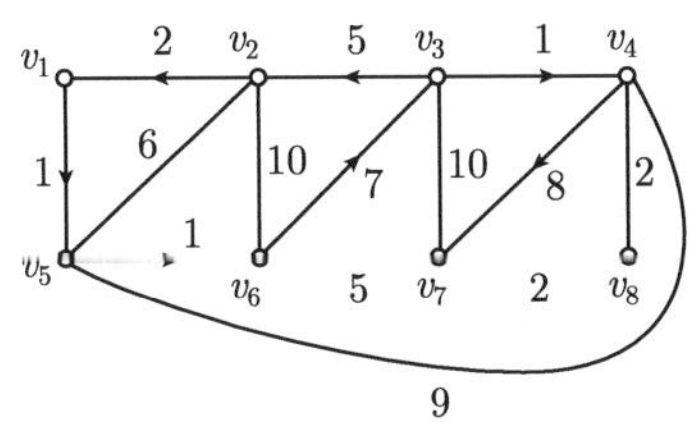

题图 10.4

14. 求题图 10.5 所示的混合网络中最优混合邮路.

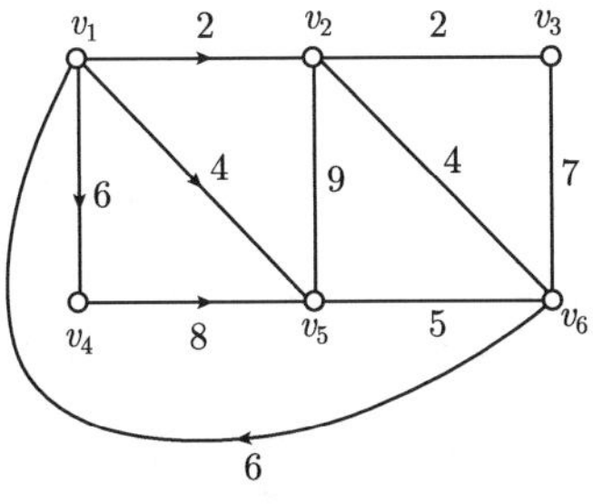

题图 10.5

第 11 章　NP 完全理论

在前面几章里, 我们一直致力于寻找求解最优化问题的有效算法. 对于许多比较容易的问题, 如最短路、最小树、最大权匹配、最大流、最小费用流等问题, 我们的确有了已知的有效算法. 但另外一些问题, 象经典的旅行商问题, 尽管受到了数学家们的顽强攻击, 至今尚未找到有效算法. 于是我们相信, 难计算性肯定是这类问题的固有特性. 为此人们在 20 世纪 70 年代建立了一个优美的理论 ——NP 完全理论, 把这种失败统一成一个深刻的数学猜想.

NP 完全理论不打算去寻找问题的算法, 而是从问题的难度, 或者说按计算复杂性对问题进行分类. 这样处理是基于以下两点: 第一, 如果我们所研究的问题难度很大, 不可能找到或很难找到有效算法, 那么我们将致力于去寻找问题的近似算法, 从而避免可能无效的研究; 第二, 如果我们知道两个问题有相同的难度, 那么它们之间可能存在某种内在联系, 从而解决其中一个问题, 对另一个问题的解决必然是有帮助的.

NP 完全类是包括像旅行商问题这样著名的问题在内的难度很大的问题类. 它具有下述十分有趣的性质:

(1) 任何 NP 完全问题都不能用任何已知的多项式算法求解;

(2) 若某个 NP 完全问题有多项式算法, 则一切 NP 完全问题都有多项式算法.

根据这两个事实, 人们猜想任何 NP 完全问题都没有多项式算法. 但是, 人们普遍相信, 不发展全新的数学技术是证明不了这个猜想的.

在这一章里, 我们将介绍 NP 完全理论中的一些基本概念, 并且结合一些已知的 NP 完全问题讨论 NP 完全性的证明技术.

11.1　最优化问题的判定形式

在 1.6 节中, 一个最优化问题被定义为实例的集合. 每个实例由可行解集 F 和目标函数 $g: F \to \mathbb{R}$ 表示. 要求找一个元素 $x \in F$, 使得 $g(x)$ 达到最小. 最大化问题可相应讨论. 这里我们只考虑最小化问题. 这就是我们前几章里一直使用的最优化形式.

对于最优化问题的实例, 我们可以定义一个与之密切相关的判定形式的实例: 给定可行解集 F, 目标函数 g 及整数 K, 问是否存在 $x \in F$, 使得 $g(x) \leqslant K$?

给出一个最优化问题相对应的判定形式, 在研究问题复杂性方面是特别重要的. 首先, 它最接近计算理论传统上所研究的计算问题的原型 —— 判定问题. 判定问题 (decision problem) 是指答案只能用“是”或“否”回答的问题. 它分为不可判定问题和可判定问题两类. 所谓不可判定 (undecidability) 问题指的是某些意义明确的数学问题, 它是如此困难, 以至于不可能用任何算法来求解. 典型的不可判定问题如著名的停机问题: 给定任一计算机程序, 及其输入, 它会停止吗? 而对于可判定 (decidability) 问题, 原则上总存在一个算法, 可以解决该问题的任何一个实例. 其次, 一个最优化问题要比相应的判定问题困难. 如果一个最优化问题实例的最优解为 x_0, 则当 $g(x_0) \leqslant K$ 时, 判定问题的答案为“是”; 当 $g(x_0) > K$ 时, 相应的答案为“否”. 因此, 关于判定形式的复杂性所证明的任何否定结果也同时适用于最优化形式, 就是说, 如果我们能够证明其判定形式不能在多项式时间内解决, 那么它所对应的最优化问题就不存在有效算法.

现实中的问题大多都可以转化为判定问题, 这就使得我们能用一个通用的方式来描述各种问题, 从而便于比较差别很大的不同问题.

和前面几章不同, 这里我们感兴趣的是最优化问题的判定形式.

11.2　P 类与 NP 类

在计算复杂性理论中, 主要是研究求解可判定问题算法的复杂性. 为了对可判定问题按计算复杂性分类, 我们引入 Turing 机的概念. Turing 机是一个具有序列存贮载体, 并按照具体指令可完成左或右移动、放置标记、抹去标记及在计算终止时停机等四种基本操作的, 用于描述算法的计算机模型.

以后我们所说的判定问题仅仅是指可判定问题.

11.2.1　确定性 Turing 机与判定问题的 P 类

一台确定性 Turing 机 (deterministic Turing machine, 简称 DTM) 包括一个有限状态控制器, 一个读写头和一条两端具有无限多带格的纸带. 纸带划分为 $\cdots, c(-2), c(-1), c(0), c(1), c(2), \cdots$ 带格序列, 直观表示如图 11.1 所示.

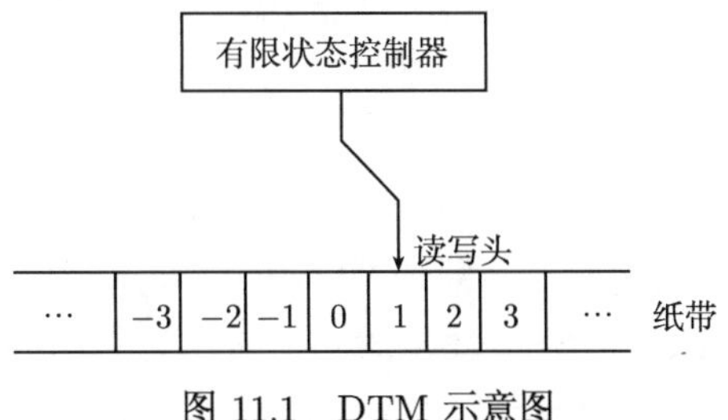

图 11.1　DTM 示意图

一个 DTM 程序由三部分组成:

(1) 有限带符集 Γ, 包括输入字符集 $\Sigma \subset \Gamma$ 和空白符 $b \in \Gamma \backslash \Sigma$;

(2) 有限状态集 Q, 其中包括初态 q_0 态和两个停机态: YES 态 q_Y 和 NO 态 q_N;

(3) 转换函数 $\delta : (Q \backslash \{q_Y, q_X\}) \times \Gamma \to Q \times \Gamma \times \{-1, +1\}$.

其操作如下: 首先把输入字符串 $x = x_1 x_2 \cdots x_n$ 放在 $c(1), c(2), \cdots, c(n)$ 带格中, 每个带格放置一个字符. 开始时, 其他带格都放置空白符 b, 读写头瞄准带格 $c(1)$, 从初态 q_0 开始操作, 一步一步执行程序. 若当前状态为 q_Y 或 q_N 态, 则计算结束, 答案相应为"是"或"否". 若当前状态为 $q \in Q \backslash \{q_Y, q_X\}$, 读写头瞄准字符 $s \in \Gamma$, 转换函数 $\delta(q, s) = (q', s', \Delta)$. 若 $\Delta = -1$, 读写头抹掉 s, 在当前带格中写上 s', 然后左移一个带格; 若 $\Delta = +1$, 读写头抹掉 s, 在当前带格中写上 s', 然后右移一个带格; 同时, 有限状态控制器把 q 态变成 q' 态. 这样就完成了一步计算. 若程序尚未结束, 就作下一步计算.

例 11.1　下面是一个简单的 DTM 程序, 其中

(1) $\Gamma = \{0, 1, b\}, \Sigma = \{0, 1\}$;

(2) $Q = \{q_0, q_1, q_2, q_3, q_Y, q_N\}$;

(3) 转换函数 $\delta(q, s)$ 由表 11.1 给出.

表 11.1　转换函数 $\delta(q, s)$

q \ $\delta(q,s)$ \ s	0	1	b
q_0	$(q_0, 0, +1)$	$(q_0, 1, +1)$	$(q_1, b, -1)$
q_1	$(q_2, b, -1)$	$(q_3, b, -1)$	$(q_N, b, -1)$
q_2	$(q_Y, b, -1)$	$(q_N, b, -1)$	$(q_N, b, -1)$
q_3	$(q_N, b, -1)$	$(q_N, b, -1)$	$(q_N, b, -1)$

给定输入字符串 $x = 10100$, 我们演示程序执行过程, 如图 11.2 所示.

计算在 8 步后停机于 q_Y 态, 因此该 DTM 程序对输入 101000 的回答为"是". □

虽然在 1.6 节中我们已经给出算法及算法复杂性的通俗定义, 而且在应用上使用通俗定义更为方便, 但是借助于 Turing 机的概念, 我们可以用一种统一的形式更准确地给出算法及算法复杂性的定义. 这样, 关于 NP 完全理论就有了一个严格的基础.

对于判定问题 π, 我们通过选择某种合适的编码方式, 使得 π 的每一个实例对应于一个固定的有限字符集 Σ 上的一个字符串. 判定问题的算法由 Σ 上的一个 DTM 程序 M 描述. 输入 π 的一个实例就是输入 Σ 上的一个相应的字符串, 实例的规模对应于字符串的长度. 对于确定性 Turing 机, 输入字符串 x 后可能出现下

面三种情况之一:

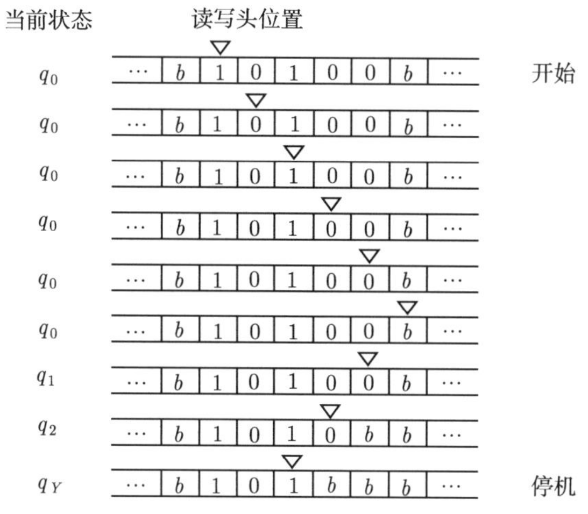

图 11.2　例 11.1 中 DTM 的执行过程

(1) M 停机于 q_Y 态, 称 M 接受 x;

(2) M 停机于 q_N 态;

(3) M 既达不到 q_Y 态也达不到 q_N 态, 永不停机.

然而, 一个 DTM 程序只有当其对定义于 Σ 上的所有可能字符串均停机时, 我们才称其为一个算法. 因此, 任何判定问题 π 的算法所对应的 DTM 程序 M 对 π 在 Σ 上所有输入字符串 x, 或者停机于 q_Y 态, 或者停机于 q_N 态, 第三种情况不会发生.

称 DTM 程序 M 解决了判定问题 π 是指: 对于 π 的任意给定的实例 I, 这个实例用字符串 x 作为输入, 当实例答案为"是"时, M 停机于 q_Y 态, 当实例答案为"否"时,M 停机于 q_N 态.

不难看出, 例 11.1 中的 DTM 程序解决了下面的判定问题: 给定正整数 K, 它能被 4 整除吗? 这个 DTM 程序对二进制编码的有限字符串集为 $\Sigma=\{0,1\}$ 上的所有字符串都停机, 它描述的算法是: 若字符串 x 最右端的两个字符为 0, 则 x 对应的实例的答案为"是", 否则为"否". 由例 11.1 可知, 对实例 $K=20$(相应的字符串 $x=10100$) 的回答为"是", DTM 程序停机于 q_Y 态.

一个 DTM 程序 M 对于输入字符串 x 的计算时间是指从初态开始到停机结束时读写头移动的步数. 于是, DTM 程序 M 的时间复杂性函数 $T_M:\mathbb{N}_+\to\mathbb{N}_+$ 为

$$T_M(n)=\max\{M\text{对任一长度为}n\text{的输入字符串}x\text{的计算时间}\}.$$

若存在一个多项式函数 p, 使得 $\forall n\in\mathbb{N}_+$, 有 $T_M(n)\leqslant p(n)$, 则称 M 是一个多项式 DTM 程序.

对于判定问题 π, 如果它能被某个多项式 DTM 程序 M 解决, 则称它是 P 类问题, 简记为 P.

值得指出的是, 确定性 Turing 机是英国数学家 Turing(1936) 提出的一个数学概念, 它不仅是研究计算复杂性理论的得力工具, 而且为 1946 年真实计算机的问世奠定了思想基础. 它是目前使用的实际计算机的一个很好的简化和抽象. 凡是用多项式 DTM 程序描述的算法, 都可以在实际计算机上用多项式时间运行; 反之, 实际计算机上的多项式算法, 也都可以用多项式 DTM 程序来描述. 因此, 通俗地讲, P 类是所有存在多项式算法的判定问题的集合. 今后我们仍然习惯于使用算法及算法复杂性的通俗定义.

最后, 我们回忆一下前面几章里讨论过的几个最优化问题对应的判定问题:

最小树

给定赋权连通图 $G=(V,E,w)$ 和整数 K, G 有一个权不超过 K 的支撑树吗?

最大权匹配

给定赋权图 $G=(V,E,w)$ 和整数 K, G 有一个权不小于 K 的匹配吗?

最大流

给定带发点 v_s 和收点 v_t 的容量网络 $D=(V,A,c)$ 和整数 K, D 是否有一个流值不小于 K 的可行流?

这些问题都属于 P 类. 对于这些问题的每个实例, 我们在多项式时间内能够给出答案为“是”还是“否”.

11.2.2 非确定性 Turing 机与判定问题的 NP 类

有许多问题, 我们还不知道它们是否存在多项式算法, 因此无法判定它们是否属于 P 类.

例 11.2 旅行商 (travelling salesman, 简称 TS) 问题.

给定 n 个城市 $\{1,2,\cdots,n\}$ 及它们之间的距离 $d(i,j)\in\mathbb{N}_+$, 界 $B\in\mathbb{N}_+$, 问是否存在一条经过每个城市恰好一次的旅行路线, 其长度不超过 B?

我们知道它没有已知的多项式算法. 一个显而易见的解决办法是检验所有 $n!$ 条旅行路线, 看是否存在长度不超过 B 的旅行路线. 困难在于这样的旅行路线有指数级条. 但是, 如果给定该问题的一个答案为“是”的实例, 要是有人宣称他找到了一条满足要求的旅行路线, 那么我们能很容易地检验这一宣称的真实性, 只要检验这条旅行路线是否恰好经过每个城市一次且其长度不超过 B. 而且检验时间为多项式时间的, 当然, 我们不必关心他是怎样找到的. □

例 11.3 团 (clique) 问题.

给定 n 阶简单图 $G=(V,E)$ 和正整数 $K\leqslant|V|$. 问 G 是否有一个团 V'(即 $V'\subseteq V$, 且 $G[V']$ 为完全图), 使 $|V'|\geqslant K$?

还不清楚团问题是否属于 P 类. 解决这个问题的一个显而易见的办法是检验 V 的每个子集, 看其是否构成团. 困难是 V 有 2^n 个子集. 然而, 假设给定团的一个答案为"是"的实例, 如果我们猜想 V' 是 G 的一个团, 那么只须检验 V' 中每对顶点 v_i, v_j 是否在 G 中相邻. 而且检验所花费的时间的界为 $O(n^2)$, 即检验可在多项式时间内完成. □

这两个例子实际上表达了一种独特的思想. 尽管它们还不能用确定性算法有效解决, 但它们可由非确定性算法有效地解决. 一个非确定性算法由两个独立的阶段组成. 第一阶段是猜想阶段, 它猜想实例 I 的某种结构 S. 如例 11.2 中结构 S 是 n 个顶点的一个循环排列即旅行路线; 例 11.3 中结构 S 是一个 k 元顶点子集. 第二阶段是检验阶段, 把 I 和 S 作为输入, 按确定性算法的操作方式给出实例 I 和结构 S 的答案.

为了给出非确定性算法和 NP 类的形式化定义, 我们引入非确定性 Turing 机的概念.

非确定性 Turing 机 (nondeterministic Turing machine, 简称 NDTM) 完全是一种假象的具有猜想功能的计算机模型 (能否造出具有这样功能的真实计算机, 需要打上一个大大的问句), 它除了多一个猜想模块外, 其余和确定性 Turing 机结构一样. 猜想模块带有猜想头, 其唯一功能是可以在纸带上写入猜想. 一台非确定性 Turing 机的直观图如图 11.3 所示.

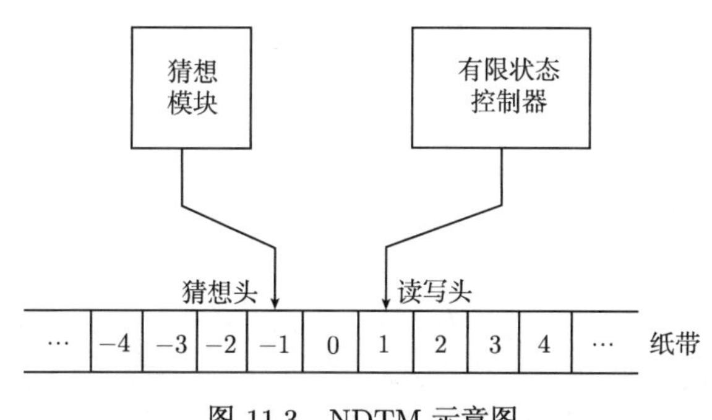

图 11.3 NDTM 示意图

一个 NDTM 程序其构成与 DTM 程序相同, 包括三个部分:

(1) 有限带符集 Γ, 包括输入字符集 Σ 和空白符 b;

(2) 有效状态集 Q, 其中包括初态 q_0, 停机态 q_Y 和 q_N;

(3) 转换函数 $\delta : (Q\backslash\{q_Y, q_N\}) \times \Gamma \to Q \times \Gamma \times \{-1, +1\}$. 不同的是对输入字符串 x, 计算分为两个阶段.

第一阶段是猜想阶段. 开始时, 输入字 $x = x_1x_2\cdots x_n$ 放在带格 $c(1)$ 到 $c(n)$ 中, 其余带格均为空白, 读写头瞄准带格 $c(1)$, 猜想头瞄准带格 $c(-1)$. 在猜想阶段, 有限状态控制器关闭, 不起作用. 猜想模块控制猜想头的移动, 在纸带上写入猜想串. 猜想头每次移动一步, 或者瞄准的带格中从 Γ 中写入一个字符然后左移一个带格; 或者猜想头停止, 此时猜想写入结束, 猜想模块退出, 有限状态控制器启动并将状态置于初态 q_0, 计算进入第二阶段. 猜想串 $g = g_1g_2g_3\cdots$ 放置在带格 $c(-1), c(-2)c(-3), \cdots$ 上. 注意, 猜想头写入什么符号完全任意, 而且可能不断写下去永不停止. 这样猜想模块可以写入 Γ 上的任意字符串.

第二阶段是检验阶段, 其操作方式与 DTM 程序操作方式相同. 在检验阶段, 猜想模块和猜想头已退出, 不起作用. 但它们在猜想阶段写入的猜想串通常要经过第二阶段进行检验. 当且仅当有限状态控制器置于 q_Y 或 q_N 态时停机, 计算结束. 特别地, 对给定的输入串 x, 若存在猜想串 g, 使 NDTM 程序 M 停机于 q_Y 态, 则称 M 接受 x, 并称 g 是 x 的一个可行猜想串. 如果 g 不是 x 的一个可行猜想串, 那么对输入串 x 和猜想串 g, M 或停机于 q_N 态, 或永不停机.

如果 M 接受 x, 则 M 对输入串 x 及可行猜想串 g 的计算时间是指猜想阶段写入猜想串 g 时猜想头移动的步数 (即 g 的长度), 与从初态 q_0 开始到停机态 q_Y 结束时检验阶段读写头移动的步数之和. 注意, 使 M 接受 x 的可行猜想串未必唯一. 所以, 定义 M 对 x 的计算时间是 M 对 x 及其所有可行猜想串的计算时间之最大值. 从而 M 对 x 的计算时间本质上只与 x 有关.

NDTM 程序 M 的时间复杂性函数 $T_M : \mathbb{N}_+ \to \mathbb{N}_+$ 是

$$T_M(n) = \begin{cases} \max\{M\text{对}x\text{的计算时间}\}, & \text{存在长度为}n\text{的输入字符串}x\text{被}M\text{接受}, \\ 1, & \text{否则}, \end{cases}$$

若存在一个多项式函数 p, 使得 $\forall n \in \mathbb{N}_+$, 有 $T_M(n) \leqslant p(n)$, 则称 M 是一个多项式 NDTM 程序. 由 NDTM 程序描述的算法称为非确定性算法. 若同时它是多项式时间的, 则称之为非确定性多项式算法.

称 NDTM 程序 M 解决了判定问题 π 是指: 对于 π 的任意给定的实例 I, 这个实例用字符串 x 作为输入, 当实例答案为"是"时, 必存在一个可行猜想串, 使得 M 停机于 q_Y 态; 当实例答案为"否"时, 则对所有每个猜想串, M 停机于 q_N 态.

对于判定问题 π, 如果能被某个多项式 NDTM 程序 M 解决, 则称 π 是 NP 类问题, 简记为 NP.

通俗地讲, NP 类是所有具有非确定性多项式算法的判定问题的集合.

值得注意的是, "NP"类一词中 N 代表"非确定性", P 代表"多项式算法". "非确定性"的含义体现在"若实例答案为'是'时, 必存在一个可行猜想串, 使得 M 停机于 q_Y 态"一语中. 我们只是相信有这么一个猜想存在, 并且可以在多项式时间内检验这一猜想确是真实的, 但并未给出明确的方法找到这个猜想, 也许我们只是侥幸碰上了一个这样的猜想. 而当实例答案为"否"时, 我们要逐个检验所有的

猜想. 设 $p(n)$ 是这个非确定性多项式算法的时间界, 那么猜想的个数可以有 $|\Gamma|^{p(n)}$ 个, 每个猜想在 $p(n)$ 步检验完毕, 故全体猜想被检验完毕所给出实例为“否”的时间界是 $p(n)|\Gamma|^{p(n)}$. 这说明在非确定性 Turing 机上在多项式时间 $p(n)$ 内可以解决的判定问题, 在确定性 Turing 机上解决需要指数时间 $p(n)|\Gamma|^{p(n)}$. 所以, 我们直观地认为非确定性 Turing 机比确定性 Turing 机快得多, 应能求解后者不能解决的许多复杂问题.

不难知道, P$\subseteq$NP. 事实上, 若判定问题 $\pi \in$P, $\mathscr{A}$ 是 π 的一个确定性多项式算法, 则我们把 $\mathscr{A}$ 用于 π 的一个非确定性算法 $\mathscr{A}'$ 的检验阶段, 那么不管猜想阶段写入什么猜想串, $\mathscr{A}'$ 都停机. 而且 $\mathscr{A}'$ 同样是多项式时间界的, 故 $\pi \in$NP.

应当指出, 开始得到的猜想结构 S 与实例 I 有关, 而后来 NDTM 程序的猜想模块却可以给出 Γ 上的任一字符串, 这两者是不矛盾的. 实际上, 我们只需在设计 NDTM 程序 M 时, 对那些与给定实例 I 无关的猜想串, M 直接进入停机态 q_N 即可. 今后, 我们习惯于使用与实例 I 有关的猜想结构 S.

容易看出, TS 问题和团问题都是 NP 类问题.

最后, 需要读者明确的是并非所有的判定问题都属于 NP 类. 既然 P$\subseteq$NP, 那么究竟是 P$\subset$NP? 还是 P=NP? P=NP 的问题多年来一直困扰着计算机科学家, 至今尚无肯定或否定的证明.

11.3 NP 完全类与 Cook 定理

如果 P=NP, 则许多著名的困难问题, 如团、Hamilton 圈、旅行商、适定性等问题便是 P 类问题, 到那时, 人们可以去寻找这些难题的多项式算法. 由于无法肯定 P=NP, 因此人们把注意力转移到一个较弱的问题: 如果 P$\neq$NP, 那么给定一个问题, 能否确定它属于 NP\P 呢? 对这个问题的研究发展了一个非常漂亮的 NP 完全理论.

多项式变换是 NP 完全理论中一个最基本的工具.

设 π_1, π_2 是两个判定问题, $\mathscr{P}$ 是 π_1 到 π_2 的映射是指, 对于 π_1 的任一实例 I_1, 存在 π_2 的唯一实例 I_2, 使得 $I_2 = \mathscr{P}(I_1)$. 若同时满足下述条件:

(1) 对于 π_1 的任一实例 I_1, I_1 的回答为 “是” 当且仅当 $I_2 = \mathscr{P}(I_1)$ 的回答为 “是”;

(2) 存在一个多项式函数 p, 使得对于 π_1 的任一实例 I_1(其规模记为 $|I_1|$), $\mathscr{P}$ 可以在 $p(|I_1|)$ 时间内把 I_1 映射为 π_2 的一个实例 $I_2 = \mathscr{P}(I_1)$,

则称 $\mathscr{P}$ 是 π_1 到 π_2 的多项式变换, 也称 π_1 能多项式变换到 π_2, 记作 $\pi_1 \propto \pi_2$.

定理 11.1 若 $\pi_1 \propto \pi_2$, $\pi_2 \in$ P, 则 $\pi_1 \in P$.

证明　设 I_1 是 π_1 的任意一个输入实例, 其规模 (输入长度) 为 $|I_1| = n_1$, $\mathscr{P}$ 是 π_1 到 π_2 的多项式变换, 并设计算 $\mathscr{P}(I_1)$ 的时间界为多项式 $p_1(n_1)$. 因 $\pi_2 \in \mathrm{P}$, 故 π_2 存在多项式算法, 对于规模为 n_2 的实例 $I_2 = \mathscr{P}(I_1) \in \pi_2$, 设其时间界为多项式 $p_2(n_2)$(不妨设 $p_2(n)$ 单调增加), 则由 $n_2 \leqslant p_1(n_1)$ 可知, $p_2(p_1(n_1))$ 也是 $\mathscr{P}(I_1)$ 的一个时间界. 因此对于输入 I_1, 在时间界 $p_1(n_1) + p_2(p_1(n_1))$ 内可以给出 $\mathscr{P}(I_1)$ 的答案, 从而必给出 I_1 的答案, 所以 $\pi_1 \in \mathrm{P}$. □

这个定理的含义是: 若 $\pi_1 \propto \pi_2$, 则 π_2 至少与 π_1 一样难. 特别地, 我们称 π_1 与 π_2 是多项式等价的是指 $\pi_1 \propto \pi_2$, 且 $\pi_2 \propto \pi_1$. 由此我们知道, 两个等价的判定问题或者都存在多项式算法, 或者都没有多项式算法.

多项式变换具有传递性, 这个性质是显然的.

定理 11.2　若 $\pi_1 \propto \pi_2, \pi_2 \propto \pi_3$, 则 $\pi_1 \propto \pi_3$. □

判定问题 $\pi \in$NP 称为 NP 完全的是指所有其他 NP 问题都能多项式变换到 π. 称 NP 完全问题的集合为 NP 完全类 (NP-complete, 简称 NPC).

下面几个结论是显然的.

定理 11.3　设 $\pi \in$NPC, 若 $\pi \in$P, 则 NP=P. □

这个定理告诉我们, 如果 π 是 NP 完全问题, 那么它有令人生畏的性质: 若 π 存在有效算法, 则每个 NP 问题也都存在有效算法.

定理 11.4　若 $\pi_1, \pi_2 \in$NPC, 则 $\pi_1 \propto \pi_2$ 且 $\pi_2 \propto \pi_1$. □

这意味着所有的 NP 完全问题难度相当, 也即它们是多项式等价的.

定理 11.5　若 $\pi \in$NPC, $\pi \propto \pi'$ 且 $\pi' \in$NP, 则 $\pi' \in$NPC. □

这表明 NPC 是 NP 类中最难的一类问题.

即使 P$\neq$NP, 我们仍然有两点疑问:

(1) NP 完全问题是否存在?

(2) P 类与 NPC 类之间有没有中间类型?

对于后者, 至今为止尚未得到任何肯定或否定的结论. 但是, 对于前者, 我们有了肯定的回答.

1971 年, Cook 找到了第一个 NP 完全问题, 寻求标准布尔方程的解 —— 适定性问题, 开创了 NP 完全问题研究的历史. 1972 年 Karp 证明了另外 21 个 NP 问题与适定性问题等价. 而后, 以它们为“种子”繁衍出许许多多的 NP 完全问题, 到 1978 年证明了约 300 个问题是 NP 完全问题, 目前被证明是 NP 完全问题的问题的个数已难以统计.

下面我们着重介绍第一个 NP 完全问题, 即适定性问题.

适定性问题是建立在布尔变量基础之上的. 所谓布尔变量是只取“真”(ture, 简称 T) 和“假”(false, 简称 F) 两个值的逻辑变量. 设 $U = \{u_1, u_2, \cdots, u_n\}$ 是一个有限布尔变量集. U 的一个真值分配是指映射 $t: U \to \{T, F\}$, 若 $t(u_i) = T$, 称 u_i

取值“真”; 若 $t(u_i)=F$, 称 u_i 取值“假”. 称 $\hat{U}=\{u_1,u_2,\cdots,u_n,\bar{u}_1,\bar{u}_2,\cdots,\bar{u}_n\}$ 为文字集合. 文字集合的子集叫做句子. 称句子 C 在真值分配 t 下是可适定的是指 C 中至少有一个文字取“真”值. 如 $\{u_1,\bar{u}_2,u_5\}$ 是一个句子, 除了 $t(u_1)=F,t(u_2)=T,t(u_5)=F$ 这种情况之外, 其他情况下, 这个句子均是可适定的. 一个句子集 $\{C_1,C_2,\cdots,C_m\}$ 是可适定的当且仅当存在一个真值分配 t 使每个句子都是可适定的.

适定性 (satisfiability, 简称 SAT)

实例 给定布尔变量集 $U=\{u_1,u_2,\cdots,u_n\}$ 和句子集 $\{C_1,C_2,\cdots,u_m\}$.

问 是否存在一个真值分配使每个句子可适定?

定理 11.6(Cook 定理) SAT∈NPC.

证明 显然 SAT∈NP, 这是因为, 非确定性算法猜想一个真值分配, 在多项式时间内可以查明是否所有句子是可适定的.

难点是证明每一个 NP 问题都可以多项式变换到 SAT. 为此需要在证明中利用 NP 问题的共性, 由 NP 类问题的定义可知, 这一共性是任何 NP 问题都能被某个多项式 NDTM 程序解决.

我们要构造 NP 问题到 SAT 问题的映射 $\mathscr{P}$, 设 M 为该 NP 问题相应的多项式 NDTM 程序, 则 $\mathscr{P}$ 把 NP 问题的任意实例输入字符串 x 映射到 SAT 的实例 $\mathscr{P}(x)$, 使得 $\mathscr{P}(x)$ 的回答为“是”当且仅当 M 接受 x, 即存在某个可行猜想串 g, 使得 M 停机于 q_Y 态时, x 的回答为“是”.

设 M 的构成如下: 有限带符集 Γ, 有限状态集 Q, 转换函数 δ, 其中

$$\Gamma=\{x_0,x_1,x_2,\cdots,x_s\}, \text{这里输入字符集} \Sigma=\{x_1,x_2,\cdots,x_s\}, x_0=b.$$

$$Q=\{q_0,q_1,q_2,q_3,\cdots,q_r\}, \text{这里} q_1=q_Y, q_2=q_N.$$

给定任一实例的输入字符串 $x=x_{k_1}x_{k_2}\cdots x_{k_n}$, 将它置于 $c(1)$ 到 $c(n)$ 的带格中. 定义 $\mathscr{P}(x)$ 的布尔变量集为三个子集之并:

$$U=\{Q(i,k)\}\cup\{H(i,j)\}\cup\{S(i,j,l)\},$$

其中

$$Q(i,k)=\begin{cases}\text{T}, & \text{若时刻 } i,\ M \text{ 位于状态 } q_k,\\ \text{F}, & \text{否则};\end{cases}$$

$$H(i,j)=\begin{cases}\text{T}, & \text{若时刻 } i, \text{ 读写关瞄准带格 } c(j),\\ \text{F}, & \text{否则};\end{cases}$$

$$S(i,j,l)=\begin{cases}\text{T}, & \text{若时刻 } i, \text{ 带格 } c(j) \text{ 中的带符为 } x_l,\\ \text{F}, & \text{否则}.\end{cases}$$

因 M 是一个多项式 NDTM 程序, 故 $0 \leqslant i \leqslant p(n)$, $-p(n) \leqslant j \leqslant p(n)+1$, 其中 $p(n)$ 是 M 的一个多项式时间界, 它是关于字符串 x 的长度 n 的多项式函数. 当然, 由 Γ 和 Q 的定义, 有 $0 \leqslant k \leqslant r$, $0 \leqslant l \leqslant s$, 这里 r, s 为与 M 有关的常数. 并且易知, H 变量和 S 变量的数目为 $O(p^2(n))$, Q 变量的数目为 $O(p(n))$.

按习惯, 我们约定, 如果 M 于时刻 $p(n)$ 前停机, 则后面所有时刻的状态、读写头位置、带格内容与停机时刻一致.

显然, M 的一次计算 (M 运行一次) 导出 U 的一个真值分配. 反之, U 的一个真值分配可能使 M 同时外于多个状态, 读写头同时瞄准多个带格, 同一个带格在同一时刻包含多个带符, 就是说, U 的一个真值分配并不总能确定 M 的一次计算. 这样, 我们必须精心设计 $\mathscr{P}(x)$ 的句子集, 使 $\mathscr{P}$ 确实是 NP 问题到 SAT 的一个多项式变换. $\mathscr{P}(x)$ 包含下面六个句子群, 设计的每个句子满足一定要求, 使得 $\mathscr{P}(x)$ 存在使每个句子皆可适定的一个真值分配当且仅当 M 接受 x.

(1) 在初始时刻, M 处于初态 q_0, 读写头瞄准带格 $c(1)$, x 放置在 $c(1)$ 到 $c(n)$ 的带格中, 而 $c(0), c(n+1), \cdots, c(p(n)+1)$ 皆为空白, $\mathscr{P}(x)$ 的句子对应为

$$\{Q(0,0)\}, \{H(0,1)\}, \{S(0,0,0)\},$$
$$\{S(0,1,k_1)\}, \{S(0,2,k_2)\}, \cdots, \{S(0,n,k_n)\},$$
$$\{S(0,n+1,0)\}, \{S(0,n+2,0)\}, \cdots, \{S(0,p(n)+1,0)\};$$

(2) 在每一时刻 i, M 处于至少一个状态:

$$\{Q(i,0), Q(i,1), \cdots, Q(i,r)\},$$

但 M 不能同时处于多于一个状态下:

$$\{\overline{Q(i,j)}, \overline{Q(i,j)}\}, 0 \leqslant j < j' \leqslant r;$$

(3) 在每一时刻 i, 读写头恰好瞄准一个带格:

$$\{H(i,-p(n)), H(i,-p(n)+1), \cdots, H(i,p(n)+1)\},$$
$$\{\overline{H(i,j)}, \overline{H(i,j')}\}, -p(n) \leqslant j < j' \leqslant p(n)+1;$$

(4) 在每一时刻 i, 每个带格恰好写有一个带符:

$$\{S(i,j,0), S(i,j,1), \cdots, S(i,j,s)\},$$
$$\{\overline{S(i,j,l)}, \overline{S(i,j,l')}\}, 0 \leqslant l < l' \leqslant s;$$

(5) 当时刻 $i = p(n)$ 时, M 停机于 q_Y 态: $\{Q(p(n),1)\}$;

(6) 在计算过程中, M 在时刻 $i+1$ 的格局 (状态、带格、带符) 由时刻 i 的格局经 M 的一步计算得到, 对应的句子由两部分组成.

第一部分保证如果读写头在时刻 i 没有瞄准带格 $c(j)$, 那么该带格中的字符从时刻 i 到时刻 $i+1$ 不改变. 对应的句子是

$$\{\overline{S(i,j,l)}, H(i,j), S(i+1,j,l)\}.$$

第二部分保证按照 M 的转换函数 δ 从时刻 i 的格局变到时刻 $i+1$ 的格局. 对应的句子是

$$\{\overline{H(i,j)}, \overline{Q(i,k)}\}, \overline{S(i,j,l)}\}, H(i+1,j+\Delta),$$

$$\{\overline{H(i,j)}, \overline{Q(i,k)}\}, \overline{S(i,j,l)}\}, Q(i+1,k'),$$

$$\{\overline{H(i,j)}, \overline{Q(i,k)}\}, \overline{S(i,j,l)}\}, H(i+1,j,l'),$$

其中, 若 $q_k \in \backslash\{q_Y, q_N\}$, 则 Δ, k', l' 的值由转换函数 δ 决定: $\delta(q_k, x_l) = (q_{k'}, x_{l'}, \Delta)$; 若 $q_k \in \{q_Y, q_N\}$, 则 $\Delta = 0, k' = k, l' = l$.

当 $0 \leqslant i \leqslant p(n)$ 时, 由 (1)~(6) 确定的六个句子群分别记作 $\mathscr{C}_1, \mathscr{C}_2, \cdots, \mathscr{C}_6$, 则 $\mathscr{C}' = \mathscr{C}_1 \cup \mathscr{C}_2 \cup \cdots \cup \mathscr{C}_6$ 是 U 上的一个句子集. 于是我们完成了 SAT 的实例 $\mathscr{P}(x)$ 的构造, 它由布尔变量集 U 和句子集 $\mathscr{C}'$ 确定. 正如我们所希望的, $\mathscr{P}(x)$ 存在使每个句子可适定的一个真值分配当且仅当 M 接受 x. 另外容易检验每个句子群所含数目的界为 $Q(p^2(n))$, 故句子的总数 $|\mathscr{C}'| = Q(p^2(n))$, 从而 $|\mathscr{P}(x)| = |U||\mathscr{C}'| = Q(p^4(n))$, 所以 $\mathscr{P}(x)$ 可以在多项式时间内构造出来.

综上所述, SAT∈NPC. □

11.4 Co-NP 类

首先我们来回忆一下 TS 问题.

在这个问题中, 给定了 n 个城市 $\{1, 2, \cdots, n\}$ 及它们之间的距离 $d(i,j) \in \mathbb{N}_+$, 界 $B \in \mathbb{N}_+$, 问是否有一条通过每个城市恰好一次的旅行路线, 其长度不超过 B? 现在我们问这样的论断是不是为真: 不存在长度小于等于 B 的通过每个城市恰好一次的旅行路线. 就是说, 我们要问: 通过每个城市恰好一次的旅行路线的长度都大于 B 吗? 这个问题称为 TS 问题的补问题, 它是否属于 NP 还不清楚. 事实上, 到目前为止, 除了列举所有可能的长度大于 B 的经过每个城市恰好一次的旅行路线, 我们还不知道如何去构造该问题的回答为"是"的实例的证明, 使之可以在多项式时间内完成. 也就是说, 对这一补问题, 还不存在多项式时间的非确定性算法. 由此, 我们引进如下的问题类.

Co-NP 类是所有 NP 类问题的补的类, 即 Co-NP 类问题只是将 NP 类问题中的"是"改为"否". 类似地可以定义 Co-P 类.

基于上述对 TS 问题的补的论述, 我们有理由认为 NP≠Co-NP, 但是对于 Co-P 类, 我们肯定有 P=Co-P, 这是因为有下面这样一个定理.

定理 11.7 若 π ∈P, 则 π 的补问题 $\bar{\pi}$ ∈P.

证明 因为 $\pi \in$P, 所以存在多项式算法可以解决判定问题 π. 求解 $\bar{\pi}$ 的多项式时间算法恰好是求解 π 的同一算法, 只是当先前回答为"是"的时候, 现在回答为"否"; 当先前回答为"否"的时候, 现在回答为"是". □

于是, 对于判定问题 π, 若 $\pi \in$P, 则 $\pi \in$P∩Co-NP, 即 P⊆NP∩Co-NP. 但是对 NP 完全问题则不同.

定理 11.8 若某个 NP 完全问题的补是 NP 问题, 则 NP=Co-NP.

证明 假设存在一个 NP 完全问题 π_1, 它的补 $\bar{\pi}_1$ 是 NP 问题. 下证任何 NP 问题 π 的补 $\bar{\pi}$ 也是 NP 问题.

因 $\pi_1 \in$NPC, 故 $\pi \propto \pi_1$, 且这个变换也构成了 $\bar{\pi}$ 到 $\bar{\pi}_1$ 的多项式变换. 于是我们可以给出 $\bar{\pi}$ 的任意回答为"是"的实例的简明检验, 即可在多项式时间内完成的论证: 它由检验 $\bar{\pi}_1$ 的回答为"是"的实例的多项变换的运算过程和 $\bar{\pi}_1$ 的该实例的证明过程组成. 由于 $\bar{\pi}_1 \in$NP, 即可在多项式时间内验证, 且变换是多项式时间的, 因此整个证明是多项式时间的. 综上可得 $\bar{\pi} \in$NP, 由 π 的任意性可知, NP=Co-NP.

同理可证, 若 NPC∩Co-NP$\neq \varnothing$, 则 NP=Co-NP. □

综合以上各节的讨论与有关猜想, 我们可以用图 11.4 表示各类问题之间的临时关系.

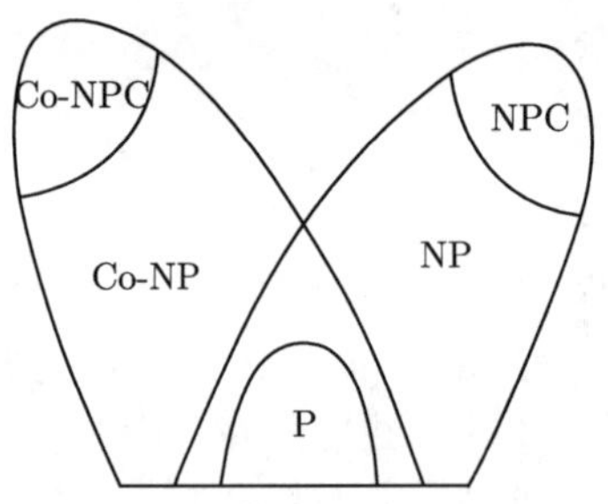

图 11.4 NP 类问题的临时关系

需要指出的是, 因为到目前为止, 对下面三个问题的答案仍然是未知的:

(1) P=NP∩Co-NP 吗?

(2) Co-NP=NP 吗?

(3) P=NP 吗?

因此, 上述关系图及一切有关的结论均是在假设对 (1)(2)(3) 三个问题的回答为"否"的前提下得到的.

11.5 六个基本的 NP 完全问题

在 11.3 节中我们得到了第一个 NP 完全问题. 由定理 11.5 可知, 一旦我们得到了一个 NP 完全问题, 那么证明另一个问题的 NP 完全性就要简单得多. 给定判定问题 π ∈NP, 如果找到了一个已知的 NP 完全问题能多项式变换到 π, 那么 π 是 NP 完全的. 因此, 一个判定问题 π 的 NP 完全性证明包括下面四个步骤:

(1) 证明 π ∈NP;

(2) 选取一个合适的已知 NP 完全问题 π';

(3) 构造一个 π' 到 π 的变换 $\mathscr{P}$;

(4) 证明 $\mathscr{P}$ 为多项式变换.

从理论上讲, 任何已知的 NP 完全问题都可以被选来证明 π ∈NPC, 但由于实际上变换 $\mathscr{P}$ 的构造相当富于技巧性, 因此, 我们总选取合适的 π' 以简化证明. 实践证明, 某些已知的 NP 完全问题在这类证明中经常担任 π' 的角色. 本节中, 我们精选了六个这样的 NP 完全问题作为基本问题, 它们是: 3 适定性 (3SAT), 三维匹配 (3DM), 顶点覆盖 (VC), 团 (clique), Hanilton 圈 (HC) 和剖分 (partition). 这些问题本身的 NP 完全性的证明也是极富代表性的. 希望读者仔细体会这些证明的思路和方法, 11.6 节将概述 NP 完全性证明的技术.

为了使读者对这一节的轮廓有一个清楚的认识, 在叙述和证明这些问题之前, 我们用图 11.5 表示这些证明所用到的变换关系. 箭头方向指明了由已证明 NP 完全问题变换到待证明的问题. 目前可用的 π' 只能是 SAT.

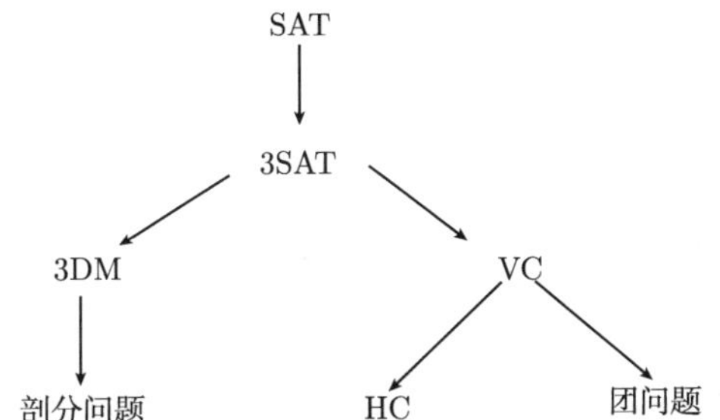

图 11.5 六个基本 NP 完全问题之间的变换关系

11.5.1 3 适定性 (3 satisfiability, 简称 3 SAT)

实例 给定布尔变量集 $U = \{u_1, u_2, \cdots, u_n\}$ 及 U 上的句子集 $\mathscr{C} = \{C_1, C_2, \cdots, C_m\}$, 其中每个句子恰好由三个文字组成.

问 是否存在一个真值分配使每个句子可适定?

定理 11.9 3SAT∈NPC.

证明 因为 3SAT 是 SAT 的一种特殊情况, 并且 SAT∈NP, 所以 3SAT∈NP. 下证 SAT$\propto$3SAT.

给定 SAT 的任一实例 I_1: 变量集 $U = \{u_1, u_2, \cdots, u_n\}$ 和句子集 $\mathscr{C} = \{C_1,$

$C_2, \cdots, C_m\}$, 我们将构造 3SAT 的一个实例 I_2: 变量集 U' 及句子集 $\mathscr{C}'$, 且 $\mathscr{C}'$ 中每个句子恰含三个文字, 使得 $\mathscr{C}'$ 可适定当且仅当 $\mathscr{C}$ 可适定.

构造 $\mathscr{C}'$ 的思想是用只含三个文字的句子集"等价"地替换句子. 令

$$U' = U \cup \left(\bigcup_{j=1}^{m} U'_j\right), \mathscr{C}' = \bigcup_{j=1}^{m} \mathscr{C}'_j,$$

其中, $\mathscr{C}'_j$ 为 I_1 中句子 C_j 对应于 I_2 的只含三个文字的句子集, U'_j 是为了构造 $\mathscr{C}'_j$ 中的句子而添加的附加变量的集合, 并且规定 U'_j 中文字仅在 $\mathscr{C}'_j$ 的句子中出现. 设 C_j 是由 U 中 k 个文字 $\{z_1, z_2, z_3, \cdots, z_k\}$ 组成的句子, 则 $\mathscr{C}'_j, U'_j$ 随 k 的不同而有以下四种构造形式:

(1) $k=1, U'_j = \{y_j^1, y_j^2\}$,

$$\mathscr{C}'_j = \{\{z_1, y_j^1, y_j^2\}, \{z_1, y_j^1, \overline{y_j^2}\}, \{z_1, \overline{y_j^1}, y_j^2\}, \{z_1, \overline{y_j^1}, \overline{y_j^2}\}\};$$

(2) $k=2, U'_j = \{y_j^1\}, \mathscr{C}'_j = \{\{z_1, z_2, y_j^1\}, \{z_1, z_2, \overline{y_j^1}\}\}$;

(3) $k=3, U'_j = \varnothing, \mathscr{C}'_j = \{C_j\}$;

(4) $k>3, U'_j = \{y_j^i | 1 \leqslant i \leqslant k-3\}$,

$$\mathscr{C}'_j = \{\{z_1, z_2, y_j^1\}\} \cup \{\{\overline{y_j^i}, z_{i+2}, y_j^{i+1}\} | 1 \leqslant i \leqslant k-4\} \cup \{\{\overline{y_j^{k-3}}, z_{k-1}, z_k\}\}.$$

这样就构造出了 3SAT 的实例 I_2.

下面证明:$\mathscr{C}'$ 可适定当且仅当 $\mathscr{C}$ 可适定.

设 t: $U \to \{\mathrm{T}, \mathrm{F}\}$ 是使 $\mathscr{C}$ 可适定的真值分配, 我们要证明 t 能延拓为另外一个真值分配 t': $U' \to \{\mathrm{T}, \mathrm{F}\}$, 使 $\mathscr{C}'$ 关于 t' 是可适定的. 因为 $U' \backslash U$ 划分为 $U'_j (j=1,2,\cdots,m)$, 而 U'_j 中变量仅出现在 $\mathscr{C}'_j$ 的句子中, 因此只需说明 t 能延拓到某个 U'_j 上, 使 $\mathscr{C}'_j$ 是可适定的.

事实上, 在情况 (1), (2) 中, t 可以在 U'_j 上做任意延拓, 使 $\mathscr{C}'_j$ 关于 t' 是可适定的. 在情况 (3) 中, $U'_j = \varnothing$, 无需延括, $t' = t$. 对于情况 (4), 因 C_j 关于 t 是可适定的, 故至少存在一个 l, 使文字 z_l 取"真"值. 若 $l=1$ 或 2, 令 $t'(y_j^i) = \mathrm{F} (1 \leqslant i \leqslant k-3)$; 若 $l = k-1$ 或 k, 令 $t'(y_j^i) = \mathrm{T} (1 \leqslant i \leqslant k-3)$; 否则, 令 $t'(y_j^i) = \mathrm{T} (1 \leqslant i \leqslant l-2)$, 且 $t'(y_j^i) = \mathrm{F} (l-1 \leqslant i \leqslant k-3)$. 容易验证 $\mathscr{C}'_j$ 的所有句子关于 t' 是可适定的.

因此, 当 $\mathscr{C}$ 关于 t 可适定时, 可以把 t 延拓为 t', 使 $\mathscr{C}'$ 是可适定的. 反之, 若 t' 是使 $\mathscr{C}'$ 可适定的真值分配, 容易验证 t' 在 U 上的限制 t, 使 $\mathscr{C}$ 可适定. 于是证明了 $\mathscr{C}'$ 适定当且仅当 $\mathscr{C}$ 可适定.

注意到 $\mathscr{C}'$ 中的句子数目不超过 mn, 易知变换是多项式变换.

综上所述, 3AST$\in$NPC. □

在 NP 完全性证明中, 使用 3SAT 作为已知 NP 完全问题, 要比使用 SAT 作为已知 NP 完全问题方便得多. 因为如果每个句子所含的文字数相同, 那么就可以简化多项式变换的构造, 从而易于找到这一变换. 当然, 句子越短, 对简化变换越有利. 然而, 可以证明: 如果限制每个句子恰含两个文字, 那么得到的 2SAT 问题却属于 P 类. 所以, 3SAT 是 NP 完全性证明中一个非常有用的已知 NP 完全性问题. 下面, 我们将用 3SAT 去证明 3DM∈NPC.

11.5.2 三维匹配 (3 dimensional matching, 简称 3DM)

三维匹配问题是图论中二部图匹配问题的推广. 二部图中最大匹配问题的判定问题是 P 类问题, 但 3DM 却是 NP 完全问题.

实例 设 X, Y, Z 是三个集合, $|X| = |Y| = |Z| = q, M \subseteq X \times Y \times Z$.

问 M 中是否存在一个匹配, 即是否存在 $M' \subseteq M$, 满足 $|M'| = q$, 且 M' 中任何两个三元组中都没有相同的分量?

例如, 给定 3DM 的一个实例 I: $X = Y = Z = \{0,1\}, M = \{(0,0,0),(0,0,1),(0,1,0),(1,0,0)\}$. 由于 M 中任意两个三元组都有相同的分量, 因此 I 的答案为"否"; 若 M 中再加入元素 (1,0,1), 则取 $M' = \{(0,1,0),(1,0,1)\}$, 这时 I 的答案为"是".

定理 11.10 3DM∈NPC.

证明 显然 3DM∈NP, 这是因为, 非确定性算法能够猜想出 M 中的一个数目为 q 的三元组的子集, 然后可在多项式时间内查明, 是否它的任意两个三元组都没有相同的分量.

下证 3SAT∝3DM.

设有 3SAT 的任意实例 I_1: 布尔变量集 $U = \{u_1, u_2, \cdots, u_n\}$ 及 U 上的句子集 $\mathscr{C} = \{C_1, C_2, \cdots, C_m\}$. 我们将构造 3DM 的一个实例: 互不相交但元素数目均为 q 的集合 X, Y, Z 以及三元组集 $M \subseteq X \times Y \times Z$, 使得 M 包含一个匹配当且仅当 $\mathscr{C}$ 是可适定的.

首先让每个文字对每个句子生成一个新的文字, 所有生成文字的全体记为 X, 即

$$X = \{u_i[j], \bar{u}_i[j] | 1 \leqslant i \leqslant n, 1 \leqslant j \leqslant m\}.$$

然后用组合设计技术来构造 M. M 由三种构件组合而成, 根据构件功能特点, 我们形象地称它们为真值分配构件、适定性检验构件和废料收集构件.

(1) 真值分配构件

此构件由 M 的 n 个子集 T_i 组成, 其中 T_i 与布尔变量 $u_i \in U (i = 1, 2, \cdots, n)$ 相对应, 它的结构与 $\mathscr{C}$ 中句子数目 m 有关. 图 11.6 给出了 $m = 4$ 时 T_i 的结构.

一般地, T_i 的每个三元组包括 $a_i[j] \in Y$ 和 $b_i[j] \in Z$, 以及 $u_i[j], \bar{u}_i[j] \in X, 1 \leqslant j \leqslant m$. 因为我们规定 $a_i[j], b_i[j](1 \leqslant j \leqslant m)$ 不会出现在不属于 T_i 的其他任何三元组中, 所以称它们为 T_i 的内元. 由于 $u_i[j], \bar{u}_i[j]$ 还可能出现在不属于 T_i 的其他三元组中, 因此称其为 T_i 的外元. 再将 T_i 划分为两个部分:

$$T_i^t = \{(\bar{u}_i[j], a_i[j], b_i[j]) | 1 \leqslant j \leqslant m\},$$

$$T_i^f = \{(u_i[j], a_i[j+1], b_i[j]) | 1 \leqslant j \leqslant m-1\} \cup \{(u_i[m], a_i[1], b_i[m])\}.$$

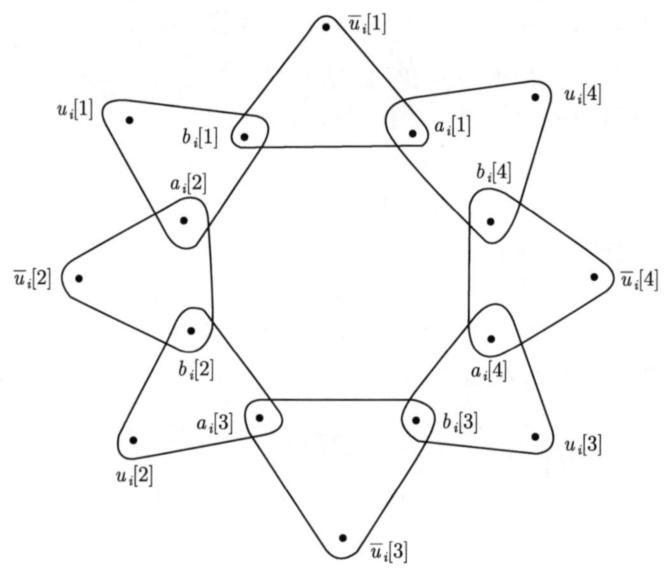

图 11.6　T_i 的结构

由于内元不会在 $T_i = T_i^t \bigcup T_i^f$ 之外的任意三元组中出现, 因此若 M 中存在匹配, 则 M 的任一匹配 M' 将包含 T_i 的 m 个三元组, 或者是 T_i^t 中 m 个三元组的全体, 或者是 T_i^f 中 m 个三元组的全体, 二者必居其一. 由此看出, T_i 的功用就是迫使 M' 给变量 u_i 赋值. 于是, 任一匹配 $M' \subseteq M$ 指定了 U 的一个真值分配: 变量 u_i 取"真"值当且仅当 $M' \cap T_i = T_i^t$.

(2) 适定性检验构件

此构件由 M 的 m 个子集 $S_1, S_2, \cdots, S_m$ 组成, 其中 S_j 与句子 $C_j(j = 1, 2, \cdots, m)$ 相对应. S_j 的每个三元组包括内元 $y[j] \in Y$ 和 $z[j] \in Z$ 以及取自 $\{u_i[j], \bar{u}_i[j] | 1 \leqslant i \leqslant n\}$ 的外元. 当 C_j 含有文字 u_i 时, 外元取 $u_i[j]$; 当 C_j 含有文字 $\bar{u}_i$ 时, 外元取 $\bar{u}_i[j]$, 即

$$S_j = \{(u_i[j], y[j], z[j]) | u_i \in C_j\} \cup \{(\bar{u}_i[j], y[j], z[j]) | \bar{u}_i \in C_j\}.$$

于是, 若 M 中存在匹配, 则任一匹配 $M' \subseteq M$ 恰含有 S_j 中一个三元组, 但显然此三元组中的外元 $u_{i_0}[j]$(或 $\bar{u}_{i_0}[j]$) 不能在 $M' \cap T_{i_0}$ 的三元组中出现过. 若 $u_i \in C_j$(或

$\bar{u}_i \in C_j$), 且 $u_i[j]$(或 $\bar{u}_i[j]$) 不出现在 $M' \cap T_i$ 的任意三元组中, 则由 M' 指定的真值分配使 C_j 是可适定的. 反之, 若 M' 指定的真值分配使 C_j 是可适定, 则必存在文字 $u_i \in C_j$(或 $\bar{u}_i \in C_j$), 使 $u_i[j]$(或 $\bar{u}_i[j]$) 不出现在 $M' \cap T_i$ 的任意三元组中.

(3) 废料收集构件

此构件中的三元组包括内元 $g_1[k] \in Y, g_2[k] \in Z, 1 \leqslant k \leqslant m(n-1)$ 和外元 $u_i[j]$, $\bar{u}_i[j] \in X$, 即

$$G = \{(u_i[j], g_1[k], g_2[k]), (\bar{u}_i[j], g_1[k], g_2[k]) | 1 \leqslant k \leqslant m(n-1), 1 \leqslant i \leqslant n, 1 \leqslant j \leqslant m\}.$$

由于外元 $u_i[j], \bar{u}_i[j] (1 \leqslant i \leqslant n, 1 \leqslant j \leqslant m)$ 共 $2mn$ 个, 被 $M' \cap (\bigcup\limits_{i=1}^{n} T_i)$ 和 $M' \cap (\bigcup\limits_{j=1}^{m} S_j)$ 中三元组覆盖的已有 $mn + m$ 个, 于是剩下 $m(n-1)$ 个. 从而 $g_1[k], g_2[k]$ 恰好唯一地对应一个剩下的未被覆盖的外元 $u_i[j]$ 或 $\bar{u}_i[j]$, 所以, 任一匹配 $M' \subseteq M$ 必定包含 G 中恰好 $m(n-1)$ 个三元组, 且外元未出现在 $M' \backslash G$ 的任意三元组中.

总括地, 我们令

$$\begin{aligned}
X =& \{u_i[j], \bar{u}_i[j] | 1 \leqslant i \leqslant n, 1 \leqslant j \leqslant m\}, \\
Y =& \{a_i[j] | 1 \leqslant i \leqslant n, 1 \leqslant j \leqslant m\} \bigcup \{y[j] | 1 \leqslant j \leqslant m\} \bigcup \{g_1[j] | 1 \leqslant i \leqslant m(n-1)\}, \\
Z =& \{b_i[j] | 1 \leqslant i \leqslant n, 1 \leqslant j \leqslant m\} \bigcup \{z[j] | 1 \leqslant j \leqslant m\} \bigcup \{g_2[j] | 1 \leqslant j \leqslant m(n-1)\}, \\
M =& ((\bigcup_{i=1}^{n} T_i) \bigcup ((\bigcup_{j=1}^{m} S_j) \bigcup G.
\end{aligned}$$

显然, $|X| = |Y| = |Z| = 2mn = q$, 且 $M \subseteq X \times Y \times Z$. 这样我们完成了 3DM 的实例的构造.

由前所述, M 包含的任一匹配都确定一个使 $\mathscr{C}$ 可适定的真值分配. 反之, 设 $t: U \to \{\mathrm{T}, \mathrm{F}\}$ 是一个使 $\mathscr{C}$ 可适定的真值分配, 对每一个句子 C_j, 令 $s_j \in \{u_i, \bar{u}_i | 1 \leqslant i \leqslant n\} \cap C_j$ 是 C_j 中被 t 赋真值的文字 (因 C_j 关于 t 可适定, 故 s_j 必然存在), 构造 M' 如下:

$$M' = (\bigcup_{t(u_i)=\mathrm{T}} T_i^t) \cup (\bigcup_{t(u_i)=\mathrm{F}} T_i^f) \cup (\bigcup_{j=1}^{m} \{(s_j[j], y[j], z[j])\}) \cup G',$$

其中 G' 是 G 的有 $m(n-1)$ 个三元组的子集, 每个三元组内元为 $g_1[k]$ 和 $g_2[k]$, 外元是未被 $M' \backslash G'$ 覆盖的 $u_i[j]$ 或 $\bar{u}_i[j]$. 于是, M' 中所有三元组都无相同分量, 且 $|M'| = mn + m + m(n-1) = 2mn = q$. 因此 M' 是 M 的一个匹配. 这样就确定构造了 3SAT 到 3DM 的一个变换. 注意到 M 包含 $2mn + 3m + 2m^2n(n-1)$ 个三元组, 所以变换是多项式变换.

综上所述, 3DM$\in$NPC. □

三维匹配的下述变形作为证明许多 NP 完全性的出发点是十分有用的.

精确三元覆盖 (exact cover by 3-sets, 简称 X3C)

实例 集合 $S=\{s_1,s_2,\cdots,s_{3q}\}$ 的 n 个三元子集族 $\mathscr{C}=\{C_1,C_2,\cdots,C_n\}$.

问 $\mathscr{C}$ 是否含有 S 的一个精确覆盖, 即是否存在 $\mathscr{C}'\subseteq\mathscr{C}$, 使 S 的每个元素出现在 $\mathscr{C}'$ 的恰好一个 3 元子集中?

推论 11.11 X3C$\in$NPC.

证明 因为, 3DM 是 X3C 的特例, 且 $S=X\cup Y\cup Z$, $\mathscr{C}=\{\{x,y,z\}|(x,y,z)\in M\}$. □

11.5.3 顶点覆盖, 团, 独立集与整数线性规划

设 $G=(V,E)$ 为简单图, $V'\subseteq V$, V' 称为 G 的顶点覆盖是指 E 中每条边都至少有一个端点属于 V'; V' 称为 G 的团是指 V' 中任何两个顶点均在 G 中相邻; V' 称为 G 的独立集是指 V 中任何两个顶点均在 G 中不相邻. 由此不难知道, 对于简单图 $G=(V,E)$ 及其补图 $\bar{G}$, 下面三个命题等价:

(1) V' 是 G 的一个团;

(2) V' 是 $\bar{G}$ 的一个独立集;

(3) $V\backslash V'$ 是 $\bar{G}$ 的一个顶点覆盖.

因此, 顶点覆盖、团和独立集的 NP 完全性是等价的, 只要证明其中一个问题的 NP 完全性, 另两个问题的 NP 完全性也就得到了证明. 下面集中讨论顶点覆盖的 NP 完全性.

顶点覆盖 (vertex cover, 简称 VC)

实例 给定简单图 $G=(V,E)$, 正整数 $K\leqslant|V|$.

问 G 是否存在一个顶点覆盖 V', 使 $|V'|\leqslant K$?

定理 11.12 VC$\in$NPC.

证明 显然 VC$\in$NP, 这是因为, 非确定性算法猜想 V 的一个子集 V', 可在多项式时间内查明是否 V' 包含 E 的每条边的至少一个端点.

下证 3SAT$\propto$VC.

设布尔变量集 $U=\{u_1,u_2,\cdots,u_n\}$ 和句子集 $\mathscr{C}=\{C_1,C_2,\cdots,C_m\}$ 是 3SAT 的任一实例. 我们将构造简单图 $G=(V,E)$ 和正整数 $K\leqslant|V|$, 使 G 包含一个顶点覆盖 V' 且 $|V'|\leqslant K$ 当且仅当 $\mathscr{C}$ 是可适定的.

G 由两种构件组合而成.

(1) 真值分配构件

此构件包含 G 的 n 个子图 $T_i=(V_i,E_i)$, 分别对应布尔变量 $u_i, i=1,2,\cdots,n$.

其中

$$V_i = \{u_i, \bar{u}_i\}, E_i = \{\{u_i, \bar{u}_i\}\},$$

为记号方便, 有时也用无序二元组表示图的边, 如 $\{u_i, \bar{u}_i\}$ 表示 $u_i\bar{u}_i$. 显然, 任意顶点覆盖为了覆盖 E_i 中的边, 就必然包含 u_i 和 $\bar{u}_i$ 中至少一个.

(2) 适定性检验构件

此构件包含 G 的 m 个子图 $S_j = (V_j', E_j')$, 分别对应句子 $C_j \in \mathscr{C}, j = 1, 2, \cdots, m$. 其中

$$V_j' = \{a_1[j], a_2[j], a_3[j]\},$$

$$E_j' = \{\{a_1[j], a_2[j]\}, \{a_2[j], a_3[j]\}, \{a_1[j], a_3[j]\}\}.$$

显然, 任一顶点覆盖为了覆盖 E_j' 的边, 就必包含 V_j' 中至少两个顶点.

(3) 两种构件的联接

两种构件的联接是用另外一些边将构件的子图连接起来, 连接边的选取依赖于对应 3SAT 中句子出现哪三个文字. $\forall C_j \in \mathscr{C}$, 设 $C_j = \{x_j, y_j, z_j\}$, 则取与适定性检验构件中的子图 S_j 的三个顶点相连的边集为

$$E_j'' = \{\{a_1[j], x_j\}, \{a_2[j], y_j\}, \{a_3[j], z_j\}\}.$$

于是得到了 VC 的一个实例: 图 $G = (V, E), K = n + 2m$, 其中

$$V = (\bigcup_{i=1}^{n} V_i) \cup (\bigcup_{j=1}^{m} V_j'),$$

$$E = (\bigcup_{i=1}^{n} E_i) \cup (\bigcup_{j=1}^{m} E_j') \cup (\bigcup_{j=1}^{m} E_j'').$$

图 11.7 作为例子, 给出了由 3SAT 的一个实例: $U = \{u_1, u_2, u_3, u_4\}$ 及 $\mathscr{C} = \{\{u_1, \bar{u}_3, \bar{u}_4\}, \{\bar{u}_1, u_2, \bar{u}_4\}\}$ 构造出 VC 的一个实例: $K = n + 2m = 8$.

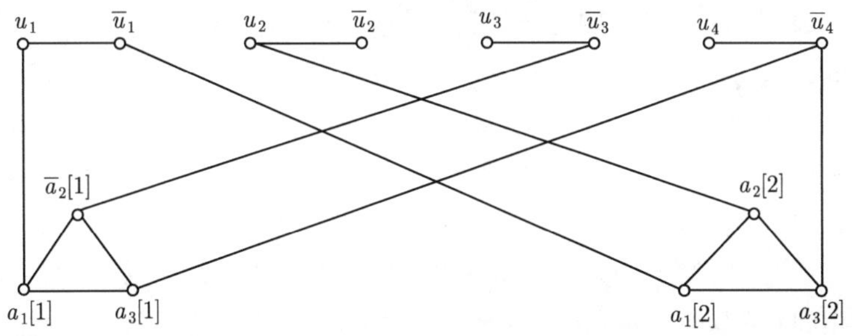

图 11.7 由 3SAT 的实例够造出 VC 的实例

注意到, $|V|=2n+3m, |E|=n+3m+3m=n+6m, K=n+2m$, 故易知 VC 的实例可以由 3SAT 的实例在多项式时间内构造出来. 往证 $\mathscr{C}$ 是可适定的当且仅当 G 含有一个顶点覆盖 V', 使 $|V'|\leqslant K$.

首先, 假定 $V'\subseteq V$ 是 G 的一个顶点覆盖且 $|V'|\leqslant K$. 由前所述, V' 包含每个 T_i 中至少一个顶点以及每个 S_j 中至少两个顶点 $(i=1,2,\cdots,n;j=1,2,\cdots,m)$, 这样 V' 至少包含 $n+2m=K$ 个顶点, 故 $|V'|=K$, 且 V' 恰包含每个 T_i 一个顶点以及每个 S_j 的两个顶点 $(i=1,2,\cdots,n;j=1,2,\cdots,m)$. 于是 G 的真值分配构件就确定了一个真值分配 $t:U\to\{\mathrm{T},\mathrm{F}\}$, 这里

$$t(u_i)=\begin{cases}\mathrm{T}, & 若 u_i\in V',\\ \mathrm{F}, & 若 \bar{u}_i\in V'.\end{cases}$$

注意到 E_j'' 中有两条边被 $V'\cap V_j'$ 的两个顶点所覆盖, 所以另一条边必被某个 $V'\cap V_i$ 中的顶点所覆盖, 这意味着取真值的文字 u_i 或 $\bar{u}_i$ 出现在句子 C_j 中, 故 C_j 关于 t 可适定, $j=1,2,\cdots,m$, 所以, t 使 $\mathscr{C}$ 可适定.

其次, 假定 $t:U\to\{\mathrm{T},\mathrm{F}\}$ 为使 $\mathscr{C}$ 可适定的真值分配, 并设 V' 恰好包含每个 T_i 的一个顶点及每个 S_j 的两个顶点 $(1\leqslant i\leqslant n, 1\leqslant j\leqslant m,)$, 且若 $t(u_i)=$T, 取 $V'\cap T_i=\{u_i\}$, 若 $t(u_i)=$F, 则取 $V'\cap T_i=\{\bar{u}_i\}$. 因 t 使每个句子 C_j 可适定, 所以由 V' 的取法知: E_j'' 的三条边中至少有一条边被 $V'\cap(\bigcup\limits_{i=1}^{n}V_i)$ 中的顶点所覆盖. 任意选定一条边, 于是只要把 E_j'' 余下的两条边与 S_j 相交的两端点选作 $V'\cap S_j$ 的点, 那么 V' 就覆盖了 G 的所有边. 因此 V' 是一个 K 顶点覆盖.

综上所述, VC∈NPC. □

这样我们就证明了顶点覆盖的 NP 完全性, 根据顶点覆盖、团和独立集之间的关系, 我们易知团和独立集问题也是 NP 完全问题.

独立集 (independent set)

实例　给定简单图 $G=(V,E)$, 正整数 $K\leqslant|V|$.

问　G 是否有一个独立集 V' 使 $|V'|\geqslant K$?

推论 11.13　独立集问题是 NP 完全问题. □

团 (clique)

实例　给定简单图 $G=(V,E)$, 正整数 $K\leqslant|V|$.

问　G 是否存在一个团 V', 使 $|V'|\geqslant K$?

推论 11.14　团问题是 NP 完全问题. □

作为顶点覆盖问题 NP 完全性的应用, 下面我们从 VC 出发, 证明在最优化中具有重要地位的整数线性规划的判定问题的 NP 完全性.

整数线性规划 (integer linear programming, 简称 ILP)

实例 给定 $m \times n$ 整数矩阵 $\boldsymbol{A}$, m 维整数向量 $\boldsymbol{b}$, n 维整数向量 $\boldsymbol{c}$ 以及正整数 K.

问 是否存在 n 维整向量 $\boldsymbol{x} \geqslant \boldsymbol{0}$, 使 $\boldsymbol{Ax} \geqslant \boldsymbol{b}$ 且 $\boldsymbol{c}^{\mathrm{T}}\boldsymbol{x} \leqslant K$?

推论 11.15 ILP∈NPC.

证明 容易证明 ILP∈NP. 下面证明 VC∝ILP.

设简单图 $G=(V,E)$ 及 $K' \leqslant |V|$ 是 VC 的一个实例, $V=\{v_1,v_2,\cdots,v_n\}, E=\{e_1,e_2,\cdots,e_m\}$, 构造如下整数线性规划问题:

$$\begin{cases} \min \quad \sum_{i=1}^{n} x_i \\ \text{s.t.} \quad \sum_{v_i\text{与}e_j\text{关联}} x_i \geqslant 1, j=1,2,\cdots,m \\ \qquad\quad x_i = 0\text{或}1, i=1,2,\cdots,n \end{cases}$$

不难知道, 上述问题有可行解 $\boldsymbol{x}=(x_1,x_2,\cdots,x_n)^{\mathrm{T}}$ 满足 $\sum_{i=1}^{n} x_i \leqslant K'$ 当且仅当 G 存在一个顶点覆盖 V', 使得 $|V'| \leqslant K'$. 只要取 $\boldsymbol{A}=\boldsymbol{M}^{\mathrm{T}}(G)(\boldsymbol{M}(G)$ 是图 G 的关联矩阵), $\boldsymbol{b}=(1,1,\cdots,1)^{\mathrm{T}}, \boldsymbol{c}=(1,1,\cdots,1)^{\mathrm{T}}, K=K'$, 即得 ILP 的一个实例, 并且存在 0-1 向量 $\boldsymbol{x}$ 满足 $\boldsymbol{Ax} \geqslant \boldsymbol{b}, \boldsymbol{c}^{\mathrm{T}}\boldsymbol{x} \leqslant K$ 当且仅当 G 中存在顶点覆盖 V', 使 $|V'| \leqslant K'$. 这样我们构造了从 VC 到 ILP 的一个变换, 显然这是一个多项式变换.

因此, ILP∈NPC. □

如果限定整数线性规划问题中 $\boldsymbol{x}$ 为 n 维 0-1 向量, 则得到所谓的 0-1 规划问题. 由推论 11.15 的证明易知, 0-1 规划问题的判定形式也是 NP 完全问题.

11.5.4 Hamilton 圈 (Hamilton cycle, 简称 HC)

实例 给定简单图 $G=(V,E)$.

问 G 是否有 Hamilton 圈?

定理 11.16 HC∈NPC.

证明 显然 HC∈NP, 这是因为, 非确定性算法猜想 G 的所有顶点的一个循环排列, 可在多项式时间内查明它是否构成一个 Hamilton 圈.

下证 VC∝HC.

设 $G=(V,E)$ 及 $K \leqslant |V|$ 是 VC 的任意一个实例. 我们将构造简单图 $G'=(V',E')$, 使 G' 中存在 Hamilton 圈当且仅当 G 中存在顶点覆盖 V^* 且 $|V^*| \leqslant K$.

G' 由两种构件组合而成.

(1) 覆盖生成构件

此构件包含 G' 的 K 个顶点 $a_1,a_2,\cdots,a_K$, 其功能是从 G 的顶点集 V 中选取 K 个顶点构成一个 K 元子集 V^* 作为 G 的一个顶点覆盖, 且 $|\overline{V}^*| \leqslant K$.

(2) 覆盖检验构件

此构件由 G' 的 $|E|$ 个子图组成. $\forall e=uv\in E, G'$ 中对应存在着一个覆盖检验子图 $G'_e=(V'_e,E'_e)$, 并且保证边 e 至少有一个端点含于 V^* 中.

$\forall e=uv\in E, G'_e=(V'_e,E'_e)$ 有 12 个顶点和 14 条边, 其具体结构如图 11.8 所示, 其中

$$\begin{aligned}V'_e=&\{(u,e,i),(v,e,i)|1\leqslant i\leqslant 6\},\\E'_e=&\{\{(u,e,i),(v,e,i+1)\},\{(v,e,i),(v,e,i+1)\}|1\leqslant i\leqslant 5\}\cup\\&\{\{(u,e,3),(v,e,1)\},\{(v,e,3),(u,e,1)\}\}\cup\\&\{\{(u,e,6),(v,e,4)\},\{(v,e,6),(v,e,4)\}\}.\end{aligned}$$

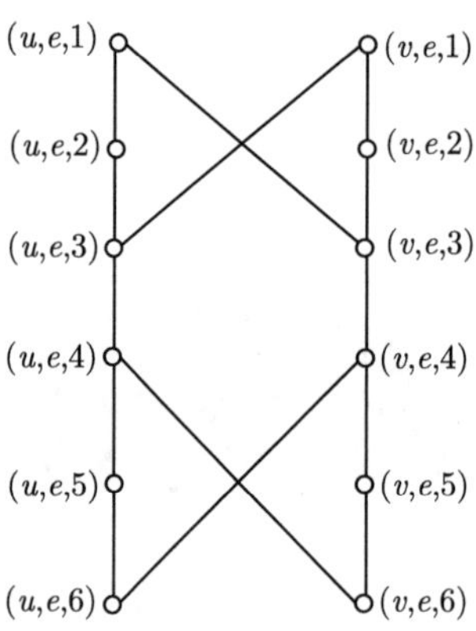

图 11.8　覆盖检验子图 G'_e

在 G'_e 中只有四个角点 $(u,e,1),(u,e,6),(v,e,1),(v,e,6)$ 才有可能与 $\bigcup\limits_{e\in E}E'_e$ 之外的边相连. 若 G' 中存在 Hamilton 圈, 则容易验证, G' 的任一 Hamilton 圈穿行 G'_e 仅有如图 11.9 所示的三种方式, 图中的粗边为 Hamilton 圈经过的边.

(3) 两种构件的联接

联接两种构件是用另外一些边连接两个覆盖检验子图或连接覆盖检验子图与 $\{a_1,a_2,\cdots,a_K\}$ 中的顶点. $\forall v\in V$, 把与 v 关联的边任意编号为 $e_{v[1]},e_{v[2]},\cdots,e_{v[d_G(v)]}$, 然后把它们对应的覆盖检验子图用下面的边集连接:

$$E'_v=\{\{(v,e_{v[i]},6),(v,e_{v[i+1]},1)\}|1\leqslant i\leqslant d_G(v)-1\}.$$

如图 11.10 所示, 这样就生成了一条包含所有三元组形式的顶点在内的链, 或者说, 这条链把所有与 v 关联的边对应的覆盖检验子图连接在一起. 再将每条链的第一个顶点和最后一个顶点与 $\{a_1,a_2,\cdots,a_K\}$ 的所有顶点连接起来, 边集为

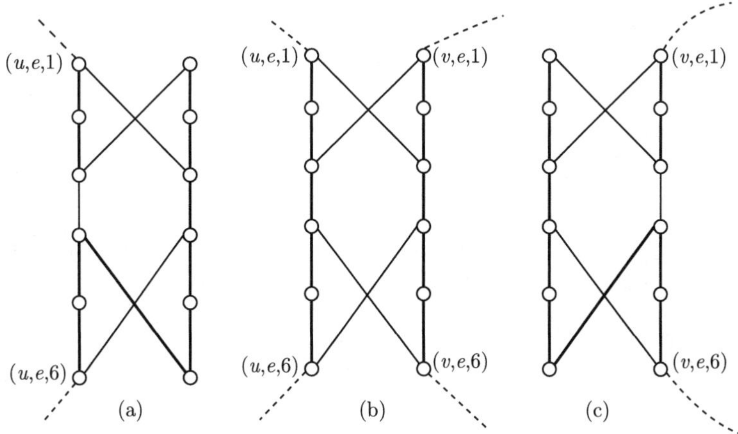

图 11.9 G' 的 Hamilton 圈穿行 $G'e$ 的三种方式

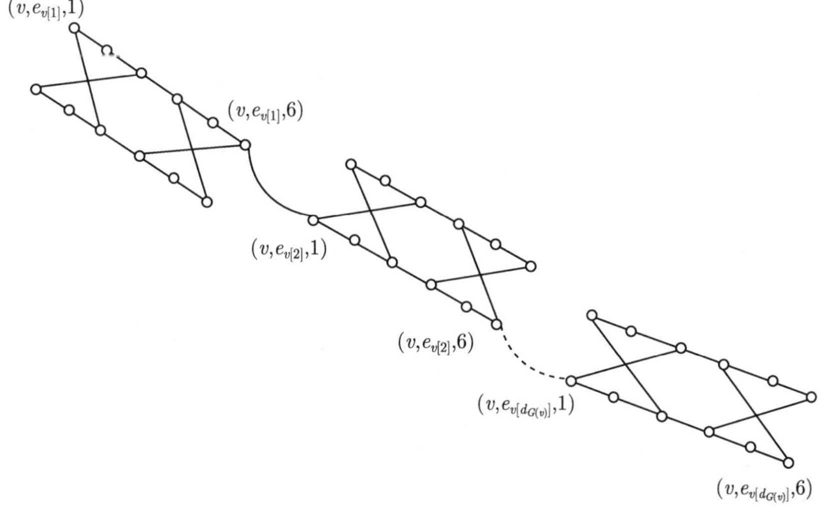

图 11.10 覆盖检验子图之间的连接

$$E'' = \{\{a_i, (v, e_{v[1]}, 1), \{a_i, (v, e_{v[d_G(v)]}, 6)\}|1 \leqslant i \leqslant K, v \in V\}.$$

至此, 我们完成了简单图 $G' = (V', E')$ 的构造, 其中

$$V' = \{a_i|1 \leqslant i \leqslant K\} \cup (\bigcup_{e\in E} V'_e),$$
$$E' = (\bigcup_{e\in E} E'_e) \cup (\bigcup_{v\in V} E'_v) \bigcup E''.$$

注意到 $|V'|=K+12|E|$,

$$|E'|=14|E|+\sum_{v\in V}(d_G(v)-1)+2K|V|=16|E|+(2K-1)|V|,$$

故 G' 可在多项式时间内由 G 和 K 构造出来.

往证 G' 有 Hamilton 圈当且仅当 G 有一个顶点覆盖 V^* 且 $|V^*|\leqslant K$.

假定 C 是 G' 的一个 Hamilton 圈, 截取 C 的一节, 称之为 C 的子链, 它的起点和终点属于 $\{a_1,a_2,\cdots,a_K\}$, 但内部顶点都是三元组形式的顶点. 因为任何圈穿行覆盖检验子图仅有图 11.9 中三种方式, 所以该子链必然穿行且只穿行与某个顶点关联的所有边对应的覆盖检验子图. 于是 $\{a_1,a_2,\cdots,a_K\}$ 的顶点恰好把 C 分成 K 条这样的子链, 每条子链又与 G 中某个顶点唯一对应, 这样由 $\{a_1,a_2,\cdots,a_K\}$ 可从 G 的顶点集 V 中选定一个 K 元子集 V^*, 它恰构成 G 的一个顶点覆盖. 事实上, $\forall e\in E$, G'_e 必定被 C 中至少一条如前所述形式的子链穿行, 而 G'_e 的顶点只能被与 e 的端点相对应的子链穿行, 所以 e 的两个端点中至少有一个端点包含于 V^* 中, 因此, V^* 是 G 的一个顶点覆盖, 且 $|V^*|\leqslant K$.

反之, 假定 $V^*\subseteq V$ 是 G 的一个顶点覆盖, 且使 $|V^*|\leqslant K$, 不妨设 $|V^*|=K$(否则把 V 的一些顶点添加到 V^* 中仍然是一个顶点覆盖), 记 $V^*=\{v_1,v_2,\cdots,v_K\}$. 容易看出按下述方式选出的边集所导出的子图构成 G' 的一个 Hamilton 圈. 首先, 对每个覆盖检验子图 G'_e, $e=uv$, 根据以下三种情况:

(1) 若 $\{u,v\}\cap V^*=\{u\}$, 则按图 11.9(a);

(2) 若 $\{u,v\}\cap V^*=\{u,v\}$, 则按图 11.9(b);

(3) 若 $\{u,v\}\cap V^*=\{v\}$, 则按图 11.9(c)

选出指定的加粗线的边. 然后, 选出 $E'_{v_i}(1\leqslant i\leqslant k)$ 中所有边. 最后, 选出边 $\{a_i,(v_i,e_{v_i[1]},1)\}(1\leqslant i\leqslant k)$, $\{a_{i+1},(v_i,e_{v_i[d_G(v_i)]},6)\}(1\leqslant i\leqslant k-1)$ 和 $\{a_1,(v_K,e_{v_K[d_G(v_K)]},6)\}$.

综上所述, HC∈NPC. □

下面几个与 Hamilton 圈有关的问题都是 NP 完全问题.

Hamilton 链

实例 给定简单图 $G=(V,E)$.

问 G 是否有 Hamilton 链?

推论 11.17 Hamilton 链问题是 NP 完全问题.

证明 显然 Hamilton 链问题是 NP 类问题. 下证 HC$\propto$Hamilton 链问题.

设简单图 $G=(V,E)$ 为 HC 的实例, 我们构造 Hamilton 链问题的一个实例 $G'=(V',E')$, 其中

$$V'=V\cup\{a,a',b\},E'=E\cup\{aa',bu\}\cup\{a'v|uv\in E\},$$

这里 $u \in V$ 是一个固定顶点, 显然 G' 可在多项式时间内构造出来.

假设 G' 中有 Hamilton 链 P, 则 P 的两端的边一定是 aa' 和 ub, 如图 11.11 所示. 从而 $P - \{a, a', b\}$ 是 G 中一条 Hamilton 链, 并且此链的一个端点为 u, 另一个端点为 v, 因 $a'v \in E'$, 故 $uv \in E$, 于是该子链与边 uv 一起构成了 G 的一个 Hamilton 圈. 反之, 如果 G 有 Hamilton 圈 C, 那么显然 G' 有一条 Hamilton 链 $P = (C - \{uv\}) + \{a, b\} + \{bu, va', a'a\}$. 因此 G 有 Hamilton 圈当且仅当 G' 有 Hamilton 链.

综上所述, Hamilton 链问题是 NP 完全问题. □

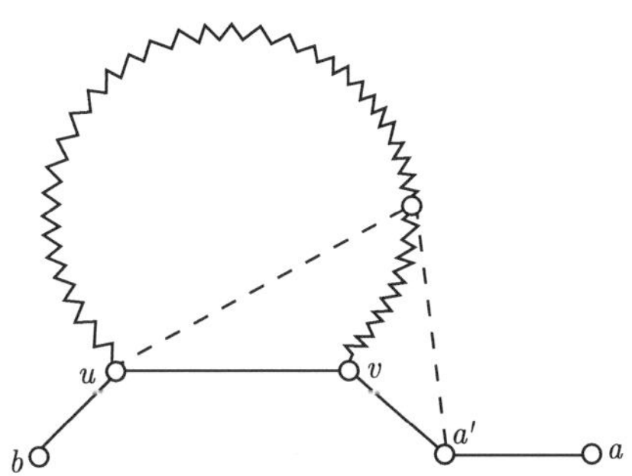

图 11.11 G' 中的 Hamilton 链

两点间的 Hamilton 链

实例 给定简单图 $G = (V, E)$ 及 $v_i, v_j \in V$.

问 G 是否有一条从 v_i 到 v_j 的 Hamilton 链?

选 HC 为已知 NP 完全问题, 容易证明两点间的 Hamilton 链问题也是 NP 完全问题.

上述几个结论都是对图 $G = (V, E)$ 的. 如果把图 $G = (V, E)$ 的每条边 v_iv_j 换成有向图 $D = (V, A)$ 的两条弧 (v_i, v_j) 和 (v_j, v_i), 那么可以认为图是有向图的一个特例. 于是有向图中的 Hamilton 路 (简称 DHP), Hamilton 回路 (简称 DHC) 及两点间的 Hamilton 路问题都是 NP 完全问题.

在 11.2.2 小节我们介绍过旅行商 (简称 TS) 问题, 已经说明 TS∈NP. 任给一个简单图 $G = (V, E)$, 如果我们把 V 看作城市集, 定义

$$d(i, j) = \begin{cases} 1, & \text{若} v_iv_j \in E, \\ 2, & \text{若} v_iv_j \notin E, \end{cases}$$

并令 $B = |V|$, 那么易知 G 有长度不超过 B 的旅行路线当且仅当 G 有 Hamilton 圈. 于是有如下的结论:

推论 11.18 TS∈NPC. □

11.5.5　剖分 (partition)

实例　给定有限集 S, 并且 $\forall s \in S$, 有权 $w(s) \in \mathbb{N}_+$.

问　是否存在子集 $S' \subseteq S$, 使

$$\sum_{s\in S'} w(s) = \sum_{s\in S\setminus S'} w(s)?$$

定理 11.19　剖分问题是 NP 完全问题.

证明　显然剖分问题是 NP 问题, 这是因为, 非确定性算法猜想 S 的一个子集 S', 可在多项式时间内查明是否有 $\sum\limits_{s\in S'} w(s) = \sum\limits_{s\in S\setminus S'} w(s)$ 成立.

往证 3DM$\propto$ 剖分问题.

给定 3DM 的任意一个实例: 集合 X,Y,Z, 其中 $|X| = |Y| = |Z| = q$, 三元组集 $M \subseteq X \times Y \times Z$, 记

$$\begin{aligned} X =& \{x_1, x_2, \cdots, x_q\}, Y = \{y_1, y_2, \cdots, y_q\}, \\ Z =& \{z_1, z_2, \cdots, z_q\}, M = \{m_1, m_2, \cdots, m_k\}. \end{aligned}$$

构造剖分的一个实例: 集合 S 及 $\forall s \in S$, 有权 $w(s) \in \mathbb{N}_+$, 使得存在 S 的子集 S' 满足

$$\sum_{s\in S'} w(s) = \sum_{s\in S\setminus S'} w(s),$$

当且仅当 M 包含一个匹配.

集合 S 包含 $k+2$ 个元素, 分两部分来构造.

S 的前 k 个元素 $\{s_1, s_2, \cdots, s_k\}$ 中每个元素 s_i 与三元组 $m_i = (x_{f(i)}, y_{g(i)}, z_{h(i)}) \in M$ 对应, $w(s_i)$ 是一个用 $f(i), g(i), h(i)$ 表示的二进制数, 做法如下: 这个二进制数共 $3q$ 段, 每段有 $p = \lceil \log(k+1) \rceil$ 位, 每段用 $X \cup Y \cup Z$ 中的一个元素标号, 如图 11.12 所示.

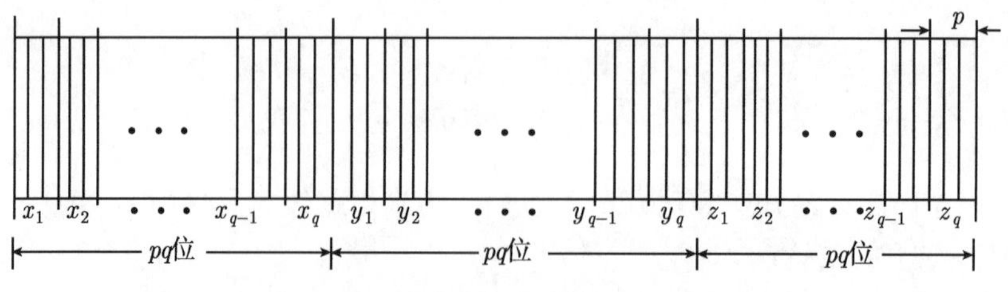

图 11.12　二进制数 $w(s_i)$

$w(s_i)$ 的二进制表示在标号为 $x_{f(i)}, y_{g(i)}, z_{h(i)}$ 的段上最后一位为 1, 其余各位为 0, 即

$$w(s_i) = 2^{p(3q-f(i))} + 2^{p(2q-g(i))} + 2^{p(q-h(i))},$$

因 $w(s_i)$ 的二进制表示不超过 $3pq$ 位, 故易知, $w(s_i)$ 可在多项式时间内构造出来. 值得注意的事实是: 把所有 $w(s_i)(1 \leqslant i \leqslant k)$ 在每一段的值加起来不超过 k, 而 $k \leqslant 2^p - 1$, 因此 $\forall S' \subseteq \{s_i | 1 \leqslant i \leqslant k\}$, 在计算 $\sum\limits_{s_i \in S'} w(s_i)$ 时不会出现从一段到另一段的进位问题. 令 $B = \sum\limits_{j=0}^{3q-1} 2^{pj}$, 注意 B 的二进制表示的特点是它有 $3q$ 段, 它的每一段最后一位为 1, 其余各位皆为 0, 于是 $\forall S' \subseteq \{s_i | 1 \leqslant i \leqslant k\}$, 满足 $\sum\limits_{s_i \in S'} w(s_i) = B$ 当且仅当 $M' = \{m_s | s_i \in S'\}$ 是 M 中的匹配.

S 的最后两个元素记作 s', s^*, 令

$$w(s') = 2\sum_{i=1}^{k} w(s_i) - B, w(s^*) = \sum_{i=1}^{k} w(s_i) + B,$$

这两个数都能表示成不超过 $3pq + 1$ 位的二进制数. 于是剖分问题的实例可在多项式时间内由 3DM 实例构造出来.

今设有一子集 $S' \subseteq S$, 使 $\sum\limits_{s \in S'} w(s) = \sum\limits_{s \in S \backslash S'} w(s)$. 注意到

$$\sum_{s \in S'} w(s) = \sum_{i=1}^{k} w(s_i) + w(s') + w(s^*) = 4\sum_{i=1}^{k} w(s_i),$$

故

$$\sum_{s \in S'} w(s) = \sum_{s \in S \backslash S'} w(s) = 2\sum_{i=1}^{k} w(s_i),$$

且 S' 和 $S \backslash S'$ 中有一个集合含有 s' 而不含 s^*, 不妨设其为 S', 则 $S' \backslash \{s'\}$ 也是 S 的子集, 且

$$\sum_{s \in S' \backslash \{s'\}} w(s) = 2\sum_{i=1}^{k} w(s_i) - w(s') = B,$$

因而 S' 对应一个 M 中的匹配.

反之, 若存在 $M' \subseteq M$ 是一匹配, 则集合 $\{s'\} \cup \{s_i | m_i \in M'\}$ 构成 S 的子集 S', 满足

$$\sum_{s \in S'} w(s) = \sum_{s \in S \backslash S'} w(s) = 2\sum_{i=1}^{k} w(s_i).$$

于是, 我们证明了 3DM$\propto$ 剖分问题.

综合上所述, 剖分问题是 NP 完全问题. □

11.6 NP 完全性证明技术

从 11.5 节看出对于不同的问题, 证明它是否属于 NP 完全类的技术也是不同的, 因而不希望找到一种统一的证明技术. 但是, 我们可以归纳出以下三种常用的证明技术:

(1) 限制技术;

(2) 局部替换技术;

(3) 组合设计技术.

11.6.1 限制技术

限制是一种最简单也是使用最频繁的证明技术. 对于给定的问题 $\pi \in$NP, 使用限制技术证明 π 的 NP 完全性只需表明 π 包含一个已知的 NP 完全问题 π' 作为它的特例. 这种证明技术的核心是给 π 的实例附加某些特别的限制使得所导出的限制问题与 π' 等同. 我们并不要求限制问题是已知 NP 完全问题的复制品, 而是要求它们的实例之间有一种明显的一一对应关系, 能够保持"是"或"否"的回答不变. 这种一一对应的关系为我们提供了从 π' 到 π 的一个明显的变换.

使用限制技术与标准的 NP 完全性证明的不同点在于: 我们不是试图构造一个把已知 NP 完全问题转化为目标问题的变换, 而是着眼于目标问题本身, 添加一些限制使目标问题的"非本质"方面消失, 直到等同于一个已知 NP 完全问题.

事实上, 我们在 11.5.2 小节中已经使用过限制技术. 例如, 把 X3C 的实例限制为由元素个数相同的互不相交的集 X, Y, Z 的元素组成三元组子集族, 于是得到与 3DM 等同的问题. 再例如, 将无向图的边 v_iv_j 换成一对弧 (v_i, v_j) 和 (v_j, v_i), 可知 HC 是 DHC 的特例.

下面使用限制技术来证明一些判定问题的 NP 完全性. 在这里, 问题属于 NP 是显然的, 我们只给出限制技术.

(1) 最小覆盖 (minimum cover, 简称 MC)

实例 给定集 S 的子集族 $\mathscr{C}$, $K \in \mathbb{N}_+$.

问 $\mathscr{C}$ 是否包含 S 的一个大小不超过 K 的覆盖, 即是否存在 $\mathscr{C}' \subseteq \mathscr{C}$, 使 $\bigcup\limits_{C \in \mathscr{C}'} C = S$, 且 $|\mathscr{C}'| \leqslant K$?

定理 11.20 MC$\in$NPC.

证明 限制 $|C| = 3(\forall C \in \mathscr{C})$, $|S| = 3K$, 得 X3C. □

(2) 相遇集 (hitting set, 简称 HS)

实例 给定集 S 的子集族 $\mathscr{C}$, $K \in \mathbb{N}_+$.

问 S 是否包含 $\mathscr{C}$ 的一个大小不超过 K 的相遇集, 即是否存在 $S' \subseteq S$, $|S'| \leqslant K$, 使 $S' \cap C \neq \varnothing (\forall C \in \mathscr{C})$?

定理 11.21 HS∈NPC.

证明 限制 $|C| = 2 (\forall C \in \mathscr{C})$, 得 VC. □

(3) 子图同构 (subgraph isomorphism, 简称 SI)

实例 给定简单图 $G = (V, E)$, $G_1 = (V_1, E_1)$.

问 G_1 同构于 G 的子图吗? 即是否存在 G 的子图 G', 使得有一一映射 $f: V_1 \to V(G')$, 满足 $uv \in E_1$ 当且仅当 $\{f(u), f(v)\} \in E(G')$?

定理 11.22 SI∈NPC.

证明 限制 G_1 为完全图, 得团问题.

或者限制 G_1 是圈且 $|V_1| = |V|$, 得 HC. □

(4) 度有界支撑树 (bounded degree spanning tree, 简称 BDST)

实例 给定图 $G = (V, E)$, 正整数 $K \leqslant |V| - 1$.

问 G 是否有一个支撑树 T, 使 T 的所有顶点的度不超过 K?

定理 11.23 BDST∈NPC.

证明 限制 $K = 2$, 得 Hamilton 链问题. □

(5) 0-1 背包 (0-1 knapsack)

实例 设有物品集 S, $\forall s \in S$, 其重量为 $w(s) \in \mathbb{N}_+$, 价值 $p(s) \in \mathbb{N}_+$; 给定重量约束 $L \in \mathbb{N}_+$, 价值目标 $K \in \mathbb{N}_+$.

问 S 是否存在 $S' \subseteq S$, 使得 $\sum\limits_{s \in S'} w(s) \leqslant L$, 且 $\sum\limits_{s \in S'} p(s) \geqslant K$?

定理 11.24 0-1 背包问题是 NP 完全问题.

证明 限制 $w(s) = p(s) (\forall s \in S)$, 且 $L = K$, $\sum\limits_{s \in S} w(s) = 2L$, 得剖分问题. □

(6) 平行机排序 (parallel machine scheduling, 简称 PMS)

实例 给定任务集 $\mathscr{J}$, 完成任务 $J \in \mathscr{J}$ 的加工时间为 $t(J) \in \mathbb{N}_+$, 有 m 台完全相同的机器, 截止时间 $K \in \mathbb{N}_+$.

问 是否存在一个任务安排, 使所有任务都在截止时刻前完成, 即是否存在 $\mathscr{J}$ 的一个划分 $\mathscr{J}_1, \mathscr{J}_2, \cdots, \mathscr{J}_m$, 使得

$$\max\left\{\sum_{f \in \mathscr{J}_i} t(J) | 1 \leqslant i \leqslant m\right\} \leqslant K?$$

定理 11.25 PMS∈NPC.

证明 限制 $m = 2$, $\sum\limits_{J \in \mathscr{J}} t(J) = 2K$, 得剖分问题. □

(7) 最小等价有向图 (minimum equivalent digraph, 简称 MED)

实例 给定有向图 $D=(V,A)$, 正整数 $K\leqslant |A|$.

问 是否存在有向图 $D'=(V,A')$, 使得 $A'\subseteq A$, $|A'|\leqslant K$, 且 $\forall v_1,v_2\in V$, D' 中包含从 v_1 到 v_2 的路当且仅当 D 包含从 v_1 到 v_2 的路?

定理 11.26 MED∈NPC.

证明 限制 D 为强连通有向图, $K=|V|$, 得 DHC. □

最后我们指出: 对于实践中某些更复杂的问题, 如果能够判定它含有一个已知的 NP 完全问题作为特例, 那么使用限制技术就容易得到该问题的 NP 完全性的证明. 因此, 掌握的 NP 完全问题越多, 使用限制技术的机会越大.

11.6.2 局部替换技术

在使用局部替换技术的证明中, 要用标准的证明格式将其中的变换讲清楚是不容易的, 但相对地讲, 它仍然是一种不太复杂的方法. 要做的关键工作是由已知的 NP 完全问题的实例挑选出某些要素组成一族基本单元, 而每个基本单元按同一方式用不同结构替换, 从而得到目标问题的一个实例. 11.5.1 小节中构造的由 SAT 到 3SAT 的变换正是使用了局部替换技术. 在 SAT 的实例中, 所有句子的集合构成一族基本单元, 而每个句子使用同一规则替换成恰含三个文字的句子集. 可以看出, 每个替换只是基本单元结构的局部修改, 且对不同的基本单元, 替换是彼此独立的.

(1) 三角形剖分 (partition into triangle)

实例 给定简单图 $G=(V,E)$, $|V|=3q$, $q\in\mathbb{N}_+$.

问 是否可以把 V 划分成 q 个不相交的子集 $V_1,V_2,\cdots,V_q$, 使得 $\forall i\in\{1,2,\cdots,q\}$, $G[V_i]$ 为 3 阶完全图 K_3?

定理 11.27 三角形剖分问题是 NP 完全问题.

证明 显然三角形剖分是 NP 的, 这是因为, 非确定性算法猜想 V 的一个划分, 然后在多项式时间内逐个查明是否每个子集的三个顶点都在 G 中连接为三角形. 下面证明 X3C$\propto$ 三角形剖分.

给定 X3C 的任一个实例: 集合 $S,|S|=3q$, 三元子集族 $\mathscr{C}$, 可以构造图 $G=(V,E),|V|=3q'$, 使 G 中存在三角形剖分当且仅当 $\mathscr{C}$ 包含 S 的一个精确覆盖.

X3C 实例的基本单元是 $\mathscr{C}$ 中的三元子集 $C_i=\{x_i,y_i,z_i\}$, 替换为目标实例 G 的子图 $G_i'=(V_i',E_i')$, 它有 12 个顶点和 18 条边, 如图 11.13 所示.

令 $G=(V,E)$, 其中 $V=\bigcup\limits_{i=1}^{|\mathscr{C}|}V_i'$, $E=\bigcup\limits_{i=1}^{|\mathscr{C}|}E_i'$, 注意到对每个替换子图 G_i', 只有 S 中的点 x_i,y_i,z_i 才可能出现在其他的替换子图中, 因此

$$|V|=|S|+9|\mathscr{C}|=3q+9|\mathscr{C}|,\quad |E|=18|\mathscr{C}|,$$

令 $q'=q+3|\mathscr{C}|$, 显然三角形剖分实例可在多项式时间内由 X3C 的实例构造出来.

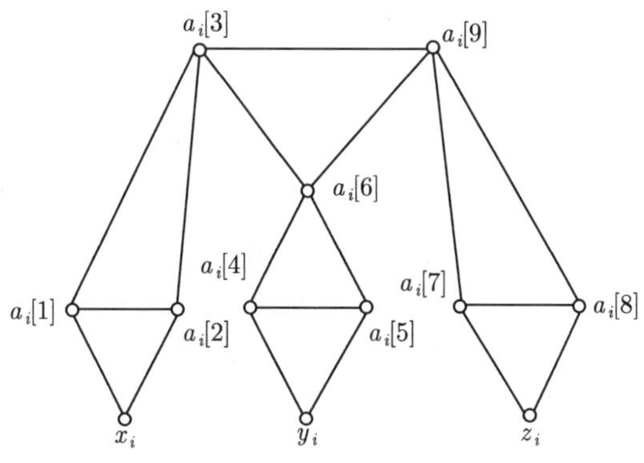

图 11.13 替换子图 G_i'

若 $\mathscr{C}' = \{C_1, C_2, \cdots, C_q\}$ 是 S 的一个精确覆盖, 则对应的 V 的划分 $V_1, V_2, \cdots, V_{q'}$ 如下:

(i) 当 $C_i = \{x_i, y_i, z_i\} \in \mathscr{C}'$ 时, 取

$$\{a_i[1], a_i[2], x_i\}, \{a_i[4], a_i[5], y_i\}, \{a_i[7], a_i[8], z_i\}, \{a_i[3], a_i[6], a_i[9]\};$$

(ii) 当 $C_i = \{x_i, y_i, z_i\} \notin \mathscr{C}'$ 时, 取

$$\{a_i[1], a_i[2], a_i[3]\}, \{a_i[4], a_i[5], a_i[6]\}, \{a_i[7], a_i[8], a_i[9]\}.$$

容易验证, $V_1, V_2, \cdots, V_{q'}$ 确实是 G 的一个三角形剖分.

反之, 如果 $V_1, V_2, \cdots, V_{q'}$ 为 G 的一个三角形剖分, 那么 S 的精确覆盖 $\mathscr{C}'$ 可按下述方法得到: 先让 $\mathscr{C}' = \varnothing$; $\forall i \in \{1, 2, \cdots, |\mathscr{C}|\}$, 若存在某个正整数 $j(1 \leqslant j \leqslant q')$, 使 $V_j = \{a_i[3], a_i[6], a_i[9]\}$, 则令 $\mathscr{C}' := \mathscr{C}' \cup \{C_i\}$, 这里 $C_i = \{x_i, y_i, z_i\}$, 易知得到的 $\mathscr{C}'$ 是 S 的一个精确覆盖.

综上所述, 三角形剖分问题是 NP 完全问题. □

上面的证明可以说是一种"纯粹"的局部替换技术, 目标实例的结构由选定的已知 NP 完全问题实例的结构和局部替换完全决定.

另一种形式的局部替换不是那么"纯粹", 它带有一种形象地称作"强迫元"的附加结构, 其作用是强加某种附加限制, 这样就能获得目标实例的一个"是"的回答. 例如在 11.5.5 小节剖分的 NP 完全性证明中, s', s^* 就是扮演强迫元的角色, 来确保 $\sum\limits_{s \in S'} w(s) = \sum\limits_{s \in S \setminus S'} w(s)$ 的. 下面再看一例.

(2) 区间排序 (sequencing within intervals)

实例 给定任务集 $\mathscr{J}$, $\forall J \in \mathscr{J}$, 起始时刻 $r(J) \in \mathbb{N}_+$, 截止时刻 $d(J) \in \mathbb{N}_+$, 工作时间 $t(J) \in \mathbb{N}_+$.

问 是否存在 $\mathscr{J}$ 的一个可行时间表, 即是否存在函数 $\sigma: \mathscr{J} \to \mathbb{N}_+$, 满足下列条件:

(i) $\forall J \in \mathscr{J}$, 有 $\sigma(J) \geqslant r(J)$, $\sigma(J) + t(J) \leqslant d(J)$, 即任务 J 在 $r(J)$ 前不能开始但必须在 $d(J)$ 前结束, 只能安排在时段 $[r(J), d(J)]$ 内加工;

(ii) 若 $J' \in \mathscr{J} \backslash \{J\}$, 则或者 $\sigma(J') + t(J') \leqslant d(J)$, 或者 $\sigma(J') \geqslant \sigma(J) + t(J)$, 即在任务 J 的加工时间内不允许开始加工其他任务.

定理 11.28 区间排序问题是 NP 完全问题.

证明 只构造剖分问题到区间排序问题的多项式变换.

给定剖分问题的任一实例: 有限集 S, $\forall s \in S$, 权 $w(s) \in \mathbb{N}_+$. 记 $B = \sum\limits_{s \in S} w(s)$.

剖分问题实例的基本单元是单个元素 $s \in S$. $\forall s \in S$, 用一项任务 J_s, 来替换, 满足 $r(J_s) = 0$, $d(J_s) = B + 1$, $t(J_s) = w(s)$. 附加任务 $\tilde{J}$ 作为"强迫元", 它满足 $r(\tilde{J}) = \lceil B/2 \rceil$, $d(\tilde{J}) = \lceil (B+1)/2 \rceil$, $t(\tilde{J}) = 1$. 显然可在多项式时间内完成上述构造.

"强迫元"加在可行时间表上的限制包括两个方面. 第一, 它保证了当 B 为奇数时可行时间表无法构造出来, 这是因为 $r(\tilde{J}) = d(\tilde{J})$, 任务 $\tilde{J}$ 不能安排, 而此时对应剖分实例的回答恰好也是"否". 第二, 当 B 为偶数时, 可以证明存在可行时间表的充要条件是对应剖分实例的回答为"是". 因为 B 是偶数, 所以 $r(\tilde{J}) = B/2$, $d(\tilde{J}) = r(\tilde{J}) + 1$, 从而任何可行时间表必须满足 $\sigma(\tilde{J}) = B/2$, 这样余下的任务只能安排在被任务 $\tilde{J}$ 分割的两个独立的时段内, 每个时段的长度为 $B/2$. 如图 11.14 所示.

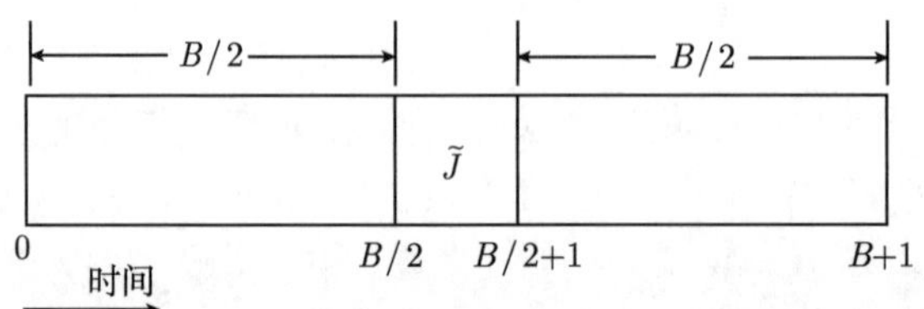

图 11.14 可行时间表的示意图

若剖分实例的回答为"是", 即存在 $S' \subseteq S$, 使 $\sum\limits_{s \in S'} w(s) = \sum\limits_{s \in S \backslash S'} w(s) = \dfrac{B}{2}$, 则可得到如下的可行时间表: 在时间段 $[0, B/2]$ 内安排任务集 $\{J_s | s \in S'\}$ 中的各项任务 (其次序可以是任意的), $[B/2, B/2+1]$ 内安排任务 $\tilde{J}$, $[B/2+1, B+1]$ 内安排余下的各项任务. 反之, 若存在一个可行时间表, 由前面的分析知, 图 11.14 中两个长为 $B/2$ 的时间段均恰好排满, 设 $[0, B/2]$ 内安排的任务的集合对应于 S 的子集 S', 则 $\sum\limits_{s \in S'} w(s) = B/2 = \sum\limits_{s \in S \backslash S'} w(s)$, 从而剖分实例的回答为"是".

综上可知, 剖分 $\propto$ 区间排序. □

11.6.3 组合设计技术

组合设计是一种较复杂的证明技术. 在 11.5 节里, 3DM, VC 和 HC 的 NP 完全性证明是使用组合设计技术的典范. 组合设计的基本思想是用目标实例的要素设计某些有专用功能的“构件”, 这些构件可以是子图, 子集或其他具体形式, 把这些构件通过合适的联接方式组合起来, 可以“实现”已知 NP 完全问题的实例. 在刚才提到的三个例子中, 有两类基本形式的构件, 其中一类用来作“选择”(如给变量赋值, 选取覆盖顶点), 另一类用来作“检验”(如检验每个句子是否可适定, 检验每条边是否被覆盖), 两类构件通过适当的联接组合起来, 使得“检验”构件能查明“选择”构件所作选择是否满足要求. 如在 3SAT$\propto$VC 的证明中, 两类基本构件的联接方式是连接它们的子图用的边和目标约束 $K = n + 2m$(保证每个真值分配子图恰含有覆盖的一个顶点, 每个适定性检验子图恰含有覆盖的两个顶点), 组合起来后就得到了我们所希望的目标实例.

更一般地, 如果设计一组专用构件来组合成目标实例, 其中每个构件执行与已知 NP 完全问题实例相关的某些功能, 那么这样的证明技术就属于组合设计技术. Cook 定理的证明是使用组合设计技术的最好例子, 六个句子群是功能不同的构件.

下面再来看一个使用组合设计技术和团问题作已知 NP 完全问题的例子.

最小拖延排序 (minimum tardiness sequencing, 简称 MTS)

实例 给定下列数据:

(1) 任务集 $\mathscr{J}$;

(2) $\forall J \in \mathscr{J}$, 工作时间为 1, 截止时刻为 $d(J) \in \mathbb{N}_+$;

(3) $\mathscr{J}$ 上的偏序 $<$, 表示任务间的优先关系;

(4) 非负整数 $K \leqslant |\mathscr{J}|$.

问 是否存在时间表 σ: $\mathscr{J} \to \{0, 1, \cdots, |\mathscr{J}| - 1\}$, 满足下述条件:

(i) 当 $J \neq J'$ 时, $\sigma(J) \neq \sigma(J')$, 即任意两个工作不能同时执行;

(ii) 当 $J < J'$ 时, $\sigma(J) < \sigma(J')$, 即按优先关系安排任务;

(iii) $|\{J \in \mathscr{J} | \sigma(J) + 1 > d(J)\}| \leqslant K$, 即不能按时完成的任务数不超过 K.

定理 11.29 MTS$\in$NPC.

证明 只证明团问题 $\propto$MTS.

给定团问题的一个实例: 图 $G = (V, E)$, 正整数 $K \leqslant |V|$. MTS 对应的实例是: 任务集 $\mathscr{J} = V \cup E$, $K' = |E| - K(K-2)/2$, 偏序 $<$ 和截止时刻定义如下:

$$J < J' \Leftrightarrow J \in V, J' \in E \text{且顶点} J \text{是边} J' \text{的端点};$$

$$d(J) = \begin{cases} K(K+1)/2, & \text{若} J \in E, \\ |V| + |E|, & \text{若} J \in V. \end{cases}$$

于是, 每个顶点对应的构件是截止时刻为 $|V|+|E|$ 的一项任务 (顶点任务), 每条边对应的构件是截止时刻为 $K(K+1)/2$ 的一项任务 (边任务). 由偏序关系, 边任务不能在它的两个端点任务之前完成. 另外, 所有顶点任务都能按时完成, 只有边任务可能出现拖延, 不能在截止时刻前按时完成.

有了这些基本的观察后, 可以制定一个可行时间表, 如图 11.15 所示.

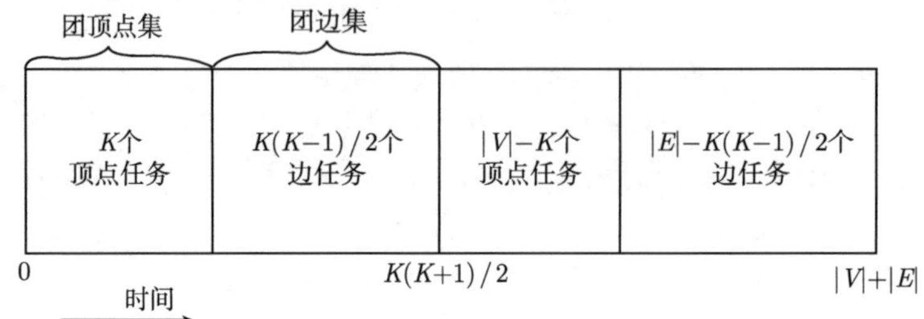

图 11.15　可行时间表的图示

我们把边任务截止时刻前的时段当做“团选择”构件, 在这个截止时刻前可以安排 $K(K+1)/2$ 个任务. 为了保证拖延任务的数目不超过 $K'=|E|-K(K-1)/2$, 至少需要有 $K(K-1)/2$ 个边任务安排在该时段里, 从而至少有 K 个顶点任务先于这些边任务安排在该时段里. 但是注意到

$$K(K+1)/2-K(K-1)/2=K,$$

故任一可行时间表在边任务截止时刻 $K(K+1)/2$ 前恰好安排了 K 个顶点任务和 $K(K-1)/2$ 个边任务. 显然, 这些顶点任务对应于 G 中 K 个顶点的集是 G 的一个 K 团. 反之, 若 G 有一个 K 团, 则由图 11.15 给出了目标实例的一个可行时间表.

显然, 目标实例可在多项式时间内由团的实例得到.

故 MTS∈NPC. □

11.7 节将应用组合设计技术去证明几个更为复杂的 NP 完全问题, 读者可以进一步体会其中的奥妙.

11.7　更多的 NP 完全问题

本节我们将介绍网络最优化中三个较复杂但很有代表性的 NP 完全问题, 并着重运用组合设计技术来证明它们的 NP 完全性.

11.7.1　Steiner 树 (Steiner tree, 简称 ST)

实例　设赋权图 $G=(V,E,w)$, $\forall e\in E$, $w(e)\in\mathbb{N}_+$. 给定顶点子集 $R\subseteq V$, 界

$B \in \mathbb{N}_+$.

问 是否存在 G 的一个树 $T = (V^{(1)}, E^{(1)})$, 使 $R \subseteq V^{(1)} \subseteq V$, $E^{(1)} \subseteq E$, 且 $\sum\limits_{e \in E(1)} w(e) \leqslant B$?

这个问题的实际背景是求一个连接指定几个城市的最廉价交通 (或通信) 网.

定理 11.30 ST∈NPC.

证明 易知 ST∈NP, 往证 X3C∝ST.

给定 X3C 的任一实例: 集合 $S = s_1, s_2, \cdots, s_{3q}$ 的 3 元子集族 $\mathscr{C} = \{C_1, C_2, \cdots, C_n\}$, 构造一个三部图 $G = (V, E)$, 其中顶点集 V 的三部分分别为 $\{v_1\}$, $\mathscr{C}$ 和 S, 边集

$$E = \{\{v_1, C_i\} | 1 \leqslant i \leqslant n\} \cup \{\{C_i, s_j\} | s_i \in C_i, 1 \leqslant i \leqslant n, 1 \leqslant j \leqslant 3q\},$$

并令所有边的权都等于 1, 取 $R = \{v_1\} \cup S$, $B = 4q$, 于是得到 ST 的一个实例, 显然可在多项式时间内由 X3C 的实例构造出来.

若 $\mathscr{C}' \subseteq \mathscr{C}$ 是 S 的一个精确覆盖, 则取 $T = (V^{(1)}, E^{(1)})$, 其中

$$V^{(1)} = \{v_1\} \bigcup \{C_i | C_i \in \mathscr{C}'\} \cup S,$$

$$E^{(1)} = \{\{v_1, C_i\} | C_i \in \mathscr{C}'\} \cup \{\{C_i, s_j\} | C_i \in \mathscr{C}', S_j \in C_i, 1 \leqslant j \leqslant 3q\}.$$

由于每个 s_j 恰好出现在 $\mathscr{C}'$ 的某个三元子集 C_i 中, 因此 T 是连通的无圈图, 即 T 是树, 且 $|E^{(1)}| = 4q$. 注意到 $R \subseteq V^{(1)}$, 且 $\sum\limits_{e \in E^{(1)}} w(e) = |E^{(1)}| \leqslant B$, 故对 ST 的实例的回答为“是”.

反之, 设 $T = (V', E')$ 是 $G = (V, E, w)$ 的 Steiner 树, $R \subseteq V'$, 故每个 $s_j (j = 1, 2, \cdots, 3q)$ 都是 T 的顶点. 不妨设每个 s_j 都是 T 的悬挂点, 否则有 $d_T(s_j) > 1$, 即有边 $\{s_j, C_{i_1}\}$, $\{s_j, C_{i_2}\} \in E' \subseteq E$, 删去其中一条边, 比如 $\{s_j, C_{i_1}\}$, 由于 $\{v_1, C_{i_1}\}$ 和 $\{v_1, C_{i_2}\}$ 不都属于 E'(否则 T 包含圈), 将其中不属于 E' 的那条边添入 E' 得到树 T_1, 显然 T_1 是总权值不变的 Steiner 树.

再由连通性可知, 每个 s_j 恰好与某个 C_i 在 T 中相邻, 令

$$\mathscr{C}' = \{C_i | \{C_i, s_j\} \in E', 1 \leqslant j \leqslant 3q\},$$

易知 $\mathscr{C}'$ 是 S 的一个精确覆盖.

综上所述, X3C∝ST, 所以 ST∈NPC. □

11.7.2 两商品整流 (two-commodity integral flow)

两商品整流包括网络两商品整流和无向网络两商品整流.

(1) 网络两商品整流 (two-commodity integral flow in digraph, 简称 $\mathrm{D_2CIF}$)

实例　给定带双发点 s_1, s_2 和双收点 t_1, t_2 的容量网路 $D = (V, A, c)$, $c : A \to \mathbb{N}_+$, 需求量 $R_1, R_2 \in \mathbb{N}_+$.

问　是否存在两个整值函数 $f_1, f_2 : A \to \mathbb{N}$ 满足下述条件:

(i) $\forall (v_i, v_j) \in A$, 有 $f_1(v_i, v_j) \geqslant 0$, $f_2(v_i, v_j) \geqslant 0$, 且

$$f_1(v_i, v_j) + f_2(v_i, v_j) \leqslant c(v_i, v_j),$$

即 f_1, f_2 是可行的;

(ii) $\forall i \in \{1, 2\}, \forall v \in V \backslash \{s_i, t_i\}$, 有

$$\sum_{v_j \in N^-(v)} f_i(v_j, v) = \sum_{v_j \in N^+(v)} f_i(v, v_j),$$

即 f_1, f_2 满足守恒条件;

(iii) $\forall i \in \{1, 2\}$ 流值

$$F_i = \sum_{v \in N^+(s_i)} f_i(s_i, v) - \sum_{v \in N^-(s_i)} f_i(v, s_i)$$

满足需求, 即 $F_i \geqslant R_i$.

特别地, 称所有弧的容量都等于 1 的 $\mathrm{D_2CIF}$ 问题是简单的.

定理 11.31　简单 $\mathrm{D_2CIF} \in \mathrm{NPC}$.

证明　显然, 简单 $\mathrm{D_2CIF} \in \mathrm{NP}$. 往证 SAT$\propto$ 简单 $\mathrm{D_2CIF}$.

给定 SAT 的任一实例: 布尔变量集 $U = \{u_1, u_2, \cdots, u_l\}$ 和句子集 $\mathscr{C} = \{C_1, C_2, \cdots, C_m\}$, 设 p_i 是 u_i 在句子中出现的次数, q_i 是 $\bar{u}$ 在句子中出现的次数. 对每个 $u_i (1 \leqslant i \leqslant l)$, 构造子有向图 $D_i = (V_i, A_i)$, 如图 11.16 所示. 添加弧集

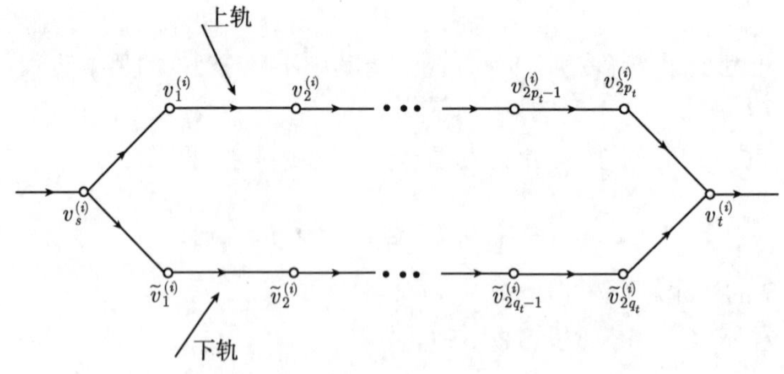

图 11.16　子有向图 $D_i = (V_i, A_i)$

$A' = \{(v_t^{(i)}, v_s^{(i+1)}) | 1 \leqslant i \leqslant l - 1\}$ 把 l 个子有向图 $D_i (1 \leqslant i \leqslant l)$ 连接起来, 再用弧 $(s_1, v_s^{(1)})$ 和 $(v_t^{(l)}, t_1)$ 分别连接 s_1 和 $v_s^{(1)}$ 及 $v_t^{(l)}$ 和 t_1. 然后, 以 $C_1, C_2, \cdots, C_m$ 为

顶点, 当 u_i(或 $\bar{u}_i$) 第 j 次出现在 C_r 中, 添加弧 $(v_{2j}^{(i)}, C_r)$(或 $(\tilde{v}_{2j}^{(i)}, C_r)$), $1 \leqslant r \leqslant m$. 再以 s_2, t_2 为顶点, 添加弧集

$$\begin{aligned}A'' = &\{(s_2, v_j^{(i)})|1 \leqslant i \leqslant l, 1 \leqslant j \leqslant 2p_i\text{且}j\text{为奇数}\}\cup\\ &\{(s_2, \tilde{v}_j^{(i)})|1 \leqslant i \leqslant l, 1 \leqslant j \leqslant 2q_i\text{且}j\text{为奇数}\}\cup\\ &\{(C_i, t_2)|1 \leqslant i \leqslant m\}.\end{aligned}$$

最后令所有弧的容量为 1, $R_1 = 1$, $R_2 = m$, 于是我们完成了简单 D_2CIF 的实例的构造, 显然它可在多项式时间内由 SAT 的实例直接构造出来.

①若存在满足要求的整流 f_1, f_2, 则必有 $F_1 = 1$, $F_2 = m$, 且第一种商品必然由发点 s_1 出发从左向右经过所有 D_i, 要么走上轨, 要么走下轨流入收点 t_1.

对 u_i 赋值如下: 当且仅当 f_1 走 D_i 的下轨时, u_i 取“真”值. 于是, 当 u_i 取“真”值时, 第二种商品必然由 D_i 的上轨通过包含 u_i 的某些句子顶点. 因 $F_2 = m$, 故通过每个句子顶点 C_j 的是第二种商品的单位流. 设过 C_j 的这个单位流来自第 i 个子有向图 D_i, 当它来自上轨时, $u_i \in C_j$, 第一种商品流走下轨, 此时 u_i 取“真”值; 当这个商品流来自 D_i 下轨时, $\bar{u}_i \in C_j$, 第一种商品流走上轨, 此时 u_i 取“假”值. 所以每个 C_j 必含有一个取“真”值的文字, 故 C_j 皆可适定. 从而 $\mathscr{C}$ 是可适定的.

②若存在 U 的一个真值分配, 使 $\mathscr{C}$ 中所有句子都可适定, 则令第一种商品流经过 D_i 的下轨当且仅当 u_i 取“真”值. 因每个句子 C_j 至少包含一个取“真”值的文字 u_i 或 $\bar{u}_i$, 当 u_i 取“真”值 (或“假”值) 时, 使用 D_i 的下轨 (或上轨) 流过第一种商品一个单位, 而使用上轨 (或下轨) 由 s_2 到 C_j 流过第二种商品一个单位. 于是 $F_1 = 1$, $F_2 = m$, 故满足要求的整流函数 f_1, f_2 存在.

综上所述, SAT$\propto$ 简单 D_2CIF. 所以简单 D_2CIF$\in$NPC. □

(2) 无向网络两商品整流 (简称 U_2CIF)

除图是无向图外, U_2CIF 的实例与 D_2CIF 的实例相同定义. 注意流是有方向性的, $\forall k \in \{1,2\}, \forall v_i \in V$, 规定流出的量 $f_k(v_i, v_j)$ 为正, 流入的量 $f_k(v_j, v_i)$ 为负, 条件 (i) 改写为

$$|f_1(v_i, v_j)| + |f_2(v_i, v_j)| \leqslant c(v_i, v_j), \forall v_i v_j \in E.$$

守恒条件 (ii) 含义不同, 是指 $\forall v \in V\backslash\{s_i, t_i\}$, 第 i 种商品流入 v 的量与流出 v 的量相同, 即

$$\sum_{v_j \in N(v)} (f_i(v_j, v) + f_i(v, v_j)) = 0, i = 1, 2.$$

条件 (iii) 中第 i 种商品总流量 $F_i = \sum_{v \in N(s_i)} f_i(s_i, v)(i = 1, 2)$ 要求满足需求, 即 $F_i \leqslant R_i, i = 1, 2$.

同样, 称所有边的容量都等于 1 的 U_2CIF 是简单的.

定理 11.32　简单 U_2CIF∈NPC.

证明　只需证简单 D_2CIF∝ 简单 U_2CIF.

给定 D_2CIF 的任一实例: 有向图 $D = (V, A)$, 发点 s_1, s_2, 收点 t_1, t_2, 需求量 R_1, R_2, 所有弧容量为 1. 下面我们构造 U_2CIF 的一个实例.

首先, 我们添加新的发点 $\tilde{s}_1, \tilde{s}_2$ 和收点 $\tilde{t}_1, \tilde{t}_2$, 并且用 R_i 条重弧连接 $\tilde{s}_i$ 到 s_i, 用 R_i 条重弧连接 t_i 到 $\tilde{t}_i$, $i = 1, 2$. 于是我们得到有向图 $D' = (V', A')$, 限定所有弧容量 1, 显然, 在 D' 中存在满足要求的流 f_1, f_2 当且仅当 f_1, f_2 在 D 中也满足要求.

其次, 对 D' 的每条弧 (v_i, v_j) 替换无向子图 $H_{v_iv_j}$, 结构示意图如图 11.17 所示. 注意 v_i 可以是发点, v_j 可以是收点.

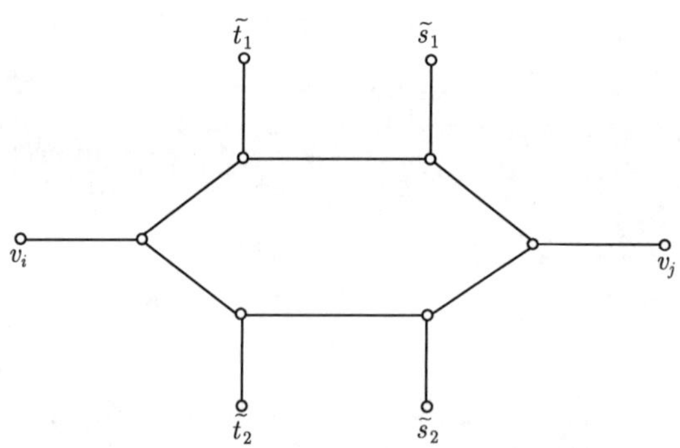

图 11.17　无向子图 $H_{v_iv_j}$

这样, 我们得到 U_2CIF 的一个实例: 无向图 $H = \bigcup_{(v_i,v_j)\in A'} H_{v_iv_j}$, 发点为 $\tilde{s}_1, \tilde{s}_2$, 收点 $\tilde{t}_1, \tilde{t}_2$, 所有边的容量为 1, 需求量 $R_1' = R_1 + |A'|$, $R_2' = R_2 + |A'|$. 显然可在多项式时间内由 D_2CIF 的实例构造出来.

不妨设 $R_1 + R_2 \leqslant |A|$(否则对 D_2CIF 的实例的回答为“否”).

①假若有向图 D' 存在满足需求 R_1, R_2 的两种商品的可行整数流, 通过弧 $(v_i, v_j) \in A'$ 的流量只有三种可能方式:

(i) $f_1(v_i, v_j) = f_2(v_i, v_j) = 0$,

(ii) $f_1(v_i, v_j) = 1, f_2(v_i, v_j) = 0$,

(iii) $f_1(v_i, v_j) = 0, f_2(v_i, v_j) = 1$.

相应地, 可定义 H 的两个可行整数流, 通过子图 $H_{v_iv_j}$ 的三种方式如图 11.18 所示.

容易看出, 在 H 中按上述定义所得的两个可行整数流的流值 $\geqslant R_i+|A'|, i=1,2$.

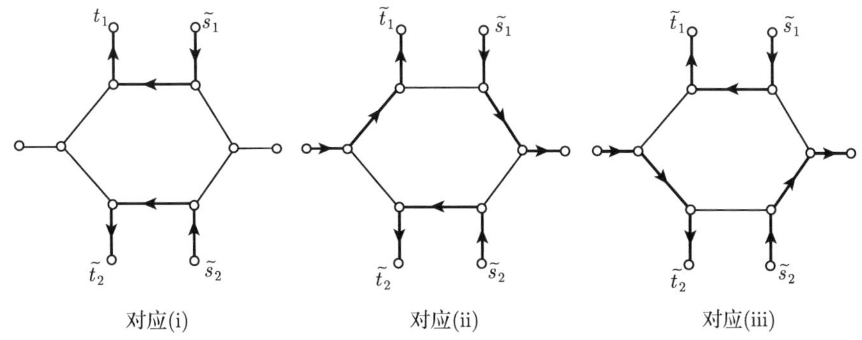

图 11.18 子图 $H_{v_iv_j}$ 上三种流的方式

②反之, 如果无向图 H 存在满足需求 R_1', R_2' 的两种商品的可行整数流, 那么由于与 $\tilde{s}_i$(或 $\tilde{t}_i$) 关联的边恰好为 R_i'(i=1,2) 条, 每条边必然流过第 i 种商品一个单位流. 容易看出, 通过 $H_{v_iv_j}$ 的流只有图 11.18 所示三种方式, 相应地按 (i), (ii), (iii) 可定义关于 D' 的两个满足需求 R_1, R_2 的可行整数流.

所以, 简单 $\mathrm{D_2CIF}\propto$ 简单 $\mathrm{U_2CIF}$. □

在这里, 定理 11.31 使用组合设计证明技术, 而定理 11.32 使用局部替换技术.

从这两个定理, 得知两商品整流问题以及 m 商品整流问题 ($m\geqslant 2$) 都是 NP 完全问题.

11.7.3 赋权混合图上的邮递员 (postman for weighted mixed graph, 简称 PWM) 问题

根据 10.3 节和 10.4 节, 赋权图和赋权有向图上邮递员问题都是 P 类问题. 但是, 赋权混合图上的邮递员问题却是 NP 完全问题. 为了方便, 我们给出混合邮路的添加费用的概念. 所谓添加费用, 即混合邮路中所有边和弧的权值之和减去混合图中所有边和弧的权值之和, 最优混合邮路的添加费用称为最优添加费用.

实例 给定一个赋权混合图 $H=(V,E\cup A,w)$, $\forall e\in E\cup A, w(e)\in\mathbb{N}_+$, 界 $K\in\mathbb{N}_+$.

问 是否存在 H 的一条添加费用不超过 K 的混合邮路?

引理 11.33 对图 11.19 所示结构的赋权混合图, 最优添加费用为 2, 而且在任一最优混合邮路中或者 vv_1 和 vv_3 进入 v 且 vv_2 和 vv_4 离开 v, 或者相反情况发生. (在本小节里, 我们约定未特别标明的边和弧的权都是 1.)

证明 显然, 在最优混合邮路中, 与 v 关联的四条边肯定有两条进入 v, 而另外两条离开 v, 于是对这四条边有六种可能定向, 定向后得到有向图 D. 不管这四

条边如何定向, v, v_5, v_6 总是平衡点. 记 $\sigma(v_i) = d_D^-(v_i) - d_D^+(v_i)$, 可简记为 σ_i. 表 11.2 列出了对边 vv_1, vv_2, vv_3, vv_4 各种可能定向后, 各顶点关联情况及定向图的最优添加费用.

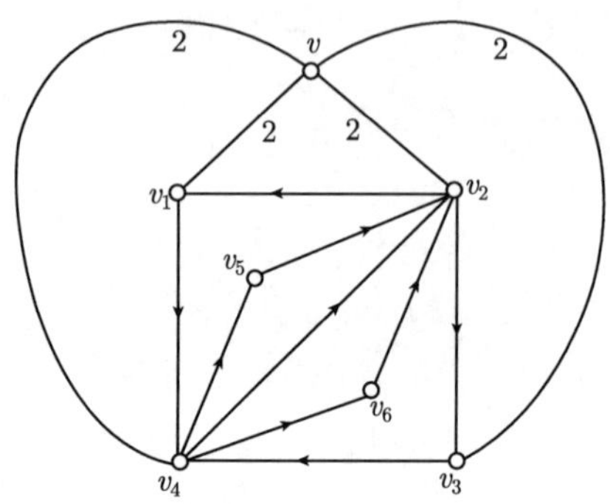

图 11.19　赋权混合图 $H = (V, E \bigcup A, w)$

表 11.2　各顶点关联情况及最优添加费用

	(v_1, v) (v_2, v)	(v_1, v) (v_3, v)	(v_1, v) (v_4, v)	(v_2, v) (v_3, v)	(v_2, v) (v_4, v)	(v_3, v) (v_4, v)
$\sigma(v_1)$	-1	-1	-1	1	1	1
$\sigma(v_2)$	0	2	2	0	0	2
$\sigma(v_3)$	1	-1	1	-1	1	-1
$\sigma(v_4)$	0	0	-2	0	-2	-2
最优添加费用	3	2	4	3	2	4

上表中的最优添加费用同 10.4.2 小节一样, 是通过构造一个赋权的完全二部图 $G = (X, Y, E, \tilde{w})$ 作为辅助图得到的, 方法如下: 记

$$S = \{v_i \in V | \sigma_i > 0\}, T = \{v_i \in V | \sigma_i < 0\}.$$

$\forall v_i \in S$, 作 σ_i 个顶点 $x_{i,1}, x_{i,2}, \cdots, x_{i,\sigma_i}$; $\forall v_j \in T$, 作 $|\sigma_j|$ 个顶点 $y_{j,1}, y_{j,2}, \cdots, y_{j,|\sigma_j|}$. 再令

$$\begin{aligned} X =& \{x_{i,p} | v_i \in S, p = 1, 2, \cdots, \sigma_i\}, \\ Y =& \{y_{j,q} | v_j \in T, q = 1, 2, \cdots, |\sigma_j|\}, \\ E =& \{x_{i,p} y_{j,q} | x_{i,p} \in X, y_{j,q} \in Y\}, \end{aligned}$$

其中 G 中边 $x_{i,p} y_{j,q}$ 的权等于 D 中从顶点 v_i 到顶点 v_j 的最短路的权, $p = 1, 2, \cdots, \sigma_i, q = 1, 2, \cdots, |\sigma_j|$. 于是, 只要求出 G 的一个最小权完美匹配, 它的边所对应的最短路上的每条弧都作为添加弧加到 D 中去得到有向 Euler 图, 求出其

有向 Euler 闭迹即为最优有向邮路, 最优添加费用即为最小权完美匹配的权. 例如, 若令 vv_1, vv_4 进入 v, 而让 vv_2, vv_3 离开 v, 所得到的定向图所对应的辅助图为图 11.20, 最优有向邮路对应的定向图为图 11.21, 添加费用为 4. 引理证毕. □

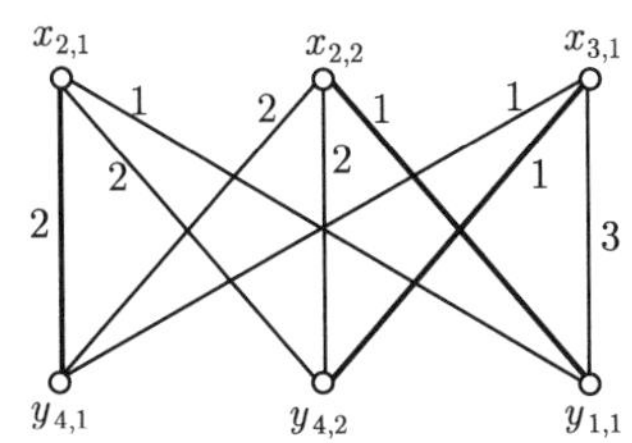

图 11.20 辅助图及其最小权完美匹配

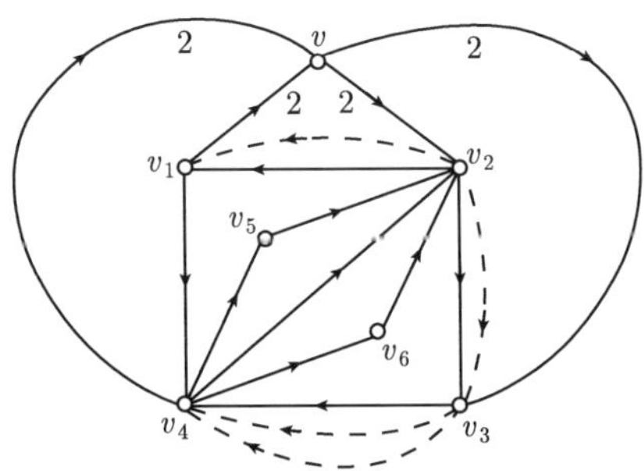

图 11.21 最优有向邮路对应的定向图

在图 11.22 中, (b) 是 (a) 所示混合图的一个简略记法.

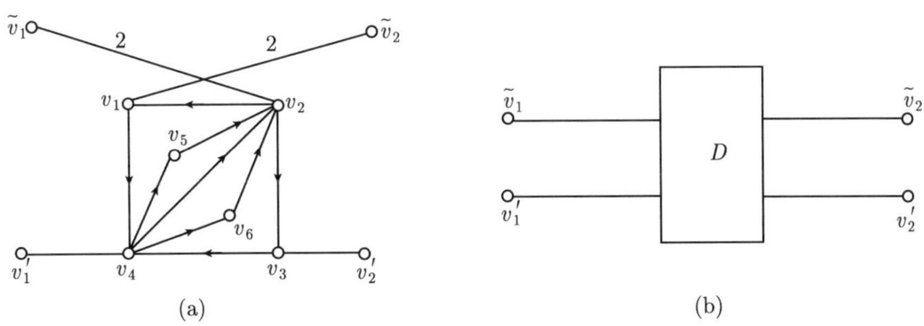

图 11.22 混合图及其简略图

由引理 11.33 知, 若混合图 H 包含 m 个 D 的复制, 则 H 的最优混合邮路的添加费用至少是 $2m$. 而且, 如果在所有 m 个 D 的复制中, 令边 $\tilde{v}_1v_2$ 和 $v_1'v_4$ 进入 D, 边 $\tilde{v}_2v_1$ 和 $v_2'v_3$ 离开 D(或相反情况), 另外假设 H 中 D 以外的其他所有非零权的边和弧恰好通过一次, 那么就得到一个添加费用为 $2m$ 的最优邮路. 所以, 可以

直观地认为 D 的功能就是给两对边在最优邮路中定向.

现在我们定义扇形图 $H(n)$, 它是形如图 11.23 结构的混合图. 显然, 若 H 包含 $H(n)$, 则 $H(n)$ 对 H 的最优混合邮路贡献的添加费用为 $2(n-1)$, 而且由于 $H(n)$ 中出现 $n-1$ 次 D, 必然使边 $s_1t_1, s_2t_2, \cdots, s_nt_n$ 或者全部进入 $H(n)$, 或者全部离开 $H(n)$, 而边 $hr_1, hr_2, \cdots, hr_n$ 的则与此相反.

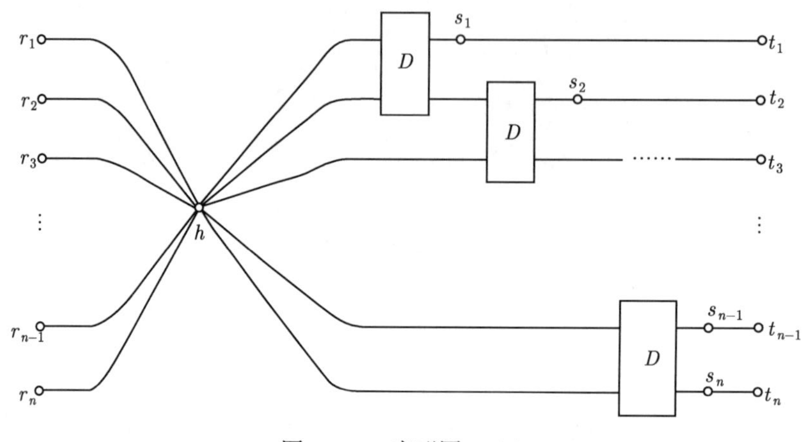

图 11.23 扇形图 $H(n)$

定理 11.34 PWM∈NPC.

证明 显然 PWM∈NP, 这是因为, 非确定性算法猜想赋权混合图 H 的一个混合邮路, 然后可在多项式时间内查明该邮路是否满足要求.

往证 3SAT∝PWM.

给定 3SAT 的任一实例: 布尔变量集 $U=\{u_1, u_2, \cdots, u_n\}$, 句子集 $\{C_1, C_2, \cdots, C_m\}$. 令 p_j 是文字 u_j 在句子中出现的总次数, q_j 是文字 $\bar{u}_j$ 在句子中出现的总次数, 并记 $g_j=\max\{p_j, q_j\}>0, K=2\sum_{j=1}^{n}(g_j-1)$. 我们将构造赋权混合图 H, 使 H 有添加费用不超过 K 的混合邮路当且仅当存在 U 的一个真值分配使所有句子皆可适定.

首先增加一个新顶点 v, 对每个句子 C_i, 增加两个顶点 v_i 及 v_i', 连接弧 (v, v_i), (v, v_i') 及 (v_i', v), 并赋权 1; 连接弧 (v_i, v), 赋权 0. 然后对每个变量 u_j, 构造扇形图 $H(g_j)$: 若 $\bar{u}_j$ 出现在句子 C_p 中, 则在 $H(g_j)$ 中令某个 r_h 与 v_p 重合; 若 u_j 出现在句子 C_p 中, 则在 $H(g_j)$ 中令某个 t_h 与 v_p 重合; 再将 $H(g_j)$ 中余下的 $\{r_i\}$ 和 $\{t_i\}$ 与 v 重合. 这样就完成了 H 的构造. 显然 H 可在多项式时间内构造出来.

例如, 对句子集 $\{\{u_1, \bar{u}_1, \bar{u}_2\}, \{u_1, u_2, \bar{u}_3\}, \{u_1, u_3, \bar{u}_3\}\}$, 有 $g_1=3, g_2=1, g_3=2$, 对应的混合图如图 11.24 所示. 给定一个使该句子集可适定的真值分配 $t(u_1)=$T,

$t(u_2)$ =F, $t(u_3)$ =T, 确定 H 的一个定向图, $\sigma(v_i)$ 被标出 $(i=1,2,3)$, 并用圆圈圈起来, 如图 11.24 所示.

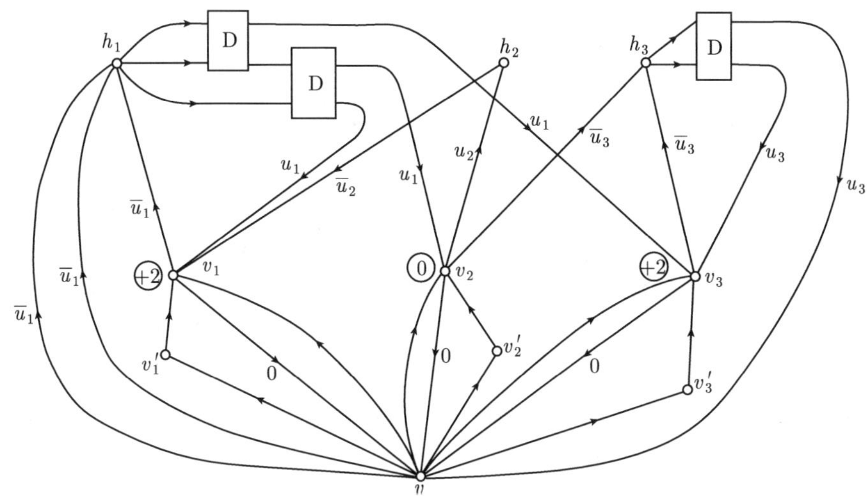

图 11.24 赋权混合图 H

(1) 假设 t 是一个使 $\{C_1,C_2,\cdots,C_m\}$ 可适定的真值分配, 若 $t(u_j)$ =T, 令边 $s_it_i(i=1,2,\cdots,g_j)$ 定向离开 u_j 所对应的子图 $H(g_j)$, 否则定向为进入 $H(g_j)$. 因为每个句子中含有一个取“真”值的文字, 故与 v_i 相连的来自 $\{H(g_i)\}$ 的三条边中至少有一条边定向后进入 v_i, 于是这样得到的定向图中保证对所有顶点 v_i 有 $\sigma(v_i)\geqslant 0(i=1,2,\cdots,m)$. 若 $\sigma(v_i)>0$, 则将弧 (v_i,v) 复制为 $\sigma(v_i)$ 条, 于是所有顶点 v_i 都成为平衡点 $(i=1,2,\cdots,m)$, 且由于 (v_i,v) 的权为 0, 因此上述作法不改变最优邮路的添加费用. 容易看出 $\sigma(v)=-\sum\limits_{i=1}^{m}\sigma(v_i)$, 故通过添加 $\sigma(v_i)$ 条弧 (v_i,v) 后, 顶点 v 也成为平衡点. 这样, H 的最优邮路的添加费用恰好由 $K/2$ 个 D 的复制提供, 由引理 11.33, H 的最优邮路的添加费用为 K.

(2) 反之, 若 H 有添加费用至少为 K 的邮路, 则因包含 $K/2$ 个 D 的复制, 且它们提供的费用至少为 K, 故 H 有一个添加费用为 K 的最优邮路, 它确定 H 的一个定向图 H'. 如果对于变量 u_j 对应的子图 $H(g_j)$, 所有 $s_it_i(i=1,2,\cdots,g_j)$ 定向为离开 $H(g_j)$, 则令 $t(u_j)$ =T, 否则令 $t(u_j)$ =F. 容易看出 H' 中所有顶点 $v_i(i=1,2,\cdots,m)$ 都有 $\sigma(v_i)\geqslant 0$(否则最优邮路的添加费用大于 K), 因此至少有一条从某个子图 $H(g_j)$ 过来的边定向为进入 v_i, 即取“真”值的文字 u_j(或 $\bar{u}_j$) 出现在句子 C_i 中, 所以 C_i 关于 t 可适定 $(i=1,2,\cdots,m)$.

综上所述, 3SAT$\propto$PWM. 所以 PWM$\in$NPC. □

更多的 NP 完全问题请参考 [31], 该书比较全面地列出了有代表性的已知 NP 完全问题的清单. 另外, 在本章的习题里, 我们为读者提供了若干 NP 完全问题, 这些精选的问题可以帮助读者掌握 NP 完全性的证明技术.

11.8 NP 难问题

众所周知, NP 完全问题必须是 NP 类问题, 并且所有 NP 问题都可在多项式时间内变换成该问题. NP 完全问题是 NP 类中难度最大的问题. 但是有些问题, 也许能够证明所有 NP 问题都可在多项式时间内变换成该问题, 然而不能证明该问题是 NP 的, 那么该问题就没有资格当做 NP 完全的, 不过它至少与任何 NP 问题有相同难度, 因此称之为 NP 难 (NP-hard) 问题 (这一定义是比较狭义的, [31] 中用 Turing 机归结的概念精确定义了 NP 难问题). 我们知道, 最优化问题不是判定形式, 因此不是 NP 类的, 如果它们的判定形式是 NP 完全的, 那么用 NP 难问题来称呼这样的最优化问题是方便的.

在实际工作中, 人们往往希望得到某个最优化问题的最优解, 一旦我们知道它是 NP 难问题, 那么就不能有效地解决这个一般问题. 对于 NP 难问题, 通常有如下两个研究途径:

(1) 仍从问题的最优解出发考虑该问题, 但试图针对具体问题进行具体分析, 以期得到令人满意的结果. 主要有以下几种做法:

① 采用穷举搜索法. 为了减少搜索工作量, 广泛使用的是分枝定界法和动态规划方法. 分枝定界法是在一个树形结构的搜索过程中生成许多 "部分解", 通过有效的定界方法识别出那些不可能扩充成最优解的部分解, 从而剪去这一步搜索的所有分枝. 动态规划方法则是把问题化为一系列相互联系、形式相似的子问题, 然后逐个解决这些相对简单的子问题. 动态规划方法往往可得到一些伪多项式算法. 另外, 割平面法, Lagrange 松弛法等也是行之有效的方法. 这里提到的这几种方法可参见 [7].

② 由于时间复杂性分析是最坏情况的分析, 因此实际中有一些算法 (例如, 线性规划的单纯形法), 虽然具有指数时间复杂性, 但却经常可在多项式时间内得到最优解. 这种算法很有实践意义, 可通过数值实验的方法来寻找和比较这种算法.

③ 对问题附加一些限制得到特殊的子问题, 使得能利用特殊性质有效地解决这个特例.

例如, 已知团问题是 NP 完全的, 但如果限制成平面图, 得到平面图的团问题, 那么由 Kuratowski 定理 (参见 [3], [67] 和 [74]) 可知, 平面图 $G=(V,E)$ 的最大团至多只有 4 个顶点, 因此, 即使是用枚举法也能在 $O(|V|^4)$ 时间内找出 G 的最大团来, 故平面图的团问题属于 P 类. 再比如, 已知赋权混合图上的邮递员问题是 NP

完全的, 但如果限制成 10.5.2 小节中的邮递员问题, 那么它存在多项式算法, 从而属于 P 类的.

这种研究方法是经典的. 如果在证明某个问题是 NP 难问题之后, 又试图找出它的能有效求解的特例, 那么可以对问题进行某些常用的限制, 如平面性, 度有界, 权限制等. 有趣的是, 我们并不总是幸运地发现这样的特例, 也就是说, 某些 NP 完全问题即使是受到很本质的限制, 它仍保持 NP 完全性. 比如, 前面讨论过的 Hamilton 圈问题是 NP 完全的, 如果限制图 $G=(V,E)$ 是平面图或所有顶点的度都等于 3, 仍保持 NP 完全性; ILP 是 NP 完全问题, 并且 0-1 规划问题的判定形式也是 NP 完全问题.

(2) 寻找该问题的近似算法, 这是目前比较流行的研究方法. 这就是说, 我们不奢求寻找到问题的最优解的有效方法, 而只是寻找到一个可以接受的、比较接近最优解的可行解来作为近似解, 从而通过牺牲性能上的要求 (从求最优解降为寻找近似解), 来实现时间复杂性方面的改进, 以期得到多项式算法. 所以, 对一个近似算法的评价, 既有其性能方面的考虑, 又有其时间复杂性方面的考虑, 我们通常要求其时间复杂性应为多项式的, 并且次数越低越好. 值得注意的是, 对近似算法的性能分析是极为困难的, 有时甚至比提出一个算法要困难得多. 关于近似算法的具体概念以及有关的评价指标, 我们将在下一章给出详细的说明, 并通过几个具体的 NP 难问题的近似算法来加深读者对它们的理解.

习 题 11

使用限制技术证明下列各问题 (1~5) 是 NP 完全问题.

1. 最长链 (longset path)

实例 图 $G=(V,E)$, 正整数 $K\leqslant|V|$.

问 G 是否存在一条长不小于 K 的链?

2. 包装 (set packing)

实例 有限集族 $\mathscr{C}$, 正整数 K.

问 $\mathscr{C}$ 是否包含 K 个两两不相交的集合?

3. 装箱 (bin packing)

实例 有限个物品的集合 S, $\forall s\in S$, 体积 $a(s)\in\mathbb{N}_+$, 箱子的容积 $b\in\mathbb{N}_+$, 正整数 K.

问 是否存在 S 的一个划分 $S_1,S_2,\cdots,S_K$, 使 $\sum\limits_{s\in S_i}a(s)\leqslant b(i=1,2,\cdots,K)$ 成立?

4. 瓶颈旅行商 (bottleneck travelling salesman) 问题

实例 n 个城市的集合 V, 任何两个城市 v_i, v_j 间的距离 $d(v_i,v_j)\in\mathbb{N}_+$, 正整数 K.

问 是否存在访问每个城市恰好一次的旅行路线, 使得相邻访问的城市间的距离不大于 K?

5. 最大公共子图 (largest common subraph)

实例 图 $G_1=(V_1,E_1)$, $G_2=(V_2,E_2)$, 正整数 K.

问 是否存在子集 $E_1'\subseteq E_1$ 和 $E_2'\subseteq E_2$, 满足 $|E_1'|=|E_2'|\geqslant K$ 且使子图 $G_1'=(V_1',E_1')$, $G_2'=(V_2',E_2')$ 同构?

使用局部替换技术证明下列各问题 (6~8) 是 NP 完全问题.

6. 支配集 (dominating set)

实例 简单图 $G=(V,E)$, 正整数 $K\leqslant|V|$.

问 是否存在子集 $V'\subseteq V$, 满足 $|V'\leqslant K$ 且使 $\forall v\in V\backslash V'$, 在 V' 中至少有一个顶点与 v 相邻?

7. 顶点反馈集 (feedback vertex set)

实例 有向图 $D=(V,A)$, 正整数 $K\leqslant|V|$.

问 是否存在子集 $V'\subseteq V$, 满足 $|V_1'|\leqslant K$ 且使 D 中任何回路都包含 V' 中至少一个顶点?

8. 堆垛起重机 (stacker-crane)

实例 赋权混合图 $H=(V,E\cup A,w)$, $\forall e\in E\cup A$, 有 $w(e)\in\mathbb{N}$, 界 $B\in\mathbb{N}_+$.

问 H 是否包含一个混合闭途径, 它通过 A 的每条弧至少一次且它的总权值至多为 B?

使用组合设计技术证明下列各问题 (9~10) 是 NP 完全问题.

9. 3 色问题 (garph 3-colorability)

设 G 是无环图, 若把 G 的每个顶点都染上颜色, 并且使 G 的任意一对相邻顶点的颜色不同, 这种染法称为 G 的着色. 在 G 的着色中所需最少的颜色数目, 称为 G 的色数, 记为 $\chi(G)$.

实例 简单图 $G=(V,E)$.

问 $\chi(G)\leqslant 3$ 吗?

10. 划分为长为 2 的链 (partion into paths of length 2)

实例 图 $G=(V,E)$, $|V|=3q, q\in\mathbb{N}_+$.

问 是否存在 V 的划分 $V_1,V_2,\cdots,V_q$, 其中每个 $V_i=\{v_i[1],v_i[2],v_i[3]\}$, 使边 $\{v_i[1], v_i[2]\}$, $\{v_i[2],v_i[3]\}$, $\{v_i[1],v_i[3]\}$ 中至少有两条边在 E 中?

11. 证明下述结论:

(1) 在 SAT 问题中, 即使限制每个布尔变量 u_i 出现一次否定 $(\bar{u}_i)$ 和一次或两次肯定 (u_i), 它仍然是 NP 完全的.

(2) 在 SAT 问题中, 如果限制每个子句只出现两个文字, 那么它是 P 类问题.

12. 证明: 对于所有顶点的度都是 3 的简单图, HC 问题仍是 NP 完全的.

13. 证明: 在 $O(n)$ 时间内能检查一个 n 阶平面图是否存在 4 个顶点的团.

第12章　近似算法

对于一个 NP 难问题, 我们不能奢望找到多项式最优算法, 因此考虑它的多项式近似算法.

本章先给出关于近似算法的基本概念, 然后分别讨论了装箱问题、平行机排序问题、旅行商问题、背包问题的近似算法, 最后给出近似算法性能的一些否定结果.

12.1　近似算法的性能

为了定义近似算法, 下面给出组合最优化问题的数学定义.

一个组合最优化问题 π 是一个最小化或最大化问题, 由三部分组成: 实例的集合 $\mathscr{I}_\pi$; $\forall I \in \mathscr{I}_\pi$, 有一个有限的可行解集合 $F_\pi(I)$; 有一个目标函数 g_π, 使得 $\forall I \in \mathscr{I}_\pi$ 及 $\sigma \in F_\pi(I)$, 赋予一个正有理数 $g_\pi(I,\sigma)$, 称为解 σ 的目标值.

对于最小 (大) 化问题, 称 $\sigma^* \in F_\pi(I)$ 为 $I \in \mathscr{I}_\pi$ 的最优解是指 $\forall \sigma \in F_\pi(I)$, 恒有

$$g_\pi(I,\sigma^*) \leqslant g_\pi(I,\sigma)(g_\pi(I,\sigma^*) \geqslant g_\pi(I,\sigma)).$$

最优解 σ^* 的目标值 $g_\pi(I,\sigma^*)$ 称为 I 的最优值, 记作 $\mathrm{OPT}_\pi(I)$, 当问题明确时通常省略下标 π.

称算法 $\mathscr{A}$ 是 π 的一个近似算法 (approximation algorithm) 是指: $\forall I \in \mathscr{I}_\pi$, 应用算法 $\mathscr{A}$ 总可以找出 I 的一个可行解 $\sigma \in F_\pi(I)$. 对应的解的目标值 $g_\pi(I,\sigma)$ 记作 $\mathscr{A}(I)$, 表示由算法 $\mathscr{A}$ 得到的 I 的目标值. 若 $\forall I \in \mathscr{I}_\pi$, 都有 $\mathscr{A}(I) = \mathrm{OPT}(I)$, 则称 $\mathscr{A}$ 是 π 的一个最优算法.

例如, 旅行商问题是一个最小化问题, 它的实例为: 给定有限个城市和它们之间的距离. 对一个给定的实例, 它的可行解的集合是这些城市的所有循环排列, 它确定的旅行路线的长度是其代表的解的目标值. 该问题的一个近似算法只是寻找一个经过每个城市恰好一次的旅行路线, 而最优算法必须找一个长度最小的旅行路线.

近似算法并不保证给出最优解, 那么应当如何来评价近似算法的好坏呢? 主要是基于两个方面的考虑. 首先是时间复杂性方面的要求, 即要求是一个多项式算法; 其次是性能方面的要求, 即希望所求得的近似解尽可能地“接近”最优解. 可以从不同角度来评价近似算法性能, 大体上可以分为三类: 第一类是以算法在最坏情况下的行为为标准, 研究算法得到的近似解与最优解的接近程度, 越接近越好; 第二类

是以算法的平均行为为标准, 研究得到最优解的概率; 第三类是局部搜索算法, 寻找局部最优解, 这种算法有时很好, 有时很坏, 只能通过实践加以评定. 本章所讨论的都是第一种类型.

为了更好地从性能方面来讨论近似算法, 需要给出度量近似算法性能的两个指标.

设 π 是一个最小 (大) 化问题, I 是 π 的实例. 设 $\mathscr{A}$ 是 π 的一个近似算法, 由 $\mathscr{A}$ 得到的目标值为 $\mathscr{A}(I)$, 而 I 的最优目标值为 $\mathrm{OPT}(I)$, 记

$$R_{\mathscr{A}}(I)=\frac{\mathscr{A}(I)}{\mathrm{OPT}(I)}\left(R_{\mathscr{A}}(I)=\frac{\mathrm{OPT}(I)}{\mathscr{A}(I)}\right),$$

π 的近似算法 $\mathscr{A}$ 的绝对性能比 (absolute performance ratio) 定义为

$$R_{\mathscr{A}}=\inf\{r|R_{\mathscr{A}}(I)\leqslant r,\forall I\in\mathscr{I}_{\pi}\}.$$

$\mathscr{A}$ 的渐近性能比 (absolute performance ratio) 定义为

$$R_{\mathscr{A}}^{\infty}=\inf\{r|\exists N\in\mathbb{N}_{+},\forall\mathrm{OPT}(I)\geqslant N\text{的实例}I,\text{有}R_{\mathscr{A}}(I)\leqslant r\}.$$

渐近性能比还有如下更为直观的定义方式.

通过 $\forall N\in\mathbb{N}_{+}$, 定义 N 性能比

$$R_{\mathscr{A}}^{(N)}=\inf\{r|\forall\mathrm{OPT}(I)\geqslant N\text{的实例}I,\text{有}R_{\mathscr{A}}(I)\leqslant r\},$$

可将 $\mathscr{A}$ 的渐近性能比表示为

$$R_{\mathscr{A}}^{\infty}=\inf_{N}R_{\mathscr{A}}^{(N)}.$$

由于 $R_{\mathscr{A}}^{(N)}$ 关于 N 是单调减少的, 因此

$$R_{\mathscr{A}}^{\infty}=\lim_{N\to\infty}R_{\mathscr{A}}^{(N)}.$$

若取 $N=1$, 得到 $R_{\mathscr{A}}^{(1)}=R_{\mathscr{A}}$, 从而有

$$R_{\mathscr{A}}=R_{\mathscr{A}}^{(1)}\geqslant R_{\mathscr{A}}^{(2)}\geqslant\cdots\geqslant R_{\mathscr{A}}^{\infty}.$$

显然, $1\leqslant R_{\mathscr{A}}\leqslant\infty$, $1\leqslant R_{\mathscr{A}}^{\infty}\leqslant\infty$, 它们越接近 1, 说明 $\mathscr{A}$ 的性能越好, 即近似程度越高. 虽然 $R_{\mathscr{A}}^{\infty}\leqslant R_{\mathscr{A}}$, 但却未必有 $R_{\mathscr{A}}^{\infty}=R_{\mathscr{A}}$. 尽管 $R_{\mathscr{A}}$ 和 $R_{\mathscr{A}}^{\infty}$ 都可以度量近似算法 $\mathscr{A}$ 的性能, 但不同的问题使用它们的方便程度不同. 有时甚至根据问题的需要选用其他度量, 如绝对偏差$|\mathscr{A}(I)-\mathrm{OPT}(I)|$, 相对偏差 $\dfrac{|\mathscr{A}(I)-\mathrm{OPT}(I)|}{\mathrm{OPT}(I)}$ 等.

讨论近似算法的性能比是对算法近似程度的一种最坏情况分析. 若 $R_{\mathscr{A}} = r$, 说明即使在最坏情况下, 算法 $\mathscr{A}$ 的解值 $\mathscr{A}(I)$ 也不超过最优值 $\mathrm{OPT}(I)$ 的 r 倍 (对最小化问题), 或最优值 $\mathrm{OPT}(I)$ 不超过 $\mathscr{A}(I)$ 的 r 倍 (对最大化问题).

我们再给出所谓近似方案. 对最优化问题 π, $\{\mathscr{A}_\varepsilon\}_{\varepsilon>0}$ 是 π 的一族近似算法, 对 π 的任何实例 I 及给定的"精度要求" $\varepsilon > 0$, 应用近似算法 ε 能求得 I 的一个近似解, 且满足

$$R_{\mathscr{A}_\varepsilon}(I) \leqslant 1 + \varepsilon,$$

则称 $\{\mathscr{A}_\varepsilon\}_{\varepsilon>0}$ 是一个近似方案 (appoximation scheme).

若对每个 $\varepsilon > 0$, $\mathscr{A}_\varepsilon$ 是一个多项式近似算法, 则称 $\{\mathscr{A}_\varepsilon\}_{\varepsilon>0}$ 是多项式近似方案 (polynomial-time appoximation scheme). 进一步地, 若近似算法 $\mathscr{A}_\varepsilon$ 的时间复杂性是关于实例 I 的规模和 $1/\varepsilon$ 的多项式函数, 则称 $\{\mathscr{A}_\varepsilon\}_{\varepsilon>0}$ 为全多项式近似方案 (full polynomial-time appoximation scheme).

12.2 装箱问题

装箱问题 (bin packing) 可以描述如下:

设有 n 个物品 $s_1, s_2, \cdots, s_n$ 要装箱发送, 物品 s_i 的体积为 $a_i \in (0,1)(i = 1, 2, \cdots, n)$, 现在规定每个箱子的容量为 1, 问应如何确定装箱方案使这 n 个物品全部装下且所用的箱子数目达最小.

装箱问题是 NP 难问题 (见习题 11 第 3 题). 下面介绍它的几个近似算法.

12.2.1 NF(next fit) 近似算法

该算法的作法是随到随装, 装不下就封箱运走. 将 n 个物品 $s_1, s_2, \cdots, s_n$ 依次装箱, 设 $s_1, s_2, \cdots, s_i$ 已装入 B_1 箱, 且 $1 - (a_1 + \cdots + a_i) < a_{i+1}$, 即 s_{i+1} 不能装入 B_1 箱, 则 B_1 箱虽未装满也封箱送走, s_{i+1} 装入到下一箱子 $B_2 \cdots\cdots$.

这种装箱方法适合于流水线作业, 其复杂性为 $O(n)$. 现在来分析它的性能.

定理 12.1 对装箱问题的任何实例 I, 均有

$$\mathrm{NF}(I) \leqslant 2\mathrm{OPT}(I) - 1. \tag{12.1}$$

证明 设一共用了 l 个箱子, 即 $\mathrm{NF}(I) = l$, 每个箱子中装入物品的体积为 $c(B_1), c(B_2), \cdots, c(B_l)$, 由算法知

$$c(B_j) + c(B_{j+1}) > 1, j = 1, 2, \cdots, l - 1.$$

否则, 两个箱子的物品可以合在一起放在一个箱子中. 所以

$$\sum_{j=1}^{l} c(B_j) > \begin{cases} \dfrac{l}{2}, & \text{当}l\text{为偶数}, \\ \dfrac{l-1}{2}, & \text{当}l\text{为奇数}. \end{cases}$$

于是

$$\mathrm{OPT}(I) \geqslant \sum_{i=1}^{n} a_i = \sum_{j=1}^{l} c(B_j) > \left\lceil \frac{l-1}{2} \right\rceil.$$

由于 OPT(I) 为整数, 因此

$$\mathrm{OPT}(I) \geqslant \left\lceil \frac{l-1}{2} \right\rceil + 1 \geqslant \frac{l+1}{2},$$

将 l=NF(I) 代入上式便得 (12.1) 式. □

例 12.1 设物品集 $s = \{s_1, s_2, \cdots, s_{4m}\}$, 各物品的体积为

$$a_i = \begin{cases} \dfrac{1}{2}, & i\text{为奇数}, \\ \dfrac{1}{2m}, & i\text{为偶数}. \end{cases}$$

对这个实例 I, 易知 $\mathrm{OPT}(I) = m + 1$, 而 $\mathrm{NF}(I) = 2m$, 从而

$$\frac{\mathrm{NF}(I)}{\mathrm{OPT}(I)} = \frac{2m}{m+1} \to 2(m \to \infty).$$ □

由定理 12.1 和例 12.1, 我们有

推论 12.2

$$R_{\mathrm{NF}} = 2.$$ □

12.2.2 FF(first fit) 近似算法

这是一种较为直观的、容易想到的装箱方法. 其基本思想是将 n 个物品 $s_1, s_2, \cdots, s_n$ 顺次装箱, 设箱的次序为 $B_1, B_2, \cdots$; 对某个物品 s_i, 它总是被装到第一个能装下它的箱子中, 也就是说物品 s_i 被装到已装进的物品的体积不超过 $1-a_i$ 的下标最小的箱子中. 这种装箱方法虽然不要求 n 个物品全部到达后再装箱, 但要求所有箱子都装好后一起送走, 可以说适合半流水线作业.

由于每个物品 s_i 装箱时都必须从 B_1 开始顺次查看各箱子是否能装下它, 因此 FF 算法的复杂性为 $O(n^2)$.

关于 FF 近似算法的性能我们有如下结果:

定理 12.3 对装箱问题的任何实例 I, 均有

$$\mathrm{FF}(I) \leqslant \frac{17}{10}\mathrm{OPT}(I) + 1, \tag{12.2}$$

并且, 存在实例 I, 使 $\mathrm{OPT}(I)$ 充分大且满足

$$\mathrm{FF}(I) \leqslant \frac{17}{10}\mathrm{OPT}(I) - 1, \tag{12.3}$$

从而 $R_{\mathrm{FF}}^{\infty} = \dfrac{17}{10}$. □

公式 (12.2) 给出了 FF 近似算法在最坏情况下所得到的目标值的界, 反映了近似解"接近"最优解的程度. 公式 (12.3) 指出这个界已经相当好了. 该定理的证明并不容易, Garey 等人 (1976) 给出了证明.

下面给出一个较坏的例子.

例 12.2 设物品集 $S = \{s_1, s_2, \cdots, s_{18m}\}$, 物品 s_i 的体积 a_i 为

$$a_i = \begin{cases} \dfrac{1}{7} + \varepsilon, & 1 \leqslant i \leqslant 6m, \\ \dfrac{1}{3} + \varepsilon, & 6m \leqslant i \leqslant 12m, \\ \dfrac{1}{2} + \varepsilon, & 12m \leqslant i \leqslant 18m, \end{cases}$$

其中 $\varepsilon > 0$ 充分小. 在这个实例 I 中, 最优解 $\mathrm{OPT}(I) = 6m$, 而 $\mathrm{FF}(I) = 10m$, 故 $\mathrm{FF}(I) = \dfrac{5}{3}\mathrm{OPT}(I)$, 装箱方案如图 12.1 所示, 左边第一个图是最优装箱方案, 右边的三个图是 FF 近似算法的装箱方案. □

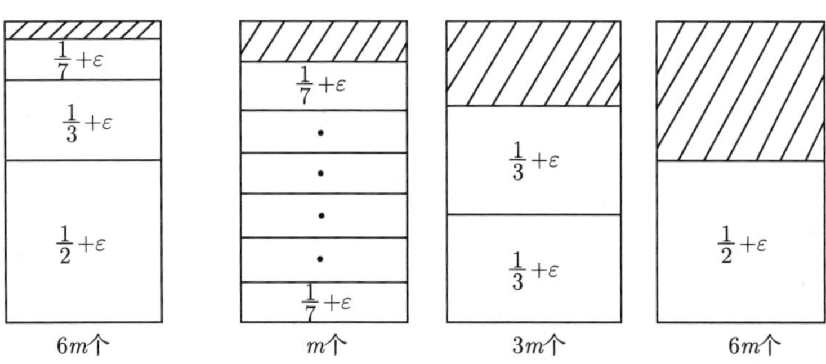

图 12.1 例 12.1 的装箱方案

如果对 FF 算法稍加修改: 物品 s_i 装进 B_j 中要求留下的空隙最小, 即

$$1 - c(B_j) - a_i = \min_k\{1 - c(B_k) - a_i | 1 - c(B_k) \geqslant a_i\}.$$

这就得另一个近似算法 ——BF(best fit) 近似算法. 令人惊奇的是 BF 近似算法在最坏情况下的性能与定理 12.3 的结论相同.

但如果在装箱前先把物品按体积从小到大排列, 再利用 FF 近似算法 (或 BF 近似算法) 就得到改进的近似算法 ——FFD(或 BFD) 近似算法.

12.2.3 FFD(first fitdecreasing) 近似算法

该算法要求 n 个物品全部到达后才能开始装箱 (因为物品全部到达后才能将它们按体积从大到小排列), 同时也要求所有箱子全部装好后一起送走. FFD 近似算法比 FF 近似算法多了排序的计算量 $O(n\log n)$, 因而它的复杂性仍为 $O(n^2)$.

定理 12.4 对装箱问题的任何实例 I, 均有

$$\mathrm{FFD}(I) \leqslant \frac{11}{9}\mathrm{OPT}(I) + 1,$$

并且存在实例 I, 使 OPT(I) 充分大且满足

$$\mathrm{FFD}(I) = \frac{11}{9}\mathrm{OPT}(I), \tag{12.4}$$

从而 $R_{\mathrm{FFD}}^{\infty} = \dfrac{11}{9}$. □

下面的例子表明 (12.4) 式成立.

例 12.3 设物品集 $S = \{s_1, s_2, \cdots, s_{30m}\}$, 各物品的体积为

$$a_i = \begin{cases} \dfrac{1}{2} + \varepsilon, & 1 \leqslant i \leqslant 6m, \\ \dfrac{1}{4} + 2\varepsilon, & 6m \leqslant i \leqslant 12m, \\ \dfrac{1}{4} + \varepsilon, & 12m \leqslant i \leqslant 18m, \\ \dfrac{1}{4} - 2\varepsilon, & 18m \leqslant i \leqslant 30m, \end{cases}$$

其中 $\varepsilon > 0$ 充分小. 该实例 I 的最优值 OPT$(I) = 9m$, 而 FFD$(I) = 11m$, 故 FFD$(I) = \dfrac{11}{9}$OPT(I). 装箱方案如图 12.2 所示, 其中前两个图为最优装箱方案, 后三个图为 FFD 近似算法的装箱方案.

定理 12.4 的证明也有一定难度, 越民义 (1991) 给出了它的一个证明.

装箱问题的近似算法的性能分析包括两个主要内容:

(1) 建立近似算法在最坏情况下所得目标值的一个界;

(2) 构造实例说明得到的界可以达到或渐近达到, 从而说明这个界已经相当好了.

这两条同样也适合于其他最优化问题的近似算法的性能分析.

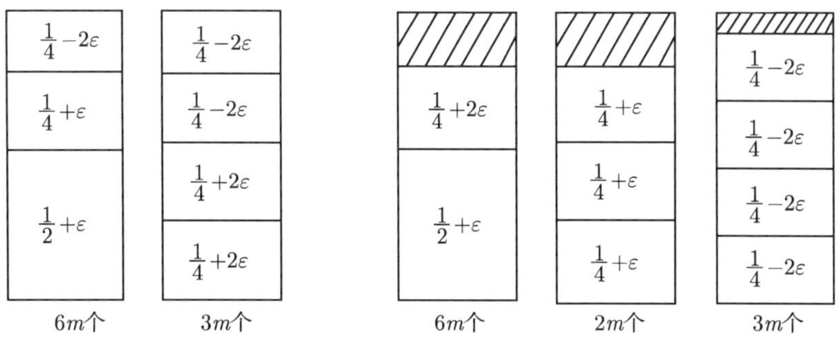

图 12.2 例 12.3 的装箱方案

12.3 平行机排序问题

在 12.2 节中, 我们已经讨论了装箱问题的近似算法, 现在来讨论另外一个与之关系非常密切的问题 —— 平行机排序. 我们知道, 在装箱问题中, 给定了物品集和箱子的大小 (即容积), 要用最少数目的箱子装下所有物品. 假如我们不给定箱子大小. 而给定箱子的数目, 问题相应地变成装下所有物品至少需多大的箱子. 这个问题和装箱问题正好是一对对偶问题, 本节将要讨论的平行机排序问题, 正是这样的一个问题, 只不过换了个说法而已.

由 11.6.1 小节可以知道, 平行机排序问题是 NP 完全问题. 下面给出问题的最优化形式, 并讨论几种多项式近似算法及其近似程度.

有 m 台完全相同的机器 $M_1, M_2, \cdots, M_m$, 要加工 n 个任务 $J_1, J_2, \cdots, J_n$, 加工时间分别为 $t_1, t_2, \cdots, t_n$. 一个任务一旦在某机器上开始加工, 就必须在该机器上加工完毕, 不允许出现中断. 应如何安排这些任务的加工方案, 使全部任务加工完毕的时间达到最小?

12.3.1 LS(list scheduling) 近似算法

该算法的基本思想是当某台机器空闲时, 立即加工一个未加工的任务. 容易看出, 它适合于流水线作业, 复杂性为 $O(n)$, 因而称为 LS 近似算法. 关于 LS 近似算法的性能, 我们有下面的结论.

定理 12.5 对平行机排序问题的任意实例 I, 有

$$\frac{\mathrm{LS}(I)}{\mathrm{OPT}(I)} \leqslant 2 - \frac{1}{m}. \tag{12.5}$$

证明 设由 LS 近似算法给出的任务安排中, 机器 M_j 的工作时间为 $\tau_j(j =$

$1, 2, \cdots, m)$, 设 $\tau_{j_0} = \max\limits_{1 \leqslant j \leqslant m} \tau_j$, 并设 M_{j_0} 上加工的最后一个任务为 $J_{i_0}(1 \leqslant i_0 \leqslant n)$, 任务 J_{i_0} 的加工时间相应为 t_{i_0}, 显然 $\mathrm{LS}(I) = \tau_{j_0}$.

我们有 $\tau_{j_0} - t_{i_0} \leqslant \min\{\tau_j | 1 \leqslant j \leqslant m, j \neq j_0\}$. 否则, 存在 $1 \leqslant j_1 \leqslant m$ 且 $j_1 \neq j_0$, 使 $\tau_{j_0} - t_{i_0} > \tau_{j_1}$, 即在安排任务 J_{i_0} 之前, 机器 M_{j_1} 比 M_{j_0} 先空闲, 从而按 LS 近似算法, 任务 J_{i_0} 是不可能在 M_{j_0} 上加工的, 矛盾!

而对于 m 个数 $\tau_1, \tau_2, \cdots, \tau_{j_0-1}, \tau_{j_0} - t_{i_0}, \tau_{j_0+1}, \cdots, \tau_m$, 它们中的最小值不超过平均值, 即

$$\tau_{j_0} - t_{i_0} \leqslant \frac{1}{m}\sum_{j=1}^{m}\tau_j - \frac{1}{m}t_{i_0} = \frac{1}{m}\sum_{i=1}^{n}t_i - \frac{1}{m}t_{i_0}.$$

于是

$$\mathrm{LS}(I) \leqslant \frac{1}{m}\sum_{i=1}^{n}t_i + \left(1 - \frac{1}{m}\right)t_{i_0}. \tag{12.6}$$

设在一个最优任务安排中, 机器 M_j 的工作时间为 $\tau_j'(j = 1, 2, \cdots, m)$, 则 $\mathrm{OPT}(I) = \max\limits_{1 \leqslant j \leqslant m} \tau_j'$. 对于 m 个数 $\tau_1', \tau_2', \cdots, \tau_m'$, 它们中的最大值不小于平均值, 即

$$\mathrm{OPT}(I) \geqslant \frac{1}{m}\sum_{j=1}^{m}\tau_j' = \frac{1}{m}\sum_{i=1}^{n}t_i. \tag{12.7}$$

另外, 最优任务安排中要加工完任务 J_{i_0}, 显然必须满足

$$\mathrm{OPT}(I) \geqslant t_{i_0}. \tag{12.8}$$

综合 (12.6)~(12.8) 三式即知 (12.5) 式成立. □

例 12.4　给定 m 台机器, $m^2 - m + 1$ 个任务 $J_1, J_2, \cdots, J_{m^2-m+1}$, 任务的加工时间 $t_1 = t_2 = \cdots = t_{m^2-m} = 1$, $t_{m^2-m+1} = m$. 若依次加工 $J_1, J_2, \cdots, J_{m^2-m+1}$, 得到 $\mathrm{LS}(I) = 2m - 1$, 但 $\mathrm{OPT}(I) = m$. 图 12.3 为任务安排的示意图. □

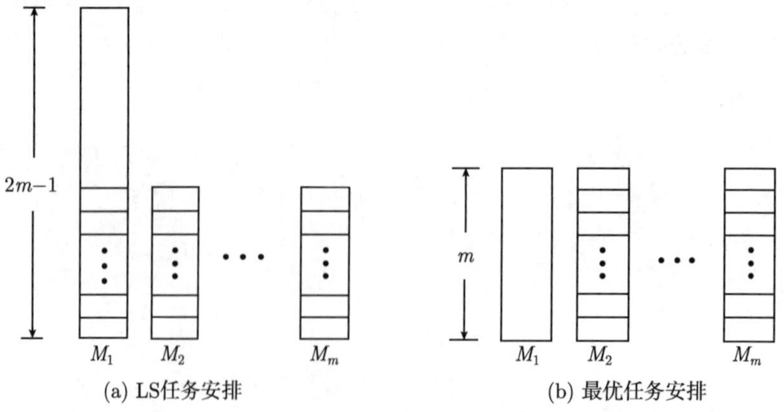

(a) LS任务安排　　(b) 最优任务安排

图 12.3　例 12.4 的任务安排示意图

结合定理 12.5 和例 12.4, 我们得到

推论 12.6

$$R_{\text{LS}} = 2 - \frac{1}{m}.$$ □

12.3.2 LPT(largest processing time) 近似算法

该算法与 LS 近似算法相比不同之处在于它要求事先知道每个任务的加工时间, 并按加工时间从大到小对任务排序. 当某任务机器空闲时, 立即加工未加工任务中加工时间最长的任务. 因而该算法不适合于流水线作业. 由于要对任务进行排序, LPT 近似算法的复杂性高于 LS 算法, 为 $O(n\log n)$. 但是 LPT 的近似程度比 LS 好, 我们有下面的结论.

定理 12.7 对平行机排序问题的任意实例 I, 有

$$\frac{\text{LPT}(I)}{\text{OPT}(I)} \leqslant \frac{4}{3} - \frac{1}{3m}. \tag{12.9}$$

证明 假设存在实例 I, 使

$$\frac{\text{LPT}(I)}{\text{OPT}(I)} > \frac{4}{3} - \frac{1}{3m}.$$

不妨设对实例 I 由 LPT 算法给出的任务安排中, 任务 J_n 最后一个加工完. 如果是某个任务 $J_i(i < n)$ 最后加工完的, 则可由 I 构造出一个新的实例 I': 在实例 I 中删去任务 $J_{i+1}, J_{i+2}, \cdots, J_n$, 其余不变. 此时 $\text{LPT}(I') = \text{LPT}(I)$, 而 $\text{OPT}(I') \leqslant \text{OPT}(I)$, 于是

$$\frac{\text{LPT}(I')}{\text{OPT}(I')} \geqslant \frac{\text{LPT}(I)}{\text{OPT}(I)} > \frac{4}{3} - \frac{1}{3m},$$

且实例 I' 中加工时间最短的任务是最后完成的.

类似于定理 12.5, 我们有

$$\text{LPT}(I) \leqslant \frac{1}{m}\sum_{i=1}^{n} t_i + \left(1 - \frac{1}{m}\right) t_n \leqslant \text{OPT}(I) + \left(1 - \frac{1}{m}\right) t_n.$$

根据假设又知

$$\text{LPT}(I) > \left(\frac{4}{3} - \frac{1}{3m}\right) \text{OPT}(I),$$

从而

$$\left(\frac{4}{3} - \frac{1}{3m}\right) \text{OPT}(I) < \text{OPT}(I) + \left(1 - \frac{1}{m}\right) t_n.$$

整理得

$$\text{OPT}(I) < 3t_n. \tag{12.10}$$

由 (12.10) 式可知, 在实例 I 的最优任务安排中, 每台机器上至多加工两个任务, 由此往证 LPT(I) =OPT(I), 从而导出矛盾.

给定 I 的一个最优任务安排, 如果这个任务安排不能由 LPT 算法得到, 则可按如下方式调整:

(1) 若某机器上先后加工任务 J_{j_1} 和 J_{j_2}, 且相应加工时间 $J_{j_1} < J_{j_2}$, 则交换 J_{j_1} 和 J_{j_2} 的加工次序;

(2) 若某机器 M_{i_1} 上先后加工 J_{j_1} 和 $J_{j_1'}$, 另一台机器 M_{i_2} 上先后加工 J_{j_2} 和 $J_{j_2'}$, 且 $J_{j_1} > J_{j_2}$, $J_{j_1'} > J_{j_2'}$, 则调整为: 在机器 M_{i_1} 上先后加工 J_{j_1} 和 $J_{j_2'}$, 在 M_{i_2} 上先后加工 J_{j_2} 和 $J_{j_1'}$;

(3) 若某机器 M_{i_1} 上先后加工任务 J_{j_1} 和 $J_{j_1'}$, 另一台机器 M_{i_2} 上仅加工任务 J_{j_2}, 且 $J_{j_1} > J_{j_2}$, 则调整为: 在机器 M_{i_1} 上仅加工 J_{j_1}, 在 M_{i_2} 上先后加工 J_{j_2} 和 $J_{j_1'}$.

调整的示意图见图 12.4.

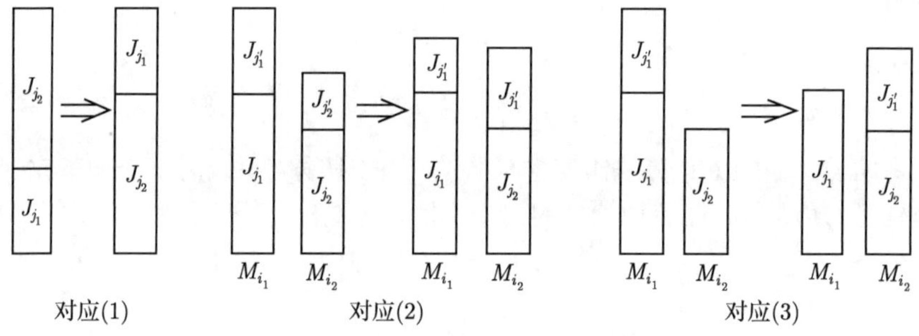

图 12.4 最优任务安排的调整示意图

上述调整反复进行, 直至情形 (1)~(3) 不再出现. 不难验证: 上述调整必在有限步内结束; 每一步调整都不会使加工完所有任务所用的时间增加, 故最后得到的任务安排仍为最优任务安排; 最后得到的任务安排确实是 LPT 算法对应的任务安排. 从就证明了 LPT(I') =OPT(I), 从而与假设矛盾! □

例 12.5 设有 m 台机器, 加工 $2m+1$ 个任务 $J_1, J_2, \cdots, J_{2m+1}$ 加工时间为

$$t_j = 2m - \left\lfloor \frac{j+1}{2} \right\rfloor, j = 1, 2, \cdots, 2m;$$
$$t_{2m+1} = m.$$

容易验证 LPT(I) $= 4m-1$, 而 OPT(I) $= 3m$, 我们分别以 $m=2$ 和 $m=3$ 来代表偶数、奇数两种情形给出如图 12.5 所示的示意图. □

由定理 12.7 和例 12.5 可得下面结果:

推论 12.8

$$R_{\mathrm{LPT}}=\frac{4}{3}-\frac{1}{3m}.$$ □

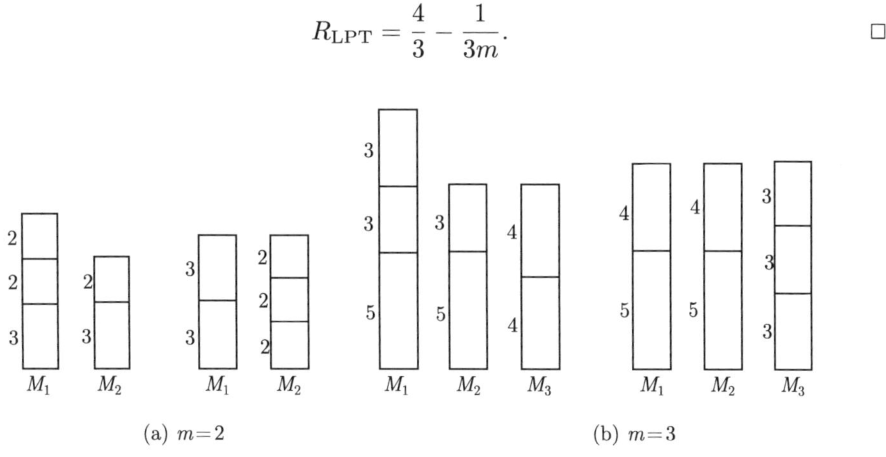

图 12.5　例 12.5 的示意图

12.3.3　近似算法 S_k

由 12.3.2 小节可知, 对一个实例 I, 若最优任务安排中每台机器至多加工两个任务, 则 LPT(I) =OPT(I). 这表明当任务数目“足够少”时, LPT 近似算法给出了最优解. 于是启发我们寻求这样一种近似算法, 当任务数目不超过事先给定的常数 k 时, 该算法得到最优解, 这便是 S_k 近似算法的基本思想. 下面我们给出 S_k 的算法步骤.

Step 1　将任务按照加工时间从大到小排列.

Step 2　若 $n>km$, 求出前 km 个任务的最优安排, 转 Step3; 否则, 求出 n 个任务的最优安排, 得最优解, 结束.

Step 3　对余下的 $n-km$ 个任务用 LPT 近似算法.

易知 S_k 的复杂性为 $O(\min\{m^n,m^{km}\}+n\log n)$, 因而对每个固定的 k 及给定的机器台数 m, S_k 关于任务数目 n 是有多项式界的. 关于算法性能, 我们有下面的结论.

定理 12.9　对平行机排序问题的任意实例 I, 有

$$\frac{S_k(I)}{\mathrm{OPT}(I)}\leqslant 1+\frac{m-1}{km+m}.$$

证明　假设存在实例 I, 使

$$\frac{S_k(I)}{\mathrm{OPT}(I)}>1+\frac{m-1}{km+m}. \tag{12.11}$$

不妨设对实例 I 由 S_k 给出的任务安排中任务 J_n 最后加工完, 于是有

$$S_k(I) \leqslant \mathrm{OPT}(I) + \left(1 - \frac{1}{m}\right) t_n. \tag{12.12}$$

由 (12.11) 和 (12.12) 可知

$$\mathrm{OPT}(I) < (1+k)t_n \tag{12.13}$$

式 (12.13) 表明最优任务安排中, 每台机器上至多加工 k 个任务, 从而 $n \leqslant km$, 由 S_k 算法知 $S_k(I) = \mathrm{OPT}(I)$, 与假设矛盾! □

我们不难发现, 本节实际上给出了一族多项式近似算法, 而且对任意 $\varepsilon > 0$, 只要 k 充分大, 就有

$$R_{s_k} \leqslant 1 + \frac{m-1}{km+m} \leqslant 1 + \varepsilon.$$

因此, 我们说 $\{S_k\}$ 是一个多项式近似方案. 任意到 S_k 的时间复杂性, 可知 $\{S_k\}$ 不是全多项式近似方案.

关于绝对性能比, S_k 不会比 LPT 差, 但并没有像 12.3.1 小节和 12.3.2 小节那样类似的推论. 当 $k = 0$ 或 1 时, 易知 S_k 实际上就是 LPT, 从 LPT 的绝对性能比为 $\frac{4}{3} - \frac{1}{3m}$, 并不是 $2 - \frac{1}{m}$ 或 $\frac{3}{2} - \frac{1}{2m}$, 这已表明

$$R_{s_k} \neq 1 + \frac{m-1}{km+m}.$$

12.4　旅行商问题

这一节将介绍带三角不等式的旅行商问题的几个近似算法, 并分别给出算法的性能分析.

为了介绍带三角不等式的旅行商问题, 先明确完全图中环游的概念. 所谓一个图的环游就是经过所有顶点的一条闭途径. 旅行商问题就是在一个赋正权的完全图上找一个最优环游, 即经过每个顶点恰好一次且权最小的旅行路线, 亦即权最小的 Hamilton 圈. 若完全图的边权同时满足三角不等式, 则称此时的问题为带三角不等式的旅行商问题. 给定一个实例就是给定一个带边权的完全图, 记为 $(V, \boldsymbol{d})$, 其中顶点集 $V = \{v_1, v_2, \cdots, v_n\}$, $\boldsymbol{d}$ 是权矩阵, 它的元素 $d_{ij} = d(v_i, v_j)$ 表示边 v_iv_j 的权, 满足下述条件: $\forall x_i, x_j, x_k \in V$, 有

(1) 对称性　$d(v_i, v_j) = d(v_j, v_i)$;

(2) 非负性　$d(v_i, v_j) \geqslant 0$, 并且当且仅当 $i = j$ 时 $d(v_i, v_j) = 0$;

(3) 三角不等式　$d(v_i, v_j) + d(v_j, v_k) \geqslant d(v_i, v_k)$.

三角不等式的本质意义是由顶点 v_i 经过顶点 v_j 到达顶点 v_k, 不会比直接由 v_i 到 v_k 更经济. 这是合理的, 因为对顶点 v_j 的强制访问就如同一个附加条件, 只会使

费用增加. 在很多情况下, 三角不等式是自动满足的, 例如 $\boldsymbol{d}$ 是某权矩阵的闭包矩阵. 所谓矩阵 $[\tilde{d}_{ij}]_{n\times n}$ 是权矩阵 $[d_{ij}]_{n\times n}$ 的闭包, 是指在 n 个顶点 $\{v_1, v_2, \cdots, v_n\}$ 的完全图中, d_{ij} 为边 v_iv_j 的权, $\tilde{d}_{ij}$ 为该赋权完全图中最短 (v_i, v_j) 链的权. 由 5.6 节可知, 一个 $n\times n$ 的权矩阵的闭包可以在 $O(n^3)$ 时间内由 Floyd 算法得到.

由推论 11.18 可知, 带三角不等式的旅行商问题是 NP 难问题. 另外, 在这一节里, 始终假定 $\mathrm{OPT}(I) > 0$.

12.4.1 最近邻算法 (nearest neighbor algorithm)

最近邻算法的基本思想是生成一条 Hamilton 链. 具体算法步骤如下:

Step 0 任取 $v_1\in V$, 令 $P = v_1$, $S = V\backslash\{v_1\}$, $\tilde{v} = v_1$.

Step 1 若 $S = \varnothing$, 则连接链 P 的起点和终点, 得 $(V, \boldsymbol{d})$ 的一个环游; 否则转 Step2.

Step 2 取 $v'\in S$, 使 $d(\tilde{v}, v') = \min\limits_{v\in S} d(\tilde{v}, v')$, 将顶点 v' 和边 $\tilde{v}v'$ 加入到链 P 中, 得到一条更长的链仍记为 P, 令 $\tilde{v} = v'$, $S := S\backslash\{v'\}$, 转 Step1.

易知, 最邻近算法的复杂性为 $O(n^2)$. 下面对算法的性能进行分析.

引理 12.10 给定带三角不等式的旅行商问题的一个实例 I, 即一个赋权完全图 $(V, \boldsymbol{d})$. 给图的每个顶点 v_p 赋权 u_p, 满足下列条件:

(1) $d(v_p, v_q) \geqslant \min\{u_p, u_q\}, \forall v_p, v_q \in V$;

(2) $u_p \leqslant \dfrac{1}{2}\mathrm{OPT}(I), \forall v_p\in V$,

则 $\sum\limits_{v_p\in V} u_p \leqslant \dfrac{1}{2}(\lceil \log n\rceil + 1)\mathrm{OPT}(I)$.

证明 不失一般性, 假设 $V = \{v_1, v_2, \cdots, v_n\}$ 中顶点的权满足 $u_1 \geqslant u_2 \geqslant \cdots \geqslant u_n$. 首先证明一个关键性不等式

$$\mathrm{OPT}(I) \geqslant 2\sum_{i=k+1}^{\min\{2k,n\}} u_i, 1\leqslant k\leqslant n. \tag{12.14}$$

设 H 是由顶点集 $\{v_i | 1\leqslant i\leqslant \min\{2k, n\}\}$ 导出的完全子图. 设 C 是 H 的一个环游, 且它访问 H 中顶点的顺序与这些顶点在 $(V, \boldsymbol{d})$ 的最优环游中的顺序一致. 由三角不等式, C 中边 uv 的权不超过 $(V, \boldsymbol{d})$ 的最优环游中 (u, v) 链的权. 记 $\tilde{w}(C) = \sum\limits_{uv\in E(C)} d(u, v)$, 则有

$$\mathrm{OPT}(I) \geqslant \tilde{w}(C). \tag{12.15}$$

由条件 (1) 有

$$\tilde{w}(C) \geqslant \sum_{v_iv_j\in E(C)} \min\{u_i, u_j\} = \sum_{v_i\in V(H)} \alpha_i u_i, \tag{12.16}$$

其中 $\alpha_i = |\{j|v_iv_j \in E(C), i > j\}|$. 注意 $i > j$ 蕴涵 $\min\{u_i, u_j\} = u_i$. 由于每个 $v_i \in V(H)$ 都是 C 的两条边的端点, 因此 $0 \leqslant \alpha_i \leqslant 2(\forall v_i \in V(H))$. 又 $\sum\limits_{v_i \in V(H)} \alpha_i = C$ 的边数 $=\min\{2k, n\}$. 于是, 显然至多有 k 个 $\alpha_i = 0$, 由假设, k 个 $\alpha_i = 0$ 对应于顶点权中前 k 个最大者 $\{u_i|1 \leqslant i \leqslant k\}$, 而且当确有 k 个 $\alpha_i = 0$ 时, 至少有 $\min\{2k, n\} - k$ 个 $\alpha_i = 2$. 于是

$$\sum_{v_i \in V(H)} \alpha_i u_i \geqslant 2 \sum_{i=k+1}^{\min\{2k,n\}} u_i. \tag{12.17}$$

由 (12.15)~(12.17) 式知 (12.14) 式成立.

今分别令 $k = 2^0, 2^1, 2^2, \cdots, 2^{\lceil \log n \rceil - 1}$, 由 (12.14) 式求和可得

$$\sum_{j=0}^{\lceil \log n \rceil - 1} \mathrm{OPT}(I) \geqslant \sum_{j=0}^{\lceil \log n \rceil - 1} 2 \sum_{i=2^j+1}^{\min\{2^{j+1}, n\}} u_i,$$

从而

$$\lceil \log n \rceil \cdot \mathrm{OPT}(I) \geqslant 2 \sum_{i=2}^{n} u_i. \tag{12.18}$$

又由条件 (2) 有

$$\mathrm{OPT}(I) \geqslant 2u_1, \tag{12.19}$$

故由 (12.18)、(12.19) 式知引理成立. □

为了叙述的方便, 用记号 NN(I) 来表示由最近邻算法得出的环游的权. 下面给出最邻近算法性能的分析.

定理 12.11 对旅行商问题的任何 n 个顶点的实例 I, 有

$$\frac{\mathrm{NN}(I)}{\mathrm{OPT}(I)} \leqslant \frac{1}{2}\lceil \log n \rceil + \frac{1}{2}. \tag{12.20}$$

证明 $\forall v_p \in V$, 令 $u_p = d(v_p, v_{p'})$, 其中 $v_{p'}$ 是应用最近邻算法时未被访问的顶点中, 距 v_p 最近的顶点, 即 $v_{p'}$ 是紧接 v_p 后将要访问的顶点.

对任意顶点 v_p, v_q, 若 v_p 在 v_q 前被访问, 则 $d(v_p, v_q) \geqslant u_p$. 反之, 若 v_p 在 v_q 后被访问, 则 $d(v_p, v_q) \geqslant u_q$, 因此总有 $d(v_p, v_q) \geqslant \min\{u_p, u_q\}$, 于是顶点的权 u_p 满足引理 12.10 中条件 (1).

另外, 任一最优环游总可以划分成两个互不相交的部分, 每部分是一条 (v_p, v_q) 链, 由三角不等式易知, $d(v_p, v_q) \leqslant \dfrac{1}{2}\mathrm{OPT}(I)$, 因此顶点权也满足引理 12.10 的条件 (2).

由 v_p 的定义可知

$$\mathrm{NN}(I)=\sum_{v_p\in V}u_p, \tag{12.21}$$

故由引理 12.10 知定理成立. □

定理 12.12 对任意 $m>3$, 旅行商问题存在 $n=2^m-1$ 个顶点的实例 I, 使得

$$\frac{\mathrm{NN}(I)}{\mathrm{OPT}(I)}>\frac{1}{3}\log(n+1)+\frac{4}{9}. \tag{12.22}$$

证明 对 $i=1$, 我们递归地定义带边权的图 F_i, 它有三种形式的顶点: 始点、中点和右点. 这些顶点的含义与它们在图中的相对位置一致. 每个 F_i 都有一条从始点出发经过所有顶点最后到达中点的链 P_i, 它同样是递归定义的. 直观图如图 12.6 所示. 值得注意的是图中带箭头的线不是表示弧, 而是表示被链穿行的边, 箭头表示穿行方向.

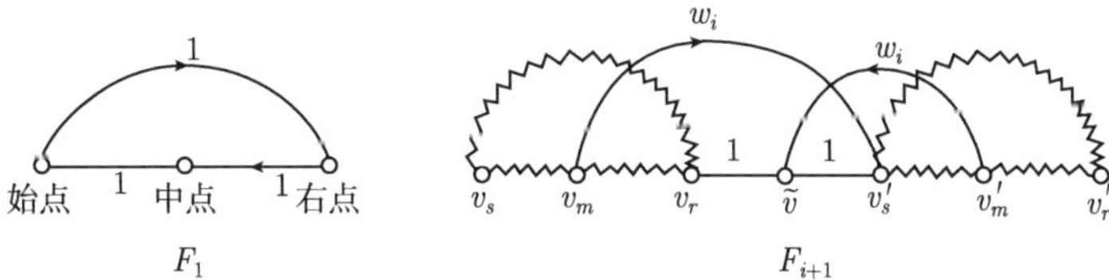

图 12.6 F_1 和 F_{i+1} 的图形

F_1 是 3 阶完全图, 每条边的权为 1. P_1 从始点出发经右点到达中点结束, 恰含两条边.

F_{i+1} 由 F_i 递归地构造出来. 首先给出 F_i 的两个复制, 一个称为左复制, 一个称为右复制. 然后添加顶点 $\tilde{v}$, 称它为 F_{i+1} 的中点. 再将 $\tilde{v}$ 分别与左复制的右点 v_r 和右复制的始点 v_s' 用权为 1 的边连接. 并且将 $\tilde{v}$ 与右复制的中点 v_m' 用权为 w_i 的边连接. 最后将其左复制的中点 v_m, 与右复制的始点 v_s' 用权为 w_i 的边连接. 这样就完成了 F_{i+1} 的构造, 如图 12.6 所示. F_{i+1} 的始点是左复制的始点, 右点是右复制的右点. P_{i+1} 由左复制和右复制相应的链加上两条权为 w_i 的边 v_mv_s' 和 $v_m'\tilde{v}$ 构成, 其中

$$w_i=\frac{1}{6}(4\cdot 2^i-(-1)^i+3), i\geqslant 1. \tag{12.23}$$

设 $\tilde{w}_i$ 为链 P_i 的权, 则有递推方程

$$\begin{cases}\tilde{w}_i=2,\\ \tilde{w}_{i+1}=2\tilde{w}_i+2w_i, i\geqslant 1.\end{cases}$$

此方程的解为

$$\tilde{w}_i=\frac{1}{9}(6i\cdot 2^i+8\cdot 2^i+(-1)^i-9). \tag{12.24}$$

对每个 F_i, G_i 以下的方式构成: 用权为 1 的边连接 F_i 的始点和右点, 用权为 w_i-1 的边连接 F_i 的中点和始点; F_i 的始点仍当做 G_i 的始点. 注意到 F_1 中这样的边已经存在, 所以 G_1 的构造中就无需再连边. 图 12.7 给出了 G_4 的构造.

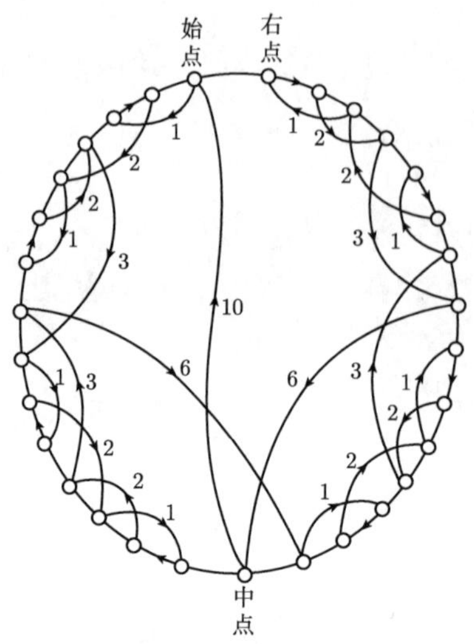

图 12.7　G_4 图

设 $\widetilde{G}_i$ 是由 $V(G_i)$ 生成的完全图, 它的边 uv 的权 $d(u,v)$ 定义为 G_i 中最短 (u,v) 链的权. 因此 $\widetilde{G}_i$ 的权矩阵是闭包矩阵, 满足三角不等式.

图 $\widetilde{G}_i$ 有两个重要性质:

(1) G_i 的边在 $\widetilde{G}_i$ 中的权保持不变;

(2) 若对 $\widetilde{G}_i$ 用最邻近算法从 G_i 的始点出发, 可生成链 P_i, 且 P_i 从中点经权为 w_i-1 的边返回始点. 于是用最邻近算法生成了 $\widetilde{G}_i$ 的一个环游.

显然, $\widetilde{G}_i$ 有一个长度等于 G_i 的顶点数 $n=2^{i+1}-1$ 的最优环游. 该环游从左向右顺次访问各顶点, 到达右点后再返回始点, 且所有变得权为 1.

于是, 对于实例 $\widetilde{G}_i$, 有

$$\frac{\mathrm{NN}(I)}{\mathrm{OPT}(I)}=\frac{\tilde{w}_i+w_i-1}{n}, i=\log(n+1)-1. \tag{12.25}$$

由 (12.23) 式和 (12.24) 式, 易得, 当 $i>2$ 时

$$\begin{aligned}\frac{\tilde{w}_i+w_i-1}{n}&=\frac{1}{3}\log(n+1)+\frac{4}{9}+\frac{6i-(-1)^i-13}{18n}\\&>\frac{1}{3}\log(n+1)+\frac{4}{9},\end{aligned}$$

因此, 对任意的 $m>3$, 旅行商问题存在 $n=2^m-1$ 个顶点的实例 $\widetilde{G}_{m-1}$, 满足 (12.22) 式.

剩下的是要证明 $\widetilde{G}_i$ 确有性质 (1) 和 (2).

首先, 我们用数学归纳法证明: 对每个 F_{i+1} 有

$$\tilde{w}(v_s, v_m) = \tilde{w}(v_m, v_r) = \tilde{w}(v_s', v_m') = \tilde{w}(v_m', v_r') = w_i - 1, \tag{12.26}$$

$$\tilde{w}(v_s, v_r) = \tilde{w}(v_s' v_r') = w_{i+1} - 2, \tag{12.27}$$

$$\tilde{w}(v_m, v_s') = \tilde{w}(\tilde{v}, v_m') = w_i, \tag{12.28}$$

$$\tilde{w}(v_s, \tilde{v}) = \tilde{w}(\tilde{v}, v_r') = w_{i+1} - 1, \tag{12.29}$$

$$\tilde{w}(v_s, v_r') = w_{i+2} - 2, \tag{12.30}$$

其中记号 $w(x,y)$ 表示 F_{i+1} 中最短 (x,y) 链的权.

对 $i=1$, 上述关系式显然成立.

今设上述关系式对 $F_k(k \geqslant 1)$ 成立. 图 12.8(a) 表明在连接 F_k 的左复制和右复制前 F_{k+1} 中有关顶点的位置, 其中同一复制中每对顶点的最短链用边表示, 边权为相应链的权值, 由归纳假设给定. 图 12.8(b) 是添加 4 条边把 F_k 的左右复制和 F_{k+1} 的中点连接得到的 F_{k+1} 的构形.

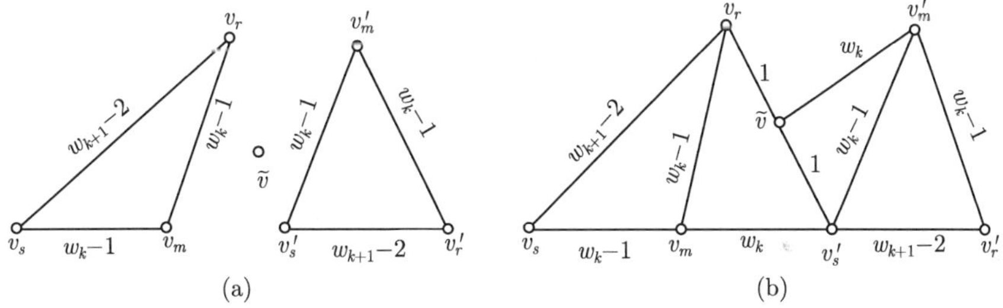

图 12.8 F_{k+1} 的构造过程

因为在图 12.8(a) 中每条边代表相应两顶点间的最短链, 边权对应着相应链的权, 又由 (12.23) 式知 $w_{i+1} \leqslant 2w_i$, 所以在 F_{k+1} 中根据图 12.8(b) 计算所有可能链的权, 易知图中每条边的权都代表相应两顶点间最短链的权. 于是式 (12.26)~(12.28) 对 F_{k+1} 成立. 同样计算图 12.8(b) 中图的所有可能链的权, 可知 (12.29) 式和 (12.30) 式成立.

容易证明式 (12.26)~(12.28) 对 G_{k+1} 也成立. 事实上, 在图 12.8(b) 中用权为 1 的边连接 v_s 和 v_r', 用权为 $w_{k+1}-1$ 的边连接 v_s 和 $\tilde{v}$, 然后检查每对顶点间的所有可能链可得上述结论. 注意边 $v_s\tilde{v}$ 是连接 v_s 和 $\tilde{v}$ 的最短链.

然后证明性质 (1). 由 (12.28) 式知, 为构造 F_{k+1} 而新加的边就是该边两端点在 F_{k+1} 中的最短链. 另外, F_k 的左复制和右复制中任意两个顶点在 F_{k+1} 中最短链的权等于它们在 F_k 中最短链的权, 这是因为, F_k 的三个出口点 (始点、中点和右点) 间的最短链在 F_k 和 F_{k+1} 间保持不变, 这可由 (12.26) 式和 (12.29) 式, 以及 (12.27) 式和 (12.30) 式的比较看出.

注意到构造 G_k 时, 最后加的两条边也是该边的端点间的一条最短链, 并且 F_k 中其他任意两点间的最短链在 G_k 中保持不变, 故性质 (1) 得证.

另外注意到 F_k 的中点只有在 F_k 的其他所有顶点访问过后, 才被访问, 从而性质 (2) 成立.

综上可知, 定理成立. □

从以上两个定理, 可以得到一个非常重要的事实: 最邻近算法的绝对性能比 $R_{\mathrm{NN}}=\infty$. 这表明该算法的性能在最坏情况下是非常糟糕的.

12.4.2 插入法 (insertion methods)

插入法的基本思想是构造一个顶点数逐次递增的圈序列, 将最后得到的 Hamilton 圈作为近似解.

给定一个旅行商问题的实例 $(V,\boldsymbol{d})$, 子集 $S\subseteq V$ 的导出子图上的环游 C 称为 $(V,\boldsymbol{d})$ 的子环游. 一个顶点的图的环游是一个无边环游, 即顶点本身.

给定旅行商问题的一个实例 $(V,\boldsymbol{d})$ 以及它的一个子环游 C 和一个顶点 $v\in V\backslash V(C)$, 定义 $\mathrm{Tour}(C,v)$ 为满足下述条件的子环游:

若 C 中包含不止一个顶点, 则

(1) 在 C 中找边 v_pv_q, 使

$$d(v,v_p)+d(v,v_q)-d(v_p,v_q)=\min_{v_1v_2\in E(C)}\{d(v,v_1)+d(v,v_2)-d(v_1,v_2)\};\quad(12.31)$$

(2) 在 C 中删去边 v_pv_q, 并加入顶点 v 及边 vv_p 和 vv_q, 得 $\mathrm{Tour}(C,v)$.

若 C 中只有一个顶点 v', 则令 $\mathrm{Tour}(C,v)$ 是由 $v'v$ 和 vv' 两条边组成的子环游.

我们称 $\mathrm{Tour}(C,v)$ 是由顶点 v 插入 C 中获得的子环游. 求 $\mathrm{Tour}(C,v)$ 的算法称为子环游增长程序, 其具体步骤如下:

Step 1 若 $|V(C)|=1$, 取 $\tilde{v}\in V(C)$, 令 $\mathrm{Tour}(C,v)$ 为由 $v,\tilde{v}$ 组成的最短闭途径, 结束; 否则转 Step2.

Step 2 取 $v_pv_q\in E(C)$, 使 (12.31) 式成立, 将顶点 v 和边 vv_p, vv_q 加入到 C 中, 并删除边 v_pv_q 得新的子环游 $\mathrm{Tour}(C,v)$, 结束.

若子环游 C 中含 k 个顶点, 则子环游增长程序的复杂性为 $O(k)$.

我们看到, $d(v,v_p)+d(v,v_q)-d(v_p,v_q)$ 实际上是用由 vv_p 和 vv_q 替换边 v_pv_q 后子环游的增长值, 故 $\mathrm{Tour}(C,v)$ 是顶点 v 插入 c 中获得的权最小的子环游.

下面对于给定的旅行商问题的一个 n 个顶点的实例 $(V,\boldsymbol{d})$, 给出插入法的具体算法步骤:

Step 0 任取 $v_1\in V$, 令 $C_1=v_1$, $i=1$.

Step 1 若 $i=n$, 则 C_i 为 $(V,\boldsymbol{d})$ 的一个 Hamilton 圈, 结束; 否则转 Step2.

Step 2 $\forall v \in V \backslash V(C_i)$, 调用子环游增长程序得到 $\text{Tour}(C_i, v)$, 然后令 $C_{i+1} = \text{Tour}(C_i, v)$, $i := i+1$, 转 Step1.

易知插入法的复杂性为 $O(n^2)$. 值得注意的是, 算法中对插入顶点 v 没有任何限定, 12.4.3 小节将讨论在不同选择准则下插入法的性能.

定义 $\text{Cost}(C, v)$ 为子环游 $\text{Tour}(C, v)$ 的权减去子环游 C 的权, 即在 C 中插入顶点 v 所增加的权, 称其为 v 插入 C 的费用. 显然有

$$\text{Cost}(C, v) = \min_{v'\tilde{v} \in E(C)} \{d(v', v) + d(v, \tilde{v}) - d(v', \tilde{v})\}. \tag{12.32}$$

引理 12.13 给定旅行商问题的一个实例 $(V, \boldsymbol{d})$, C 是一个子环游, $v \in V \backslash V(C)$, $v' \in V(C)$, 则

$$\text{Cost}(C, v) \leqslant 2d(v', v). \tag{12.33}$$

证明 若 C 中仅含一个顶点, 则结论显然成立. 否则设边 $\tilde{v}v' \in E(C)$, 由 (12.32) 式知

$$\text{Cost}(C, v) \leqslant d(v', v) + d(v, \tilde{v}) - d(v', \tilde{v}).$$

由三角不等式知 $d(v, \tilde{v}) - d(v', \tilde{v}) \leqslant d(v', v)$, 于是, 易知 (12.33) 式成立. □

用 $\text{INS}(I)$ 表示由插入法获得的近似解 (即环游)C_n 的权. 于是有下述的定理.

定理 12.14 对旅行商问题的任何一个 n 个顶点的实例 I, 有

$$\frac{\text{INS}(I)}{\text{OPT}(I)} \leqslant \lceil \log n \rceil + 1.$$

证明 设顶点集 $V = \{v_1, v_2, \cdots, v_n\}$, 并且 $C_{i-1} (2 \leqslant i \leqslant n+1)$ 和 $v_i (2 \leqslant i \leqslant n)$ 分别为插入法的子环游和相应的插入顶点, 其中 $C_1 = v_1$, 则

$$\text{INS}(I) = \sum_{i=2}^{n} \text{Cost}(C_{i-1}, v_i).$$

定义

$$u_{v_1} = 0; u_{v_i} = \frac{1}{2}\text{Cost}(C_{i-1}, v_i), \forall v_i \in V \backslash \{v_1\}.$$

下面证明这里定义的权顶点满足引理 12.10 中的两个条件.

首先, $\forall v_i, v_j \in V, i > j$, 按照约定, $i > j$ 意味着 $v_j \in V(C_{i-1})$, v_i 是 C_{i-1} 的插入顶点, 由引理 12.13 知

$$\text{Cost}(C_{i-1}, v_i) \leqslant 2d(v_i, v_j),$$

从而可得 $u_{v_i} \leqslant d(v_i, v_j)$, 于是引理 12.10 中条件 (1) 被满足.

其次, u_{v_1} 显然引理 12.10 中条件 (2) 成立. 对于其他 u_{v_i}, 我们要证

$$\mathrm{Cost}(C_{i-1}, v_i) \leqslant \mathrm{OPT}(I). \tag{12.34}$$

当 $i=2$ 时, 上式左边等于 $2d(v_1, v_2)$, 由于任一最优环游可划分为 v_1, v_2 间的两条内部不交的链, 因此由三角不等式知 (12.34) 式成立. 当 $i>2$ 时, 将顶点 v_i 插入到 C_{i-1} 的两个顶点 v, v' 间的费用为 $d(v_i, v)+d(v', v_i)-d(v', v)$. 在 $(V, \boldsymbol{d})$ 的任一最优环游中, 存在 (v_i, v) 链 $P(v_i, v)$ 不含有 v', 同时还存在 (v_i, v') 链 $P(v_i, v')$, 它与 $P(v_i, v)$ 内部不交. 记链 $P(v_i, v)$ 的权为 $\tilde{w}(v_i, v)$, $P(v_i, v')$ 的权为 $\tilde{w}(v_i, v')$, 则由三角不等式得, $d(v_i, v) \leqslant \tilde{w}(v_i, v), d(v_i, v') \leqslant \tilde{w}(v_i, v')$, 于是

$$d(v_i, v)+d(v_i, v') \leqslant \tilde{w}(v_i, v)+\tilde{w}(v_i, v') \leqslant \mathrm{OPT}(I).$$

显然 (12.34) 式成立, 所有引理 12.10 中的条件 (2) 被满足.

由引理 12.10 易知定理成立. □

这个定理的结论是十分粗糙的, 我们并不知道在最坏的情况下这个界是否能渐近达到. 但是, 如果对插入顶点的选择加以适当的限制就能得到常数界.

12.4.3 最近插入 (nearest insertion) 算法与最佳插入 (best insertion) 算法

给定环游 C 和顶点 v, 定义 C 和 v 间的距离

$$d(C, v)=\min\{d(v', v) | v' \in V(C)\},$$

若在插入法的 Step 2 中限定插入顶点 v, 满足

$$d(C_i, v)=\min\{d(C_i, v') | v' \in V \backslash V(C_i)\},$$

则此算法称为最近插入算法. 同样, 如果在 Step 2 中限定插入顶点 v, 满足

$$\mathrm{Cost}(C_i, v)=\min\{\mathrm{Cost}(C_i, v') | v' \in V \backslash V(C_i)\},$$

则称此算法为最佳插入算法, 这两个算法的具体步骤由插入法易得, 这里不再重复. 以下, 把最近插入算法简称为 NINS 算法, 把最佳插入法简称 BINS 算法.

最近插入算法和最佳插入算法的复杂性分别为 $O(n^2)$ 和 $(n^2 \log n)$, 这些都留给读者证明.

引理 12.15　给定旅行商问题的一个 n 个顶点的实例 I, 在插入法中, $\forall i \in \{2, \cdots, n, n+1\}$, 限定子环游 C_{i-1} 的插入顶点 v_i 的选取规则为

$$\mathrm{Cost}(C_{i-1}, v_i) \leqslant 2d(v_p, v_q), \forall v_p \in V(C_{i-1}), \forall v_q \notin V(C_{i-1}), \tag{12.35}$$

则

$$\mathrm{INS}(I) \leqslant 2\mathrm{Tree}(I), \tag{12.36}$$

其中 $\mathrm{Tree}(I)$ 表示 $(V, \boldsymbol{d})$ 中最小支撑树的权.

证明 设 T 是一个最小支撑树. 证明的思路是建立 $n-1$ 次插入与 T 的 $n-1$ 条边之间的一一对应关系.

首先, 由 T 为支撑树可知, 任意两个顶点之间都有 T 中唯一链连接. 对每个顶点 v_i, 称顶点 v_j 与 v_i 相容是指 $j < i$(即 $v_j \in V(C_{i-1})$), 且 T 的 (v_i, v_j) 链的所有内部顶点的下称都大于 i. 称与 v_i 相容的顶点中下标最大的顶点为临界点, 临界点与 v_i 间唯一的链为临界链, 临界链中与临界点关联的边为临界边. 于是, T 中任意顶点 v_i, 都有一条临界边 e_i 与之对应, 它的一个端点在 $V(C_{i-1})$ 中, 另一个端点在 $V \backslash V(C_{i-1})$ 中, 从而由 (12.35) 式有

$$\mathrm{Cost}(C_{i-1}, v_i) \leqslant 2d(e_i), 2 \leqslant i \leqslant n. \tag{12.37}$$

其次, 证明任何两个顶点的临界边都不相同. 若不然, 设 v_i, $v_j(i > j)$ 有同一临界边 $v_k v_l$, $l > k$. 任意临界边中下标小的端点为临界点, 故 v_k 为 v_i 和 v_j 的临界点, 从而 v_i 和 v_j 的临界链都经过 v_l 到达临界点 v_k, 于是 T 中存在 (v_i, v_j) 链 P, P 的每条边或是 v_i 的临界链中的边, 或是 v_j 的临界链中的边, 或是它们的公共边. 由 $i > j$ 知 P 的内部顶点的下标都大于 j. 因为 P 是从 v_i 到一个较小下标的顶点 v_j 的链, 所以 P 中有某个顶点 v_m 与 v_i 相容. 由于 v_m 在 P 中, 因此 $m \geqslant j$, 又 v_k 与 v_j 相容, 从而 $j > k$, 于是 $m > k$, 这与 v_k 为 v_i 的临界点矛盾.

综上, 对每一个插入顶点, T 中都有一条边与之一一对应. 所以对 (12.37) 式求和, 可得 (12.36) 式, 故引理成立. □

定理 12.16 对旅行商问题的任何一个 n 个顶点的实例 I, 关于最近插入算法的性能有

$$\frac{\mathrm{NINS}(I)}{\mathrm{OPT}(I)} \leqslant 2\left(1 - \frac{1}{n}\right).$$

证明 首先证明: 对最近插入算法, 有 (12.35) 式成立.

由最近插入法中插入顶点的选取规则知, 对每个 v_i, 存在 $v_i' \in V(C_{i-1})$, 使

$$d(v_i, v_i') \leqslant d(v_p, v_q), \forall v_p \in V(C_{i-1}), \forall v_q \in V \backslash V(C_{i-1}).$$

由引理 12.13 知

$$\mathrm{Cost}(C_{i-1}, v_i) \leqslant 2d(v_i', v_i),$$

于是, (12.35) 式显然成立.

其次, 在最优环游中, 删去权最大的边 e 得到一个支撑树, 显然 $d(e) \geqslant \text{OPT}(I)/n$. 由于最小支撑树的权不大于任何支撑树的权, 因此

$$\text{Tree}(I) \leqslant \left(1 - \frac{1}{n}\right)\text{OPT}(I), \tag{12.38}$$

由引理 12.15 知, 定理成立. □

对于最佳插入算法, 有完全相同的结论, 证明方式也完全相同, 这里不再重复.

实际上, 对最近插入法, (12.36) 式还有一个相当简单的证明:

由于每个插入顶点 v_i 都是依据"最近"的原则选取的, 因此存在边 $e_i = v_i'v_i$, 使 $v_i' \in V(C_{i-1})$, 且

$$d(v_i', v_i) = \min\{d(v_p, v_q)|v_p \in V(C_{i-1}), v_q \in V \backslash V(C_{i-1})\}. \tag{12.39}$$

由引理 12.13 得

$$\text{Cost}(C_{i-1}, v_i) \leqslant 2(d(e_i)), 2 \leqslant i < n+1. \tag{12.40}$$

另外, 边集 $\{e_i|2 \leqslant i < n+1\}$ 导出的子图是一个最小树, 这是因为, 按 (12.39) 式选择边 e_i 的方法恰好是求最小树的 Dijkstra 算法. 对 (12.40) 式求和得 (12.36) 式.

最后, 指出了定理 12.16 的界是可以达到的, 这就是下面的定理 12.17.

定理 12.17 对 $n \geqslant 6$, 旅行商问题存在 n 个顶点的实例 I, 使得

$$\frac{\text{NINS}(I)}{\text{OPT}(I)} = 2\left(1 - \frac{1}{n}\right). \tag{12.41}$$

证明 构造图 $(V, \boldsymbol{d})$ 如下:

$$V = \{v_i|1 \leqslant i \leqslant n\},$$

$$d(v_i, v_j) = \begin{cases} \min\{i-j, n-i+j\}, & \text{当} i > j, \\ \min\{j-i, n-j+i\}, & \text{当} i < j. \end{cases}$$

定义子环游序列如下:

$$C_1 = \{v_1\};$$

$$C_2 = \{\{v_1, v_2\}, \{v_2, v_1\}\};$$

$$C_i = \{\{v_1, v_2\}, \{v_{i-1}, v_i\}\} \cup \{\{v_j, v_{j+2}\}|1 \leqslant j \leqslant i-2\}, 3 \leqslant i \leqslant n.$$

例如, $n = 6$ 时, 如图 12.9 所示, 其中后三个图中标有权的边为子环游经过的边.

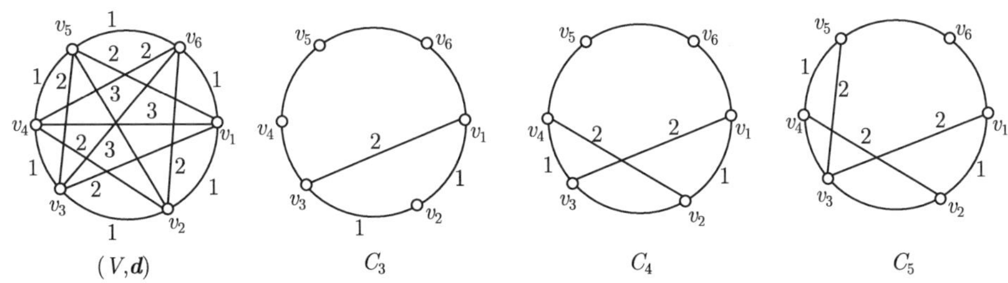

图 12.9 子环游序列

容易验证, $d(v_i,v_j)$ 满足三角不等式.

显然 C_i 为 $(V,\boldsymbol{d})$ 的子环游, 往证 C_i, v_{i+1} 满足子环游增长规则和最近原则.

注意到, C_{i+1} 是由 C_i 删去边 $v_{i-1}v_i$, 增加顶点 v_{i+1} 及边 v_iv_{i+1} 和边 v_iv_{i+1} 得到的, 且 $v_{i-1}v_i$ 是 C_i 中满足 (12.31) 式的边, 故 $C_{i+1}=\mathrm{Tour}(C_i,v_{i+1})$, 即符合子环游增长规则. 又 $d(v_i,v_{i+1})=1$, 故显然

$$d(C_i,v_{i+1})=1,\quad d(C_i,v_{i+1})=\min\{d(C_i,v)|v\in V\backslash V(C_i)\},$$

所以满足最近原则.

因此, $C_1,C_2,\cdots,C_n$ 是由最近插入法得到的子环游序列, C_n 是近似解.

最后注意到 C_n 有两条权为 1 的边和 $n-2$ 条权为 2 的边, 故 C_n 的权为 $2(n-1)$, 而最优环游的权为 n, 因此 (12.41) 式成立. □

最佳插入法有相同的结论, 证明过程也相同.

由定理 12.16 知, 对旅行商问题的任意实例 I, 有

$$\frac{\mathrm{NINS}(I)}{\mathrm{OPT}(I)}<2,$$

故 $R_{\mathrm{NINS}}\leqslant 2$. 又由定理 12.17 有 $R_{\mathrm{NINS}}\geqslant 2$, 所以 $R_{\mathrm{NINS}}=2$.

同样可得, $R_{\mathrm{BINS}}=2$.

12.4.4 支撑树加倍法 (MST 近似算法)

支撑树加倍法的基本思想是, 通过对 $(V,\boldsymbol{d})$ 的最小支撑树 T 的每条边加倍 (即复制一次), 得到 Euler 图 G, 再删去 G 中 Euler 闭迹 W 中的重复顶点, 得到 $(V,\boldsymbol{d})$ 的一个环游 C, 将 C 作为算法的近似解.

下面给出支撑树加倍法的具体步骤:

Step 1 对 n 阶赋权图 $(V,\boldsymbol{d})$ 运用 2.3.4 小节中 Dijkstra 算法求得最小树 T.

Step 2 对 T 中每条边生成一个复制, 将所有边的复制加到 T 中, 得图 G.

Step 3 对 G 运用 10.1 节算法求出 Euler 闭迹 W, 令 $\Gamma = v_{k_1}v_{k_2}\cdots v_{2n-1}$ 为去掉 W 中所有边得到的顶点序列, $1 \leqslant k_i \leqslant n$, $i = 1, 2, \cdots, 2n-1$, 且 $k_1 = k_{2n-1}$, 令 $l = 2$.

Step 4 若 $l = 2n-1$, 转 Step 6; 否则转 Step 5.

Step 5 若存在 k_j, $1 \leqslant j < l$, 使 $k_j = k_i$, 则从 Γ 中删去 v_{k_l}, 得到的顶点序列仍记为 Γ, 令 $l := l+1$, 转 Step 4; 否则令 $l := l+1$, 转 step 4.

Step 6 顺次连接 Γ 中的顶点, 得 $(V, \boldsymbol{d})$ 的一个 Hamilton 圈, 结束.

MST 近似算法的复杂性为 $O(n^2)$, 相当于求最小树的计算量.

定理 12.18 对旅行商问题的任何一个 n 个顶点的实例 I, 有

$$\frac{\mathrm{MST}(I)}{\mathrm{OPT}(I)} \leqslant 2\left(1 - \frac{1}{n}\right).$$

证明 由算法的步骤可知, G 的 Euler 闭迹 W 被算法结束时得到的 Γ 中的顶点依次划分成 n 条链, 每条 (v_i, v_j) 链对应算法近似解中的一条边 v_iv_j. 由三角不等式得 $\tilde{w}(v_i, v_j) \geqslant d(v_i, v_j)$, 这里 $\tilde{w}(v_i, v_j)$ 表示上述 (v_i, v_j) 链的权. 又 Euler 闭迹 W 的权为 2Tree(I), 故 MST(I) ⩽2Tree(I), 结合 (12.38) 式可得

$$\mathrm{MST}(I) \leqslant 2(1 - \frac{1}{n})\mathrm{OPT}(I),$$

从而定理结论成立. □

由定理 12.18 容易看出, 对旅行商问题的任意一个 n 个顶点的实例 I, 有

$$\frac{\mathrm{MST}(I)}{\mathrm{OPT}(I)} < 2.$$

应当指出的是, 存在实例序列 $\{I_n\}$, 表示实例中顶点数, 使得

$$\lim_{n\to\infty} \frac{\mathrm{MST}(I_n)}{\mathrm{OPT}(I_n)} = 2,$$

具体的实例构造参看 [68], 由以上的结论, 可以进一步得出 $R_{\mathrm{MST}} = 2$.

12.4.5 支撑树加匹配法 (MM 近似算法)

支撑树加匹配法是 Christofides(1976) 提出的, 它的基本思想与支撑树加倍法大致相同. 不同之处仅在 Euler 图 G 的构造方式上. MST 近似算法是通过对支撑树 T 的边加倍得到 Euler 图 G, 而 MM 近似算法是通过求 T 中奇点集在 $(V, \boldsymbol{d})$ 中导出子图的最小完美匹配得到 Euler 图 G.

MM 近似算法的具体步骤如下:

Step 1 对 n 阶赋权图 $(V, \boldsymbol{d})$ 运用 2.3.4 小节的 Dijkstra 算法求得最小树 T.

Step 2 记 T 中奇点集合为 V', V' 在 $(V,\boldsymbol{d})$ 中的导出子图为 G', 用 9.3 节的算法求 G' 的一个最小权完美匹配 M, 记 $p=|M|$. 将 M 中边加到 T 中, 得图 G.

Step 3 运用 10.1 节算法求出 G 的 Euler 闭迹 W, 令 $\varGamma=v_{k_1}v_{k_2}\cdots v_{k_{n+p}}$ 为去掉 W 中所有边得到的顶点序列, $1\leqslant k_i\leqslant n, i=1,2,\cdots,n+p$, 且 $k_1=k_{n+p}$. 令 $l=2$.

Step 4 若 $l=n+p$, 则转 Step 6; 否则转 Step 5.

Step 5 若存在 k_j, $1\leqslant j\leqslant l$, 使 $k_j=k_i$, 则从 $\varGamma$ 中删去 v_{k_l} 得到的顶点序列仍记为 $\varGamma$, 令 $l:=l+1$, 转 Step 4; 否则, 令 $l=l+1$, 转 Step 4.

Step 6 顺次连接 $\varGamma$ 中顶点, 得 $(V,\boldsymbol{d})$ 的一个 Hamilton 圈, 结束.

MM 近似算法的时间复杂性为 $O(n^2m)$, 相当于求最小权完美匹配的计算量.

关于支撑树加匹配法的性能有如下的定理.

定理 12.19 对旅行商问题的任一实例 I, 有

$$\frac{\mathrm{MM}(I)}{\mathrm{OPT}(I)}<\frac{3}{2}.$$

证明 显然图 G 为 Euler 图.

若我们用 $w(\cdot)$ 表示权, 则 $\mathrm{MM}(I)\leqslant w(G)=w(T)+w(M)$. 设 C 是 $(V,\boldsymbol{d})$ 的最优环游, $\{v_{i_1},v_{i_2},\cdots,v_{i_{2m}}\}$ 是 T 的奇点集合, 且它们按此顺序出现在 C 中. 考虑奇点集在 $(V,\boldsymbol{d})$ 中导出子图的两个匹配 $M_1=\{v_{i_1}v_{i_2},v_{i_3}v_{i_4},\cdots,v_{i_{2m-1}}v_{i_{2m}}\}$ 和 $M_2=\{v_{i_2}v_{i_3},v_{i_4}v_{i_5},\cdots,v_{i_{2m}}v_1\}$. 由三角不等式易知

$$w(C)\geqslant w(M_1)+w(M_2)\geqslant 2w(M).$$

又 $w(T)<w(C)$, 故

$$\mathrm{MM}(I)<\frac{3}{2}w(C)=\frac{3}{2}\mathrm{OPT}(I).$$ □

与支撑树加倍法类似, 对支撑树加匹配法, 同样存在实例序列 $\{I_n\}$(n 表示顶点个数), 使

$$\lim_{n\to\infty}\frac{\mathrm{MM}(I_n)}{\mathrm{OPT}(I_n)}=\frac{3}{2},$$

实例的具体构造同样参考 [68], 由以上的结论容易得出 $R_{\mathrm{MM}}=\dfrac{3}{2}$.

MM 近似算法可能是目前已知的在最坏情况下性能最好的近似算法.

12.4.6 多边交换调整 (edge-interchange) 法

称一个环游 C 的 k 边交换是指在 C 中删除 k 条边 $\{e_1,e_2,\cdots,e_k\}$, 并用另外 k 条边 $\{e'_1,e'_2,\cdots,e'_k\}$ 替换得到另一个环游 C'. 如果

$$\sum_{i=1}^{k}d(e'_i)<\sum_{i=1}^{k}d(e_i),$$

则称 C 是可改进的, C' 是由 C 经 k 边交换改进的环游. 若对所有 k 边交换, C 都是不可改进的, 则称 C 是 k 优的.

给定环游 C 以及 $\{e_1, e_2, \cdots, e_k\}$ 和 $\{e'_1, e'_2, \cdots, e'_k\}$, 下面给出环游改进子程序的算法步骤:

Step 0 取布尔变量 Result=False.

Step 1 若 $\sum\limits_{i=1}^{k} d(e_i) \leqslant \sum\limits_{i=1}^{k} d(e'_i)$, 输出 Result; 否则转 Step 2.

Step 2 由 C 构造 Euler 图 $G: V(G) = V(C)$, G 的边即为 C 中的边, C 中重复出现的边作为 G 中重边, 各边的权保持不变.

Step 3 令 $E(G) := (E(G)\backslash\{e_1, e_2, \cdots, e_k\}) \cup \{e'_1, e'_2, \cdots, e'_k\}$. 若对应新图 G 为 Euler 图, 则用 10.1 节算法求出 G 的一个 Euler 闭迹 W, 令 $C = W$, Result=True, 输出 Result; 否则直接输出 Result.

若环游 C 中有 m' 条边, 则算法的复杂性为 $O(m')$.

k 边交换调整法的基本思想就是任取一个初始环游, 反复进行 k 边交换, 直到得到一个 k 优环游, 算法的具体步骤如下:

Step 0 构造初始环游 C, 记 $(V, \boldsymbol{d})$ 的边集为 E, E 中 k 元子集的全体为 S.

Step 1 记 $E\backslash E(C)$ 中 k 元子集的全体为 R.

Step 2 取 $\{e'_1, e'_2, \cdots, e'_k\} \in R \cap S$, 若存在 $E(C)$ 的一个 k 元子集 $\{e_1, e_2, \cdots, e_k\}$, 使环游改进子程序输出 "True", 则令 $S := S\backslash\{e_1, e_2, \cdots, e_k\}$, 转 Step 1; 否则, 令 $S := S\backslash\{e'_1, e'_2, \cdots, e'_k\}$, 转 Step 3.

Step 3 若 $R \cap S = \varnothing$, 则 C 即为 k 优环游, 否则, Step 2.

值得注意的是, 算法不仅对完全图, 而且对一般图适用, 且若设此图的边数为 m, 则算法的复杂性 $O(m^{2k+1})$.

实践表明, 3 边交换调整法效果较好.

定理 12.20 对 $n \geqslant 8$, 存在旅行商问题的一个 n 个顶点的实例 I, 使得对所有 $k \leqslant n/4$, I 有一个 k 优环游, 满足

$$\frac{\mathrm{OPT}_k(I)}{\mathrm{OPT}(I)} = 2\left(1 - \frac{1}{n}\right),$$

其中 $\mathrm{OPT}_k(I)$ 是该 k 优环游的权.

证明 这个实例 I 就取定理 12.17 的证明中的赋权图 $(V, \boldsymbol{d})$, C_n 的构造相同. 记

$$E_n = \{v_1 v_n\} \cup \{v_i v_{i+1} | 1 \leqslant i \leqslant n\},$$

且令它的所有边的权均为 1.

由权的定义可知, V 中任意两点 v_p, v_q 都有一条权为 $d(v_p, v_q)$ 且所有边都在 E_n 中的链连接. 对每个环游 C, 将 C 中每一条边都用等权的且边均属于 E_n 的链替换, 得到环游 $\alpha(C)$, 它与 C 等权且访问每个顶点至少一次. 显然 $\alpha(C_n)$ 访问顶点 v_1, v_n 各一次访问其余顶点各两次.

$\forall e \in E_n$, 记 $\beta(e, C)$ 为 e 出现在 $\alpha(C)$ 的次数. 于是

$$\begin{cases} \beta(v_i v_{i+1}, C_n) = 2, \quad 1 \leqslant i \leqslant n, \\ \beta(v_1 v_n, C_n) = 0. \end{cases} \tag{12.42}$$

注意到 E_n 中边的权为 1, 故有

$$w(C) = \sum_{e \in E_n} \beta(e, C).$$

若 $\forall e \in E_n$, $\beta(e, C)$ 是偶 (奇) 数, 则称 C 是偶 (奇) 的. 往证: 任一环游 C 或是偶的, 或是奇的, 二者必居其一.

由 $(V, \boldsymbol{d})$ 的结构知, 任意顶点 v 是 E_n 中两条边的端点, 不妨设这两条相邻的边为 e 和 e'. 记 γ_v 为顶点 v 出现在 $\alpha(C)$ 中的次数, 则

$$\beta(e, C) + \beta(e', C) = 2\gamma_v.$$

因此, $\beta(e, C)$ 和 $\beta(e', C)$ 同为奇数或同为偶数. 又由顶点 v 的任意性知, C 或是偶的, 或是奇的, 二者必居其一.

对任意环游 C, 易知最多只有一条边 $e \in E_n$, 使 $\beta(e, C) = 0$, 否则 C 不连通. 由 (12.42) 式知, C_n 为 $(V, \boldsymbol{d})$ 中最短偶环游. 换句话说, C_n 的任何改进环游必是奇环游.

今假设 C_n 经某个 k 边交换得到一个奇环游. 因为 C_n 中边权最大为 2, 故删去 k 条边, 权的减少量至多为 $2k$, 这也意味着在 $\alpha(C_n)$ 中至多删去 $2k$ 条 E_n 中的边, 从而至少有 $n-2k$ 条边在 $\alpha(C_n)$ 中的出现次数不会减小. 事实上, 当加入 k 条边得到一个奇环游 C_n' 时, 这 $n-2k$ 条边对应的 $\beta(e, C_n')$ 应比 $\beta(e, C_n)$ 大, 于是 C_n' 的权的总增长量至少有 $n-2k$. 若 C_n' 是 C_n 经 k 边交换得到的一个改进, 则 $2k > n-2k$, 即 $k > n/4$, 所以当 $k \leqslant n/4$ 时, C_n 是 k 优的.

由定理 12.17 知, 本定理结论成立. □

例如, 图 12.10 所示的 C_8 是 2 优的, 其中图中标有权的边为 C_8 经过的边.

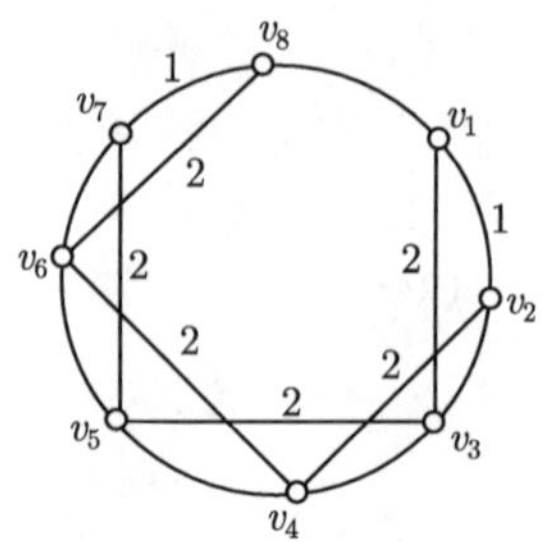

图 12.10　2 优环游 C_8

对于旅行商问题还有许多近似算法. 在这一节里列举了几个有代表性的方法, 除最后一个外, 我们对各方法的性能在最坏情况下进行了分析.

12.5　背 包 问 题

设有一个载重量为 L 的背包和 n 类物品 (每类物品都有足够多件), 第 i 类物品中每件的重量均为 w_i, 价值均为 p_i, $i=1,2,\cdots,n$. 问如何从这 n 类物品中挑若干件装进背包, 使背包所装物品的总价值最大?

这个问题就是典型的背包问题 (knapsack problem). 背包问题的应用是十分广泛的, 它不仅在投资决策问题、装载问题等方面有应用, 而且常以子问题方式出现在大规模最优化问题中. 但据 11.6.1 小节所知, 0-1 背包问题的判定形式是 NP 完全的, 从而背包问题是 NP 难问题, 因此, 对背包问题近似算法的研究是十分有意义的.

为简单起见, 这里只讨论 0-1 背包问题.

给定 n 个物品 $s_1,s_2,\cdots,s_n$, 重量分别为 $w_1,w_2,\cdots,w_n\in\mathbb{N}_+$, 价值分别为 $p_1,p_2,\cdots,p_n\in\mathbb{N}_+$. 背包的载重量 $L\in\mathbb{N}_+$. 问应选择哪些物品放入背包, 使物品总价值最大? 若引入变量 $x_j(j=1,2,\cdots,n)$ 如下:

$$x_j=\begin{cases}1, 物品s_j放入背包,\\0, 否则,\end{cases}$$

则该背包问题用整数线性规划可表述为

$$\begin{cases}\max & \displaystyle\sum_{j=1}^{n}p_jx_j\\ \text{s.t.} & \displaystyle\sum_{j=1}^{n}w_jx_j\leqslant L\\ & x_j=0或1, j=1,2,\cdots,n\end{cases}$$

由于决策变量仅取 0 或 1, 因此称这样的背包问题为 0-1 背包问题.

12.5.1 贪婪算法 (greedy algorithm, 简称 GA)

定义物品 s_j 的价值密度为 $\rho_j = p_j/w_j$, 将 $\rho_1, \rho_2, \cdots, \rho_n$ 按从大到小的顺序排列, 一种最自然的想法是按价值密度由大到小的顺序依次将物品装入背包. 基于这种想法, 下面给出贪婪算法的步骤.

Step 1 对给定的 n 个物品按价值密度由大到小排列, 设 $\rho_1 \geqslant \rho_2 \geqslant \cdots \geqslant \rho_n$, 令 $k=1, w=0$.

Step 2 若 $w + w_k < L$, 将物品 s_k 装入背包, 令 $w := w + w_k$, 转 Step 3; 若 $w + w_k = L$, 将物品 s_k 装入背包, 令 $w := w + w_k$, 结束; 否则, 转 Step 3.

Step 3 若 $k = n$, 结束; 否则, 令 $k := k+1$, 转 Step 2.

易知, 上述算法的复杂性为 $O(n\log n)$, 从而它是一个多项式近似算法. 在实际计算中, 它的近似程度是比较好的.

另外, 记 $p_{\max} = \max\limits_{1 \leqslant j \leqslant n} p_j$, 若按贪婪算法装入背包的物品的总价值小于 $p_{\max}$, 则用价值为 $p_{\max}$ 的物品替换背包中所有物品. 因此, 若用 $\mathrm{GRD}(I)$ 表示贪婪算法的目标值, 则可保证 $\mathrm{GRD}(I) \geqslant p_{\max}$.

定理 12.21 对 0-1 背包问题的任一实例 I, 有

$$\frac{\mathrm{OPT}(I)}{\mathrm{GRD}(I)} \leqslant 2.$$

证明 设近似解为 $\tilde{S} = (\tilde{s}_1, \tilde{s}_2, \cdots, \tilde{s}_k)$, 最优解为 $S^* = (s_1^*, s_2^*, \cdots, s_l^*)$, 不妨设它们的元素同样是按价值密度由大到小排列的. 设 s_m^* 是 S^* 中第一个不属于 $\tilde{S}$ 的物品 (s_m^* 必存在, 否则近似解即为最优解, 结论自然成立), 从而 $s_1^*, s_2^*, \cdots, s_{m-1}^*$ 都属于 $\tilde{S}$. 又设 $\tilde{W}$ 是 $\tilde{S}$ 中价值密度大于 ρ_m^* 的所有物品的重量之和, 即 $\tilde{W} = \sum\limits_{i=1}^{r} \tilde{w}_j$, 则 $w_m^* > L - \tilde{W}$, 否则 s_m^* 要被选入近似解. 记 $W^* = \sum\limits_{j=1}^{m-1} w_j^*$, 有

$$\begin{aligned}
\mathrm{GRD}(I) &= \sum_{j=1}^{k} \tilde{p}_j \geqslant \sum_{j=1}^{r} \tilde{p}_j \geqslant \sum_{j=1}^{m-1} p_j^* + (\tilde{W} - W^*)\frac{p_m^*}{w_m^*}, \\
\mathrm{OPT}(I) &= \sum_{j=1}^{l} p_j^* = \sum_{j=1}^{m-1} p_j^* + \sum_{j=m}^{l} p_j^* \leqslant \sum_{j=1}^{m-1} p_j^* + (L - W^*)\frac{p_m^*}{w_m^*} \\
&= \sum_{j=1}^{m-1} p_j^* + (\tilde{W} - W^*)\frac{p_m^*}{w_m^*} + (L - \tilde{W})\frac{p_m^*}{w_m^*} \\
&\leqslant \mathrm{GRD}(I) + p_m^*.
\end{aligned} \tag{12.43}$$

而 $\mathrm{GRD}(I) \geqslant p_{\max}$, 故由 (12.43) 式知 $\mathrm{OPT}(I) \leqslant 2\mathrm{GRD}(I)$, 即定理结论成立. □

例 12.6 设在 0-1 背包问题中, $n=3, p_1=2, w_1=1, p_2=p_3=k, w_2=w_3=k, L=2k, k\geqslant 3$.

贪婪算法将物品 s_1, s_2 放入包内, 而最优解将物品 s_2, s_3 放入背包中, 故

$$\frac{\mathrm{OPT}(I)}{\mathrm{GRD}(I)}=\frac{2k}{k+2}.$$ □

由上例可知, 当 $k\to\infty$ 时, $\frac{\mathrm{OPT}(I)}{\mathrm{GRD}(I)}\to 2$, 于是由定理 12.21 有下面的结论成立.

推论 12.22 $R_{\mathrm{GA}}=2$. □

如果我们降低对计算时间的要求, 是否可以获得一个性能更好的近似算法呢? 下面将介绍关于 0-1 背包问题的另外一种近似算法.

12.5.2 多项式近似方案

考虑 0-1 背包问题的下面的近似算法 (简记为 GRD_k):

Step 1 取定自然数 k(一般 $k\ll n$), 求出在 n 个物品中选取不超过 k 个物品的所有组合.

Step 2 以每次取得的组合 S 的全部物品作为初始值, 如果它们的总重量 $\sum\limits_{s_j\in S} w_j\leqslant L$, 则把它们装入背包 (否则考虑一个新的组合), 并以它们为起点, 考虑去掉这些物品后剩下的物品的集合 S', 它构成的实例 I' 中有 $L'=L-\sum\limits_{s_j\in S} w_j$.

Step 3 应用贪婪算法求出 I' 的近似解 $\tilde{S}'$, 从而得到 I 的一个近似解 $\tilde{S}=S\cup\tilde{S}'$.

Step 4 当所有不超过 k 个物品的组合都考查完毕时, 再把各次得到的近似解中总价值最大者作为最终的解.

由于不超过 k 个物品的所有组合共有

$$\sum_{j=1}^{k}\binom{n}{j}\leqslant kn^{k+1}$$

个, 因此该算法的复杂性为 $O(kn^{k+1})$, 对确定的 k, 它是一个关于实例规模 n 的多项式, 或是说它是依赖于 k 的关于 n 的多项式.

若用 $\mathrm{GRD}_k(I)$ 表示该近似算法的目标值, 则有下面的结论成立.

定理 12.23 给定正整数 k 及 0-1 背包问题的任何实例 I, 有

$$\frac{\mathrm{OPT}(I)}{\mathrm{GRD}_k(I)}\leqslant 1+\frac{1}{k}. \tag{12.44}$$

证明 设最优解 $S^*=(s_1^*, s_2^*, \cdots, s_l^*)$, 若 $l\leqslant k$, 则最优解已包含于所考虑的近似解中, 从而 $\mathrm{GRD_k}(I)=\mathrm{OPT}(I)$, 结论自然成立. 下面考虑 $l>k$ 的情况.

不妨设 $s_1^*, s_2^*, \cdots, s_k^*$ 是 S^* 中前 k 个价值最大的物品, $s_{k+1}^*, s_{k+2}^*, \cdots, s_l^*$ 是把 S^* 中余下的物品按价值密度由大到小排列的次序. 考虑把 $s_1^*, s_2^*, \cdots, s_k^*$ 当作最初放入背包的物品进行计算得到的近似解. 设去掉物品 $\{s_1^*, s_2^*, \cdots, s_k^*\}$ 后导出的实例为 I_k', 易知 $S' = (s_{k+1}^*, s_{k+2}^*, \cdots, s_l^*)$ 是 I_k' 的最优解. 于是对 I_k' 应用贪婪算法, 由 (12.43) 式有 $\mathrm{OPT}(I_k') \leqslant \mathrm{GRD}(I_k') + p_m^*$, 其中 p_m^* 的含义类似于定理 12.21 的证明中 p_m^* 的含义. 从而

$$
\begin{aligned}
\mathrm{OPT}(I) &= \sum_{j=1}^{k} p_j^* + \sum_{j=k+1}^{l} p_j^* = \sum_{j=1}^{k} p_j^* + \mathrm{OPT}(I_k') \\
&\leqslant \sum_{j=1}^{k} p_j^* + \mathrm{OPT}(I_k') + p_m^* \\
&\leqslant \mathrm{GRD}_k(I) + p_m^*.
\end{aligned} \tag{12.45}
$$

注意到 $\sum\limits_{j=1}^{k} p_j^* + \mathrm{OPT}(I_k')$ 是以 $\{s_1^*, s_2^*, \cdots, s_k^*\}$ 当作初始值的近似解的目标值, 由 Step 4 知, 式 (12.45) 最后一个不等式成立. 又显然有

$$
\sum_{j=1}^{k} p_j^* + p_{k+t}^* \leqslant \mathrm{OPT}(I), t = 1, 2, \cdots, l-k,
$$

故易知

$$
p_{k+t}^* \leqslant \frac{\mathrm{OPT}(I)}{k+1}, t = 1, 2, \cdots, l-k, \tag{12.46}
$$

由式 (12.45)、(12.46) 整理得式 (12.44). □

例 12.7 设在 0-1 背包问题中, $n = k+2$, $p_1 = 2$, $w_1 = 1$, $p_2 = p_3 = \cdots = p_{k+2} = K$, $w_2 = w_3 = \cdots = w_{k+2} = K$, $K > 2$, $L = (k+1)K$.

易知 $\mathrm{GRD}_k(I) = kK + 2$, $\mathrm{OPT}(I) = (k+1)K$, 故

$$
\frac{\mathrm{OPT}(I)}{\mathrm{GRD}_k(I)} = \frac{(k+1)K}{kK+2}.
$$

□

由上例可知, 当 $K \to \infty$ 时,

$$
\frac{\mathrm{OPT}(I)}{\mathrm{GRD}_k(I)} \to \frac{k+1}{k} = 1 + \frac{1}{k},
$$

从而由定理 12.23 知下面的结论成立.

推论 12.24 $R_{\mathrm{GRD}_k} = 1 + \frac{1}{k}$. □

据定理 12.23, 还可知 $\{\mathrm{GRD}_k\}$ 是一个多项式近似方案, 但不是全多项式近似方案.

Ibarra 和 Kin(1975) 给出了 0-1 背包问题的一个全多项式近似方案, 并讨论了其他形式的背包问题的求解. 这些都请参看 [43].

12.6　一些否定结果

NP 完全理论不仅用于证明某些最优化问题没有多项式最优算法 (除非 P=NP), 而且还可以证明关于它们的近似算法性能的一些否定结果.

容易知道, 除非 P=NP, 否则任何 NP 难问题都不存在多项式近似算法 $\mathscr{A}$, 使 $R_{\mathscr{A}}=1$. 另一方面, 我们有可能找到多项式近似算法使 $R_{\mathscr{A}}^{\infty}=1$, 不难证明: 获取这种近似算法的充分条件是 $|\mathscr{A}(I)-\mathrm{OPT}(I)|\leqslant K$, 其中 K 是与 I 无关的常数. 有少数几个 NP 难问题存在这种性质的算法, 但也有一些 NP 难问题肯定不存在这种性质的算法.

定理 12.25　除非 P=NP, 否则不存在 0-1 背包问题的任何多项式近似算法, 使得对固定的常数 K, 有

$$|\mathscr{A}(I)-\mathrm{OPT}(I)|\leqslant K. \tag{12.47}$$

证明　用反证法. 假设 $\mathscr{A}$ 是 0-1 背包问题的一个多项式近似算法, 并且式 (12.47) 成立. 不妨设 K 是正整数. 可以由 $\mathscr{A}$ 构造一个新的多项式算法 $\mathscr{A}'$, 使之成为 0-1 背包问题的最优算法.

给定 0-1 背包问题的任一实例 I: 物品集 S, 重量函数 $w(s)\in\mathbb{N}_+$, 价值函数 $p(s)\in\mathbb{N}_+$, 背包载重量 $L\in\mathbb{N}_+$. 算法 $\mathscr{A}'$ 的具体步骤如下:

Step 1　构造新的实例 $I':\forall s\in S$, 将物品 s 的价值 $p(s)$ 替换为 $(K+1)p(s)$.

Step 2　对实例 I' 应用近似算法 $\mathscr{A}$.

Step 3　令 $\mathscr{A}'(I)=\dfrac{1}{k+1}\mathscr{A}(I')$.

显然算法 $\mathscr{A}'$ 也是多项式的. 注意到 I' 的可行解集与 I 的可行解集完全相同, I' 的任一可行解对应的目标值恰好是 I 的同一可行解目标值的 $K+1$ 倍. 于是有

$$|\mathscr{A}'(I)-\mathrm{OPT}(I)|=\frac{1}{K+1}|\mathscr{A}(I')-\mathrm{OPT}(I')|. \tag{12.48}$$

由假设可知, $|\mathscr{A}(I')-\mathrm{OPT}(I')|\leqslant K$, 结合 (12.48) 式容易知道 $|\mathscr{A}'(I)-\mathrm{OPT}(I)|=0$, 即有 $\mathscr{A}'(I)=\mathrm{OPT}(I)$. 这意味着 $\mathscr{A}'$ 是 0-1 背包问题的多项式最优算法, 这与假设 P≠NP 矛盾. 故定理结论成立. □

不难看出, 证明中用到的唯一的性质是任何可行解的目标值都能乘上同一个充分大的任意常数而不改变可行解集. 许多问题都具有这种性质, 如 TS 问题 (包括带三角不等式的 TS 问题), 这种形式的证明可直接用于它们得到类似的结论. 有趣的是, 这种证明思想还可以用于另外一些 NP 难问题, 如最大独立集问题, 这时没有数相乘, 但可以类似地“乘”图.

定理 12.26 除非 P=NP, 否则不存在最大独立集问题的任何多项式近似算法 $\mathscr{A}$, 使得对固定的常数 K, 有

$$|\mathscr{A}(G) - \mathrm{OPT}(I)| \leqslant K. \tag{12.49}$$

证明 用反证法. 假设 $\mathscr{A}$ 是最大独立集问题的一个多项式近似算法, 并且式 (12.49) 成立, 其中图 G 是最大独立集问题的任一实例. 不妨设 K 是正整数. 构造新的多项式算法 $\mathscr{A}'$ 如下:

Step 1 将图 G 复制 $K+1$ 次, 得图 G'.

Step 2 对 G' 运用近似算法 $\mathscr{A}$.

Step 3 由 Step 2 可得每个复制的独立集, 令 $\mathscr{A}'(G)$ 为 $K+1$ 个独立集顶点数之最大值.

易知 $\mathrm{OPT}(G') = (K+1)\mathrm{OPT}(G)$, 且 $\mathscr{A}'(G) \geqslant \dfrac{1}{K+1}\mathscr{A}(G')$. 于是

$$\begin{aligned}|\mathscr{A}'(G) - \mathrm{OPT}(G)| &\leqslant \frac{1}{K+1}|\mathscr{A}'(G) - (K+1)\mathrm{OPT}(G)|\\ &= \frac{1}{K+1}|\mathscr{A}(G') - \mathrm{OPT}(G')|\\ &\leqslant \frac{K}{K+1},\end{aligned}$$

所以, $\mathscr{A}'(G) = \mathrm{OPT}(G')$, 从而 $\mathscr{A}'$ 是最大独立集问题的最优算法, 这与 P≠NP 矛盾. 故定理结论成立. □

我们称

$$R_{\min} = \inf\{R^{\infty}_{\mathscr{A}} | 对于\pi的所有多项式算法\mathscr{A}\}$$

为最优化问题 π 的最小可达渐近性能比 (best achievable asymptotic performance ratio).

$R_{\min}$ 能够刻画一个最优化问题究竟有多么好的近似算法. 给定一个 NP 难问题 π, 它的最小可达渐近性能比可以是下面三种情况之一:

(1) $R_{\min} = \infty$;

(2) $1 < R_{\min} < \infty$;

(3) $R_{\min} = 1$.

情况 (3) 有几个意义的子类:

① π 可以被多项式近似方案求解;

② π 可以被全多项式近似方案求解;

③ π 可以被多项式近似算法 $\mathscr{A}$ 求解, 其中 $R^{\infty}_{\mathscr{A}} = 1$;

④ π 可以被多项式近似算法 $\mathscr{A}$ 求解, 其中 $|\mathscr{A}(G) - \mathrm{OPT}(I)| \leqslant K$, K 是与 I 无关的独立常数.

但实际上大多数 NP 难问题不会有如此好的近似算法存在, 定理 12.25 和定理 12.26 就是④的两个否定结果. 下面来看其他情况.

在 12.4 节中, 我们知道带三角不等式的 TS 问题目前已知的最好的近似算法是支撑树加匹配法, 其渐近性能比为$R_{\mathrm{MM}}^{\infty}=\dfrac{3}{2}$, 因此有 $R_{\min}\leqslant\dfrac{3}{2}$. 但对一般的 TS 问题 (不带三角不等式), 有下面的定理.

定理 12.27　除非 P=NP, 否则不存在 TS 问题 π 的任何多项式近似算法 $\mathscr{A}$, 使 $R_{\mathscr{A}}^{\infty}<\infty$.

证明　用反证法. 假设 $\mathscr{A}$ 是 π 的一个多项式近似算法, 满足 $R_{\mathscr{A}}^{\infty}<\infty$, 限制 $\mathrm{OPT}(I)\geqslant 1$, 则必存在正整数 K, 使得 $R_{\mathscr{A}}\leqslant K$.

可以由 $\mathscr{A}$ 构造一个新的多项式算法 $\mathscr{A}'$, 使之成为 HC 问题的最优算法.

任意给出 HC 问题的一个实例, 即简单图 $G=(V,E)$, $\mathscr{A}$ 由两部分构成:

Step 1　*构造 TS 的实例 I: 城市集 V, $\forall v_i,v_j\in V$, 令*

$$d(v_i,v_j)=\begin{cases}1, & \text{若}v_iv_j\in E,\\ 1+K|V|, & \text{若}v_iv_j\notin E.\end{cases}$$

Step 2　*对实例 I 应用近似算法 $\mathscr{A}$.*

由于 K 与 G 无关, 因此易知 $\mathscr{A}$ 是多项式算法.

若 $\mathscr{A}'$ 给出一个权为 $|V|$ 的环游, 则这个环游中所有边的权是 1, 它对应 G 的一个 Hamilton 圈.

若 $\mathscr{A}'$ 给出一个权大于 $|V|$ 的环游, 则这个环游的权至少为 $(K+1)|V|$, 若 G 仍有 Hamilton 圈, 则 $\mathrm{OPT}(I)=|V|$, 于是

$$R_{\mathscr{A}}(I)=\frac{\mathscr{A}(I)}{\mathrm{OPT}(I)}\geqslant\frac{(K+1)|V|}{|V|}=K+1,$$

这与 $R_{\mathscr{A}}\leqslant K$ 矛盾.

$\mathscr{A}'$ 是 HC 问题的一个最优算法, 这与 P≠NP 矛盾. 故定理结论成立. □

定理 12.28　对最大独立集问题, 或者存在多项式近似方案, 或者不存在多项式近似算法 $\mathscr{A}$ 使 $R_{\mathscr{A}}^{\infty}<\infty$.

证明　假设 $\mathscr{A}$ 是该问题的一个多项式近似算法, 满足 $R_{\mathscr{A}}^{\infty}<\infty$. 因为讨论的是简单图的独立集, 所以 $\mathrm{OPT}(I)\geqslant 1$, 于是必存在正整数 r, 使 $R_{\mathscr{A}}\leqslant r$. 记 $n=n(\varepsilon)$ 是使 $r^{\frac{1}{n}}<1+\varepsilon$ 成立的最小正整数, 可以由算法 $\mathscr{A}$ 导出该问题的一个近似方案 $\{\mathscr{A}'_{\varepsilon}\}$.

定义图 $G_1=(V^{(1)},E^{(1)})$ 和图 $G_2=(V^{(2)},E^{(2)})$ 的合成图 $G=G_1(G_2)=(V,E)$, 其中 $V=V^{(1)}\times V^{(2)}$, 且

$$E=\{\{(v_1^{(1)},v_1^{(2)}),(v_2^{(1)},v_2^{(2)})\}|v_1^{(1)}v_2^{(1)}\in E^{(1)},\text{或}v_1^{(1)}=v_2^{(1)}\text{且}v_1^{(2)}v_2^{(2)}\in E^{(2)}\}.$$

图 12.11 是合成图的一个例子.

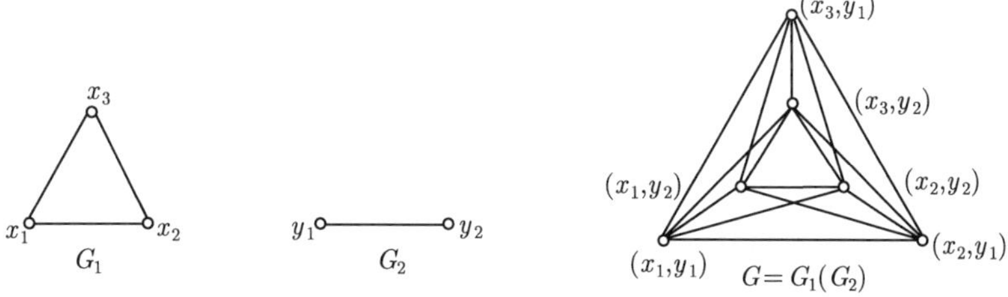

图 12.11 合成图的一个例子

对任意给定的实例, 即简单图 $G-(V,E)$, $\mathscr{A}'_\varepsilon$ 由三部分组成:

Step 1 对 G 多次合成得图 $G_n=(V^{(n)},E^{(n)})$, 其中

$$\begin{cases} G_1=G, \\ G_i=G_{i-1}(G), 1\leqslant i\leqslant n. \end{cases}$$

Step 2 对 G_n 应用算法 $\mathscr{A}$, 求得 G_n 的独立集 S_n.

Stcp 3 由 S_n 构造 G 的独立集 S.

因为 n 只依赖于 ε, 所以, 对于固定的 $\varepsilon>0$, G_n 能在多项式时间内构造出来. 而且用数学归纳法容易证明: G_i 有 k^i 点独立集当且仅当 G 有 k 点独立集, 即 $\mathrm{OPT}(G_i)=(\mathrm{OPT}(G))^i, 1\leqslant i\leqslant n$. 另一方面, 对 G_n 的任意给定的独立集 S_n, 可以在多项式时间内构造 G 的独立集 S, 使得 $|S|\geqslant|S_n|^{\frac{1}{n}}$. 从而, 对于固定的 $\varepsilon>0$, $\mathscr{A}'_\varepsilon$ 是一个多项式近似算法.

注意到

$$R_{\mathscr{A}}=\frac{\mathrm{OPT}(I)}{\mathscr{A}(I)}\leqslant r,$$

因此

$$|S_n|\geqslant\frac{1}{r}\mathrm{OPT}(G_n)=\frac{1}{r}(\mathrm{OPT}(G))^n,$$

从而

$$|S|\geqslant\frac{1}{r^{\frac{1}{n}}}\mathrm{OPT}(G)\geqslant\frac{1}{1+\varepsilon}\mathrm{OPT}(G),$$

即有

$$R_{\mathscr{A}'_\varepsilon}(G)=\frac{\mathrm{OPT}(G)}{\mathscr{A}'_\varepsilon(G)}\geqslant 1+\varepsilon,$$

故 $\mathscr{A}_\varepsilon$ 是最大独立集问题的近似方案. □

由定理 12.28 知, 最大独立集问题要么有 $R_{\min}=1$, 要么有 $R_{\min}=\infty$, 不存在中间情况 $1<R_{\min}<\infty$. 尽管我们不能确定它是否存在多项式近似方案, 但可以肯定它不存在全多项式近似方案. 大多数人猜想 $R_{\min}=\infty$, 但至今未给出证明.

习　题　12

1. 设 $\mathscr{A}$ 是最小化问题 π 的一个近似算法, 根据 $R_{\mathscr{A}}$ 和 $R_{\mathscr{A}}^{\infty}$ 的定义, 试证明下述两个性质:

(1) 如果存在一个常数 α, 使得 $\forall I \in \mathscr{I}_\pi$, 有 $R_{\mathscr{A}}(I) \leqslant \alpha$; 并且或者存在一个实例 $\tilde{I} \in \mathscr{I}_\pi$, 满足 $R_{\mathscr{A}}(\tilde{I}) = \alpha$, 或者存在一个实例序列 $\{I_n\} \subset \mathscr{I}_\pi$, 满足 $R_{\mathscr{A}}(I_n) \to \alpha(n \to \infty)$, 则有 $R_{\mathscr{A}}(I) = \alpha$.

(2) 如果存在两个常数 β 和 γ, 使得 $\forall I \in \mathscr{I}_\pi$, 有 $\mathscr{A}(I) \leqslant \beta\mathrm{OPT}(I) + \gamma$; 还存在一个实例序列 $\{I_n\} \subset \mathscr{I}_\pi$, 使 $\mathrm{OPT}(I_n)$ 可以任意大, 且 $R_{\mathscr{A}}(I_n) \to \beta(n \to \infty)$, 则有 $R_{\mathscr{A}}^{\infty} = \beta$.

2. 定理 12.3 的证明是很不容易的, 但我们容易证明一个较弱的不等式:

$$\mathrm{FF}(I) \leqslant 2\mathrm{OPT}(I).$$

3. (1) 构造一个实例 I, 使 $\mathrm{NF}(I) = 2\mathrm{OPT}(I) - 2$, 从而说明 (12.1) 式给出的界已相当好了;

(2) 如果限制每件物品的体积 $\alpha_i \leqslant t \leqslant \dfrac{1}{2}(i = 1, 2, \cdots, n)$, t 为固定的正数. 试改进 $\mathrm{NF}(I)$ 的界.

4. 在平行机排序问题中, 若对某个实例 I, 由 LPT 近似算法给出的任务安排中, 每台机器上至多加工两个任务, 则 $\mathrm{LPT}(I)=\mathrm{OPT}(I)$; 但若任务数 n 个超过机器台数 m 的两倍, 即 $n \leqslant 2m$, 则未必有 $\mathrm{LPT}(I)=\mathrm{OPT}(I)$. 试证明前半部分, 举反例说明后半部分.

5. 对平行机排序问题, 考虑近似算法 S_k': 将 12.3.3 小节近似算法 S_k 中取前 km 个任务改成取前 k 个任务, 其余不变. 证明

$$R_{S_k'} \leqslant 1 + \frac{m-1}{k+m}.$$

6. 我们知道, 平行机要求所有机器完全相同. 但在实际生产过程中, 可能会由于科技进步而研制出新的机器, 新机器的生产效率高于旧机器, 也就是说, 加工同一个任务, 在新机器上加工的速度比在旧机器上快. 设有两台机器 M_1 和 M_2, 它们的加工速度之比为 $1: s(s > 1)$, 采取近似算法 $\mathscr{A}$: 将当前任务分给可使其最早完成的机器加工. 证明: 对任意的实例 I 及 $s > 1$, 均有

$$R_{\mathscr{A}}(I) \leqslant \frac{1+\sqrt{5}}{2},$$

且存在 $s > 1$ 和实例 I 使等式成立.

7. 应用 12.4 节中各近似算法依次求解题图 12.1 所示的旅行商问题.

8. 通过图 G 的每个顶点至少一次的闭途径称为 G 的 Hamilton 途径.

(1) 试证“求简单图 G 的最短 Hamilton 途径”问题的判定形式是 NP 完全的;

(2) 给出该问题的一个多项式近似算法, 并分析其性能.

9. 证明: 最佳插入法的绝对性能比 $R_{\mathrm{BINS}} = 2$.

10. 假设存在多项式近似算法 $\mathscr{A}$ 和常数 K, 使得

$$|\mathscr{A}(I)-OPT(I)|\leqslant K,\forall I\in\mathscr{I}_{\pi},$$

证明: $R_{\mathscr{A}}^{\infty}=1$.

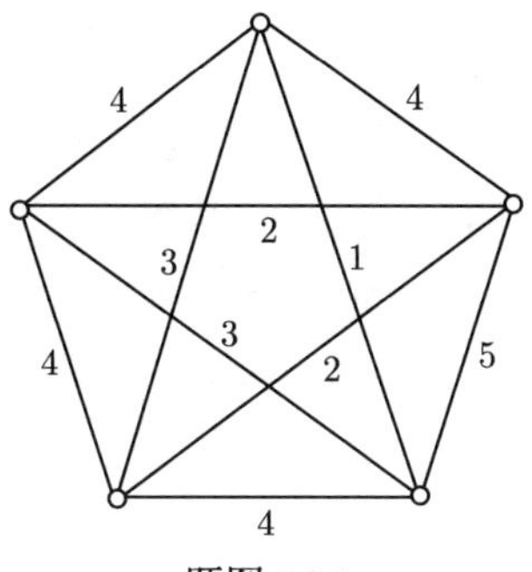

题图 12.1

参考文献

陈庆华, 谢政. 1989. 网络相容流的四个问题. 系统工程, 6(4): 13-16.

陈庆华, 谢政. 1992. 整数规划. 长沙: 国防科学技术大学出版社.

管梅谷. 1960. 奇偶点图上作业法. 数学学报, 10: 263-266.

管梅谷. 1975. 求最小树的破圈法. 数学的实践与认识, 4: 38-41.

刘家壮, 徐源. 1991. 网络最优化. 北京: 高等教育出版社.

田丰, 马仲蕃. 1987. 图与网络流理论. 北京: 科学出版社.

谢政, 戴丽. 2003. 组合图论. 长沙: 国防科学技术大学出版社.

谢政, 李建平, 陈挚. 2010. 非线性最优化理论与方法. 北京: 高等教育出版社.

谢政, 汤泽滢. 1995. 一种求解分段线性费用网络流问题的方法// 军事运筹学应用研究与人才培养, 北京: 军事科学出版社: 222-225.

谢政, 汤泽滢. 1996. 一种求解有容量、凹费用网络流问题的分枝定界算法. CSIAM'96, 上海: 复旦大学出版社: 237-242.

谢政, 汤泽滢. 2000. 水灾地区邮递员问题. 应用数学与计算数学学报, 14(1), 25-30.

谢政. 1989. 分段线性凸费用流的两个算法. 国防科学技术大学学报, 11(2): 33-38.

谢政. 1991. 二部图 (g, f) 匹配. 国防科技大学学报, 13(3): 71-78.

谢政. 1993. 一类分段线性费用网络流问题. 国防科学技术大学学报, 15(2): 72-76.

谢政. 1998. 最小比值连通支撑子图. 信息与决策系统, 3(4), 65-70.

谢政. 2003. 网络算法与复杂性理论. 第 2 版. 长沙: 国防科学技术大学出版社.

越民义. 1990. On the exact upper bound for the multifit processer scheduling algorithm. Annals of Operations Research, 24: 233-260.

张干宗. 2004. 线性规划. 第 2 版. 武汉: 武汉大学出版社.

朱永津, 刘振宏. 1965. On the shortest arborescene of a directed graph. Scientia Sinica, 14: 1396-1400.

朱永津, 刘振宏. 1979. 过指定点的最小单圈图. 应用数学学报, 3: 241-250.

Aashtiani H A and Magnanti T L. 1976. Implementing primal-dual network flow algorithms. Technical Report OR 055-76, Operations Research Center, MIT, Massachusetts.

Ahuja R K, Magnanti T L and Orlin J B. 1993. Network Flows: Theory, Algorithms, and Algorithm. Englewood Cliffs, New Jersey: Prentice Hall.

Bondy J A and Murty U S R. 1976. Graph Theory with Applications. London: The Macmillan Press Ltd.

Burns R N and Haff C E. 1976. A combinatorial ranking problem. Aequationes Mathematicae, 14: 351-355.

Busacker R G and Gowen P J. 1961. A procedure for determining a family of minimal cost network flow patterns. O. R. O. Technical Report 15, Operational Research Office, Johns Hopkins University, Baltimore.

Cheriyan J and Maheshwari N. 1989. Analysis of preflow push algorithms for maximum network flow. SIAM Journal on Computing, 18: 1057-1086.

Christofides N. 1976. Worst-case analysis of a new heuristic for the traveling salesman problem. Report 388, Graduate School of Industrial Administration, Carnegie Mellon University, Pittsburgh, PA.

Cook S A. 1971. The complexity of theorem proving procedures. Proceedings of the 3rd ACM Symposium on the Theory of Computing: 151-158.

Dijkstra E W. 1959. A note on two problems in connexion with graphs. Numerische Mathematik, 1: 269-271.

Dinic E A. 1970. Algorithm for solution of a problem of maximum flow in a network with power estimation. Soviet Mathematics Doklady, 11: 1277-1280.

Edmonds J and Johnson E L. 1970. Matching: A well solved class of integer linear programs. Combinatorial Structures and Their Applications (Guy R, Hanani H, Sauer N and Schönheim J eds.), New York: Gordon and Breach: 89-92.

Edmonds J and Johnson E L. 1973. Matching, Euler tours and the Chinese postman. Mathe-matical Programming, 5: 88-124.

Edmonds J and Karp R M. 1972. Theoretical improvements in algorithmic efficiency for network flow problem. Journal of the ACM, 19: 218-264.

Edmonds J. 1965. Maximum matching and a polyhedron with 0-1 vertices. Journal of Research of the National Bureau of Standards (B), 69: 125-130.

Edmonds J. 1967. Optimum branching. Journal of Research of the National Bureau of Standards (B), 71: 233-240.

Edmonds J. Path, 1965. tree and flowers. Canadian Journal of Mathematics, 17: 449-467.

Egerváry J. 1931. Matrixok kombinarotikus tulajdonságairól. Mathematikai és Fizikai Lapok, 38: 16-28.

Evans J R and Minieka E. 1992. Optimization Algorithms for Networks and Graphs. 2nd edition. New York: Marcel Dekker.

Even S, Itai A and Shamir A. 1976. On the complexity of timetable and multicommodity flow problems. SIAM Journal on Computing, 5: 691-703.

Floyd R W. 1962. Algorithm 97: shortest path. Communications of ACM, 5: 345.

Ford L R and Fulkerson D R. 1956. Maximum flow through a network. Canadian Journal of Mathematics, 8: 449-467.

Ford L R and Fulkerson D R. 1957. A simple algorithm for finding maximal network flows and an application to Hitchcock problem. Canadian Journal of Mathematics, 9: 210-218.

Ford L R and Fulkerson D R. 1962. Flow in Networks. Princeton: Princeton University Press.

Ford L R. 1956. Network flow theory. Report P-923, Rand Corporation, Santa Monica, California.

Fulkerson D R. 1961. An out-of-kilter method for minimal cost flow problems. SIAM Journal on Applied Mathematics, 9: 18-27.

Gabow H. 1990. Data structures for weighted matching and nearest common ancestors. Proceedings of the 1st Annual ACM-SIAM Symposium on Discrete Algorithms: 434-443.

Gallo G and Sodini S. 1979. Adjacent extreme flows and application to min concave cost flow problems. Networks, 9: 95-121.

Garey M R and Johnson D S. 1979. Computers and Intractability: A Guide to the Theory of NP-completeness. San Francisco: W. H. Freeman.

Garey M R, Graham R L, Johnson D S and Yao A C. 1976. Resource constrained scheduling as generalized bin packing. Journal of Combinatorial Theory A, 21: 257-298.

Gibbons A. 1986. Algorithmic Graph Theory. Cambridge: Cambridge University Press.

Glover F and Klingman D. 1975. Finding minimum spanning trees with a fixed number of links at a node// Combinatorial Programming: Methods and Applications (Roy B ed.). Dordrecht-Holland: D. Reidel Publishing Company: 191-201.

Goldberg A V and Tarjan R E. 1988. A new approach to the maximum flow problem. Journal of the ACM, 35: 921-940.

Goldberg A V and Tarjan R E. 1989. Finding minimum-cost circulations by canceling negative cycles. Journal of the ACM, 36: 873-886.

Gross O. 1960. The bottleneck assignment problem: an algorithm. Proceedings, Rand Symposium on Mathematical Programming (Wolfe P ed.), Rand Publication: 87-88.

Hall M. 1956. An algorithm for distinct representatives. American Mathematical Monthly, 63: 716-717.

Hoffman A J and Kruskal J B. 1956. Integral boundary points of convex polyhedral// Linear Inequalities and Related Systems (Kuhn H W and Tucker A W eds.). Princeton: Princeton University Press: 223-246.

Hoffman A J. 1960. Some recent applications of the theory of linear inequalities to extremal combinatorial analysis. Proceeding of Symposia on Applied Mathematics, 10: 113-127.

Hu T C. 1966. Minimum-cost flows in convex-cost networks. Naval Research Logistics Quarterly, 13: 1-9.

Ibarra O H and Kin C E. 1975. Fast approximation algorithms for the knapsack and sum of subset problems. Journal of the ACM, 22: 463-468.

Johnson D S, Demers A, Ullman J D, Garey M R and Graham R L. 1974. Worst-case performance bounds for simple one-dimensional packing algorithm. SIAM Journal on Computing, 3: 299-325.

Karp R M. 1972. Reducibility among combinatorial problems// Complexity of Computer Computations (Miller R E and Thatcher J W eds.). New York: Plenum Press: 85-103.

Karp R M. 1975. On the complexity of combinatorial problems. Networks, 5: 45-68.

Karp R M. 1978. A characterization of the minimum cycle mean in a diagraph. Discrete Mathematics, 23: 309-311.

Karzanov A V. 1974. Determining the maximal flow in a network by the method of preflows. Soviet Mathematics Doklady, 15: 434-437.

Klein M. 1967. A primal method for minimum cost flows. Management Science, 14: 205-220.

Korte B and Vygen J. 2012. Combinatorial Optimization: Theory and Algorithms. 5th edition. Berlin, Heidelberg: Springer-Verlag.

Kruskal J B. 1956. On the shortest spanning subtree and the traveling salesman problem. Proceedings of American Mathematical Society, 7: 48-50.

Kuhn H W. 1955. The Hungarian method for the assignment problem. Naval Research Logistics Quarterly, 2: 83-97.

Lawer E L. 1976. Combinatorial Optimization: Networks and Matroids. New York: Holt Rinehart and Winston.

Menon V V. 1965. The minimal cost flow problem with convex costs. Naval Research Logistics Quarterly, 12: 163-172.

Micali S and Vazirani V V. 1980. An $O(\sqrt{|V|}|E|)$algorithm for finding maximum matching in general graphs. Proceedings of the 21st Annual IEEE Symposium on Foundations of Computer Science: 17-27.

Minty G J. 1960. Monotone networks. Proceedings of the Royal Society of London, 257A: 194-212.

Munkres J. 1957. Algorithms for the assignment and transportation problems. SIAM Journal on Applied Mathematics, 5: 32-38.

Murty K G. 1992. Network Programming. Englewood Cliffs, New Jersey: Prentice Hall.

Papadimitriou C H and Steglitz K. 1982. Combinatorial Optimization: Algorithms and complexity. Englewood Cliffs, New Jersey: Prentice Hall Inc..

Papadimitriou C H. 1976. On the complexity of edge traversing. Journal of the ACM, 23: 544-554.

Prim R C. 1957. Shortest connection networks and some generalizations. Bell System Technical Journal, 36: 1389-1401.

Rosenkrantz D J, Stearns R E and Lewis P M. 1971. An analysis of several heuristics for the traveling salesman problem. SIAM Journal on Computing, 6: 563-581.

Rosenstiehl P. 1967. Làrbre minimum d′un graphe. Proceedings International Symposium on the Theory of Graphs in Rome.

Sahni S and Gonalez T. 1976. NP-complete approximation problem. Journal of the ACM, 23: 555-565.

Sahni S. 1975. Approximate algorithms for the 0-1 knapsack problem. Journal of the ACM, 22: 115-124.

Vazirani V V. 2001. Approximation Algorithms. Berlin, Heidelberg: Springer-Verlag.

Yen J Y. 1971. Finding the k-shortest loopless path in a network. Management Science, 17: 712-716.

索　　引

《运筹与管理科学丛书》已出版书目

1. 非线性优化计算方法　袁亚湘　著　2008 年 2 月
2. 博弈论与非线性分析　俞建　著　2008 年 2 月
3. 蚁群优化算法　马良等　著　2008 年 2 月
4. 组合预测方法有效性理论及其应用　陈华友　著　2008 年 2 月
5. 非光滑优化　高岩　著　2008 年 4 月
6. 离散时间排队论　田乃硕　徐秀丽　马占友　著　2008 年 6 月
7. 动态合作博弈　高红伟　〔俄〕彼得罗相　著　2009 年 3 月
8. 锥约束优化——最优性理论与增广 Lagrange 方法　张立卫　著　2010 年 1 月
9. Kernel Function-based Interior-point Algorithms for Conic Optimization　Yanqin Bai　著 2010 年 7 月
10. 整数规划　孙小玲　李端　著　2010 年 11 月
11. 竞争与合作数学模型及供应链管理　葛泽慧　孟志青　胡奇英　著　2011 年 6 月
12. 线性规划计算(上)　潘平奇　著　2012 年 4 月
13. 线性规划计算(下)　潘平奇　著　2012 年 5 月
14. 设施选址问题的近似算法　徐大川　张家伟　著　2013 年 1 月
15. 模糊优化方法与应用　刘彦奎　陈艳菊　刘颖　秦蕊　著　2013 年 3 月
16. 变分分析与优化　张立卫　吴佳　张艺　著　2013 年 6 月
17. 线性锥优化　方述诚　邢文训　著　2013 年 8 月
18. 网络最优化　谢政　著　2014 年 6 月